Napoleão Bonaparte
imaginário e política em Portugal
(c. 1808-1810)

Napoleão Bonaparte

Imaginário e política em Portugal (c. 1808-1810)

Lúcia Maria Bastos Pereira das Neves

Copyright © 2008 Lúcia Maria Bastos Pereira das Neves

Edição: Joana Monteleone
Assistente editorial: Guilherme Kroll Domingues
Capa: Marília Chaves
Projeto gráfico e diagramação: Marília Chaves
Revisão: Carla Bitelli
Imagem da capa: *1808: um balanço sangrento das conquistas imperiais (caricatura inglesa)*.
Apud Catherine Clerc. *La caricature contre Napoléon*. Paris, Promodis, 1985, p. 103

Dados Internacionais de Catalogação na Publicação (CIP)
(Sindicato Nacional dos Editores de Livros, RJ, Brasil)

N425r

Neves, Lúcia Maria Bastos Pereira das, 1952-
    Napoleão Bonaparte : imaginário e política em Portugal (c. 1808-1810) / Lúcia Maria Bastos Pereira das Neves. - São Paulo : Alameda, 2008.
   il.

   Anexos
   Inclui bibliografia
   ISBN 978-85-98325-66-8

   1. Napoleão I, Imperador dos franceses, 1769-1821. 2. Portugal - História. I. Título.

07-4688.   CDD: 946.902
                     CDU: 94(469)

13.12.07 14.12.07   004691

[2008]
Todos os direitos desta edição reservados à
ALAMEDA CASA EDITORIAL
Rua Iperoig, 351 - Perdizes
CEP 05016-000 - São Paulo - SP
Tel. (11) 3862-0850
www.alamedaeditorial.com.br

A Fernando Sgarbi Lima, *in memoriam*,
e a Maria Beatriz Nizza da Silva,
mestres que, em sua sabedoria e seriedade,
me iniciaram e guiaram no ofício do historiador.

Sumário

Prefácio	9
Explicações necessárias	15
De mitos e panfletos	19
Napoleão Bonaparte: O homem e a história	31
Portugal e as invasões francesas	69
Mitos e representações em torno de Napoleão Bonaparte	119
Partidistas, jacobinos e afrancesados	183
As vozes do patriotismo português contra Napoleão e seus satélites	231
Persistências de um passado glorioso, mas anúncio de uma política moderna?	275
Fontes	297

Bibliografia   319

Anexo nº 1   335

Anexo nº 2   344

Anexo nº 3   349

Agradecimentos   359

Prefácio

Preface

O novo livro de Lúcia Bastos Pereira das Neves oferece ao leitor, desde logo, um tema inédito e fascinante: as representações napoleônicas em Portugal, entre 1808 e 1810, momento crucial da história portuguesa. Foi no final de 1807, como se sabe, que a Corte migrou para o Brasil, para fugir dos franceses, escoltada pelos ingleses. O furacão napoleônico se mostrava implacável, em toda parte, destronando dinastias, redividindo territórios, destroçando instituições. O exemplo da vizinha Espanha, dilacerada pela guerra civil, não deixava dúvidas a respeito. Lúcia Bastos examina todo este contexto, mas elege como objeto o imaginário português que se pode perceber em fontes especiais: os panfletos, majoritariamente antinapoleônicos, produzidos em Portugal neste período.

O livro oferece ao leitor, no entanto, muito mais do que evidências das reações portuguesas ao perigo napoleônico. Oferece, logo no primeiro capítulo, belo panorama sobre a trajetória de Napoleão a partir de refinada crítica historiográfica. Familiariza o leitor não só com a incrível história de Napoleão, mas sobretudo com a mitologização do personagem, na história e na historiografia, entre *legenda áurea* e a *legenda negra*. Um primor de erudição e uma lição de como construir o objeto de investigação histórica.

O livro também pode ser visto como uma pesquisa relacionada à história do Brasil, levando-nos a conhecer, no detalhe, o que se passava em Portugal, enquanto a Corte joanina se instalava no Rio de Janeiro. Coisa rara de se ver em nossa historiografia que, tratando da transferência da Corte, costuma deixar Portugal de lado, ao "deus dará", tão logo a frota deixa Lisboa, para só retomá-lo a quando explode a Revolução constitucionalista do Porto, em 1820. Como se a história portuguesa seguisse o ritmo da história brasileira, e não o contrário...

Mas a história de Napoleão ou do Brasil joanino são temas laterais no livro de Lúcia Bastos. Seu foco é a crise que se abateu sobre o reino com a chegada dos franceses e a fuga de D. João. E, mais uma vez, o livro inova em pelo menos dois sentidos. Antes de tudo, permite conhecer a expansão napoleônica e sua ressonância na *finisterra* ocidental da Europa, assunto praticamente ausente da historiografia, incluindo a francesa. Em segundo lugar, o livro de Lúcia Bastos não cai jamais na armadilha de "abrasileirar" a crise portuguesa. Contextualiza os embates no próprio reino; as reações da nobreza ou do povo à dominação francesa; as atitudes da Junta que o Príncipe Regente deixou em Lisboa antes de fugir; as relações entre o simulacro de poder português e Jean Andoche Junot, comandante francês da invasão. Homem que, aliás, sonhava se tornar rei de Portugal e por isso cortejava a nobreza do reino, sendo igualmente cortejado por alguns nobres ressentidos com a fuga de D. João.

O ponto alto do livro reside na análise dos panfletos, melhor dizendo, no imaginário político por eles veiculado. Lúcia Bastos elege como guia desta viagem, o grande livro de Raul Girardet, *Mitologias políticas*, em especial sua definição de que o "mito político é fabulação, deformação ou interpretação objetivamente recusável do real". Assim, de um lado, mostra que prevaleceu, nos panfletos portugueses, uma imagem desabonadora, frequentemente detratora de Napoleão. Um Napoleão monstruoso, demoníaco, tirânico, verdadeira encarnação do Mal. Mas Napoleão também pôde ser, em alguns casos, "árbitro dos reis", "herói", "salvador" e mesmo "enviado de Deus". Reflexos do embate entre a *legenda negra* e a *legenda áurea* em terras lusitanas. Napoleão já era mito muito antes de Waterloo.

Mas Lúcia não trata o mito apenas na sua morfologia ou linguagem. Procura cruzar as imagens construídas acerca de Napoleão com os diversos segmentos da sociedade portuguesa neste início do século XIX, onde não faltavam, aliás, afrancesados e jabobinos. Poucos, é verdade. Mas bons. Afinal, 74 homens foram presos, entre março de 1809 e setembro de 1810, por suspeita de terem apoiado os franceses, dos quais não menos que 18 eram padres! Lúcia realiza, portanto, um inventário das idéias produzidas em meio à crise combinada a uma sociologia dos agentes históricos. Confere inteligibilidade às imagens e descortina as angústias daquele tempo. Até o sebastianismo, de certa forma, ressurgiu das cinzas em alguns discursos. Os conflitos políticos da época tomavam, por vezes, a forma de um duelo de fantasmas.

Desde que li pela primeira vez este livro, ainda como versão da tese para Professor Titular em História Moderna, fiquei encantado com o tema e o refinamento da abordagem de nossa autora. Pois se trata mesmo de um livro magnífico sobre a crise do Antigo Regime na Europa e a reviravolta do mundo português no contexto napoleônico. Além disso, o livro ensina muito, implicitamente, sobre a história do Brasil no tempo joanino, prelúdio da independência proclamada em 1822. Para os que ingenuamente apregoam a primazia das "dinâmicas internas" do Brasil colonial ou pensam a história geral a partir da história do Brasil, o livro de Lúcia Bastos apresenta uma réplica definitiva. Tudo com muita elegância e argúcia, narrativa cativante e notável erudição.

Os que conheciam a versão original da pesquisa, aguardavam ansiosamente a publicação da obra, sabedores da sua relevância historiográfica. De todo modo, o livro vem à luz em boa hora, no ano das celebrações dos 200 anos da fuga de D. João. Uma contribuição de peso à nossa bibliografia, como é de se esperar de Lúcia Bastos, uma das melhores historiadoras brasileiras da atualidade.

Ronaldo Vainfas, janeiro de 2008

Explicações necessárias

Atualizei, a não ser em casos excepcionais, a ortografia nas citações das fontes, mas procurei mantê-las nas referências bibliográficas. Sempre que necessário, alterei a pontuação, para tornar mais claro o sentido do original. Nas notas, ao contrário da bibliografia, simplifiquei as indicações tipográficas ao mínimo indispensável, convencionadas as seguintes abreviaturas:

A. H. I.	Arquivo Histórico do Itamaraty
ANRJ	Arquivo Nacional do Rio de Janeiro
A. N. T. T.	Arquivo Nacional da Torre do Tombo
BNRJ	Biblioteca Nacional, Rio de Janeiro
BNL	Biblioteca Nacional de Lisboa
Cód.	Códice
Col.	Coleção
D. B.	Coleção Documentos Biográficos
DMss	Divisão de Manuscritos – BN
IHGB	Instituto Histórico e Geográfico Brasileiro
Imp.	Imprensa ou Impressão
RIHGB	Revista do Instituto Histórico e Geográfico Brasileiro

De mitos e panfletos

Ao longo da pesquisa para minha tese de doutorado, concluída em 1992, a busca de panfletos políticos do Vintismo português e sobre a Independência do Brasil revelou-me, anunciados na *Gazeta do Rio de Janeiro*, outros curiosos e instigantes escritos de circunstância que se reportavam ao período napoleônico. Naquele momento, no entanto, deixei-os de lado, apesar da grande atração que exerciam em uma professora de História Moderna e Contemporânea, já que, nas minhas angústias de docente, continuava procurando com persistência uma relação, que não fosse simplista nem mecanicista, entre o mundo europeu, ao qual se restringia o universo dos programas dos cursos, e a História do Brasil, fazendo com que os alunos, algumas vezes, se espantassem de ver a professora mencionar questões que pareciam de domínio exclusivo do período colonial ou da época da permanência da Corte no Rio de Janeiro. Apesar disso, como acredito na assertiva de Georges Duby, em *Dialogues*, de que a História é, antes de tudo, *o estabelecimento de correlações*, prossegui.

A continuidade das pesquisas abriu-me outras perspectivas e levou-me a buscar alguns elos perdidos no passado, que se mostrassem capazes de explicar as permanências do Antigo Regime identificadas na onda liberal de 1820, que varreu o mundo luso-brasileiro, no preciso momento em que algumas das monarquias européias começavam a trilhar a senda da política moderna. Explicar todos os fatos pelo *reacionarismo* ou *atraso* de Portugal era resposta insuficiente. Iniciando outro trabalho, destinado a examinar e analisar a complexidade das representações e imagens, elaboradas ao longo da primeira metade do século XIX, tanto pelo Brasil sobre Portugal e França quanto vice-versa, os insidiosos panfletos anti-napoleônicos voltaram à tona e converteram-se quase em uma obsessão. Por isso, decidi debruçar-me sobre eles e descobrir, através de mitos e representações, as imagens que Portugal tinha feito da França. Afinal, era a visão do império português sobre o país considerado *o berço da civilização*. Aquele, no entanto, permanecia envolto nas glórias do passado e preso aos dilemas de um presente, no qual se anunciava o perigo da perda de suas colônias e até da condição de reino independente.

Apesar das ressonâncias instigantes que essa literatura panfletária evocava, encontrei um número escasso de referências a seu respeito. Os trabalhos pertinentes limitavam-se a um clássico artigo de Nuno Daupiás D'Alcochete, com que já me tinha familiarizado quando da pesquisa em Portugal para a tese de doutorado; a uma breve menção num dos numerosos trabalhos de Maria Beatriz Nizza da Silva, que conhece o período como ninguém; a dois textos de historiadores portugueses, surgidos na época das comemorações do bicentenário da Revolução Francesa; e a mais um sobre as revoltas e a ideologia na época das invasões francesas. Mais tarde, um tomo da *Revista de História das Idéias* acrescentou a essa reduzida lista um artigo sobre os panfletos editados pela Tipografia da Real Universidade, de Antônio Pedro Vicente, especialista e colecionador dessa documentação. Além disso, localizei a obra-mãe de José Acúrsio das Neves sobre a primeira invasão francesa, modelo de trabalho pautado em cima e sobre o acontecimento.

Na historiografia francesa do período imperial, a ausência de Portugal mostrava-se quase total. Quando muito, deparei-me com um comentário de Jean Tulard sobre a penetração no continente da propaganda inglesa contra Bonaparte a partir do território português, ao mesmo tempo que buscava em vão referências à resistência portuguesa, embora a guerra da Espanha contra os franceses fosse apontada, até pelo próprio imperador, segundo a compilação de Regenborgen, como uma "guerra de demônios, infernal, diabólica", que se transformara em verdadeira chaga, a causa primeira dos infortúnios da França. Tamanhas carências me instigaram e fiquei ainda mais encorajada quando, um dia, no Arquivo da Torre do Tombo, um genealogista de velha estirpe iniciou uma conversa sobre o Brasil e o período das invasões francesas, demonstrando autêntico horror em relação à violação do túmulo de Pedro Álvares de Cabral por parte desses soldados *bárbaros e infiéis*, que haviam feito uma espécie de piquenique sobre a tumba, nela lançando os ossos da galinha que tinham saboreado. Parecia um dos relatos dos meus panfletos feito de viva voz, no último ano do século XX!

No fundo, através dos mitos e das representações, queria compreender melhor esse lento desgaste da política de Antigo Regime em Portugal, cujos reflexos na Independência do Brasil saltavam aos olhos. Nesse sentido, a figura de Bonaparte surgiu como um foco natural, em meio à notável *efervescência mitológica*, como diria Girardet, do conturbado período das invasões francesas, que renovou esperanças e/ou suscitou angústias na sociedade portuguesa. Ao aprofundar-me no tema, constatei cada vez mais o quanto a trama dos acontecimentos enredava-se nas metáforas, símbolos e silêncios dos discursos para registrar o embate, no plano político e ideológico, entre forças conservadoras e renovadoras, na fronteira entre uma Europa de Antigo Regime e de uma outra liberal. Processo complexo que envolvia, sem dúvida, uma dimensão social e econômica, mas que dependeu, no fundamental, também no caso de Portugal, da difusão de uma nova concepção de mundo, em termos políticos e intelectuais, que se costuma relacionar ao surgimento da *Modernidade*. Nessa ótica, além da análise das lutas travadas no campo do simbólico, que, na visão de Chartier, encontram suas armas nas representações, tornava-se necessário entender como estas foram lidas e assimiladas na sociedade lusa, através da utilização de práticas políticas e ideológicas novas ou tradicionais.

De um lado, portanto, os *partidistas* dos franceses, assimilados a jacobinos, pedreiros-livres e afrancesados; de outro, os *leais patriotas* portugueses, herdeiros da longa *tradição castiça* do reino. Indivíduos nem sempre fáceis de situar e cujas atuações não cabia a mim julgar, mas sim compreender, conforme o ensinamento de Marc Bloch. Não se tratava de identificar heróis ou traidores nessa sociedade dilacerada pela invasão e dominação estrangeiras, mas de analisar por que as pessoas adotaram essa ou aquela atitude no interior de um certo imaginário político e social. Estabelecendo uma correlação com meus objetos anteriores, busquei, na realidade, as raízes de um lento processo de maturação da política moderna, cujas manifestações mais evidentes no império português somente transpareceriam, ainda que parcialmente, no Vintismo, centrando-me no espaço-tempo das invasões francesas em Portugal, mas permitindo-me avançar ou recuar, sempre que necessário, para captar de forma mais fina a dialética entre o moderno e o arcaico.

Reconstruir ponto por ponto as malhas dessa trama vivenciada por Portugal ao longo do domínio francês constitui, sem dúvida, questão já elaborada pela historiografia, mas propunha-me a revisitá-la de um ângulo distinto. Em primeiro lugar, em função da documentação que pretendia privilegiar, concedendo maior importância a fontes, como panfletos e jornais, que reflitissem a opinião de uma época, ainda que sem ignorar as de caráter oficial, quando revelassem igualmente valores e estruturas mentais. Em segundo lugar, pela abordagem teórico-metodológica adotada, combinando enfoques da nova história política e da história cultural com a problemática da história das relações internacionais, de modo a identificar uma vertente original para o estudo das representações em torno de Napoleão e das práticas que motivaram no mundo português.

Quanto aos panfletos políticos, procurei, inicialmente, estabelecer uma amostragem que contemplasse sobretudo aqueles publicados no momento da invasão, em 1808, tanto em Portugal quanto no Rio de Janeiro. A seleção ocorreu a partir de uma varredura dos fichários disponíveis na Biblioteca Nacional do Rio de Janeiro e continuou na busca dos mais expressivos, conforme os comentários dos contemporâneos, na Biblioteca Nacional de Lisboa, em duas etapas sucessivas. Considerei também, nesse conjunto, as publicações chamadas na época *folhas avulsas*, constituídas de manifestos, proclamações e representações de origem governamental ou não. Em relação aos jornais, ative-me aos dois jornais *oficiais* publicados naquele período, em Lisboa e no Rio de Janeiro – a *Gazeta de Lisboa* e a *Gazeta do Rio de Janeiro* –, mas acrescentei o assim denominado *periodismo da emigração*, em especial, o *Correio Braziliense* de Hipólito José da Costa, publicado em Londres de 1808 a 1822, e o *Campeão Portuguez, ou o amigo do rei e do povo* (1819-1821), posterior, porém escrito por José Liberato Freire de Carvalho, que vivenciou diretamente o processo em Portugal, caindo prisioneiro dos franceses e, depois, vendo-se perseguido pelos governadores do reino.

Na abordagem dessa literatura de circunstância, não recorri a uma análise lingüística, limitando-me, numa perspectiva hermenêutica, a buscar conceitos reveladores do imaginário político, com o objetivo de destacar as metáforas mais freqüentemente utilizadas e de estabelecer as correspondências mais significativas entre os termos empregados e as visões de mundo presentes na sociedade portuguesa. Quis, assim, identificar as representações que se construíram em torno de Napoleão Bonaparte, apontado ou não como o herdeiro da Revolução Francesa, bem como os conceitos fundamentais envolvidos, a fim de caracterizar as linguagens e as práticas políticas da época. Tais procedimentos inspiraram-se, até certo ponto, nos trabalhos da chamada *escola de Cambridge*, representada por Skinner, Pocock, Pagden e outros, pois, como afirma o primeiro, qualquer texto de caráter político formula questões e as responde a partir de um quadro mental de noções e princípios, que, em certa medida, aceitam, contestam ou repelem idéias e convenções predominantes num determinado momento, havendo necessidade, por conseguinte, de levar-se em conta o fato de que um conceito só adquire verdadeiramente seu sentido quando apreendido no contexto histórico que o produziu. Procurei, por fim, confrontar esses conceitos, representados por meio de imagens e símbolos, às práticas concretas, que traduziam em atos as diversas maneiras pelas quais os homens daquele tempo atribuíam significado ao mundo em que viviam, configurando uma *cultura política* específica.

Nessa perspectiva, a análise das práticas políticas, inseridas no ambiente e na dinâmica da sociedade em que surgiram, exigiu outro tipo de documentação, encontrado em abundância até excessiva no pouco explorado manancial que constitui a Coleção Negócios de Portugal, no Arquivo Nacional do Rio de Janeiro, e que reúne, algumas vezes sem qualquer lógica de ordenação, documentos enviados pelos governadores do reino ao príncipe regente D. João. Predominam os informes dos acontecimentos ocorridos no território português durante o período da permanência da Corte no Brasil, não deixando, porém, de nela incluírem representações e requerimentos elaborados pelos súditos de além-mar, panfletos que circulavam em Lisboa, petições ao soberano pelos serviços prestados à Coroa na época das invasões, partes de processos constituídos contra os supostos traidores da pátria e até a narração de pequenos fatos do cotidiano, além de um códice com a correspondência trocada com casas reinantes européias, inclusive com o próprio Napoleão.

Nas demais instituições brasileiras, com o mesmo intuito privilegiei a Divisão de Manuscritos da Biblioteca Nacional do Rio de Janeiro, onde examinei alguns documentos avulsos e recorri à Coleção dos Documentos Biográficos. No entanto, não deixei de vasculhar a documentação anterior a 1822 no Arquivo Histórico do Itamaraty e de levantar o que era de interesse no Instituto Histórico e Geográfico Brasileiro e no Museu Imperial em Petrópolis, com resultados desiguais, como se pode constatar na relação de fontes ao final.

Já nos arquivos portugueses, a Biblioteca Nacional de Lisboa revelou-se, como seria de esperar, a instituição fundamental para a coleta dos panfletos políticos, mas, na Seção de Reservados, encontrei alguns outros documentos interessantes, que iam desde sentenças proferidas contra portugueses até curiosidades sobre Napoleão e notícias várias sobre procissões destinadas a pedir socorro aos Céus contra os franceses. No Arquivo da Torre do Tombo, premida pelo tempo, localizei dois pareceres da Real Mesa Censória sobre a publicação de panfletos, embora tenha trabalhado essencialmente com a documentação da Intendência Geral da Polícia, cujos livros, apesar das cautelas que exigem, trazem anotações quase diárias dos mais diversos fatos tanto da vida pública quanto privada dos lisboetas, além do registro de prisões e requerimentos dos envolvidos nas supostas conspirações *jacobinas* de março de 1809 e de setembro de 1810. Por fim, uma rápida passagem pela Biblioteca Municipal de Évora permitiu o contato com preciosa documentação relativa à invasão francesa, que incluía uma "Memória" de seu arcebispo, o ilustrado frei Manuel do Cenáculo, e algumas pastorais por ele redigidas. Já a documentação dos Archives de la Marine, em Paris, tangencialmente utilizada, devo à gentileza e à generosidade do colega Marco Morel.

Dentre as fontes impressas, além dos panfletos e jornais, merecem menção as memórias de época, escritas por aqueles que vivenciaram a conjuntura histórica, tanto portugueses quanto estrangeiros, e que deixam perceber igualmente as imagens e os mitos em circulação naquele momento a respeito de Bonaparte, da França e de seus habitantes, embora repletas de expressões apologéticas, opinativas, partidárias ou aparentemente noticiosas, em relação àquela época de convulsão política.

Essa variedade indica o quanto são vastas as fontes para a época das invasões francesas em Portugal. Muitas, sem dúvida, já foram utilizadas em obras anteriores, a partir de diferentes perspectivas teóricas e metodológicas. A originalidade deste trabalho, busquei-a no cruzamento dessa diversidade com a finalidade, por um lado, de captar as imagens e representações que um momento histórico turbulento fez de si mesmo e, por outro, de inventariar os acontecimentos, dos quais é possível filtrar os mecanismos mentais que explicam, sempre em parte, a sociedade portuguesa dessa época e as sombras que projetou sobre o Brasil. Afinal, como aponta Arlette Farge, em *Le goût de l'archive*, os fatos só adquirem relevância quando inseridos nas representações elaboradas a partir deles, enquanto procedimentos para assimilar ou rejeitar certos aspectos da realidade, que asseguram a *reprodução* de uma sociedade, em uma permanente redefinição.

Para tanto, a estratégia adotada neste trabalho procurou articular a história cultural à história política renovada das últimas décadas, que superou a visão linear e evolutiva dos fenômenos históricos, sob a forma de uma seqüência de fatos cronológicos sem relação alguma com as demais instâncias, que tinha feito da sua versão tradicional o objeto de desprezo dos *Annales* e dos historiadores marxistas. Ao contrário, a nova modalidade da história política, como já salientava Julliard há muitos anos, resulta de uma retomada de consciência da importância do campo político, encarado a partir de suas relações com o econômico, o social e o cultural, mas que não pode ser visto como simples reflexo de forças mais profundas, supostamente determinantes. Se isso não significa que a história política deva constituir uma chave de inteligibilidade única, permite compreendê-la, conforme observam os textos reunidos por Bernstein & Milza, como um terreno, particularmente favorável, de experiência para apreender as relações entre estruturas e eventos, entre estratégias individuais e coletivas. Ou, então, na ótica de Rosanvallon, como um esforço para entender a formação e a evolução de sistemas de representação, que comandam a maneira pela qual uma época, um país ou os grupos sociais conduzem sua ação e enxergam o futuro.

De outro lado, a abordagem pauta-se fundamentalmente na concepção de Roger Chartier, em sua mais conhecida obra no Brasil, de que a história cultural "tem por principal objetivo identificar o modo como, em diferentes lugares e momentos, uma determinada realidade social é constituída, pensada, dada a ler". O imaginário de uma sociedade encontra-se sempre inserido num domínio particular de produções e práticas, supostamente distintas de outros níveis, como as do econômico ou do social, e que se manifesta "nas palavras, nos gestos e nos ritos". *Cultura* essa que fornece os elementos para as *representações*, pelas quais os indivíduos elaboram o sentido de sua existência ao traduzirem mentalmente a realidade exterior que percebem, mas cujo exame exige não só a descrição minuciosa dos pequenos fatos do quotidiano, ainda que "densamente entrelaçados", para falar como Geertz, quanto atenção para as permanências, para as grandes regularidades e ainda para os eventos, únicos no tempo, que, como mostrou Sahlins, trazem a possibilidade da novidade que afeta as estruturas.

No interior dessas preocupações mais amplas, procurei levar em conta também alguns trabalhos de história das relações internacionais – que enfatizam a necessidade de se considerar, como coloca Duroselle, "a política interna dos Estados como uma das principais chaves explicativas do jogo internacional" – e obras de Girardet, Delumeau, Le Goff e Agulhon. Do primeiro, utilizei o significado de mito e a idéia de efervescência mitológica, além da perspectiva de constelações mitológicas, que o autor foi buscar em Gilbert Durand. As discussões sobre o fim dos Tempos, as interpretações do *Apocalipse* e a angústia escatológica foram inspiradas por Delumeau. A concepção de imaginário político veio de Le Goff e de Agulhon, pois como este último aponta, é importante compreender o político não apenas como o jogo em que se elaboram as táticas e as estratégias de ascensão ao poder mas também como uma encruzilhada, no interior da qual se forjam os imaginários. Por fim, inspirei-me em algumas considerações de Eco, Costa Lima, Jauss e Iser relacionadas à análise do discurso e à teoria da recepção, para lidar com a articulação entre o individual e o coletivo, para perceber os sentidos escondidos nos textos e para avaliar a recepção das representações pelos indivíduos, uma vez que, se as obras de cunho político implicam numa construção de sentido dentro de um sistema de comunicação, aspectos diversos não podem deixar de serem levados em conta para se captar o significado das palavras utilizadas num determinado momento.

Traduzidas em linguagem de caráter mais formal, essas preocupações teórico-metodológicas assumiram a forma de alguns pressupostos, que nortearam o trabalho:

- A luta política e ideológica, no campo das representações construídas em relação a Napoleão Bonaparte, forjou-se através de uma polarização do simbólico, com o surgimento de mitos opostos que foram veiculados pelos escritos de circunstâncias.

- Em Portugal, essas imagens polarizadas ganharam leituras distintas por parte dos partidaristas e dos opositores dos franceses, ainda que se mantivessem pontos em comum aos diversos segmentos da sociedade, em função da cultura política predominante.

- No mundo português, por trás dessa luta simbólica, aflorava o dilema entre o novo, representado pelas forças liberais, e o antigo, representado pelas forças arraigadas ao Antigo Regime.

- Sob a capa de uma revolução, que contou com o apoio das camadas populares, a Restauração de 1808 em Portugal acenou, sim, para a entrada do país na via da política moderna, mas paradoxalmente acabou assegurando a manutenção da estrutura de Antigo Regime no país, o fortalecimento da monarquia e a preservação de um imaginário calcado na religião e na tradição.

Definido esse quadro de referência, estruturei o trabalho em cinco capítulos, em que se mesclam abordagens distintas mas complementares. O primeiro propõe-se a expor a historiografia sobre Napoleão Bonaparte e as invasões francesas em Portugal, inserindo a personagem em seu contexto – o tempo das Luzes e o tempo do Romantismo –, destacando a gradual construção das lendas em torno do imperador.

O segundo procura situar Portugal no momento das invasões francesas, relacionando eventos e representações que caracterizavam a sociedade do período. Ao analisar as atitudes das autoridades diante dos acontecimentos e refletir sobre os anseios distintos das diversas camadas sociais confrontadas pela situação inédita, quis construir o ambiente em que se utilizaram as imagens a favor ou contra Napoleão.

No terceiro, a indicação das constelações mitológicas que foram elaboradas em torno de Napoleão Bonaparte, da França e dos franceses, pretende sugerir que o momento de conturbação política e social, constituído pelo período das invasões, criou a possibilidade para o surgimento de leituras míticas, ancoradas seja na luta entre o bem e o mal, seja na perspectiva da vinda de um salvador, seja no regresso a uma idade de ouro, seja ainda, especialmente, na visão do anticristo, todas revestidas de um caráter apocalíptico, evidenciando o peso que o sagrado ainda mantinha.

O dois últimos capítulos, por fim, abordam a leitura e interpretação que *partidistas* e opositores dos franceses fizeram, em Portugal, dessas representações e desses mitos sobre Napoleão Bonaparte e os franceses; representações e mitos que foram traduzidos por meio de práticas políticas e ideológicas distintas, as quais, examinadas por meio dos episódios que marcaram o período, permitem entrever os limites do embate em curso entre a tradição e a modernidade no mundo português daquele momento.

Em suma, cruzou-se a história de um mito – Napoleão Bonaparte – com a de um país dominado que, em seu processo de libertação, conduzido, no plano simbólico, pela incorporação ou rejeição das constelações agregadas àquele mito, não deixou de revelar fissuras pelas quais teve início o lento desgaste de suas estruturas arcaicas. Num ambiente sufocado pela linguagem religiosa, esse desafio das Luzes para a entrada do homem em sua maioridade ficou restrito e toldado por uma cultura predominantemente escatológica, cuja permanência no oitocentos como chave explicativa do mundo continua a provocar perplexidade e a sugerir novos estudos.

Napoleão Bonaparte
O homem e a história

Em 1798, Ludwig van Beethoven, ainda no início da carreira e simpatizante da Revolução Francesa, ao freqüentar a embaixada da França em Viena, recebeu a sugestão de compor uma *Sinfonia Bonaparte*, em homenagem a Napoleão, cujas campanhas na Itália e no Egito causavam, naquele momento, espanto e admiração. No entanto, foi somente em 1804, após ter descoberto a extensão da surdez que o acometia, que veio a concretizar aquela intenção, com sua terceira sinfonia, opus 55. Já terminada a obra, chegou a notícia de que Napoleão havia se declarado imperador. Num acesso de raiva, conta uma testemunha, ele rasgou a dedicatória na primeira página, dizendo que o general francês não passava de um indivíduo comum, que logo se converteria em tirano. A obra adquiriu então o nome pelo qual ficou conhecida: *Sinfonia Heróica, para celebrar a* memória *de um grande homem.*[1]

Em 1808, quando Napoleão Bonaparte reuniu em Erfurt o famoso Congresso dos Príncipes, Louis Spohr, grande violinista alemão, ansioso por conhecer pessoalmente o imperador, foi àquela cidade, onde uma companhia francesa tocava cada tarde para os soberanos. Para seu desapontamento, soube que a entrada no teatro era privilégio de poucos. Nessa situação, concebeu um magnífico expediente. Conseguiu convencer ao segundo trompista de lhe ceder o lugar por um único espetáculo, apesar de nunca ter tocado tal instrumento antes. Para dominar as poucas notas que as composições programadas lhe reservavam, praticou o dia inteiro, ficando com os lábios negros e inchados. Na hora do espetáculo, Napoleão e seus convidados ocupavam a primeira fila da platéia, mas os músicos receberam ordem rigorosas de se manterem de costas para a audiência, proibidos de olhar para trás. Não se dando por vencido, Spohr arranjou um espelho de

---

[1] George Grove. Ludwig van Beethoven. In: H. C. Colles (ed.). *Grove's dicitionary of music and musicians.* 3rd ed. New York, Macmillan Company, 1947, v. 1, p. 282-283.

bolso, que assentou na estante das partituras e pôde, assim, realizar o sonho de ver o famoso imperador.[2]

Na mesma ocasião, também foi Goethe quem encontrou Bonaparte, que demonstrou haver lido o *Werther* e o condecorou com a Legião de Honra. Alguns anos depois, em 1813, o escritor proibiu seu filho de participar das guerras de liberação da Alemanha e, ainda mais tarde, em 1829, nas conversações com Eckermann, traçou um esboço do homem e do governante que o tinha distinguido:

> Napoleão manejava o mundo como Hummel, o piano; qualquer deles nos parece extraordinário, não somos capazes de os explicar e, todavia, ambos atuaram diante dos nossos olhos. Napoleão era especialmente grande porque permanecia o mesmo em todos os momentos. Antes do combate, durante ele, depois da vitória ou da derrota, estava sempre firme e consciente do que deveria resolver. Sentia-se sempre no seu elemento e pronto a enfrentar todas as circunstâncias, tal como Hummel ao tocar um adágio ou um *allegro*, piano ou forte.[3]

Esses episódios, relacionados à trajetória de alguns indivíduos paradigmáticos do período, ainda que provavelmente romanceados pela posteridade, apontam claramente para o fascínio que Napoleão Bonaparte exerceu sobre a sua época, revelando, em certa medida, o novo papel adquirido por uma personagem fundamental no mundo contemporâneo: o indivíduo.

Evidentemente personalidades destacaram-se nos séculos anteriores, mas, até o século XVIII, faltava à maioria da população a idéia de individualidade do ser humano. Vivia-se num mundo regido por tradições e costumes, que encontravam no pensamento religioso a forma natural de conceber o universo e na oralidade a via quase única de comunicação. Mundo que perdemos, no qual os *súditos* tiravam sua identidade exclusivamente das famílias, das corporações, do estrato social em que tinham nascido, da fé que professavam. Mundo de rotinas e convenções, que não deixava lugar para o indivíduo moderno, saído *de sua menoridade*, como diria Kant, para agir por si próprio.[4]

---

[2] Paul David. Louis Spohr. In: H. C. Colles (ed.). *Grove's dicitionary of music* ..., v. 5, p. 97.
[3] *Conversações de Goethe com Eckermann*. Porto, Livraria Tavares Martins, 1947, p. 212. Para as informações sobre Goethe e Napoleão, cf. J. Tulard. Goethe. In: Idem (dir). *Dictionnaire Napoléon*. Nouvelle édition, revue et augmentée. v. 1. Paris, Arthème Fayard, 1999, p. 881.
[4] Cf. P. Laslett. *O mundo que nós perdemos*. Lisboa, Cosmos, 1975; Georges Gusdorf. *L'homme romantique*. Paris, Payot, 1984, p. 18-25; Immanuel Kant. Resposta à pergunta: que é 'esclarecimento' (Aufklärung)? In: *Textos seletos*. (Ed. bilingüe). Petrópolis, Vozes, 1974, p. 100.

Mundo, porém, em que esses valores sociais e políticos do Antigo Regime, ainda em vigor na maioria das monarquias européias, especialmente no mundo ibérico, passavam também a ser contestados. A Europa secularizava-se. O peso da *tradição*, entendida como a permanência de valores e atitudes sem perspectiva sobre o passado e, por isso, satisfeita em reencenar quotidianamente uma ordem imemorial, que devia ser mantida a qualquer custo, e o valor da *religião*, catalisadora das crenças e dos anseios dos indivíduos, tendiam a desaparecer.[5] Em seu lugar, vieram a ocupar o proscênio a idéia de *progresso* e a noção de *maleabilidade* do ser humano, infinitamente perfectível.[6] Num segundo plano, valorizou-se a Ciência, a História e a Pedagogia. A primeira, porque fornecia os meios para assegurar o progresso; a segunda, como instrumento de aferição deste progresso; a terceira, por fim, enquanto canal de difusão e de inculcação dessa nova visão de mundo. Visão de mundo secularizada, em que cabia aos homens transformar a realidade para dar-lhe as proporções e a forma adequada ao *Homem*. Por conseguinte, o século XIX nasceu sob a égide do embate entre o Antigo Regime e as Luzes, um sinal, talvez o mais evidente, daquilo que muitos denominaram a *Modernidade*.[7]

Assim, por exemplo, Beethoven, embora vivesse cercado de nobres na aristocrática Viena, impôs-se como artista independente diante daquelas convenções sociais contra as quais um Mozart, alguns anos antes, mostrara-se impotente, e tornou-se o exemplo por excelência do espírito revolucionário em luta contra as opressões e injustiças da sociedade. Com isso, acabou emprestando às artes e à própria cultura uma nova dimensão. Napoleão, por sua vez, apesar de coroar-se imperador, em função de seu talento militar, destituiu dinastias e refez o mapa da Europa, empolgou um povo inteiro com a mística da nação e implantou, nos territórios conquistados, uma série de valores da Revolução Francesa. Contribuiu, assim, decisivamente para o surgimento da política no sentido moderno.

---

[5] Cf. F. Furet & J. Ozouf. Trois siècles de métissage culturel. *Annales E.S.C.* Paris, 32 (3): 488-502, mai-juin. 1977.

[6] Para a noção de maleabilidade humana, ver Maurice Mandelbaun. *History, man & reason: a study in nineteenth-century thought*. Baltimore, Johns Hopkins University Press, 1977, p. 141-145.

[7] Cf. Jacques Le Goff. Antigo/Moderno. In: *Enciclopédia Einaudi: Memória-História*. Lisboa, Imprensa Nacional-Casa da Moeda, 1984, p. 370-392; R. Koselleck. *Futuro passado*. Contribuição à semântica do tempo histórico. Rio de Janeiro, Contraponto/ Editora PUC-Rio, 2006. p. 21-39.

Foi nesse contexto das Luzes, embora já marcado pelos primeiros albores das idéias românticas, que se construíram a lenda e o mito de Napoleão Bonaparte.[8] Sua personagem e seu tempo deram lugar a uma produção bibliográfica abundante que, somente em relação à história da França, segundo Natalie Petiteau, atinge mais de 26 mil referências, incluindo uma infinidade de trabalhos biográficos.[9] O herói, no entanto, não ficou circunscrito à França, adquirindo uma dimensão universal, que permitiu inspirar Dostoievski e Tolstoi, além de servir como referência a Nietzsche, em *A Gaia Ciência*. A música também foi envolvida pela onda napoleônica. Além de Beethoven, Berlioz compôs, em 1835, uma cantata sobre a morte de Napoleão – *Cinco de maio*; Tchaikovski celebrou a vitória da Rússia em sua *Abertura de 1812*; Prokofiev elaborou a ópera *Guerra e Paz* e Schoënberg escreveu, em 1943, uma *Ode a Napoleão*, inspirada num poema de Byron.[10]

O cinema também consagrou inúmeros filmes a Napoleão, cuja quantidade, segundo Jean Tulard, ultrapassou aqueles de Joana d'Arc, Lincoln e Lênin reunidos. Essa fascinação pode ser comprovada desde 1898, quando se encontra nos catálogos da Gaumont um *Bonaparte na Ponte d'Arcole*. Os filmes foram veículos de diversas ideologias, como a exaltação do chefe fascista no filme italiano *Campo de Maio* (1931), e de inúmeros nacionalismos – alemão (*Waterloo*, de Grune, em 1929), inglês (*O duque de Ferro*, em 1935, ou *O jovem Pitt*, em 1942), polonês (*Cinzas*, de Vadja, em 1965) e, sem dúvida, francês, com o *Napoléon* de Abel Gance, que constituiu um marco do cinema mudo em 1927. Recuperado em *Waterloo*, filmado em 1970 pelo russo Bondartchouck, com um produtor italiano e tendo Orson Welles no papel de Luís XVIII, Napoleão sofreu também a onda pornográfica com o *Albergue dos prazeres*, sobre a pretendida impotência do imperador. Assim, Jean-Louis Barrault, Marlon Brando, Charles Boyer, Pierre Blanchar, Patrice Chéreau, Gérard Oury e Rod Steiger, entre outros, encarnaram, em algum momento de suas carreiras cine-

---

[8] Existe ampla bibliografia na historiografia francesa que analisa essa questão. Entre os trabalhos mais recentes, ver Annie Jourdan. *Napoléon: héros, imperator, mécène*. Paris, Aubier, 1998; Natalie Petiteau. *Napoléon, de la mythlogie à l'Histoire*. Paris, Seuil, 1999; Cf. J. Tulard. *Napoleão: o mito do salvador*. Niterói, Casa Jorge Editorial, 1996. Para os demais cf. bibliografia ao final do livro.
[9] Natalie Petiteau. *Napoléon ...*, p. 11.
[10] Cf. J. Tulard. *Napoleão: o mito ...* , p. 366. Ver ainda para Berlioz, W. Henry Hadow. Hector Berlioz. In: H. C. Colles (ed.). *Grove's dicitionary of music ...* . v. 1, p. 357.

matográficas, a personagem de Napoleão Bonaparte. Desde o início até 1998, produziram-se mais de 150 filmes, que de certo modo ilustraram o célebre modelo napoleônico, reduzindo, muitas vezes, a personagem a um arquétipo definido por alguns acessórios simbólicos e gestos convencionais, como o chapéu de dois bicos ou a mão enfiada entre os botões do casaco, que permitiam ao público reconhecer imediatamente o proscrito de Santa Helena.[11]

O mito napoleônico, no entanto, só pôde tornar-se inesgotável para a produção nas artes porque alicerçado em uma trajetória singular. Nascido sem distinção numa ilha periférica, alçado ao poder em 1799 pelos triunfos militares que alcançara, o jovem general corso, cinco anos mais tarde, sagrava-se imperador da França e, durante os dez anos seguintes, fez e desfez casas reinantes, alterando profundamente o equilíbrio de poder na Europa, para morrer em 5 de maio de 1821, confinado, mas não esquecido. Quase dois séculos passados, contudo, a aventura e o mito Napoleão Bonaparte continuam a suscitar admiração ou rejeição. Em parte, essa atração pode ser explicada pela abundância de escritos, mas também pelas imagens resultantes da epopéia napoleônica. A história de sua história é rica em ensinamentos tanto sobre as paixões políticas francesas quanto sobre aquelas da Europa em geral, pois o período e a personagem provocaram inúmeras publicações também no estrangeiro. Curioso é que toda essa produção tenha-se revestido, quase sempre, de uma prática tradicional na escrita da História, fundamentada numa narrativa cronológica de eventos e sobre a influência destes nas opções disponíveis para os principais atores do processo. Dessa forma, a história do Império acabou sendo elaborada, por muito tempo, a partir daquela de um só homem. Seu registro voltou-se essencialmente ora para exaltar o imperador, através de inúmeras biografias, ora para denegri-lo, por meio de escritos que retratam a sua vida privada, seus supostos vícios e atos arbitrários. Para Natalie Petiteau, a grande atração da personagem constituiu-se, na realidade, em um obstáculo para a elaboração de uma história distanciada do homem e de sua ação.[12]

Ao despertar ecos distintos que se identificam aos mitos negros ou dourados, pode-se afirmar que, no balanço final, essa produção historiográfica revela-se repleta de contrastes, e suas etapas, profundamente marcadas pelas repercussões

---

[11] Phillipe d'Hugues. Cinéma (Napoléon au). In: J. Tulard (dir). *Dictionnaire Napoléon* ..., v. 1, p. 440- 443. Cf. ainda J. Tulard. *Napoleão: o mito* ..., p. 366.
[12] Natalie Petiteau. *Napoléon* ..., p. 14-15.

das circunstâncias históricas, como bem demonstrou Jacques Godechot.¹³ Deve-se destacar ainda que, apesar da abundante produção bibliográfica, a história de Napoleão e seu tempo permaneceu uma *persona non grata* em relação à história produzida no meio universitário francês. Com exceção de Jean Tulard e, antes dele, Marcel Dunan, nenhum historiador titular de uma cátedra fundamentou sua carreira sobre essa especialidade; ainda hoje, são escassas as teses voltadas para esse período. De acordo com Tulard, o fato explica-se em função da existência de apenas uma cátedra na Sorbonne consagrada à Revolução Francesa, que também inclui o período napoleônico, sendo quase sempre ocupada por especialistas da Revolução, e não por historiadores do Império. No entanto, outros aspectos devem ser considerados, como o questionamento de uma geração sobre a hegemonia do político e a defesa propagada pelos *Annales* de uma nova abordagem de história, em que o econômico e o social deveriam ocupar lugar primordial, em nome de uma história total, centrada na atividade humana, na vida dos grupos e das sociedades, fazendo com que seus seguidores excluíssem, até recentemente, a análise biográfica ou de questões políticas. Na visão de Tulard, para os *Annales*, Napoleão possuía "todas as taras: o factual, o tempo curto (1800-1815) e o biográfico".¹⁴ Isso pode ser comprovado pelo levantamento do número de artigos e resenhas relacionados ao período napoleônico, publicados na revista desde sua fundação até o ano de 2000, no qual, em relação ao Primeiro Império, encontraram-se apenas 25 indicações, 10 das quais referentes a Napoleão. À guisa de comparação, a Revolução Russa de 1917 comparece com 28 entradas e a Revolução Francesa, com 148, no mesmo período.¹⁵

Em virtude desses múltiplos fatores, há uma certa dificuldade em se apreender tanto o período napoleônico como a personagem em si. Até porque, em inúmeras vezes, a lenda se sobrepõe à história, quando esta é invadida pelos caminhos da memória. Assim, em torno de Napoleão Bonaparte, através do mito do ogro, das fantasias solares, dos sonhos do anticristo, entre outros, constituiu-se uma lenda que possui um dupla face. De um lado, na origem de tudo, a *lenda imperial*, ou *lenda rosa* ou *dourada*, forjada, inicialmente, pelo

---

¹³ Jacques Godechot. *Europa e América no tempo de Napoleão (1800-1815)*. São Paulo, Pioneira/EDUSP, 1984, p. 279-309.
¹⁴ J. Tulard apud Natalie Petiteau. *Napoléon* ..., p. 11 e 23-24.
¹⁵ O levantamento até 1998 foi feito a partir da *Table Analytique des Annales* [1949-1968], [1969-1988], [1989-1993] e [1994-1998]. Cf. indicação na bibliografia ao final do trabalho. Para os anos de 1999 e 2000, foram consultadas as próprias revistas.

próprio Napoleão, quando das campanhas de Itália. De outro, a *lenda negra* – o anti-Napoleão –, construída a partir de inúmeras caricaturas, panfletos e escritos, que vieram à luz não só na França como em toda a Europa.[16]

Filho das Luzes, Napoleão Bonaparte compreendera, desde cedo, o papel da opinião pública na construção da imagem de um soberano, e reconhecia na espada e no intelecto os dois poderes do mundo, admitindo que, na maioria das vezes, aquela era vencida por este.[17] Nessa perspectiva, na esteira de Richelieu, com *La Gazette* de Renaudot, e de Luís XIV ao criar o tema do Rei-Sol, o imperador dos franceses compreendeu a importância da propaganda e não cessou de elaborar ao longo de seu governo imagens diversas que lhe permitiram ascender ao poder, reforçá-lo e, sobretudo, entrar e permanecer na História.[18] O arco do triunfo do Carrossel e a coluna Vendôme, edificados em homenagem aos soldados do Exército Imperial, serviram também de suportes para glorificar e legitimar o poder napoleônico.[19] Inúmeras festividades eram realizadas nas comemorações de seu aniversário e coroação, criando-se, até mesmo, um *Santo Napoleão*, cuja festa, desconhecida do calendário francês até sua institucionalização em 1805, foi introduzida por Pio VII em 15 de agosto, data do nascimento do imperador. O cardeal Caprara, representante do papa, encontrara no martirológio um mártir santo, morto na prisão em Alexandria, chamado *Néopolis*, que podia se transformar em um *Napoléon*, deformando-se da pronunciação italiana. Apesar de tornar-se o patrono dos guerreiros e bonapartistas e de ser comemorado como data nacional ao longo do Império, um escrito de época assegurava que essa figura, embora incluída nas *Acta Sanctorum* dos Bollandistas, não passava de um malvado demônio, cujo prazer consistira em atormentar o corpo de uma pobre mulher durante cinco anos consecutivos.[20]

---

[16] Cf. J. Tulard (apres.). *L'Anti-Napoléon: la legende noire de l'Empereur*. Paris, Julliard, 1965. Cf. Catherine Clerc. *La caricature contre Napoléon*. Paris, Éditions Promodis, 1985.
[17] G. Lefebvre. *Napoléon*. 6ème ed. Paris, PUF, 1965, p. 409-410.
[18] Para o caso do Rei-Sol, cf. Peter Burke. *A fabricação de rei. A construção da imagem pública de Luís XIV*. Rio de Janeiro, Jorge Zahar Ed., 1994. Para Napoleão, ver Annie Jourdan. *Napoléon. Héros, Imperator, Mécène*. Paris, Aubier, 1998, p. 9-15.
[19] Para uma análise sobre a construção da imagem pública de Napoleão, através da iconografia e dos monumentos, ver Raquel Stoiani. *Da espada à águia: construção simbólica do poder e legitimação política de Napoleão Bonaparte*. Dissertação de mestrado apresentada à Universidade de São Paulo. São Paulo, 2002, especialmente, p. 159-173, para os monumentos citados.
[20] Para a história de Santo Napoleão, ver Emmanuel de Las Cases. *Mémorial de Sainte-Hélène*. v. 1. Paris, Seuil, 1968, p. 120; Henri George. Saint-Napoléon (fête de la). In: J. Tulard (dir.). *Dictionnaire Napoléon ...* v. 2, p. 698. O texto de época é "Le Brigand Corse" (1814). Apud J. Tulard (apres.). *L'Anti-Napoléon: ...*, p. 47.

Ao controlar os jornais da época, Napoleão contribuiu decisivamente para suas vitórias, transformando o *Bulletin de la Grande Armée*, iniciado em 7 de outubro de 1805 e que perdurou ao longo do Consulado e do Império, no instrumento mais importante dessa propaganda. Seus números, reproduzidos em vários jornais, eram lidos nos liceus, declamados no teatro e comentados pelos sacerdotes em seus sermões, até, pelo menos, os conflitos com o papa. Tinham por objetivos, primeiro, explicar aos soldados os movimentos das campanhas militares de que participavam, fazendo que fosse considerado prestigioso para um soldado ou um regimento ali ser citado; segundo, elevar o *moral* do exército e da nação e, *last but not least*, deixar um legado à posteridade. Segundo Tulard, em sua correspondência, Napoleão demonstrava consciência da importância dos *Boletins* como o registro de suas campanhas e, embora seja temerário realizar uma história militar do Primeiro Império a partir dessa fonte, ela não deixou de ser utilizada por muitos contemporâneos para descrever os acontecimentos que apavoravam as cabeças coroadas da Europa.[21] Assim fez o brasileiro Hipólito da Costa, que, em seu jornal *Correio Braziliense*, publicado em Londres, transcreveu "por inteiro" a série de *Boletins* franceses por darem "conta circunstanciada dos exércitos desta nação, na guerra da Espanha", ainda que, preocupado com os "registros diários em que se lançam as memórias do que vai acontecendo e que servem, ao depois, para os fundamentos da história", afirmasse que "junto a eles copiei as notícias dos mesmos acontecimentos, referidos pelos espanhóis, para que, ouvindo ambas as partes, se possa julgar melhor dos resultados".[22]

Na grande imprensa, ao lado de *Le Moniteur*, que apresentava unicamente os aspectos mais favoráveis ao regime, deve-se destacar o *Argos ou Londres vista por Paris*, um jornal, escrito em inglês, favorecido pelo governo francês, com o objetivo de se engajar na polêmica contra os periódicos ingleses em seus ataques ao primeiro cônsul. Além desses meios de comunicação universal, responsáveis pelo esboço de uma *voz geral*, também as *Atas das Sessões* do Tribunato, do Corpo Legislativo e do Senado serviam para ampliar a ressonância do imperador e, posteriormente, de fonte para a elaboração de uma historio-

---

[21] J. Tulard. Bulletins de la Grande Armée. In: Idem (dir). *Dictionnaire Napoléon* ..., v. 1, p. 333.

[22] *Correio Braziliense ou Armazem Literário*. v. 1, n° 7, dezembro de 1808, p. 643 e v. 24, n° 144, maio de 1820, p. 528.

grafia oficial, como a *História do Consulado e do Império*, escrita sob a vigilância de Napoleão por Jean-Charles-Dominique Lacretelle, o qual, no entanto, nas edições posteriores a 1814, nela destilou seu ódio ao imperador.[23]

Mesmo após a queda do imperador, em meio a um crescente número de publicações que procuravam denegrir sua imagem, a curiosidade em torno do proscrito de Santa Helena não diminuiu. Em 1817, um *Manuscrit venu de Sainte-Hélène d'une manière inconnue* apresentava-se como um conjunto de memórias apócrifas em defesa de Napoleão. Atribuído a diversos autores, o texto obteve enorme êxito. Em 1821, surgiu *Napoléon, sa naissance, son éducation, sa carrière militaire, son gouvernement, sa chute, son exil et sa mort*, uma biografia favorável e completa de Napoleão, redigida provavelmente por um de seus companheiros de exílio. Igualmente em 1821, O'Meara, antigo médico do imperador, publicava *Napoléon en exil, ou une voix de Sainte-Hélène*, apologia que alcançou grande sucesso. Foi, no entanto, através do célebre livro *Mémorial de Sainte-Hélène* (1ª edição de 1823), redigido por Las Cases, que a lenda imperial consagrou-se, ao impor à história a própria versão de Napoleão Bonaparte. Tratava-se de um diário feito por Las Cases em Santa Helena, no qual ele registrou as conversas familiares, os monólogos e comentários diversos do ex-imperador. Transmitia, portanto, a imagem através da qual este desejava aparecer à posteridade: filho da Revolução Francesa, desejoso de estender e consolidar na França e espalhar por toda a Europa os princípios de 1789 – liberdade, igualdade e abolição do regime feudal –, pacifista, a quem a guerra foi imposta pelos soberanos e comerciantes ingleses. Enfim, um liberal esclarecido face ao obscurantismo dos *ultras* e da Santa Aliança. Obra de propaganda, o *Mémorial* conheceu um sucesso extraordinário, sendo logo traduzido para o alemão, inglês, espanhol, dinamarquês, holandês e, posteriormente, para o polonês e o italiano.[24]

---

[23] Cf. J. Godechot. *Europa e América* ..., p. 280-281; Alfred Fierro-Domnech. Historiographie du Premier Empire. In: J. Tulard (dir). *Dictionnaire Napoléon* ..., v. 1, p. 954-957. Para a expressão *voz geral*, ver K. M. Baker. Politique et opinion publique sous l'Ancien Regime. *Annales. E.S.C.* Paris, 42 (1): 41-71, jan/fév. 1987.

[24] Cf. J. Tulard. Préface. In: Emmanuel de Las Cases. *Mémorial de Sainte-Hélène*. v. 1. Paris, Seuil, 1968, p. 7-19. O diário foi confiscado pelas autoridades inglesas, quando da expulsão de Las Cases da ilha, sendo-lhe restituído, em 1821. Natalie Petiteau. *Napoléon* ..., p. 13-4; J. Tulard. *Napoleão: o mito* ..., p. 364-5; Cf. J. Godechot. *Europa e América* ..., p. 280-281; Alfred Fierro-Domnech. Historiographie du Premier Empire. In: J. Tulard (dir). *Dictionnaire Napoléon* ..., v. 1, p. 954.

O *Mémorial* foi considerado pelos historiadores como o primeiro dos *evangelhos* de Santa Helena, constituindo definitivamente o mito de Napoleão, a partir da combinação de diversos elementos: o jovem herói, o senhor do mundo e o proscrito.[25] Foi seguido de diversos outros trabalhos, como, por exemplo, os *Dictées de Sainte-Hélène* (1823), pelo conde de Montholon, que, de 1822 a 1827, ainda elaborou, com Gougaud, os oito volumes das *Mémoires pour servir à l'histoire de France sous Napoléon, écrits à Sainte-Hélène par les généraux qui ont partagé sa captivité*, e as *Mémoires* (1825) de Antommarchi, último médico do imperador. A partir de então, outros contemporâneos contribuíram para acalentar a lenda, com as suas memórias, cabendo, no entanto, aos escritores românticos consagrarem definitivamente, esse monumento da lenda dourada de Napoleão, como se verá adiante. Definia-se, portanto, um mito político, construído de deformações ou de interpretações objetivamente recusáveis do real, possibilitando a formação de opiniões voláteis, que de certo modo também deram lugar ao surgimento da lenda negra.[26] Ainda nos dias de hoje, o mito invade a história do período napoleônico, que permanece, exceto pelas publicações universitárias, amplamente dominada pela personalidade de seu principal ator, como, por exemplo, de Natalie Petiteau, os trabalhos de Max Gallo, que conservam vestígios da *lenda rosa*.[27]

Se, na França, a mítica imperial transformou Bonaparte em uma combinação de herói e semideus, especialmente entre 1800 e 1814, na Europa, em guerra contra o imperador, ao contrário, surgiram, nessa mesma época, os primeiros escritos que divulgaram uma imagem depreciadora. Tendo a Inglaterra como foco inicial, essa literatura de circunstância encontrou rápido sucesso na Alemanha, na Rússia e na Península Ibérica, sendo que seus temas foram retomados na França por mais de 500 brochuras, publicadas principalmente entre 1814 e 1821. Vinha à luz a *lenda negra*, que reduziu o herói às dimensões de um usurpador e exterminador de envergadura medíocre, dono de um caráter feroz e sanguinário, cuja carreira, mesclada de crimes sórdidos, terminou sem mais grandezas numa ilha perdida do Atlântico.[28]

---

[25] Cf. Natalie Petiteau. *Napoléon* ..., p. 13. J. Tulard. Préface. In: Emmanuel de Las Cases. *Mémorial de Sainte-Hélène* ..., p. 7-8.

[26] R. Girardet. *Mitos e mitologias políticas*. São Paulo, Companhia das Letras, 1987, p. 13-14.

[27] Natalie Petiteau. *Napoléon* ..., p. 14. A mais importante obra de Max Gallo é *Napoleon*, publicada por Robert Laffont, 4 volumes, em 1997, e traduzida para o português em 2003. Cf. Max Gallo. *Napoleão*. Niterói, Casa Jorge, 2003. 2v.

[28] J. Tulard (apres.). *L'Anti-Napoléon:* ..., p. 12-24 e 45.

Na França, a lenda negra não foi apenas um exercício de estilo para escritores, mas correspondeu também a alguns anseios, ainda que momentâneos, do sentimento popular. O peso do recrutamento, o restabelecimento dos direitos reunidos (*droits réunis*), a crise econômica de 1810-1811 afastaram do Império boa parte da opinião pública. O momento inicial da Restauração vislumbrou uma nova fase de paz, prosperidade e retorno à antiga ordem de coisas. O desmoronamento do Império abriu, contudo, um vazio de poder que, se parecia trazer à tona a força da Santa Aliança, não levou em consideração as novas idéias do liberalismo e da política das nacionalidades. A lenda negra, por conseguinte, teve breve existência.[29]

Os principais canais de divulgação da lenda negra foram livros de contrapropaganda, panfletos políticos e caricaturas. Os primeiros foram redigidos por autores diversos, em geral, homens de letras que, de algum modo, tinham participado direta ou indiretamente da ação napoleônica. Tais escritos possuíam uma certa pretensão histórica, cujo objetivo era assimilar ao imperador a imagem de um tirano cruel e degenerado, um homem indigno, a fim de se lhe atribuir, com verossimilhança, todos os tipos de crimes. Entre outros, pode ser destacado o trabalho de Lewis Goldsmith *História secreta do gabinete de Napoleão Bonaparte e da corte de Saint-Cloud*, publicado em Inglaterra em 1810. Seu autor, um entusiasta da Revolução Francesa, foi o diretor do jornal *Argus*, "publicado em língua inglesa, com o desígnio de corromper os vassalos da Grã-Bretanha". Expulso da França em 1809, ele retornou à Inglaterra e, para se reabilitar, escreveu tanto um periódico antifrancês quanto essa *História secreta*. Traduzida em diversas línguas, inclusive para o português em 1810 e para o francês em 1814, o livro retratava o imperador desprovido de todo o talento político e administrativo, um verdadeiro terrorista, que cometeu todas as espécies de crime na Córsega, em Toulon, no Egito e ao longo de todo o seu reino. Mostrava o caráter violento do soberano e acusava Napoleão dos piores vícios: "Nunca se viu indivíduo humano que reunisse uma combinação de crueldade, tirania, petulância, dissolução e avareza como Napoleão Bonaparte. A natureza não produziu ainda

---

[29] Cf. J. Tulard. Le retour des cendres. In: Pierre Nora (dir.). *Les Lieux de mémoires*. T. II: *La Nation*. v. 3. Paris, Gallimard, 1986, p. 81-110. Os *Droits réunis* significavam o retorno dos impostos indiretos tradicionais do Antigo Regime sobre as cartas de jogar, as bebidas, as peças de ouro e prata e a fabricação do tabaco. A lei de 25 de fevereiro de 1804 criava tal regulamentação. Cf. Michel Bruguière. Droits réunis. In: J. Tulard (dir). *Dictionnaire Napoléon ...*, v. 1. p. 674.

ente mais horrendo". E, como um artista italiano, que queria exaltar sua obra, afirmava que "a natureza depois de fazer, quebrara a fôrma em que o tinha modelado", solicitando ainda Goldsmith "aos céus" que não aparecesse "nunca outro mortal formado no molde que serviu para fazer Napoleão".[30]

A queda do Império provocou o surgimento de inúmeros outros trabalhos, cuja seriedade e veracidade, na maioria dos casos, não podem ser levadas em conta, destacando-se, entre outros: *Mémoires pour servir à l'histoire de France sous le gouvernement de Napoléon Bonaparte* (1814-1821, 9 v.) de Jean-Baptiste Salgues, que o retrata coberto de sangue de seus concidadãos e devorado pela ambição; *Vie politique, militaire et privée du général Moreau* (1814), *Les Campagnes de 1814 et 1815* (1814, 1815 e 1817) de A. de Beauchamp, considerado por Tulard como um dos primeiros historiadores das campanhas militares de Napoleão; e *Histoire de Buonaparte depuis sa naissance jusqu'à ce jour* (1816) de Godin, que comparava Napoleão a Nero ou a um monstro sanguinário.[31]

Os escritos mais duros e violentos, também considerados pela historiografia como os mais característicos da lenda negra, foram: *De Buonaparte et des Bourbons* (1814) de Chateaubriand, *De l'esprit de conquête et de l'usurpation dans leurs rapports avec la civilisation européenne* (1814) de Benjamin Constant e *Considérations sur la Révolution Française* (1818), obra póstuma de Madame de Staël. Em suas linhas mais amplas, elas retrataram os dois partidos que combatiam a lenda imperial na Restauração: os conservadores (*ultras*) e os liberais. A obra de Chateaubriand é vista como o manifesto dos primeiros, na qual o imperador aparece como o "ogro da Córsega", sedento de sangue dos franceses, aquele que suprimiu a liberdade de opinião ao transformar os escritores em bajuladores ou obrigando-os a se calarem.[32] O traço comum desses escritos conservadores foi a violência, o gosto pela caricatura e o ódio a Napoleão, que se tornava o herdeiro de uma revolução que foi "satânica em sua essência, ilegítima em seu princípio e criminosa em sua forma".[33]

---

[30] *História secreta do gabinete de Napoleão Bonaparte e da corte de Saint-Cloud.* Lisboa, Imp. Régia, 1810, p. 188. Anunciado na *Gazeta do Rio de Janeiro*, em seu n.º 40 de 18 de maio de 1811.

[31] Cf. Natalie Petiteau. *Napoléon ...*, p. 33-35; J. Godechot. *Europa e América ...*, p. 281-2; J. Tulard (apres.). *L'Anti-Napoléon: ...*, p. 37-42.

[32] A obra de Chateaubriand foi traduzida para o português, em 1814, pela Marquesa de Alorna, que se encontrava em Londres.

[33] J. Tulard (apres.). *L'Anti-Napoléon: ...*, p. 34-35. Citação à p. 35.

Já Constant e Madame de Staël resumem as idéias dos liberais, apresentando argumentos distintos. Sem dúvida, para eles, Napoleão era um tirano, mas que algumas vezes deixou-se levar pela filosofia, aproximando-se da imagem de um *déspota* esclarecido, na tradição do século XVIII. Sua hostilidade fundamenta-se numa certa decepção em relação a Napoleão, em virtude de ele não ter dado continuidade à consagração das liberdades proclamadas em 1789. Assim, na visão de Constant, Bonaparte estabelecera uma verdadeira tirania, que impedia o gozo das liberdades individuais, quer através de instrumentos de pressão, como os tribunais especiais e as prisões do Estado, quer através da persuasão, utilizando-se das universidades e do clero.[34]

O principal instrumento de divulgação de uma imagem antinapoleônica, foram os panfletos políticos, que a aventura bonapartista fez pulular na Europa dominada, entre 1798 e 1814, e na França, de 1814 a 1821. Centenas de libelos, opúsculos, panfletos, anedotas, páginas de pequenas histórias e jornais saíram à luz, estimando-se em torno de mil em cada país, embora se ignore, de acordo com os especialistas, quais foram suas tiragens.[35] De caráter didático e polêmico, os panfletos foram escritos sob a forma de comentários aos fatos recentes ou de discussões sobre as grandes questões do momento, traduzindo em linguagem acessível os temas fundamentais da política. Nas regiões dominadas, regra geral, mantinham-se anônimos por causa da censura. Em Portugal, foram de quatro tipos: os antinapoleônicos, os antifranceses, os antiafrancesados e os exclusivamente patrióticos.[36] Tanto pelo preço como pelo pequeno número de páginas, os panfletos constituíam publicação mais acessível e adquiriam uma circulação mais intensa, especialmente nas regiões dominadas pelos franceses. Divulgavam acontecimentos, que passavam assim do domínio privado ao público e se convertiam, no processo, em *novidades*. Propiciavam, por outro lado, a agitação, o falar "de boca" do cotidiano, além de tornarem acessível a camadas sociais mais amplas um certo imaginário novo e a apreensão de idéias e

---

[34] Cf. B. Constant. *De l'esprit de conquête et de usurpation dans leurs rapports avec la civilisation européenne*. Paris, Flamarion, 1986, p.135-204.
[35] J. Tulard (apres.). *L'Anti-Napoléon:* ..., p. 36. Segundo N. Daupiás d'Alcochete, o número de panfletos em Portugal deve atingir cerca de três mil, incluindo-se as proclamações oficiais. Cf. Les pamphlets portugais anti-napoléoniens. *Arquivos do Centro Cultural Português*. Paris, 11: 7-16, 1978.
[36] N. Daupias d'Alcochete. Les pamphlets portugais..., p. 10-11.

concepções de mundo inéditas entre o *povo*, já que as mensagens transcendiam ao estreito círculo da cultura escrita.

Alguns panfletos apresentavam a forma de diálogos, como o *Dialogo entre dous mortos ou entendimento entre dous soldados que morreram na batalha do Bussaco, hum inglez e outro francez, enterrados ambos no mesmo lugar* (1811), conversa, em vários atos, a respeito dos acontecimentos relativos às invasões francesas em Portugal, seguindo o modelo clássico do *Spectator* de Addison e Steele.[37] Em *O Jacobinismo vencido pelas razões de hum patriota ou Dialogo entre hum patriota e hum jacobino sobre a retirada de Massena* (1811), o segundo vai visitar o primeiro para convencê-lo a seguir o partido francês, mas, em um duelo de palavras, o patriota consegue demonstrar que um "jacobino ou partidarista de Napoleão é um indivíduo falso à sua Pátria, é um traidor do seu Soberano"; e, ainda, é "o ódio dos bons Cidadãos, é um Sectário de um homem sem Lei". Assim, o partidarista, arrependido, termina por abjurar os franceses, escrevendo uma poesia – *Jacobinos Praguejados* – contra a maldita seita dos Partidaristas.[38] Há também o curioso diálogo entre Josefina e a Arquiduquesa da Áustria, intitulado *A Pancadaria em Paris entre as duas Imperatrizes*, obrigando a Guarda Imperial a intervir para separar as duas mulheres. Nesse diálogo, Josefina atiçava os sentimentos de Maria Luísa, afirmando que ela também já fora imperatriz, mas hoje era apenas sua criada e que Maria Luísa era, "de um déspota tirano, a vil mulher emprestada".[39]

Outros procuravam explicar certos pontos fundamentais dos acontecimentos da época, recorrendo, para atingir tal objetivo, ao pequeno catecismo de uso popular, como o *Petit catéchisme impérial à l'usage du peuple français* (1814), espécie de contracatecismo imperial, que apresentava a versão dos realistas sobre os últimos momentos do Império, ou o *Cathecismo civil ou breve compêndio das obrigações do hespanhol, conhecimento pratico da sua liberdade e explicação de seu inimigo*, publicado quando da sublevação da Espanha, procurando exaltar o patriotismo espanhol e demonstrar o ódio a Napoleão.

---

[37] P. Gay. *The Enlightenment: The Science of Freedom.* N. York, Norton, 1977, p. 52-55. Ver também M. Lúcia Pallares-Burke. *The Spectator. O Teatro das Luzes. Diálogo e imprensa no século XVIII.* São Paulo, Hucitec, 1995.

[38] Lisboa, Offic. de Simão Thaddeo Ferreira, 1809. Citação à p. 19, poema às p. 22-28. Obra vendida na loja do francês J. Roberto Bourgeois e anunciada na *Gazeta do Rio de Janeiro*, entre 1810 e 1813.

[39] *A pancadaria em Paris entre as duas Imperatrizes.* Lisboa, Imp. Regia, 1811. Citação à p. 4-5.

P: Quem é o inimigo de nossa felicidade?
R: O imperador dos franceses.
P: E quem é este homem?
R: Um novo Senhor, infinitamente mau e cobiçoso, o princípio de todos os males e o fim de todos os bens, é o compêndio e depósito de todos os vícios e maldades.
P: Quantas naturezas tem?
R: Duas: uma diabólica, outra inumana.[40]

A religião era usada com a preocupação de atingir um público mais amplo, divulgando-se as críticas ao regime francês através do antigo costume de parodiarem-se formas religiosas. Assim, surgiram pais-nossos, credos, ave-marias, que expressavam os sentimentos de oposição ao domínio napoleônico. Um exemplo pode ser encontrado no panfleto *ABC poético*, que trazia, ao final, um *Padre Nosso*, composto de 26 estrofes, cujos últimos versos formavam o conjunto da oração:

....
Por tão Augusto Troféu
Que para Vós alcançamos,
Concedei-nos, vos rogamos,
O Pão Nosso

Derribai Francês Colosso
Origem de nosso dano,
Verdugo, cruel Tirano
De cada dia

Desta Lusa Monarquia
Não vos esqueçais, senhor,
Amparo, graça, favor
Nos dai hoje. [...][41]

---

[40] Esse catecismo foi traduzido para o português em 1808. Cf. *Cathecismo civil ou breve compêndio das obrigações do hespanhol, conhecimento pratico da sua liberdade e explicação de seu inimigo*. Lisboa, Tip. Lacerdina, 1808. Citação à p. 3. Há referência a esse Catecismo em Chateaubriand. *Mémoires d'outre-tombe*. v. 1. Paris, Gallimard, 1997. p. 1203. Para o catecismo em francês, ver J. Tulard (apres.). *L'Anti-Napoléon: ...*, p. 74-75. Tulard também faz referência ao catecismo espanhol às p. 172-175, em sua tradução para o francês.
[41] *ABC poético, doutrinal e antifrancez ou veni mecum*. Lisboa, Impr. Régia, 1809 (reimpresso no Rio de Janeiro em 1810). p. 12. Para as paródias das formas religiosas como um dos gêneros da cultura popular, ver P. Burke. *Popular Culture in Early Modern Europe*. New York, Harper & Row, 1978, p. 122-123.

Eram também comuns as cartas fictícias aos amigos, como a *Carta de um general francês escrita a Napoleão* (1808), a *Carta de hum amigo residente na Hespanha a outro de Lisboa, em que se referem grandes acontecimentos* (1808), a *Carta escrita por L. P. A. P. a hum patricio da cidade da Bahia* (1808) ou *A Grande Carta que a mãe do Imperador Napoleão I dirigiu a seu filho* (1810), uma paródia em que a crítica se faz por meio da voz de Letícia, mãe de Napoleão:

> Mas, ai que dor! O véu da ignomínia me cobre hoje. Sou sim, sou a mulher mais desgraçada e a que merece por teu respeito, por te haver concebido as execrações do gênero humano. Quanto melhor me seria a esterilidade que ter nutrido em minhas entranhas um monstro, a que todos maldizem.[42]

Das cartas passou-se às farsas, como aquela anunciada pela *Gazeta do Rocio*, intitulada *Não pegou a lábia*, que faz rir uns e chorar outros. A mesma *Gazeta* anunciava uma outra curiosa peça – um drama alegórico sobre o *Imperatorio* –, cujos atores representariam o papel de seu caráter; assim, por exemplo, Junot, duque de Abrantes, governador de Portugal, em 1808, representava o erro; Lagarde, intendente geral de polícia de Portugal, na primeira invasão, o desaforo, e todos os franceses, os larápios.[43] Em 1815, na França, vinha à luz um *vaudeville* dos Cem Dias – *Buonaparte ou l'abus de l'abdication* –, uma peça histórico-heróico-romântico-bufo, em cinco atos, ornada de danças, cânticos, combates, e evoluções militares.[44] Inúmeros foram também os poemas, versos e odes, retratando, em geral, os acontecimentos e personagens dos países onde eram publicados. Em Portugal, foram incontáveis as odes pela Restauração da cidade do Porto.[45]

---

[42] *A Grande Carta que a mãi do Imperador Napoleão I dirigio a seu filho, que foi interceptada e traduzida do italiano para hespanhol e deste em vulgar*. Lisboa, Impressão Régia, 1810. p. 3.

[43] *Gazeta do Rocio*. n.º 9, In: *Collecção das celebres Gazetas do Rocio que para seu desenfado compoz certo Patusca, o qual andava à pesca de todas as imposturas, que o intruso ministerio francez fazia imprimir no Diario Portuguez*. Lisboa, Tip. Lacerdina, 1808.

[44] Apud J. Tulard (apres.). *L'Anti-Napoléon: ...*, p. 78-82.

[45] Para Portugal, entre outras, cf. *Ode pela Feliz Restauração da Cidade do Porto e total derrota dos francezes neste Reino, conseguida pelos Exércitos combinados das duas Nações ingleza e portugueza ... oferecidas pela voz da nação portuguesa em sinal dos mais generosos acontecimentos*. Rio de Janeiro, Imp. Régia, 1809; *Ode pela Restauração do Porto offerecida a Sua Alteza Real* por Manuel Ferreira de Araújo. Rio de Janeiro, Imp. Régia, 1809; e *Ode a Palafox, seguida da segunda parte das poesias, cujo assunto é a nação francesa e seu chefe*. Lisboa, Imp. Régia, 1809. Na Rússia, em 1805, Vassili Pouchkine escreveu um poema anti-napoleônico, exaltando o orgulho do poder russo. Cf. J. Tulard (apres.). *L'Anti-Napoléon: ...*, p. 175-176.

Por fim, esses libelos adquiriam a forma de memórias, manifestos ou exposições circunstanciadas sobre determinados acontecimentos, alguns celebrando a virtude e sabedoria britânicas, em oposição à brutalidade, liberalidade e rapina dos invasores franceses. Outros exaltavam o patriotismo e heroísmo português e espanhol, sobressaindo nessa perspectiva dois nomes na Península Ibérica. Na Espanha, destaca-se o panfleto de D. Pedro de Cevallos, homem de Estado, intitulado *Exposicion de los hechos y maquinaciones que han preparado la usurpacion de la corona de España* (1808), traduzida no mesmo ano em Portugal. Neste, os escritos de José Acúrsio das Neves, conhecido por seu pensamento econômico liberal, mas que defendeu as práticas do absolutismo monárquico, transformou-se em historiador para narrar os primeiros fracassos dos exércitos napoleônicos frente a uma insurreição nacional, a partir do final de 1808.[46]

Foi, sobretudo na Inglaterra, onde o regime parlamentar e a liberdade de imprensa favoreciam a arte da polêmica e do panfleto, que o combate a Bonaparte mais se intensificou, impondo-se, em seu conjunto, a superioridade de seus escritos frente aos outros países da Europa. Após o rompimento da Paz de Amiens, em 1804, mais de 70 panfletos foram produzidos, com temáticas variadas, como a crueldade do imperador, os erros estratégicos de suas campanhas, a política autoritária que contrastava com o liberalismo inglês, a corrupção de seus auxiliares e a vida íntima de Napoleão. A propaganda inglesa ganhou o continente, penetrando primeiro em Portugal e Espanha, em seguida, Alemanha e Rússia, e influenciando também os panfletários franceses, após 1814, que buscavam em seus predecessores idéias e anedotas para construir a lenda negra.

Mesmo na América portuguesa, em que a família real tinha procurado refúgio em virtude das invasões francesas de Portugal, essa literatura de circunstân-

---

[46] Para Cevallos, cf. *Exposição dos factos e maquinações com que se preparou a usurpação da Coroa Hespanhola ... por D. Pedro Cevallos.* Lisboa, Imp. Régia, 1808. Para as obras de Acúrsio das Neves, ver *Manifesto da Razão contra as usurpações francezas, offerecido à nação portuguesa, aos soberanos e aos povos.* Lisboa, Off. de Simão Thaddeo Ferreira, 1808. (Reimpresso no Rio de Janeiro, Imp. Regia, 1809); *Reflexões sobre a Invasão dos Francezes em Portugal.* Lisboa, Off. de Simão Thaddeo Ferreira, 1808; *História Geral da Invasão dos Franceses em Portugal e da Restauração deste Reino.* Lisboa, Off. de Simão Thaddeo Ferreira, 1810-1811 e *Obras completas de José Acursio das Neves.* Estudos introdutórios de Antônio Almodovar e Armando de Castro. Porto, Edições Afrontamento, 1984-1985.

cia também circulou. Na *Gazeta do Rio de Janeiro*, entre 1810 e 1813, o livreiro francês Bourgeois anunciava, em sua loja da rua da Quitanda nº 33, "obras novas", intituladas *Portugal desafrontado, Diálogo entre um Francês e um Eclesiástico, Partidista contra Partidista* e *Jacobinos Praguejados*. De forma semelhante, Paulo Martin divulgava folhetos que já haviam sido impressos em Portugal ou reimpressos no Rio de Janeiro, que se destinavam a combater e denegrir Bonaparte, como a *Verdadeira Vida de Napoleão Bonaparte*, a *Besta de Sete Cabeças e Dez Cornos ou Napoleão, Imperador dos franceses* e a *Receita especial para fabricar Napoleões*. Este último, um soneto escrito por "um amigo de ganhar vintém", ensinava:

> Toma um punho de terra corrompida,
> Um quintal de mentira refinada,
> Um barril de impiedade alambicada,
> De audácia uma camada bem medida;
> A cauda do Pavão toda estendida,
> Com a unha do Tigre ensangüentada,
> De Corso o coração, e a refalsada
> Cabeça de Raposa envelhecida;
> Tudo isto bem cozido em lento fogo
> De exterior fagueiro, meigo e brando,
> Atrevida ambição lhes lances rogo:
> Deixa que se vá tudo incorporando,
> E assim mui presto espera; porque logo
> Sai um Napoleão dali voando.[47]

Os panfletos lograram, sem dúvida, na construção da lenda negra, papel mais importante do que aquele dos jornais, já que estes atingiam um público mais restrito, em geral, os que possuíam assinaturas dos periódicos ou aqueles habituados a comentar, nos cafés, os artigos elaborados pelos redatores, que nem sempre se transformaram em grandes polemistas. Ainda assim, são dignos de menção os artigos escritos na *Gazette de France* ou no *Journal*

---

[47] *Receita especial para fabricar Napoleões, traduzida de um novo exemplar impresso em espanhol por um amigo de ganhar vinténs. (É infalível)*. Reimpresso no Rio de Janeiro, Imp. Régia, 1809, p. 1.

des Débats. Na Inglaterra, o já citado Goldsmith publicou *The Anti-gallican Monitor and anticorsican Chronicle*. Na Espanha, surgiu um periódico denominado *Confederação dos Reinos e Províncias de Espanha contra Bonaparte* (1808), que possuiu três números, sendo também publicado em Lisboa e no Rio de Janeiro.[48] Em Portugal, a *Gazeta de Lisboa* divulgou artigos contrários ao domínio napoleônico, até 1º de fevereiro, quando passou a ser instrumento do governo de Junot. No Brasil, no único jornal que existia na Corte, a *Gazeta do Rio de Janeiro*, encontravam-se ainda críticas contundentes a Bonaparte e aos princípios franceses. De um lado, havia as notícias transcritas de jornais europeus que divulgavam as derrotas francesas ou a opinião do público de além-mar contra os desvarios do imperador. Um artigo, ao comentar o descontentamento das tropas francesas que chegavam à Espanha, informava que um soldado francês exclamara: "desgraçado soldado *francês*, vítima da tirania de Bonaparte"; e "arrojou com furor a espingarda. Os companheiros que o ouviram, repetiram o mesmo". O texto informava ainda que era grande a deserção entre os franceses, causada "pelo medo que infundem as nossas [portuguesas] guerrilhas e pela falta de pagas e fardamento".[49] Um outro comentário sobre as operações dos exércitos franceses na Península Ibérica louvava a eficácia dos soldados portugueses, que em breve veriam "reduzido à poeira o malvado Napoleão, que nos inquieta sem causa". Incentivava a continuação da luta, pois Napoleão "não é imortal, ainda que assim se julgue no delírio dos seus planos. Nero também se julgava imortal, mas a História nos diz dele: 'tale monstrum XIV annos perpessus terrarum orbis tandem destruit'".[50] Ainda é digno de nota o já citado *Correio Braziliense*, publicado em Londres pelo luso-brasileiro Hipólito da Costa, que procurava formular questões e argumentos sobre a conjuntura histórica que tinha como pano de fundo uma Europa conturbada pela tormenta napoleônica. Ao longo de todo o início de seu jornal, houve uma preocupação comum: o combate e a crítica ao "tirano" Napoleão Bonaparte, cuja ambição levava ao estado da mais perfeita barbaridade, e que era descrito ora como o "déspota corso",

---

[48] *Confederação dos Reinos e Províncias de Hespanha contra Bonaparte*. Rio de Janeiro, Imp. Régia. 1808-1809.
[49] *Gazeta do Rio de Janeiro*. nº 43, 29 de maio de 1811.
[50] *Gazeta do Rio de Janeiro*. nº 72, 7 de setembro de 1811.

ora como o "novo Átila", o "aniilador de todos os direitos dos homens" e até como um ente "abominável e desprezível", comparável mesmo a Satanás.[51]

As caricaturas, enquanto arma privilegiada e subversiva da opinião política, também serviram de meios para a divulgação da lenda negra. Afinal, em sociedades ainda marcadas pela oralidade, a imagem substituía com eficiência o texto escrito, pois conservava uma perspectiva pedagógica, gravando sua mensagem na memória popular.[52] Foram famosas as publicadas na Inglaterra, uma vez que, livres de qualquer vigilância policial, ao contrário da França, transmitiam duras críticas ao Império, procurando eliminar tudo o que se relacionasse ao passado revolucionário. Destacaram-se aquelas de James Gillray, Thomas Rowlandson e George Cruikshank, que elaboravam desenhos ridículos do "inimigo do gênero humano". Napoleão era tanto o ogro pronto a engolir o mundo quanto o queridinho do diabo, e, ainda, Gulliver no país dos gigantes; contudo, um Gulliver tão pequeno que, para o contemplar, o rei da Inglaterra devia pegar uma *lorgnette*. Na França, elas reproduziram-se, sobretudo, na época de decadência do Império, do final de 1813 a 1815. Tinham um cunho mais moderado do que as imagens inglesas, em função do rigor da polícia napoleônica, e algumas vezes inspiravam-se no desenho inglês (cf. o Anexo nº 1 – Caricaturas / Gravuras).[53]

Na Península Ibérica, surgiram também figuras alegóricas sobre o domínio napoleônico, representando-o enquanto o dragão e a besta do Apocalipse ou em uma viagem aos infernos, demonstrando que a persistência de símbolos de inspiração bíblica era um recurso amplamente utilizado pela linguagem política, constituindo um traço marcante da cultura política do período nessa região. Em outro plano, pode-se destacar, de Goya, a tela sobre os fuzilamen-

---

[51] Para a primeira citação, ver *Correio Braziliense ou Armazem Literário*. v. 1, nº 3, agosto de 1808, p. 245; para a segunda, cf. *Correio Braziliense ou Armazem Literário*. v. 3, nº 14, julho de 1809, p. 102; para as duas últimas, cf. *Correio Braziliense ou Armazem Literário*. v. 2, nº 10, março de 1809, p. 259. Para uma análise do *Correio Braziliense* na época das invasões napolônicas, ver Lúcia Maria Bastos P. Neves. "Pensamentos vagos sobre o Império do Brasil": O *Correio Brasiliense*, as invasões francesas e a Corte na América. In: Alberto Dines & Isabel Lustosa (eds.). *Correio Brasiliense*. v. 30. São Paulo, Imprensa Oficial, 2003, p. 469-513.

[52] Catherine Clerc. *La caricature contre ...*, p. 33-42.

[53] Cf. as caricaturas o "Querido do diabo" (1813), publicada por Ackerman, editor de Gillray e Roelandson e "O pequeno homem vermelho balançando seu filho" (1814), caricatura anônima francesa.

tos na montanha do Príncipe Pio intitulada *O 3 de maio em Madri* (1814) e a série magistral de gravuras, com o título de *Desastres da Guerra*, elaboradas provavelmente por volta de 1810, que retrataram as atrocidades cometidas ao longo da ocupação da Espanha (cf. o Anexo nº 1 – Caricaturas / Gravuras).[54]

Nessa perspectiva, panfletos, livros e caricaturas constituíram os meios pelos quais a lenda negra fez de Napoleão um indivíduo possuidor de todas as taras morais, sendo seu poder, por conseqüência, exorbitante, e seu reinado, um triste episódio da história da França e do mundo. Essas representações, no entanto, não foram capazes de impedir o reverso da questão. Ao longo dos anos 20 e 30 do oitocentos, Bonaparte tornou-se o herói mais popular da história da França, apagando-se a imagem do ogro, numa mudança tão sensível e rápida que levou Tulard, apoiado por N. Petiteau, à conclusão de que a lenda negra não foi expressão de uma verdadeira corrente popular, sendo muito mais uma obra de alguns panfletários e dos interesses das elites política e econômica.[55]

Tais questões possibilitaram o surgimento, na historiografia, de uma outra lenda – a lenda popular, que invadiu a lenda imperial e sustentou a idéia de um verdadeiro culto a Bonaparte, difundido a partir das camadas populares na França. Assim, Bernard Ménager distingue a existência de um "Napoléon du peuple", em virtude, principalmente, de gritos sediciosos em favor do exilado de Santa Helena. Para o autor, a invocação "Vive Napoléon, le père de peuple et du soldat", que finda a célebre fala de Goguelat em o *Médecin de campagne* de Balzac, "resume a odisséia napoleônica e exprime o culto mítico do povo francês em relação a um herói divinizado". Esse bonapartismo popular tem sua origem, portanto, na evocação de um passado de glória, sobretudo entre os soldados de *la Grande Armée* napoleônica. Não deve, no entanto, ser confundido com a lenda imperial, pois se tratava de uma corrente política cujo objetivo era substituir a dinastia reinante pelo retorno do Império, confiando o poder a Napoleão ou a seu filho. Mais tarde, em meados do século XIX, Luís

---

[54] J. Tulard. Caricatures. In: Idem (dir). *Dictionnaire Napoléon* ..., p. 388; J. Tulard (apres.). *L'Anti-Napoléon:* ..., p. 38. Para Portugal, há uma série de caricaturas hoje conservadas no Arquivo Histórico Militar – Série: Iconografia antifrancesa, e na Biblioteca Nacional de Lisboa. Para Goya, cf. Emila Garcia-Romeu (coord.). *Goya* (Catálogo). Zaragoza, Electa, 1992, p. 176-200, e Enrique Lafuente Ferrari. *Goya.* Buenos Aires, Editorial Hermes, 1966. Lámina 24.

[55] Cf. J. Tulard. Le retour des cendres ... . p. 92 e N. Petiteau. *Napoléon* ... . p. 36-37.

Napoleão aproveitou-se do potencial das simpatias populares por esse culto para arregimentar uma parte de sua clientela.[56]

Para fundamentar seus argumentos, Ménager demonstrou que a polícia e a justiça, nesse período, tiveram que consagrar parte importante de suas atividades a fim de reprimir as manifestações do sentimento bonapartista: o grito clássico de "Viva o imperador!" vinha freqüentemente acompanhado de insultos ao rei, canções de glória a Napoleão e ao Império e de cartazes subversivos colocados nas esquinas das ruas. Dispondo de documentos sobre a origem profissional dos envolvidos nessas manifestações na época da Restauração, o autor prova que, em grande parte, eles estavam ligados às atividades artesanais e industriais, não sendo o elemento camponês, nem mesmo os antigos militares, aqueles que forneceram a maioria dos incriminados.[57]

Ainda que não se aceite essa perspectiva, um aspecto, contudo, deve ser destacado. A morte de Napoleão Bonaparte, em 1821, foi saudada com grande emoção, pois o ex-imperador continuava a encarnar a pátria para a maioria. Até como reconheceria o próprio Chateaubriand, nas *Mémoires d'outre-tombe*, uma publicação póstuma, "o soldado e o cidadão, o republicano e o monarquista, o rico e o pobre colocavam igualmente o busto e o retrato de Napoleão em seus lares, em seus palácios ou em suas choupanas". Apesar das ásperas críticas ao imperador, as *Mémoires* reconheciam a força de sua presença e imagem na história – "Minha admiração por Bonaparte foi sempre grande e sincera, mesmo quando eu atacava Napoleão com o máximo de vivacidade".[58] Tal como Prometeu, Napoleão, acorrentado na ilha de Santa Helena, espiando suas faltas, aguardando seu fim, suscitava a piedade. Após a sua morte, Prometeu apagou a imagem do ogro. As reações partiam de todos: dos homens de letras, dos jovens, que colocavam uma fita de luto em seus braços, das gravuras dos dias de glória, ornando as livrarias, e dos delírios, que corriam o campo – "O imperador não morreu! Ele vai reaparecer!".[59]

A conjuntura política da Restauração – as divisões emanadas do seio dos conservadores, a vida nacional sem glória oferecida pelos Bourbons à França – e a

---

[56] Bernard Ménager. *Les Napoléon du peuple*. Paris, Aubier, 1988, passim. Ver para a citação à p. 8.
[57] Idem. *Ibidem*, p. 41-59 e 425-427. N. Petiteau não aceita a idéia de uma lenda popular, demonstrando que o maior responsável pela lenda napoleônica foi o veterano do Grande Exército. Cf. N. Petiteau. *Napoléon ...*, p. 37-45.
[58] Chateaubriand. *Mémoires d'outre-tombe ...* v. 1, p. 1567 e 1343.
[59] Cf. J. Tulard. Le retour des cendres ..., p. 85-86. N. Petiteau. *Napoléon ...*, p. 58.

situação econômica – a reabertura do mercado francês aos produtos ingleses, provocando um certo recuo na industrialização; o progresso do maquinismo contribuindo para a dispensa de trabalhadores; o maior número de braços disponíveis com o fim das guerras, levando a uma concorrência no mercado de trabalho e a uma diminuição de salários –, tudo isso permitia estabelecer uma comparação entre um passado, no qual o tempo mascarava as dificuldades e o despotismo era esquecido em proveito da glória, e um presente, em que se multiplicavam os obstáculos. A partir de então, até meados do século XIX, os escritos de uma nova geração de autores, que se entusiasmavam com os fatos gloriosos do passado, transformaram Napoleão no herói romântico, que teria preconizado uma política feita de ideais, de sonhos e de aspirações do coração, transformando-se em um agente da Providência. Assim, Napoleão e os anos de glória que ele oferecera à França passaram a servir de tema geral para os românticos, fascinados com os grandes homens e a História. Victor Hugo, em sua *Ode à coluna da Praça Vendôme*, fazia de Napoleão um gigante e glorificava os heróis em homenagem aos quais a coluna fora edificada. Mais tarde, sua poesia assimilou os ideais da lenda rosa e sua obra foi invadida de admiração pelo imperador. Da mesma forma, Stendhal propôs-se a escrever uma vida de Napoleão, redigida em dois momentos (1817-1818 e 1836-1837) e somente publicada postumamente (1876). Essa história, nas palavras do autor, era escrita para "responder a um libelo", aquele produzido por Madame de Stäel contra Napoleão, e para esboçar um retrato que traduzia sua admiração por "esta alma forte ligada a um pequeno corpo pálido, magro e quase mirrado", cuja vida era "um hino em favor da grandeza da alma".[60] Anunciava, assim, alguns de seus heróis concebidos com um único modelo – Bonaparte, o homem de maior importância que aparecera desde César.[61] Para o monarquista que foi Honoré de Balzac, Napoleão era um grande soberano, pertencente à tradição de Luís IX, Luís XI e Luís XIV, ao mesmo tempo que era o gigante da Revolução. Assim, uma geração passou a adular o imperador e celebrá-lo em seus escritos, como também fizeram Musset, Vigny et Gérard de Nerval. Embora não houvesse unanimidade nos julgamentos políticos sobre o gover-

---

[60] Stendhal. *Napoléon*. Edition établie et presentée par Catherine Mariette. Paris, Stock, 1998. Citações, respectivamente, às pp. 15, 29 e 37.
[61] Cf. por exemplo, o protagonista Julien em Stendhal. *Le rouge et le noir*. Paris, Garnier-Flammarion, 1964. Para a opinião sobre o imperador, ver Stendhal. *Napoléon* ..., p. 257.

no napoleônico, um traço comum unia essas obras do romantismo: o retrato do imperador enquanto modelo do individualismo, valor essencial para os românticos, e de um gênio onisciente e onipresente, cuja ação determinava o destino social de cada um na sociedade humana.[62]

Entre 1830 e 1851, ainda sem maiores preocupações de rigor, os historiadores deixavam levar-se, muitas vezes, pela corrente de opinião que seguiam, pois acreditavam que as idéias e a vontade dos indivíduos faziam a história. Nessa época, a historiografia foi construída paralelamente aos acontecimentos e muito contribuiu para difundir a lenda imperial. Após as *Três Gloriosas* de 1830 e a conseqüente a queda de Carlos X, assinalando o fim da dinastia dos Bourbons e o advento de Luís Felipe, reaparecia a bandeira tricolor. Dois anos depois, inaugurava-se a nova estátua da coluna Vendôme, símbolo de Bonaparte. No mesmo ano, morria em Viena o príncipe de Roma, *L'Aiglon*, o filho do imperador. Em 1836, ocorria uma tentativa frustrada de golpe de estado por parte de Luís Napoleão, o futuro Napoleão III, que publicava, três anos mais tarde, suas *Idées napoléoniennes*. Finalmente, em maio de 1840, começou a discussão na Assembléia a respeito do retorno das cinzas de Napoleão a Paris. Nessa conjuntura, no entanto, a produção sobre o imperador e seu governo continuou circunscrita ao tempo curto e, apesar de muitos de seus autores proclamarem a necessidade de se estabelecer uma visão objetiva e verdadeira do período, a intenção não logrou grande êxito, tal a fascinação exercida pelo seu ator primordial.

Nesse período, destacou-se a obra do barão L. Bignon, diplomata fiel ao imperador, que lhe legou cem mil francos em testamento para escrever uma história diplomática francesa de 1792 a 1815, a *Histoire de France depuis le 18 brumaire*, em onze volumes, publicados a partir de 1829. Se ele valorizou as tendências *liberais* do imperador, não escondeu, contudo, os erros e imprudências cometidos pelo soberano. A obra mais conhecida, no entanto, foi a de Adolphe Thiers, *Histoire du Consulat et de l'Empire*, vinte volumes publicados entre 1845-1862. Ressaltando três aspectos da história napoleônica – a militar, a diplomática e a financeira –, Thiers procurou documentar-se seriamente, consultando arquivos, principalmente a correspondência de

---

[62] Cf. N. Petiteau. *Napoléon ...*, p. 72-82. Cf. J. Godechot. *Europa e América ...*, p. 285-287; Alfred Fierro-Domnech. Historiographie du Premier Empire. In: J. Tulard (dir). *Dictionnaire Napoléon* .... v. 1, p. 954-957. Ver ainda Georges Gusdorf. *L'homme romantique ...*, p. 18-25.

Bonaparte, de seus generais e ministros. Para Godechot, Thiers descreveu mais o Império como estadista do que como historiador. Para Tulard, tratou-se da primeira história séria do Império. Contudo, não dissimulou a admiração que possuía pela sua personagem principal, retratando-o como o homem da ordem que a França necessitava em 1799 e o grande senhor que desejava antes de tudo a paz.[63]

Ainda é digno de menção o trabalho de Caetano Lopes de Moura, baiano mestiço, que atuou como cirurgião-mor da Legião Portuguesa a serviço do imperador dos franceses e escreveu, em 1846, uma *História de Napoleão Bonaparte*, publicada na França, onde residia. Tendo como fonte principal a obra de Thiers, a biografia escrita por Lopes de Moura traduz sua admiração por este homem que, "depois de haver conquistado uma grande parte da Europa, se tinha esmerado em reconciliar com ela e com a corte de Roma a república francesa". Considera-o como aquele que realizou a "regeneração da sociedade francesa". Apesar de censurá-lo por haver-se tornado imperador, continuava a estimar seu antigo chefe que "perdeu, verdade é, mais de uma coroa, porém fica com toda a sua glória, com todo o seu gênio e com toda a sua grandeza moral". A lembrança de Napoleão continuava a exercer um fascínio na imaginação dos autores, que, com suas obras, traziam mais água para o moinho da *lenda dourada* ainda viva na mentalidade coletiva.[64]

O período compreendido entre o fim do regime republicano, com o golpe de estado de 2 de dezembro de 1851 e a proclamação do Segundo Império, e a derrota francesa em Sedan (1870) diante da Alemanha de Bismarck, assistiu a uma nova onda de indignação contra as idéias bonapartistas. Onda que iria atingir seu apogeu no início de 1871, com a determinação de derrubar a coluna Vendôme, decidida pela Comuna de Paris, em 5 de maio, quando do 50° aniversário da morte de Napoleão I. Os homens de letras e os políticos denunciavam o sobrinho, condenando a ação do tio, do qual o primeiro não constituía senão uma reencarnação, "sob a forma

---

[63] Para o legado de Napoleão, cf. Emmanuel de Las Cases. *Mémorial de Sainte-Hélène* .... v. 2, p. 1806. Ver, também, J. Godechot. *Europa e América* ..., p. 288-290; J. Tulard. Le retour des cendres ..., p. 93; N. Petiteau. *Napoléon* ..., p. 104-105.

[64] Caetano Lopes de Moura. *Historia de Napoleão Bonaparte desde o seu nascimento até a sua morte, seguida da descripção das ceremonias que tiverão lugar na trasladação de seu corpo da ilha de Santa-Helena para Paris, e do seu funeral*. Paris, Caza de J. P. Aillaud, 1846. 2v. Citações, respectivamente, v. 2, às pp. 47 e 424.

de farsa".⁶⁵ A história continuava a seguir o fluxo da conjuntura, fazendo renascer a lenda negra.

Entre os trabalhos vindos à luz nesse momento com essa tendência, destacam-se *Napoléon et son historien, M. Thiers* (1863) do filósofo Jules Barni, que, além de criticar aquele autor, demonstrou que Napoleão não propagara a Revolução Francesa, tentando mesmo, ao contrário, destruir sua obra ao restabelecer a nobreza e centralizar o poder; *La Révolution* de Edgar Quinet (1865), encerrada com a coroação do imperador, visto como um general que, ao proclamar ter consolidado a Revolução, na verdade a destruíra; e, por fim, a *Histoire du XIXᵉ siècle* (3v., em 1875, após a morte do autor) de Michelet, em que descrevia Napoleão como um indivíduo sem gênio nem talento nem inteligência, despertando sensibilidades anti-semitas ao considerá-lo como um *marrano*, descendente dos semitas vindos da África que tinham habitado a Córsega no passado, e condenando-o como um "encarniçado inimigo da Revolução" – embora, em 1840, nas páginas de seu *Journal*, pensasse que o imperador era o herdeiro de 1789. A obra mais importante do período, contudo, foi a de Taine, *Les origines de la France contemporaine*, cuja terceira parte, publicada em 1887, tratava do Império, pintando um retrato monolítico do imperador sob a forma de um *condottiere* estrangeiro e egoísta, inacessível à admiração, à simpatia, à piedade, que não teve colaboradores autênticos, mas apenas servidores.⁶⁶

Da mesma forma, multiplicaram-se as críticas contra Bonaparte entre os homens de letras. Apesar de mantê-lo como um herói, para melhor sublinhar a mediocridade de Napoleão III, que apelidou de *Napoléon le Petit*, Victor Hugo passou a matizar seus elogios, mas, das penas de Proudhon, Larousse e Littré, as imagens a que recorreram raiaram o grotesco. O primeiro julgava Napoleão "um homem imundo em tudo", que não representava princípio algum, responsável por levar a França a uma decadência física e moral. O último negava até mesmo as qualidades de estrategista do imperador. E Larousse, em seu *Grand Dictionnaire*, traduzindo, talvez, a sensibilidade da época com mais precisão, concebeu Napoleão Bonaparte como dois homens e dois nomes, por intermédio de verbetes distintos. Bonaparte, o general, ele fez morrer em

---

⁶⁵ K. Marx. O dezoito Brumário de Luís Bonaparte. In: Marx & Engels. *Obras escolhidas*. v. 1. São Paulo, Alfa Ômega, s./d., p. 93-198.

⁶⁶ Cf. N. Petiteau. *Napoléon* ..., p. 107-129. Cf. J. Godechot. *Europa e América* ..., p. 290-295, citação à p. 293; Alfred Fierro-Domnech. Historiographie du Premier Empire. In: J. Tulard (dir). *Dictionnaire Napoléon* ..., v. 1, p. 954-957.

Saint-Cloud no 18 Brumário do ano VIII quase divinizado, mas Napoleão, verbete que somente apareceu em 1874, era o mais cruel inimigo da liberdade.[67] Como reação a essa onda negativa, o regime do Segundo Império designou uma comissão encarregada de reunir e trazer à luz a correspondência do imperador, do que resultou a publicação, ainda hoje reconhecida como inestimável, de inúmeros volumes, num total de mais de 22 mil documentos.[68]

Em consonância com o despertar dos nacionalismos na Europa, a historiografia francesa sobre o imperador entrou numa nova fase. Se, inicialmente, a França sonhava em vingar-se de Sedan às custas do Império alemão, suas ambições coloniais na África, a partir dos anos 80, colocou-a em rota de colisão com a Inglaterra. Uma vez mais, passou-se a buscar argumentos no passado para desacreditar o adversário.[69] Nos manuais escolares de Ernest Lavisse, condenava-se o despotismo napoleônico, do qual Luís Napoleão fora herdeiro, mas exaltava-se o imperador vitorioso, o que Napoleão III não fora jamais. Relegava-se, desse modo, o Segundo Império para as páginas negras da História, buscando-se um capital de glória no Primeiro, a fim de que os jovens franceses fossem educados na simbologia dos virtuosos soldados de *la Grande Armée*, para a vingança da pátria. A nova República procurava, assim, em seu passado de honra, uma identidade nacional com a qual pudesse reconstruir as ruínas de um país humilhado.[70]

A reabilitação de Bonaparte nesse contexto, apesar de algumas polêmicas, inaugurou-se com *Napoléon et ses détracteurs* (1887), redigido pelo príncipe Jerônimo-Napoleão, filho de Jerônimo, com a intenção de refutar a obra de Taine. Na mesma linha, multiplicaram-se os trabalhos de caráter apologético, muito bem recebidos pela Academia Francesa, que abriu suas portas a autores como Albert Vandal, Henri Houssaye e Albert Sorel, para os quais o imperador seguira a política exterior da Revolução, continuação daquela do Antigo Regime, em busca das fronteiras naturais do *hexagone*. Acumulando detalhes

---

[67] Cf. N. Petiteau. *Napoléon* ..., p. 118 e 124-125; Alfred Fierro-Domnech. Historiographie du Premier Empire. In: J. Tulard (dir.). *Dictionnaire Napoléon* .... v. 1, p. 954-957; Pascal Ory. Le *Grand Dictionnaire* de Pierre Larousse. Alphabet de la République. In: Pierre Nora (dir.). *Les Lieux de mémoires*. T. II: *La Republique*. v. 1. Paris, Gallimard, 1984, p. 229-246, especialmente p. 231.
[68] Cf. J. Godechot. *Europa e América* ..., p. 290-291; Alfred Fierro-Domnech. Historiographie du Premier Empire. In: J. Tulard (dir.). *Dictionnaire Napoléon* ..., v. 1, p. 954-957.
[69] Christian Amalvi. *De l'art et la manière d'accommoder lés héros de l'histoire de France. Essais de mythologie nationale*. Paris, Albin Michel, 1988, p. 16.
[70] Cf. N. Petiteau. *Napoléon* ..., p. 139-147.

minuciosos como um colecionador apaixonado, segundo Fierro-Domnech, Frédéric Masson consagrou à vida privada de Bonaparte mais de vinte volumes, desde *Napoléon et les femmes* (1893) até os treze tomos de *Napoléon et sa famille* (1897-1919), pretendendo neste último fazer "uma história das paixões, dos caracteres, das causas morais dos fatos", uma história "não mais política ou anedótica, mas uma história humana"; uma história que não estava totalmente escondida nos empoeirados documentos dos arquivos. Merece ainda destaque Gabriel Hanotaux que, numa série de artigos para a *Revue des Deux Mondes* (1925-1926), foi um dos primeiros historiadores a atribuir as hostilidades entre a França napoleônica e a Inglaterra não à expansão continental da primeira, mas aos problemas econômicos. No estrangeiro, o período assistiu também ao aparecimento de alguns trabalhos favoráveis a Bonaparte, como o do inglês Seeley (1886), que admirava sua política interna, mas reduzia a externa à busca de glória; a biografia equilibrada (1886-1889) do austríaco Fournier, logo traduzida em francês (1891-1892); e *The Decline and Fall of Napoleon* (1895) de *lord* Wolseley, para quem Napoleão merecia ter ganho a batalha de Waterloo.[71]

A partir do início do século XX, a historiografia napoleônica passou para um outro patamar, com o ingresso de professores universitários movidos por preocupações mais rigorosas, embora, como salientado anteriormente, não fizessem do Império sua especialidade. Como ponto de partida para essa renovação, encontra-se, em 1912, o surgimento da *Revue des Études Napoléoniennes*, criada por Edouard Driault, professor *agregé* de história em um liceu de Versalhes, apesar de ainda pretender demonstrar como a personagem de Napoleão desprendia-se da lenda heróica para entrar "sem nada perder de sua verdadeira grandeza, no conhecimento científico". A partir de 1921, a revista apoiou-se em uma *Sociéte des Études Napoléoniennes*, e, depois de 1931, na *Sociéte des Amis de Napoléon*. No ano seguinte, esta transformou-se no *Institut Napoléon*, presidido por Driault até 1936, e por Philipe Sagnac, de 1936 a 1940, responsável pela publicação de um *Bulletin* interno e de uma *Revue*. Ainda mais característico do meio universitário francês da época, Alphonse

---

[71] Cf. J. Godechot. *Europa e América* ..., p. 296-304; Alfred Fierro-Domnech. Historiographie du Premier Empire. In: J. Tulard (dir). *Dictionnaire Napoléon* .... v. 1, p. 954-957; e N. Petiteau. *Napoléon* ..., p. 139-147. Para a citação de Frédéric Masson, ver. F. Masson. *Napoléon et sa famille*. T. V (1809-1810). 8ème éd. Paris, Sociéte d´Editions Littéraires et Artistiques, 1911, p. IV e XIII.

Aulard, em *Histoire politique de la Révolution Française* (1901), propôs englobar a história napoleônica numa duração mais longa, a partir de uma perspectiva não-partidária, destacando-se também por orientar os primeiros trabalhos de pesquisas mais aprofundadas em domínios especializados, como o de P. Connard (*Napoléon et la Catalogne*, 1910) e o de J. Rambaud (*Naples sous Joseph Bonaparte*, 1911). Georges Pariset, encarregado de redigir o capítulo "France sous l'Empire" da *Histoire contemporaine de la France*, publicada por Lavisse em 1921, levou em conta as pesquisas recentes sobre a política interna e evitou mostrar-se *a favor* ou *contra* Napoleão, procurando explicar e compreender o período.[72]

Essa tendência encontrou o primeiro cume na obra de Georges Lefebvre, sucessor de Pariset na Universidade de Estrasburgo, antes de mover-se para a Sorbonne. Conhecido como historiador, sobretudo dos aspectos sociais da Revolução Francesa, Lefebvre foi convidado a escrever um volume para a coleção "Peuples et Civilisations" e, quando surgiu o *Napoléon*, em 1936, a obra logo se revelou a mais completa síntese sobre a época imperial. Natalie Petiteau qualifica o trabalho de *magistral*, ao insurgir-se contra a lenda imperial sem denegrir a imagem do imperador.[73] Na realidade, Lefebvre apontou dois traços fundamentais em Napoleão: de um lado, o ilustrado, herdeiro da Revolução; de outro, o herói romântico. Afinal, "sob o uniforme do soldado, existia uma pluralidade de homens, e sua atração fascinante provém tanto dessa diversidade quanto da variedade e da intensidade de seus dons", tentando, assim, analisar e explicar porque Napoleão conseguiu "exercer eternamente sua atração sobre os indivíduos". Contudo, longe de elaborar uma biografia apologética, Lefebvre buscou ressaltar "os traços da vida coletiva dos franceses e dos povos dominados pelo Imperador" e "a ação das forças independentes que ele não conseguiu subjugar". Ao inserir o período napoleônico em seu contexto, argumentou que a Revolução, obra de uma minoria, somente poderia durar e manter-se pela ditadura. Malograda a do Comitê de Salvação Pública, era fatal a ascensão de Bonaparte, capaz, no entanto, de consolidar "as massas de granito" das novas instituições, muitas

---

[72] J. Godechot. *Europa e América ...*, p. 306-307; Alfred Fierro-Domnech. Historiographie du Premier Empire. In: J. Tulard (dir). *Dictionnaire Napoléon ....* v. 1, p. 954-957; e N. Petiteau. *Napoléon ...*, p. 149-150.

[73] Cf. J. Godechot. *Europa e América ...*, p. 306-307; Cf. N. Petiteau. *Napoléon ...*, p. 170-173.

das quais perduram por longo tempo.⁷⁴ Além disso, Lefebvre ainda orientou algumas teses importantes, como a de Marcel Dunan, seu sucessor na Sorbonne e diretor do *Institut Napoléon* entre 1947 a 1974, sobre *Napoléon et l'Allemagne, Le Système continental et les débuts du royaume de Ba*vière (1806-1810), e a de François Crouzet, *L'Economie britanique et le blocus continental (1806-1813)*, o qual tornar-se-ia um especialista das relações econômicas franco-britânicas entre os séculos XVIII e XIX.⁷⁵

Para alguns, entretanto, reativando a idéia da ação da época sobre a historiografia, tão evidente no caso napoleônico, como visto acima, a visão de Lefebvre inseria-se numa ótica marxista ou comunista (afinal, 1936 é o ano da vitória eleitoral do *Front Populaire*), que, sob a capa de uma apologia de Bonaparte, pretendia na realidade glorificar Stalin. Opinião altamente discutível, em primeiro lugar, porque anacrônica, embora pudesse aplicar-se, talvez, o raciocínio para Lênin; e em segundo porque parece difícil, apesar de muitas simpatias e dele ter-se oposto, mais tarde, aos revisionistas da historiografia revolucionária, como Alfred Cobban, considerá-lo um historiador marxista. Aliás, como reconhece o insuspeito, sob esse aspecto, Michel Vovelle, o autor de *O grande medo de 1789* enquadrar-se-ia mais propriamente na linha de um historiador social da Revolução ou de inspiração jacobina.⁷⁶

De qualquer forma, a essa altura, foi junto à historiografia marxista que Napoleão passou a despertar simpatias, na medida que teria favorecido a vitória da burguesia, embora o deixasse prisioneiro do "sentido da História". Nessa concepção, insere-se o trabalho de Émile Tersen, *Napoléon* (1959), no qual verifica-se, através de um balanço das ações econômicas, sociais e culturais, que o "incomparável gênio de Napoleão foi um produto da História", e o do historiador soviético Albert Manfred, *Napoléon Bonaparte* 1971. De forma semelhante,

---

⁷⁴ G. Lefebvre. *Napoléon ..., passim.* Citações às pp. 68, 1, 2 e 584. Dentre as instituições napoleônicas, ressalta-se o franco germinal, que só recentemente foi substituído pelo euro.
⁷⁵ Cf. J. Godechot. *Europa e América ...,* p. 308. Ver, ainda, François Crouzet. *De la superiorité de l'Angleterre sur la France. L'économique et l'imaginaire: XVIIᵉ-XXᵉ siècle.* Paris, Perrin, 1985.
⁷⁶ Alfred Fierro-Domnech. Historiographie du Premier Empire. In: J. Tulard (dir). *Dictionnaire Napoléon ...,* v. 1, p. 957. Essa opinião não é partilhada por outros historiadores não-marxistas. Cf., por exemplo, J. Godechot. *Europa e América ...,* p. 306-307. Para a opinião de M. Vovelle, ver Idem. (dir.). *L'État de la France pendant la Révolution (1789-1799).* Paris, La Découverte, 1988, p. 544-547. Ver, ainda, Georges Lefebvre. *Réflexions sur l'histoire.* Paris, François Maspero, 1978 e o prefácio de Albert Soboul.

em 1983, Albert Soboul mostrou o homem do 18 Brumário levado ao poder por uma burguesia, que, em seguida, precisava consolidar suas conquistas.[77] Com a ofensiva das pesquisas universitárias, na segunda metade do século XX, a visão mitológica e heróica de Bonaparte tendeu a perder terreno. Em 1967, Jacques Godechot publicou *L'Europe et l'Amérique à l'époque napoléonienne*, que por seu título já demonstrava uma feição distinta. Napoleão deixava de ser o grande astro da cena histórica, embora o autor não deixasse de analisar sua personalidade em algumas linhas:

> Napoleão era dotado de uma inteligência excepcional, de uma rapidez fulminante de decisão, de uma capacidade de trabalho quase ilimitada. Mas sua ambição, sempre insatisfeita, o impelia a ultrapassar o objetivo atingido.
>
> É verdade que Napoleão nunca esquecerá que devia a boa sorte à Revolução. Todavia, mais que um representante dela, é um homem do século XVIII, discípulo de Montesquieu e sobretudo de Voltaire, mais do que Rousseau. Será um déspota esclarecido; sem dúvida, o mais esclarecido da linhagem, e o último.[78]

Em seguida, uma perspectiva ainda mais ampla foi aberta com os trabalhos de Jean Tulard. Sucedendo a Marcel Dunan na direção do *Institut Napoléon*, a partir de 1974 e até 1999, professor na Universidade de Paris-Sorbonne e diretor de estudos na École Pratique des Hautes Études, Tulard renovou os estudos sobre Napoleão e a época imperial, abandonando definitivamente a visão mítica, em tela por mais de um século, embora não perca uma certa identidade romântica do *gênio*. Consagrou a essa temática mais de 30 obras fundamentais, que envolvem estudos sobre fatos e personagens do Consulado e do Império e a formação da nobreza imperial; instigantes trabalhos a partir da pintura e do cinema; esclarecedoras análises do mito de Napoleão Bonaparte e a organização de um *Dictionnaire Napoléon*, que inclui não só biografias e eventos como, sobretudo, uma série de verbetes temáticos. Em sua obra, a partir de um enfoque da história política, Tulard articula o social e o cultural por meio de um jogo complexo de interações: a dimensão institucional, as correntes em ação que disputam o poder, as relações entre a sociedade civil e a

---

[77] A. Soboul. *La civilisation et la Révolution Française*. T. III: La France napoléonienne. Paris, Arthaud, 1983.
[78] J. Godechot. *Europa e América ...*, p. 83.

política, as idéias, os sentimentos, o imaginário e o irracional. Em sua biografia de Napoleão, com o subtítulo provocador de "o mito do Salvador", argumenta que a salvação contemplou apenas uma parte da nação, a burguesia, permitindo o 18 Brumário, a passagem da Revolução a um processo de consolidação, mas, de acordo com sua perspectiva metodológica, insistiu em conjugar o indivíduo a um certo *desconcerto* político:

> De um lado, um oficial sonhador e distraído a serviço de uma monarquia à qual serve como mercenário, uma mentalidade de exilado, uma tendência suicida, um tédio que carrega de guarnição em guarnição. De outro a Revolução, ou talvez as Revoluções, considerando-se a diversidade de objetivos perseguidos.[79]

Por tudo isso, os trabalhos de Tulard passaram a constituir uma referência fundamental para novos estudos, como os de Jacques-Olivier Boudon e de Natalie Petiteau. O primeiro, atual presidente do *Institut Napoléon* e professor na Universidade de Rouen, é autor de *Histoire du Consulat et de l'Empire, 1799-1815*, que tem como objetivo compreender como o domínio napoleônico estabeleceu-se na França e estendeu-se a uma grande parte da Europa, analisando ainda suas principais realizações, uma vez que considera as glórias e fracassos dessa época como essenciais para apreender o sentido da França moderna e do imaginário contemporâneo.[80] Natalie Petiteau escreveu *Napoléon, de la mythologie à l'histoire*, visando a analisar tanto as luzes e sombras da lenda napoleônica quanto as interpretações historiográficas, diversas vezes contraditórias, da historiografia sobre essa personagem.[81] Apesar disso, talvez acreditando no que o próprio Napoleão disse – "Que romance é, contudo, minha vida!", está na literatura o domínio em que o grande público continua a encontrar hoje, predominantemente, o seu imperador. Trabalhos como os de Max Gallo acentuam a personagem de exceção do soberano e retomam

---

[79] Para a visão de Tulard, cf., entre outros, Idem. *Napoleão: o mito* ..., p. 10-12. J. Tulard. *Napoleon, le pouvoir, la nation, la légende*. Paris, Librairie Géneral de France, 1997. Cf. ainda J. Tulard (dir.) *Dictionnaire Napoléon* ... . p. 19-21. Para a sua visão sobre história política, cf. Serge Berstein & Pierre Milza (dir.). *Axes et méthodes de l'histoire politique*. Paris, PUF, 1998.
[80] Paris, Perrin, 2000. Para o objetivo do autor, cf. p. 7-9.
[81] *Op. cit.* p. 11-25.

inúmeros pontos da lenda imperial ou rosa, enquanto Patrick Rambaud dá continuidade à lenda negra, fazendo de Bonaparte um estrangeiro, sempre grosseiro, violento, indiferente à sorte dos indivíduos; enfim, um anti-herói.[82] No ano de 2004, quando se comemoraram os 200 anos de sua coroação, outros trabalhos surgiram, como a obra coletiva dirigida por Dimitri Casali, *Napoléon Bonaparte*, considerada por Jean Tulard como um livro que se mantém sempre à mão para se reler um capítulo ou admirar uma ilustração. Sem dúvida, constitui-se em mais um livro para exaltar não o "corso de sangue", mas o "francês por destino". Outro foi o texto de Steven Englund, que procura traçar uma biografia mais isenta do imperador, enfocando os aspectos políticos de seu governo e de suas campanhas militares.[83]

Nos países dominados pelas tropas napoleônicas, os trabalhos recaem muito mais sobre o período das invasões do que sobre a figura de Bonaparte. Em Portugal, ainda na própria época, a história das invasões começou a ser relatada na já mencionada obra de José Acúrsio das Neves, cujo objetivo era divulgar os acontecimentos da primeira invasão e ressaltar, ao mesmo tempo, a imagem do imperador e seus exércitos como descendentes diretos da Revolução Francesa, imbuídos, portanto, de *perigosos* princípios liberais, mostrando-se, por isso, claramente contrária ao "satélite usurpador" e aos partidaristas dos franceses. Apesar de constituir um relato fiel, consagrado pela historiografia, suas opiniões sobre determinadas personagens do período revelam-se, assim, eivadas por preconceitos e *parti pris*. Em seguida, descontadas as abordagens das invasões por algumas obras gerais sobre história diplomática, características da historiografia oitocentista, como a de Luz Soriano, e alguns clássicos, na linha de Raul Brandão, em que a utilização nem sempre rigorosa de inúmeras fontes não impede a redução da história à idéia de *mestra da vida* e de um processo que "pouco a pouco se aproxima de Deus", são escassos, senão inexistentes, os trabalhos que enfoquem especificamente o período numa

---

[82] Max Gallo. *Napoléon*. Paris, Robert Laffon, 1997. 4 v. Patrick Rambaud. *La Bataille*. Paris, Grasset, 1997. Esse último foi obra contemplada com Prêmio Goncourt e da Academia Francesa. Cf. N. Petiteau. *Napoléon* ..., p. 190-194. Para a exclamação de Napoleão, cf. Lucian Regenbogen. *Napoléon a dit. Alphorismes, citations et opinions*. Paris, Belles Lettres, 1998, p. 48.

[83] Dimitri Casali (dir.). *Napoléon Bonaparte*. Paris, Larousse, 2004. Steven Englund. *Napoleão, uma biografia política*. Rio de Janeiro, Jorge Zahar, 2005. A obra foi publicada no original em 2004.

perspectiva política, social ou cultural. Pode-se destacar nessa última abordagem, o trabalho de Antonio Ferrão, que pretende reconstruir o período da primeira invasão francesa em Portugal, através dos documentos da Intendência da Polícia, em especial a documentação inédita do francês Pierre Lagarde, Intendente Geral. No entanto, apesar de um estudo de cunho historiográfico e crítico, o autor afirma que seu livro apresenta ainda um cunho moral, pois pretendia constituir uma "lição de patriotismo", a fim de mostrar os horrores da guerra, apresentando uma similitude daquela época com a conjuntura vivenciada por Portugal no momento da Primeira Grande Guerra.[84]

Mais recentemente, os estudos sobre a temática mostram-se ainda bastante pontuais. Assim, há os que se referem, especificamente, aos panfletos políticos, em análises gerais, como os artigos de Nuno Daupiás D'Alcochete, que elaborou o primeiro inventário desses escritos de circunstância; os de Antônio Pedro Vicente, sobre os panfletos de Acúrcio das Neves e a atividade da Real Imprensa da Universidade; e, mais especificamente, o de Zília Osório de Castro sobre a representação de Bonaparte enquanto o "anticristo descoberto".[85] Numa abordagem mais abrangente, destacam-se quatro autores que se voltaram diretamente para o período napoleônico em Portugal: A. do Carmo Reis, Ana Cristina Araújo e Nicolle Goterri e o já citado Antonio Pedro Vicente. O livro do primeiro propõe uma nova leitura das revoltas do Porto contra o domínio de Junot, a partir da qual procura demonstrar as relações entre as

---

[84] Simão J. Luz Soriano. *História da guerra civil e do estabelecimento do governo parlamentar em Portugal*. t. 2. Lisboa, Imprensa Nacional, 1867; Raúl Brandão *El-Rei Junot*. 3ª ed. Coimbra, Atlântida, 1974. Citação à p. 13. Antonio Ferrão. *A 1ª Invasão Francesa (A invasão de Junot vista através dos documentos da Intendencia Geral da Polícia, 1807-1808). Estudo político e social*. Coimbra, Imprensa da Universidade, 1923. Citação à p. V.

[85] Para uma análise dos folhetos do período das invasões napoleônicas, em Portugal, ver Nuno Daupiás D'Alcochete. Les pamphlets portugais ...; Antonio Pedro Vicente. José Accursio das Neves, panfletário antinapoleónico. *Ler História*. Lisboa, 17: 113-127, 1989; Antonio Pedro Vicente. Panfletos anti-napoelônicos durante a guerra peninsular. Actividade Editorial da Real Imprensa da Universidade. *Revista de História das Idéias. O Livro e a Leitura*. Coimbra, 20: 101-130, 1999; Zília Osório de Castro. Napoleão, 'o anticristo descoberto'. *Ler História*. Lisboa, 17: 93-111, 1989. Ver ainda, na bibliografia, ao final, os trabalhos indicados de Georges Boisvert, José Tengarrinha e João Luís Lisboa. No mundo luso-brasileiro, cf. Maria Beatriz Nizza da Silva. O ciclo napoleônico. In: Idem. *Cultura e sociedade no Rio de Janeiro (1808-1821)*. São Paulo/Brasília, Companhia Editora Nacional, INL, 1977, p. 215-224; e Lúcia Maria Bastos P. Neves. O privado e o público nas relações culturais do Brasil com Portugal e França (1808-1822). *Ler História*. Lisboa, 37: 95-111, 1999.

sublevações de junho de 1808 e o modelo institucional de regime político que seria implantado em 1820.[86] Dentre os textos da segunda autora, um se debruça sobre as revoltas e ideologias presentes na época das invasões através de um exame mais pontual, enquanto o outro, inserido no volume sobre o *Liberalismo* da História de Portugal organizada por José Mattoso, analisa a conjuntura política das invasões francesas e a afirmação das idéias liberais.[87] O terceiro publicou recentemente uma coletânea de artigos sobre o tempo de Napoleão em Portugal, em que se destacam o estudo da Diplomacia e do Exército enquanto prismas fundamentais do momento histórico da conjuntura entre o final do século XVIII e as primeiras derrotas do imperador francês na península Ibérica.[88] A última autora é uma arquivista-paleógrafa francesa que escreveu um trabalho a partir da perspectiva de uma história diplomática, que procura analisar as relações franco-portuguesas enquanto pontos essenciais para explicar Portugal, decidida por Napoleão, em 1807.[89] Além desses, não podem deixar de ser mencionados alguns trabalhos que, ao tratarem um período mais amplo da história de Portugal, dedicaram atenção a aspectos da dominação napoleônica, como as investigações sobre a Maçonaria tanto de Graça e José da Silva Dias quanto de Oliveira Marques, sempre sensíveis à presença e atuação dos franceses no país; a obra já clássica de Valentim Alexandre, que faz uma análise minuciosa da política externa portuguesa em função da crise do Antigo Regime Português; os estudos de Albert Silbert sobre Portugal oitocentista e alguns artigos de Luís Antônio de Oliveira Ramos, centrados na análise da repercussão da Revolução Francesa em Portugal. No entanto, regra geral, a principal preocupação de todos esses autores consiste na avaliação dos impactos causados pelas invasões na sociedade portuguesa, desprezando a dimensão mítica da figura de Bonaparte.

Na América portuguesa, não chegou a desenvolver-se uma historiografia napoleônica. No entanto, além das análises de história diplomática no clássico

---

[86] A. do Carmo Reis. *Invasões francesas. As revoltas do Porto contra Junot.* Lisboa, Editorial Notícias, [1991].

[87] Ana Cristina Bartolomeu de Araújo. Revoltas e ideologias em conflitos durante as invasões francesas. *Revista de História das Idéias.* Coimbra, 7: 7-90, 1985 e As invasões francesas e a afirmação das idéias liberais. In: Luis Reis Torgal & João Lourenço Roque. *O Liberalismo (1807-1890).* Lisboa, Ed. Estampa, [1993], p. 17-19 (Col. História de Portugal, v. 5).

[88] Antonio Pedro Vicente. *O tempo de Napoleão em Portugal.* Estudos Históricos. Lisboa, Comissão Portuguesa de História Militar, 2000.

[89] Nicolle Gotteri. *Napoleão e Portugal.* Lisboa, Teorema, 2006.

D. João VI de Oliveira Lima, algumas publicações demonstram que o país não ficou imune ao fascínio pela personagem, procurando estabelecer pontos de ligação entre Napoleão e o Brasil. É o caso do artigo pioneiro de Ferreira da Costa, escrito no final do século XIX, que revelou uma trama para libertar Bonaparte de Santa Helena e trazê-lo para Pernambuco em 1817; e de um curioso livro de Donatello Grieco, que, embora traga em apêndice alguns documentos interessantes, deixa-se levar pela empolgação, vendo o imperador em seu exílio como o "supremo general das Américas".[90]

Decorridos duzentos anos da ascensão de Napoleão Bonaparte ao poder, *napoléophobes* e *napoléophiles* continuam, por conseguinte, a produzir obras a seu respeito, indicando a enorme atração que a personagem ainda exerce sobre o público. Laudatórios ou panfletários, com propósitos comerciais ou acadêmicos, inúmeros foram aqueles que se deixaram fascinar pelo herói militar, pelo salvador da pátria, pelo herdeiro da Revolução Francesa e pelo herói romântico, situando-o na fronteira entre o indivíduo – o corso que se fez imperador e dominou a Europa – e o mito, emblema da nova condição humana, capaz de subtrair-se aos destinos divinos para decidir sua própria sorte, seja pelo viés da *lenda negra*, seja pelo da *lenda rosa*, que ele foi o primeiro a forjar. Árdua foi a tarefa da historiografia ao procurar fazer de Bonaparte um retrato que levasse em consideração as circunstâncias políticas, sociais e econômicas de seu tempo e os fatores culturais e mentais, que permitem esclarecer tanto suas singularidades quanto suas contradições.[91] Nessa ótica, o presente trabalho não almeja uma análise exclusiva de Napoleão ou a elaboração de uma história de Portugal na época das invasões, mas proceder a um cruzamento dessas representações tão envolventes, em torno da figura do imperador e da França, como se viu acima, com as práticas políticas em vigor no mundo português, redimensionadas, porém, nesse momento, por meio das leituras produzidas a partir daquelas imagens. Para tanto, importa, inicialmente, considerar o meio em que esse processo ocorreu.

---

[90] Cf. a bibliografia ao final do trabalho.
[91] Cf. J. Tulard. *Napoléon, le pouvoir, la nation*, ..., p. 78-103; N. Petiteau. *Napoléon* ..., p. 195-196.

Portugal e as invasões francesas

Como a famosa revolução de Paris é o mais interessante objeto da presente conjuntura e desejamos que os nossos leitores saibam verdadeiramente as suas ulteriores circunstâncias (que uma voz mal fundada aqui exagera sobremaneira), publicaremos amanhã, em um Suplemento extraordinário, uma carta fidedigna, que, em data de 17 de julho, acabamos de receber daquela capital a este respeito.

Assim se expressava a oficial *Gazeta de Lisboa*, em seu número de 4 de agosto de 1789, procurando noticiar de forma circunstanciada e, como aponta Caetano Beirão, num tom otimista, todos os sucessos da Revolução Francesa. Além dela, o *Jornal Encyclopédico, dedicado à Rainha N. Senhora*, também apresentava detalhes pormenorizados dos fatos, considerados sensacionais. Os comentários situavam-se entre o entusiasmo e a ingenuidade, revelando um misto de admiração e espanto diante dos sucessos que iriam selar a ruína do Antigo Regime francês. Até setembro de 1789, a *Gazeta* continuou informando regularmente seus leitores sobre o desenrolar dos acontecimentos – a convocação dos Estados Gerais, a proclamação da Assembléia Nacional Constituinte, as primeiras medidas tomadas e, especialmente, aquelas da sessão de 4 de agosto, que estabeleceu o fim dos direitos feudais e que, por isso, devia "ocupar um bem distinto lugar na História da França e do Espírito Humano", ainda que à custa de algumas convulsões sociais.[1]

Algumas personagens da época não deixaram tampouco de demonstrar uma grande tolerância em relação ao que ocorria na França, como testemu-

---

[1] *Gazeta de Lisboa* de 4 de agosto de 1789 e de 1º de setembro de 1789. Suplemento. Cf. ainda Caetano Beirão. *D. Maria I: 1777-1792*. 4ª ed. Lisboa, Empresa Nacional de Publicidade, 1944, p. 372-379.

nha a correspondência do embaixador de Portugal em Paris, Vicente de Souza Coutinho, com o ministro dos Negócios Estrangeiros e da Guerra, Luís Pinto de Souza Coutinho. Logo que o Terceiro Estado, aceitando a proposição do *abbé* Sieyès, convidou os deputados das duas primeiras ordens a se congregarem numa Assembléia Nacional para estabelecer a Constituição do Reino, o embaixador não deixou de registrar em um despacho de 19 de junho:

> Enquanto a Nobreza e o Clero se entretinham em disputas de palavras e outras minúcias igualmente inúteis, ia o Terceiro Estado sempre ganhando passo, e no dia 17 produziu com universal espanto uma decisão, que será memorável na história da França.[2]

Diferente, no entanto, era a perspectiva de outro embaixador português, sediado na Corte da Sardenha, Rodrigo de Souza Coutinho. Em despacho ao mesmo ministro Luís Pinto de Souza Coutinho, datado de 12 de agosto de 1789, informava que, segundo rumor geral, era grande o número de nobres franceses que, temendo por suas vidas ao verem seus castelos incendiados, fugiam para a Savóia. Acrescentava que o encarregado dos negócios da Inglaterra lhe afirmara que tais nobres consideravam a Revolução Francesa como resultado de "uma cabala montada pela canalha", mas, de certo modo, entendia os excessos que eram cometidos pelo povo contra a nobreza, que ele julgava inimiga do soberano e da nação, pois, "se a nobreza, clero e parlamentos houvessem sacrificado os seus loucos privilégios e os seus prejuízos ao soberano e ao bem público na ocasião da primeira Assembléia dos Notáveis, nada do que hoje sucede houvera tido lugar". Opinião de um homem esclarecido, admirador de Necker, que, embora não concordasse com o processo revolucionário, tentaria, mais tarde, enfrentar esses perigos como ministro português, embora sofrendo também a oposição da nobreza lusitana.[3]

---

[2] D. Vicente de Sousa Coutinho. *Diário da Revolução Francesa*. Leitura diplomática, enquadramento histórico cultural e notas de Manuel Cadafaz de Matos. Lisboa, Távola Redonda, 1990, p. 179.

[3] Ofício nº 33 de 12 de agosto de 1789. Apud A. Mansuy-Dinis Silva. *Portrait d'un homme d'État: D. Rodrigo de Souza Coutinho, Comte de Linhares, 1755-1812*. Lisboa/Paris: Commission Nationale pour les commémorations des Découvertes Portugaises/Centre Culturel Calouste Gulbenkian, 2002, p. 269. Cf. Idem. L'année 1789 vue de Turin par un diplomate portugais. *Dix-Huitième Siècle*. Paris, 20: 289-313, 1988. Citação à p. 289.

Mais adiante, porém, à medida que o processo revolucionário atingia seu ápice com a ascensão dos Jacobinos ao poder, a proclamação da República em 1792 e a execução de Luís XVI em 1793, deixou de haver dúvidas quanto a essa "extraordinária e temível revolução literária e doutrinal", que havia propagado "novos, inauditos e horrorosos [...] sentimentos políticos", desencadeando-se a preocupação das autoridades governamentais com a difusão dos *abomináveis princípios jacobinos, igualmente fatais aos soberanos e aos povos*.[4] De um lado, isso conduziu à repressão policial contra a infiltração e a propaganda das idéias revolucionárias, cabendo essa tarefa sobretudo ao célebre intendente de polícia Diogo Inácio de Pina Manique, típico produto de seu tempo, capaz de perseguir a maçonaria portuguesa, os franceses residentes em Portugal e os portugueses suspeitos de partilharem idéias jacobinas, mas também de atitudes ilustradas, como a de *policiar* a cidade de Lisboa e a de organizar a filantrópica Casa Pia.[5] De outro lado, acarretou o questionamento da tolerância da Real Mesa Censória, que viabilizava a difusão no território de milhares de livros *escandalosos, libertinos* e *sediciosos* vindos do estrangeiro, que "confundiam a liberdade e felicidade das nações com a licença e ímpetos grosseiros dos ignorantes, desassossegavam o povo rude, perturbavam a paz pública e procuravam a ruína dos governos".[6] Em conseqüência, alteraram-se os procedimentos de censura a partir de 1794. Uma carta de lei, de 17 de dezembro, aboliu o antigo tribunal e restabeleceu as tradicionais instâncias: a Inquisição, o Ordinário e a Mesa do Desembargo do Paço. Um alvará sancionado por D. Maria I, em 30 de julho do ano seguinte, passou a regulamentar os critérios pelos quais essas instituições deviam exercer a censura dos livros. Afinal, "toda a prudência religiosa e política" era necessária para combater "com maior vigor e eficácia" "tantos males e ruínas".[7]

---

[4] Carta de Lei de 17 de dezembro de 1794. Apud António Delgado da Silva. *Colleção da Legislação Portuguesa*. (Legislação de 1791 a 1801). Lisboa, Maigrense, 1828. v. 6, p. 194. Para a expressão em itálico de Rodrigo de Souza Coutinho, ver A. Mansuy-Dinis Silva. *Portrait d'un homme d'État ...*, p. 298.

[5] Para a análise de Pina Manique, ver Adérito Tavares & José dos Santos Pinto. *Pina Manique: um homem entre duas épocas*. Lisboa, Casa Pia de Lisboa, 1990.

[6] C. Beirão. *D. Maria I ...*, p. 389; Luis A. de Oliveira Ramos. Reflexão sobre as origens do liberalismo em Portugal. In: *Sob o signo das "luzes"*. Lisboa, Imp. Nacional, 1988, p. 141-143.

[7] Carta de Lei de 17 de dezembro de 1794. Apud Antonio Delgado da Silva. *Colleção da Legislação ...*, p. 194. Para a análise da censura em Portugal, José Timóteo da Silva Bastos. *História da censura intelectual em Portugal. Ensaio sobre a compreensão do pensamento português*. 2ª ed. Lisboa, Moraes, 1983; para a da censura na América Portuguesa, cf. Luiz Carlos Villalta. *Reformismo ilustrado, censura e práticas de leitura: usos do livro na América Portuguesa*. São Paulo, Tese de doutorado apresentada à Universidade de São Paulo, 1999.

Apesar dessa vigilância oficial e da política de proteção aos exilados franceses, que fugiam dos processos do Terror – como Jean-Victor, conde de Novion, que foi integrado na polícia, exercendo, segundo alguns, atividades de espionagem –, registraram-se, em Lisboa, manifestações de simpatia e entusiasmo pela Revolução Francesa. Às vésperas da guerra franco-espanhola, o ex-cônsul francês Herman considerava que a opinião pública, em geral, não era contrária aos franceses na cidade. Em 1794, o jovem marquês de Alorna, que, então, usava apenas o título de Conde de Assumar, mandou guarnecer com os "cocares da liberdade" as espadas dos oficiais de seu regimento e vestir seus soldados com fardas semelhantes às da tropa francesa.[8] Em suas anotações de 1802, o pastor protestante sueco Carl Israel Ruders afirmava que depois da chegada do novo ministro francês, general Lannes, muitas pessoas tinham passado a usar o cocar tricolor, desde representantes da nobreza até o seu cabeleireiro francês, "recentemente republicanizado", que se apresentara em sua casa "com esse distintivo no chapéu, todo cheio de nódoas e pomadas".[9]

Não é de se admirar, sem dúvida, que as primeiras imagens da Revolução Francesa em Portugal tenham suscitado inicialmente atitudes de curiosidade, mas, após a notícia da execução de Luís XVI, foi o medo que predominou. Com o decreto de luto oficial de quinze dias pela Coroa, dava-se início à construção de uma outra representação simbólica da França revolucionária, que enfatizava o lado negro e macabro do acontecimento e de seus desdobramentos, envoltos em visões de sangue e de terror. E é no interior desse contexto político, econômico e ideológico que se deve situar a posição de Portugal no delicado jogo político internacional da época.

Entre a Inglaterra e a França

De fato, para Portugal, a postura de neutralidade, mantida desde a guerra de Independência americana, com o objetivo primordial de preservar a prosperidade do comércio externo português, tornava-se insustentável. No

---

[8] Cf., respectivamente, Ana Cristina Bartolomeu de Araújo. As invasões francesas e a afirmação das idéias liberais. In: Luis Reis Torgal & João Lourenço Roque. *O Liberalismo (1807-1890)*. Lisboa, Estampa, [1993], p. 17-19 (Col. História de Portugal, v. 5); Graça Dias & J. S. da Silva Dias. *Os primórdios da maçonaria em Portugal*. 2ª ed. Lisboa, Instituto Nacional de Investigação Científica, 1986, v. 1, t. 1, p. 377.
[9] C. Israel Ruders. *Viagem em Portugal, 1798-1802*. Lisboa, Biblioteca Nacional, 1981, p. 268.

entanto, ainda em 1792, frente à iminência de um conflito europeu, a Corte de Lisboa continuou apegada a essa diretriz, sobretudo em negócios que não lhe diziam respeito, numa ótica pragmática, que pouco se orientava por considerações ideológicas. Apesar disso, a situação complicou-se quando, no final de 1792, pareceu cada vez mais inevitável o envolvimento da Espanha e da Inglaterra na guerra contra o governo da França, levando à assinatura, no ano seguinte, de convenções com ambos os países (em 15 de julho e 26 de setembro, respectivamente), que estabeleciam as condições para a entrada de Portugal na guerra, como "potência auxiliar e aliada". Desse compromisso, ainda que não ocorresse uma declaração formal de hostilidade à França, resultou o envolvimento do exército português na campanha do Rossilhão (1793-1795), ao lado da Espanha, cujo malogro levou ao tratado de Basiléia, firmado em separado entre Espanha e França em junho de 1795. Embora não exigisse da Espanha qualquer atitude hostil contra Portugal ou a Inglaterra, o acordo anunciava uma nova disposição do tabuleiro diplomático ibérico e colocava Portugal numa situação delicada diante da crescente aproximação espanhola com o Diretório francês. Em agosto de 1796, o tratado de Santo Ildefonso, assinado entre os governos de Madri e Paris, ratificava essa tendência ao estabelecer os princípios de uma colaboração militar defensiva e ofensiva entre os dois países, ampliando a distância diplomática entre as duas monarquias da península, maior ainda após a eclosão de um conflito entre a Inglaterra e a Espanha, em outubro de 1796.[10]

Diante da nova situação, e ainda assombrado pelos fantasmas da União Ibérica de 1580, Portugal insistiu, de início, em manter sua política de dupla aliança, tanto com a Inglaterra quanto com seu vizinho espanhol. Como resultado bem conhecido, a diplomacia portuguesa passou a oscilar como um pêndulo entre a manutenção da tradicional aliança inglesa – que implicava, certamente, em submeter-se às suas pressões econômicas e fazia temer uma invasão franco-espanhola – e à anuência às exigências da França e da Espanha, correndo o risco de sofrer hostilidades britânicas, que poderiam significar um eventual ata-

---

[10] Cf. Valentim Alexandre. *Os sentidos do império: questão nacional e questão colonial na crise do Antigo Regime português*. Porto, Afrontamento, 1993, p. 97-101. Expressão grifada à p. 100. Para a preocupação das autoridades portuguesas com a política de neutralidade, desde o século XVIII, ver Fernando A. Novais. *Portugal e Brasil na crise do Antigo Sistema Colonial (1777-1808)*. 2ª ed. São Paulo, Hucitec, 1981, p. 48-49.

que ao império ultramarino. Como afirma Valentim Alexandre, toda a política externa de Portugal até 1807 hesitou entre esses dois pólos, aproximando-se ora de um, ora de outro, conforme as circunstâncias históricas, tanto no nível externo quanto no interno.[11] Vicissitude de pequeno país europeu, ainda que no extremo do continente, poder-se-ia acrescentar que, da mesma forma que a resistência pombalina à Inglaterra mais cedo, após a derrota dos exércitos napoleônicos e o estabelecimento da paz européia, tal oscilação voltou a se fazer sentir, mais tarde, na política externa do império luso-brasileiro, quando uma política de reaproximação com a França, conduzida por Antonio de Araújo de Azevedo na pasta da Marinha e Domínios Ultramarinos de 1814 a 1817, pretendeu contrabalançar outra vez a dependência excessiva em relação à Inglaterra.

Dentro desse *espartilho*, a opção portuguesa resultava em geral de duas sensibilidades dominantes no Conselho de Estado e no Ministério dos Negócios Estrangeiros, conhecidas na historiografia pela designação de *partido francês* e *partido inglês*. Embora com estratégias distintas, os dois grupos tentaram minimizar os riscos de um possível conflito envolver Portugal na turbulência continental. Não se tratava de divergências nascidas de uma postura absolutista e outra liberal nem de qualquer princípio ideológico mais claro, o que estava em questão para Portugal era a conjuntura internacional e a análise dos interesses políticos e econômicos da aliança com a Inglaterra diante da avaliação dos demais fatores concretos envolvidos.

O *partido inglês* era representado pelo Secretário de Estado de Negócios Estrangeiros, Luís Pinto de Souza Coutinho, substituído, mais tarde, por João de Almeida de Melo e Castro e, sobretudo, por Rodrigo de Souza Coutinho, Secretário de Estado da Marinha e Ultramar, entre 1796 e 1801, e Presidente do Real Erário de 1801 a 1803. D. Rodrigo, um dos primeiros leitores portugueses da obra de Adam Smith, tinha entre seus principais objetivos, após a independência das colônias inglesas da América e a Revolução Francesa – a que assistira do posto de embaixador em Turim –, a manutenção da integridade do império ultramarino português, sobre a prosperidade do qual fazia repousar a saúde da monarquia. Para tanto, embora abominasse a "hórrida revolução" da França, advogava a necessidade de reformas no interior do império de acordo com um

---

[11] Valentim Alexandre. *Os sentidos do império* ..., p. 101-110. Ver também J.-F. Labourdette. *Le Portugal de 1780 à 1802*. Paris, SEDES, 1985, p. 163-166.

claro programa ilustrado e mantinha-se fiel à tradicional aliança com a Inglaterra, onde via em Edmund Burke o baluarte que conteve os excessos de 1789.[12]

O *partido francês* tinha Antônio de Araújo de Azevedo na liderança, com o apoio de Diogo de Noronha, conde de Vila Verde; a adesão, na diplomacia, de D. Lourenço de Lima e do conde da Ega, mais a complacência do velho duque de Lafões, no Conselho de Estado. Ainda que pouco estudado, não se pode afirmar que Araújo de Azevedo fosse um liberal radical ou defensor de idéias jacobinas; ao contrário, a Revolução Francesa era para ele também uma "horrorosa catástrofe", que só provocava a anarquia. No entanto, argumentava a favor de uma política de aproximação com a França, capaz de constituir uma política mais vantajosa para Portugal ao neutralizar a influência britânica.[13]

Num primeiro momento, de 1796 até 1803, a política externa portuguesa foi conduzida pelo *partido inglês*, apesar de inúmeras pressões de seus opositores. Algumas divergências foram marcantes, como a tentativa de assinar um tratado entre Portugal e a França, longamente negociado, a partir de 1797, por intermédio de Araújo de Azevedo. Em linhas gerais, o objetivo do tratado resumia-se num ponto fundamental: o de fazer sair Portugal da esfera de influência da Inglaterra, tanto no nível econômico quanto no militar. Para além dessa idéia, existiam algumas cláusulas de ordem econômica que possibilitariam a assinatura de um tratado comercial, estabelecido no princípio de nação mais favorecida, e o pagamento de uma pesada indenização de guerra e de ordem territorial, relacionada às exigências de cessão da margem norte do Amazonas, no Brasil. Deve-se destacar que essa tentativa de aproximação ocorria no rastro da Paz de Campo-Fórmio (1797), quando a França saía de uma campanha vitoriosa na Europa Central. O tratado, embora acertado entre Araújo de Azevedo e o governo de Paris, não foi ratificado pelo governo

---

[12] Para análise da ação política de Rodrigo de Souza Coutinho, cf. A. Mansuy Dinis-Silva. L'année 1789 vue de Turin ..., p. 289-313 e Guilherme Pereira das Neves. Rodrigo de Souza Coutinho. In: Ronaldo Vainfas (dir.) *Dicionário do Brasil colonial (1500-1808)*. Rio de Janeiro, Objetiva, 2000. p. 513-514. Ver ainda a introdução de José da Silva Lisboa aos *Extratos das obras políticas e econômicas de Edmund Burke*, que ele organiza e publica no Rio de Janeiro (Imprensão Régia, 1812).

[13] Cf. Valentim Alexandre. *Os sentidos do império* ..., p. 102-104; Graça Dias & J. S. da Silva Dias. *Os primórdios da maçonaria* ..., v.1, t. 2, p. 422-432 e Ana Cristina Bartolomeu de Araújo. As invasões francesas ..., p. 20-21. Para a visão de Antonio de Araújo, ver Joaquim Pintassilgo. A Revolução Francesa na perspectiva de um diplomata português (A correspondência oficial de António de Araújo de Azevedo). *Revista de História das Idéias. A Revolução Francesa e a Península Ibérica*. Coimbra. 10: 131-144, 1988.

português, em virtude não só das pressões inglesas como igualmente de Rodrigo de Souza Coutinho, que, em 1798, redigiu um parecer sobre as difíceis circunstâncias do momento presente, apontando as "funestas e desastrosas" conseqüências para Portugal de se aceitarem as proposições francesas.[14]

Em meio a essas discussões, a situação portuguesa revelava-se bastante delicada. Temia-se, sobretudo, uma expedição francesa contra o reino ou até mesmo contra os domínios ultramarinos. Em abril de 1798, D. Rodrigo, em ofício ao governador da Bahia Fernando José de Portugal, transmitia a ordem de que se tomassem "todas as precauções para a defesa e segurança dessa capitania, a fim de que se os franceses fizerem contra ela alguma tentativa, achem por toda a parte uma vigorosa resistência".[15] Na realidade, ao longo do período revolucionário, sob o Diretório e o Consulado, vários foram os projetos de expedição e de ataque às costas do Brasil que surgiram: um em 1796 e 1797, três em 1799 e dois em 1800, todos relacionados à guerra que opunha França e Inglaterra. Atacar o Brasil, considerado uma das colônias mais ricas da América, era atingir não só Portugal mas também o comércio inglês, que se beneficiava das transações coloniais brasileiras em virtude dos acordos firmados no passado.

Nessa mesma ótica, pode se inserir o projeto de expedição contra a cidade do Salvador, organizado pelo capitão Larcher, enviado aos membros do Diretório, em 24 de agosto de 1797. Tendo passado pela Bahia, nos finais do ano de 1796 e início do seguinte, Larcher informava que seus habitantes, influenciados pela concepção dos direitos do homem, reclamavam sua independência e pediam auxílio à República francesa. Fornecia os meios de execução e os gastos necessários, que não seriam elevados, pois o sucesso da operação estaria garantido com as riquezas que os habitantes pagariam pela ajuda francesa, acrescentando que poderia ser acordado um tratado de comércio entre a Bahia e a República francesa, a qual teria o direito de nação exclusiva, por um certo número de anos, durante os quais "a proteção francesa" fosse "indispensável a este novo povo". E, para dar força ao plano, em tom otimista, observava que "esta revolução te-

---

[14] Cf. Valentim Alexandre. *Os sentidos do império* ..., p. 110-116 e Ana Cristina Bartolomeu de Araújo. As invasões francesas ..., p. 20-21. Para a opinião de D. Rodrigo, ver Parecer sobre as difíceis circunstâncias do momento presente (21 de junho de 1798). In: *Textos políticos, econômicos e financeiros (1783-1811)*. v. 1. Int. e dir. de Andrée Mansuy Diniz-Silva. Lisboa, Banco de Portugal, 1993, p. 77-89.

[15] BNRJ. DMSs II – 33, 29, 67. Ofício de D. Rodrigo a D. Fernando José de Portugal. 1798.

ria um efeito elétrico nas outras capitanias do Brasil; a experiência nos prova. Elas reunir-se-ão todas para formar um povo livre".[16] Sem entrar na discussão sobre a influência ou não de Larcher na Conjuração Baiana de 1798, que já fez correr alguma tinta, não parece haver dúvida de que a proposta resultava do jogo político francês e visava, sobretudo, aos interesses comerciais da França, que, inserida "no grande teatro político", como ele próprio ressaltava, dessa iniciativa poderia extrair grandes vantagens para o "comércio da república" e provocar o enfraquecimento dos inimigos.[17]

Frente a tais temores, nos anos seguintes, até 1800, a política diplomática portuguesa caminhou buscando prolongar as negociações com a França, evitando qualquer ruptura com a Espanha, mas mantendo, ao mesmo tempo, a aliança com a Inglaterra. Em 1799, porém, novos fatos, tanto no plano interno, quanto no externo, estabeleceram outras coordenadas. Em primeiro lugar, em julho D. João assumiu oficialmente a regência em Portugal, o que acarretou alterações no ministério, como o afastamento de José Seabra da Silva, que se mostrara contrário à nomeação do príncipe regente sem a convocação de Cortes, e que indicavam tensões internas na cúpula política, que iriam recrudescer nos primeiros anos do século XIX. Ao mesmo tempo, despontava a preocupação do governo com a política de defesa, procedendo-se, no exército, ao alistamento sistemático, ordenando-se a elaboração de quadros estatísticos da população e passando-se a cuidar do estado geral das fortalezas, com a colaboração de oficiais ingleses. No plano externo, o golpe do 18 Brumário, em novembro, levou Napoleão Bonaparte ao poder. Ressalte-se ainda, após a retirada da Rússia do conflito, a vitória francesa de Marengo, no ano seguinte, sobre a Áustria, à qual seguiu-se um armistício que encerrou a segunda coalizão. Daí em diante, iniciava-se uma nova fase de pressão sobre o governo português, principalmente pelo lado espanhol, que culminaria na

---

[16] Archives de la Marine. Paris. Serie BB4, 1050. Amérique meridionale. Brésil. Projét d'expedition contre San Salvador (Brésil) par le Cap. de Vau. Larcher. 24 août 1797. Agradeço a Marco Morel a cessão de uma cópia desse documento. Cf., ainda, para uma análise desses projetos Jeanine Potelet. Projéts d'expeditions et d'attaques sur les côtes du Brésil (1796-1800). *Caravelle. Cahiers du Monde Hispanique et Luso-Brésilien.* Toulouse, 54: 209-222, 1990. Vale observar que em Pernambuco, na mesma época, eram iguais os temores, tendo o bispo Azeredo Coutinho providenciado a compra de uma *fragatinha* para proteger as costas da capitania enquanto membro da Junta do Governo. Cf. suas *Obras econômicas.* São Paulo, Nacional, 1966, p. 126.

[17] Archives de la Marine, idem.

Guerra das Laranjas, conduzida na linha de fronteira do Alentejo em maio de 1801, da qual resultou a perda de Olivença para a Espanha, de valor essencialmente simbólico, mas que forçou Portugal a assinar uma rendição mais vantajosa para França do que o espírito do tratado que deixara de ser assinado em 1797. Embora Portugal tivesse reconhecida sua neutralidade militar quanto a um futuro conflito, foi obrigado a pagar uma pesada indenização de guerra e a abrir seus portos aos navios franceses e espanhóis, fechando-os, em contrapartida, àqueles da Inglaterra – cláusula que esta aceitou, temporariamente, em função da Paz de Amiens que assinara com a França em 1802.

Nos anos imediatos, as relações diplomáticas entre Portugal e França caminharam favoravelmente, em virtude da queda de Rodrigo de Souza Coutinho em 1803 e da ascensão do *partido francês* ao governo em 1804, com a designação de Antônio de Araújo de Azevedo para a Secretaria de Estado e Negócios Estrangeiros. Essa aproximação possibilitou não apenas o restabelecimento de relações econômicas mas também a presença de embaixadores da França em Portugal, como os generais Lannes (1802) e Junot (1805). A cultura e os costumes franceses passaram a penetrar com maior intensidade em Portugal. Carl Ruders anotava que a moda trazida por *madame* Lannes já se vulgarizava por intermédio das damas da sociedade portuguesa, registrando ainda que,

> na véspera de Santo Antônio, a populaça prostrada aqui e além em frente das imagens repostas junto das casas, ouviu de cabeça descoberta a célebre marcha de Marselha, tocada em honra do Santo, durante toda a noite, quase sem alternar com outras peças [...].[18]

O embaixador Lannes, em particular, imiscuía-se em assuntos da política interna, usando sua imunidade diplomática para introduzir mercadorias e livros proibidos que não passavam pelo controle da alfândega e realizando em sua casa reuniões maçônicas, que despertavam os temores e suspeitas de Pina Manique. Este acabou por mandar para a prisão um dos ajudantes da embaixada. O incidente provocou uma nota oficial de Lannes, que resultou

---

[18] C. Israel Ruders. *Viagem em Portugal*,..., p. 268 e 279. Citação nesta última.

no afastamento do poderoso intendente, embora com toda a discrição possível, compensado com o lugar honorífico de chanceler-mor do Reino.[19]

Essa situação diplomática permaneceu mais ou menos inalterada até o final de 1804: a tensão com a França reduzira-se ao mínimo e a neutralidade portuguesa na guerra que reacendera entre Paris e Londres estava assegurada em função da posição espanhola isenta no conflito. Face aos acontecimentos que ocorriam em Lisboa, a Inglaterra adotava medidas meramente simbólicas, como a ausência do embaixador inglês no dia dos anos da rainha. A evolução do sistema internacional, contudo, trouxe novos elementos de tensão para a diplomacia portuguesa, quando, em dezembro de 1804, a Espanha declarou guerra à Inglaterra por causa do apresamento pela frota inglesa de fragatas espanholas vindas da América.

Em dezembro de 1804, uma carta de Napoleão Bonaparte ao príncipe regente mostrava a necessidade de os dois países caminharem em acordo e unidos a fim de manter um pouco de equilíbrio nos mares e obrigar o "ambicioso e orgulhoso governo" inglês a ter "idéias mais sãs e moderadas". Em maio, uma nota do novo embaixador francês em Lisboa, Junot, trazia uma postura mais rígida, ordenando que o governo português rompesse relações diplomáticas com a Inglaterra, sob pena, de a França apoiar a Espanha na invasão de Portugal. E, quando da entrada no Tejo de um comboio naval inglês, Junot ameaçou retirar-se, alegando não poder viver num "país ocupado por um exército inglês".[20]

Apesar dessas pressões, o governo português não se abalou de forma contundente, embora não faltassem sinais internos de tensão, como os chamados motins do *campo de Ourique*, ocorridos em 1803, cujos participantes eram indivíduos ligados ao "club dos iluminados", que pretendia instituir um Diretório, formado por nobres e a suposta *conspiração de Mafra*, envolvendo Carlota Joaquina e a alta nobreza, para tirar D. João da regência, entre 1805 e 1806.[21] A resposta de D. João à carta de Napoleão não fez quaisquer concessões, li-

---

[19] Cf. Adérito Tavares & José dos Santos Pinto. *Pina Manique: um homem* ..., p. 25-32 e Ana Cristina Bartolomeu de Araújo. As invasões francesas ..., p. 22.

[20] Para a carta de Napoelão, cf. *Correspondence de Napoléon 1er*. T. X, Paris, Imprimerie Impériale, 1862, p. 85-86. Apud http://www.aqrnet.pt/exercito/cn_8208.html, consultada em 10 de janeiro de 2002. Para as demais citações, cf. Valentim Alexandre. *Os sentidos do império* ..., p. 142.

[21] Para a constituição do club dos iluminados, ver ANRJ. Coleção Negócios de Portugal. Caixa 731, pac. 4, doc. 25. A. H. de Oliveira Marques. D. João VI. In: Ana Maria Rodrigues (coord.). *D. João VI e seu tempo*. Lisboa, Comissão Nacional para as Comemorações dos Descobrimentos Portugueses, 1999, p. 34-6; Graça Dias & J. S. da Silva Dias. *Os primórdios da maçonaria* ..., v.1, t. 2, p. 451-67.

mitando-se a reafirmar que seu governo, após os tratados com aquele país, seguia "os princípios de neutralidade, os mais rigorosos, em relação às potências beligerantes" nos portos portugueses. Lembrava ainda que conseqüências funestas poderiam resultar da anuência de Portugal às exigências francesas:

> Basta que os ingleses interrompam o comércio do Brasil com Portugal e que bloqueiem o porto de Lisboa para cessarem os recursos do comércio e, em pouco tempo, faltarem todos os meios de subsistência nesta capital, que, como se sabe, ela precisa importar todos os anos uma grande quantidade de trigo do estrangeiro. A fome seria um bom fiador da vitória do inimigo.

Nesse caso, a conduta diplomática assemelhava-se, em muito, àquela realizada pelo *partido inglês*, em 1797, embora, nesse momento, os negócios da política externa estivessem sendo conduzidos por Araújo de Azevedo, representante do *partido francês*. Apesar da cautela, as relações franco-portuguesas continuavam amenas. Em outra carta do imperador a D. João, datada de agosto de 1805, o regente era agraciado com a "grande decoração de nossa Legião de Honra", além de outras fitas da mesma Ordem, para serem distribuídas entre portugueses, por recompensa dos serviços prestados aos franceses.[22]

A mesma postura de neutralidade por parte de Portugal foi adotada em abril de 1806, quando uma esquadra francesa, na qual se encontrava embarcado Jerônimo Bonaparte, irmão do imperador, aportou na Bahia. Houve toda a "prudência, zelo e desteridade próprios de semelhante ocasião", como afirmava o visconde de Anadia, em ofício ao conde da Ponte, informando que enviara ao príncipe regente as contas prestadas pelas despesas com a armada no Brasil. Tais despesas envolviam quantias para aguadas, pintura e outras referentes ao Arsenal, víveres, hospital, tabaco, transportes, materiais de pedreiros e comida para os oficiais, totalizando por volta de 56:500$000 réis.[23]

---

[22] ANRJ. Coleção Negócios de Portugal. Caixa 641, pac. 3, doc. 42. Rascunho da carta do príncipe regente a Napoleão, datada de 7 de maio de 1805. Confrontando essa carta com a citação do historiador Valentim Alexandre, verifica-se que ela foi mantida em sua essência. Cf. *Os sentidos do império* ..., p. 142. Para a carta de Napoleão, ver ANRJ. Códice 735. doc. 44 (1805). (Carta original).

[23] Agradeço ao historiador Luís Henrique Dias Tavares essa informação, que depois foi comprovada por vários documentos. Cf. BNRJ. DMSs I – 31,30,2. Estado das despesas feitas pela Esquadra de S.M.I. e R., o Imperador dos Franceses em sua arribada à Bahia de Todos os Santos. 21 de abril de 1806 e BNRJ. DMSs I – 31, 28, 2. Ofício do Visconde

Nesse contexto, vale lembrar, ainda, que, em outubro de 1805, a derrota franco-espanhola em Trafalgar inviabilizou, por algum tempo, qualquer possibilidade de desembarque francês na Inglaterra, bem como de uma provável invasão de Portugal ou de seus domínios ultramarinos. A situação, no entanto, modificou-se com a vitória de Austerlitz (dezembro de 1805) e ao longo de 1806. Com a vitória de Iena, a campanha contra a Polônia, a dissolução do Sacro Império Romano Germânico e a estruturação da Confederação do Reno, fatos que precederam o decreto decisivo do Bloqueio Continental em 21 de novembro, já em agosto a Inglaterra tentara retomar a iniciativa, enviando a Portugal a *missão Rosslyn* para negociar nova ajuda política e militar a Portugal, com o objetivo de romper a hegemonia do *partido francês* e trazer o país de volta à órbita da influência inglesa, garantindo seu apoio numa guerra imediata contra a França imperial. Caso não houvesse possibilidade de a Corte de Lisboa assegurar medidas de defesa contra os franceses, a missão deveria incentivar uma solução já aventada em outros tempos – a da retirada dos territórios europeus para estabelecer a Corte nas possessões transatlânticas – sob a ameaça, ainda que de maneira pacífica, da ocupação do Brasil pelos ingleses para sua própria segurança. A missão, porém, logo abortou, não conseguindo Rosslyn senão contatos iniciais com Araújo de Azevedo e com o príncipe regente, aos quais tentou convencer de uma iminente invasão francesa do território português, já anunciada em Paris.[24]

Supondo tratar-se de mais uma pressão diplomática da França, Araújo de Azevedo procurou manter intacta a política de neutralidade, única possibilidade, em sua visão, de sobrevivência para o país. Paralelamente, vislumbrou-se, como alternativa à saída da Corte de Lisboa, a perspectiva de enviar o príncipe D. Pedro para a América portuguesa com o título de *Condestável do Brasil*, a fim de conter o expansionismo inglês no ultramar com a presença de um representante da dinas-

---

de Anadia ao Conde da Ponte. 5 de julho de 1806. *Manifesto ou Exposição fundada, e justificativa do procedimento da Corte de Portugal a respeito da França desde o principio da Revolução até a epoca da invasão de Portugal; e dos motivos que a obrigárão a declarar a Guerra ao Imperador dos Francezes, pelo facto da Invasão, e da subsequente Declaração de Guerra feita em consequencia do Relatorio do Ministro das Relações Exteriores.* [Rio de Janeiro], Impressão Régia, 1808 (transcrita no *Correio Braziliense*, setembro de 1808, p, 255-268); Francisco Soares Franco. *Exame das Causas que allegou o Gabinete de Tulherias para mandar contra Portugal os exercitos Francez e Hespanhol, em novembro de 1807.* Lisboa, Impressão Régia, 1808, p. 14.

[24] Cf. Valentim Alexandre. *Os sentidos do império ...*, p. 143-147; Ana Cristina Bartolomeu de Araújo. As invasões francesas..., p. 23; A. H. de Oliveira Marques. *D. João VI ...*, p. 36-37.

tia de Bragança, ainda que com a idade de nove anos.[25] No entanto, a decretação do Bloqueio Continental e os novos êxitos de Bonaparte contra a Prússia e Rússia, que levaram ao tratado de Tilsit em julho de 1807, alteraram radicalmente o quadro do equilíbrio político na Europa. A aliança entre a França e a Rússia levava a um predomínio francês no continente, criando a situação limite, tão temida pela diplomacia portuguesa, em que as forças napoleônicas, vitoriosas a leste, podiam agora voltar suas atenções para oeste – ou seja, para a Península Ibérica.

Frente a essa nova conjuntura, do ponto de vista estratégico, a situação de Portugal tornava-se muito delicada. De um lado, por ser o país a única possibilidade de entrada dos produtos ingleses no continente europeu. De outro, partindo-se da visão da historiografia de que a expansão napoleônica não significou apenas um desejo de poder pessoal, mas, sobretudo, o choque de duas economias em vias de expansão – a francesa e a britânica – na perspectiva da França, a inserção de Portugal no sistema imperial napoleônico convertia-se numa necessidade vital. A idéia de bloqueio constituía, por conseguinte, tanto uma arma de guerra quanto uma arma econômica, visando a privar a Inglaterra de suas iniciativas comerciais, obrigando-a a viver numa economia fechada. O êxito de tal política medir-se-ia pela intensidade da crise econômica e social que dela resultaria, como aquela que iria esboçar-se em 1811/1812, conduzindo fatalmente a Inglaterra à ruína e, portanto, à capitulação e ao restabelecimento da paz geral. Segundo Lefebvre, o bloqueio napoleônico anunciava uma postura do futuro, pois, ao tentar quebrar a resistência inglesa, representou, na realidade, uma transição entre a visão do século XVIII, em que era utilizado para o enriquecimento dos países, e a visão contemporânea, destinado a destruir militar e economicamente o adversário.[26]

Nesse tênue equilíbrio, a diplomacia portuguesa continuava seu jogo pendular, ainda que fosse um expediente para ganhar tempo, até que se optasse por uma decisão definitiva. Araújo de Azevedo e seu grupo desejavam manter inalteráveis os pontos de sua estratégia: evitar a invasão franco-espanhola, buscando uma aproximação com a França; conservar o exercício da plena soberania da coroa portuguesa, através da dinastia de Bragança e evitar qual-

---

[25] Era antiga a preocupação da política externa portuguesa em preservar o ultramar. Cf. Fernando A. Novais. *Portugal e Brasil ...*, p 32-33.

[26] G. Lefebvre. *Napoléon*. 6ème ed. Paris, PUF, 1965, p. 347-382; Jacques Godechot. *Europa e América no tempo de Napoleão (1800-1815)*. São Paulo, Pioneira/EDUSP, 1984, p. 93-96; François Crouzet. *De la Superiorité de l'Angleterre sur la France. L'economique et l'imaginaire: XVIIe-XXe siècle*. Paris, Perrin, 1985; Sandro Sideri. *Comércio e poder. Colonialismo informal nas relações anglo-*

quer atitude hostil pelo lado da Inglaterra. Algumas concessões táticas, no entanto, não poderiam deixar de serem oferecidas a Napoleão Bonaparte, mas a saída da Corte de Lisboa mantinha-se como uma decisão extrema, a ser tomada apenas quando a invasão francesa fosse uma realidade e houvesse uma ameaça à monarquia.

Como em 1801, quando ocorreu um tímido ensaio da guerra peninsular, a questão primordial era o fechamento dos portos portugueses à navegação britânica, agravada, nesse momento de 1807, pela exigência de prisão dos súditos britânicos residentes em Portugal, além do confisco de seus bens. Em ambos os casos, o projeto de transferência da Corte para o Rio de Janeiro era aventado. Em 1801, por ocasião da *Guerra das Laranjas*, D. José Maria de Souza, morgado de Mateus, em parecer de 14 de abril, recomendava que o príncipe regente se retirasse para o Brasil, "donde ameaçaria todas as colônias espanholas" e poderia fundar "o maior império do Mundo".[27] O Marquês de Alorna, também em carta ao príncipe, após a derrota portuguesa na mesma guerra, revelava idêntica opinião:

> Poderemos aqui resistir algum tempo, mas bem vê V. A. R. que se nos caírem forças muito grandes e o empenho absoluto de duas potências não será possível por fim embaraçar que façam alguma entrada e mesmo que nos cerquem. [...].
> Em todo o caso, o que é preciso, é que V. A. R. continue a reinar, e que não suceda à sua Coroa o que sucedeu à de Sardenha e de Nápoles e o que talvez entra no projeto das grandes potências que suceda a todas as Coroas de segunda ordem na Europa.
> V. A. R. tem um grande império no Brasil e o mesmo inimigo que ataca agora com tanta vantagem talvez trema e mude de projeto, se V. A. R. o ameaçar de que se dispõe a ir ser Imperador naquele vasto território, adonde pode facilmente conquistar as colônias Espanholas e aterrar em pouco tempo as de todas as potências da Europa. Portanto, é preciso que V. A. R. mande arrumar com toda a pressa todos os seus navios de guerra e todos os de transporte, que se acharem na praça

---

portuguesas. Lisboa/Santos, Cosmos/Martins Fontes, 1978, p. 173-185; A. do Carmo Reis. *Invasões francesas. As revoltas do Porto contra Junot*. Lisboa, Editorial Notícias, [1991], p. 21-36.

[27] Parecer de D. José Maria de Sousa. In: Angelo Pereira. *D. João VI: o príncipe e o rei*. v. 1: A retirada da Família Real para o Brasil. Lisboa, Empresa Nacional de Publicidade, 1956, p. 86.

de Lisboa, que meta neles a Princesa e seus filhos, os seus Tesouros e que ponha tudo isto pronto a partir sobre a barra de Lisboa e que a Pessoa de V. A. R. venha a esta fronteira da Beira aparecer aos seus povos e acender o seu entusiasmo.[28]

A idéia de preservar a monarquia portuguesa perpassava por esse raciocínio, da mesma forma, embora com posições distintas, que pelos planos de Araújo de Azevedo e de D. Rodrigo. Deve-se destacar, ainda, que os dois autores vislumbravam a idéia da constituição de um novo *império*, que poderia, inclusive, englobar as colônias espanholas, perspectiva que voltaria a ser levantada em 1807.

A opção extrema da vinda da Corte para os domínios da América, lembrada pela primeira vez nas condições difíceis da Restauração de 1640 pelo padre Antônio Vieira, também fora retomada por Rodrigo de Souza Coutinho em 1803, pois não sendo Portugal "a melhor e mais essencial parte da Monarquia", ainda restaria "ao soberano e aos seus povos", depois de ele ter sido "devastado por uma longa e sanguinolenta guerra", a criação de um poderoso Império no Brasil, "donde se volte a reconquistar o que se possa ter perdido na Europa".[29] Nesse caso, no entanto, o ministro revelava uma perspectiva mais ampla, que implicava não apenas em um deslocamento transitório da Corte, mas sobretudo numa profunda reforma do império português como um todo. Diante da nova crise de 1807, a questão passou a ser discutida, a partir de agosto até novembro, nas várias reuniões do Conselho de Estado, a elas sendo admitidos D. Rodrigo e João de Almeida de Melo e Castro, pela primeira vez, desde seus afastamentos em 1803.

No final de setembro, com a anuência de Portugal ao fechamento dos portos aos navios ingleses e à imposição de arrestar os bens dos súditos britânicos, efetivava-se a adesão de Portugal à causa do continente e consolidava-se a ruptura com a Inglaterra, mas tudo permanecia no plano simbólico, enquanto as promessas não se traduzissem em medidas concretas, sempre postergadas. Formalmente, a Coroa portuguesa ficava, assim, em estado de guerra com duas potências beligerantes entre si. Acreditou-se,

---

[28] ANRJ. Coleção Negócios de Portugal. Caixa 712, pac. 2, doc. 3. Carta do Marquês de Alorna aconselhando D. João a vir para o Brasil. 30 de maio de 1801.
[29] Parecer de Rodrigo de Souza Coutinho de 16 de agosto de 1803. In: Angelo Pereira. *D. João VI:* ... v. 1: A retirada ..., p. 131.

por conseguinte, que a guerra mais iminente seria com a Inglaterra, tomando-se todas as disposições, como relatou Acúrsio das Neves, para "a guerra marítima" e retirando-se o exército "das fronteiras e dos outros pontos que ocupava no interior, para ir guarnecer os portos e fortalezas da costa".[30]

A convicção de que a invasão francesa deixaria de ocorrer partia de uma análise objetiva da situação, pois, acatadas as imposições de Bonaparte, não havia motivo estratégico imperativo algum, fosse econômico, militar ou político, para realizá-la. Nesse momento, contudo, outros fatores, de ordem mais imediata, agiram no sentido da invasão: a ambição pessoal do ministro espanhol Manuel Godoy e o desejo do imperador de anexar a Etrúria, onde reinava Maria Luísa, filha de Carlos IV de Espanha, à França. De fato, segundo o tratado secreto franco-espanhol de Fontainebleau, de 27 de outubro, Portugal seria dividido em três partes, cabendo ao rei da Etrúria a província do Entre-o-Douro-e-Minho, incluindo o Porto, sob o nome de Lusitânia setentrional; e a parte sul, o reino do Algarve e província do Alentejo, a Godoy, como "príncipe dos Algarves". Trás-os-Montes, Beira e Estremadura, porém, ficariam sob a ocupação das tropas francesas, para ter seu destino posteriormente definido, podendo vir a ser devolvida à Casa de Bragança em troca das colônias espanholas de que a Inglaterra se houvesse apoderado, e prevendo-se, ainda, a divisão das colônias portuguesas entre a França e a Espanha.[31] Por conseguinte, qualquer que fosse a decisão do governo de Lisboa, o tratado de Fontainebleau selava o destino de Portugal e expunha a fragilidade da estratégia adotada por Araújo de Azevedo. Isso era indicado pelo início imediato da marcha das tropas estacionadas em Baiona, sob o comando do general Junot, ex-embaixador em Lisboa, em direção à fronteira portuguesa, cujas primeiras e incertas notícias fizeram "pequenos e grandes e mesmo o príncipe" manifestar "sentimentos piedosos de recorrer ao céu para uma proteção",

---

[30] J. Acúrsio das Neves. *História geral da invasão dos franceses em Portugal e da restauração deste Reino*. t. 1. Porto, Afrontamento, s./data, p. 203. Cf. para a pressão francesa, Arquivo Histórico do Museu Imperial I-POB-08.09.1807. n.i.c. Carta de Napoleão a D. João. 8 de setembro de 1807.

[31] Tratado de Fontainebleau, 27 de outubro de 1807 apud *Correio Braziliense ou Armazem Literário*. Londres. v. 1, nº 5 e 6, outubro e novembro de 1808, p 433-434 e 533-537; ver ainda Valentim Alexandre. *Os sentidos do império ...*, p. 163; Oliveira Lima. *D. João VI no Brasil* [1908]. 3ª ed. Rio de Janeiro, Topbooks, 1996, p. 37-38.

mandando organizar uma procissão de Penitência do Senhor dos Passos pelas ruas de Lisboa.[32]

Paralelamente, no entanto, à medida que os rumores cresciam ao longo de novembro de 1807, o governo português buscou entabular negociações com a Inglaterra, através de uma convenção secreta, em que se previa a transferência da família real para o Brasil, protegida pela esquadra britânica, em troca da ocupação da ilha da Madeira, enquanto perdurassem as operações militares no continente. Numa última jogada, em 21 de novembro, Araújo de Azevedo ainda solicitou a D. João o envio de um emissário a Junot para dissuadi-lo da invasão, mas que resultou em fracasso. Em 26 de novembro, decretava-se a transferência da Corte, após reunião do Conselho de Estado, cujos seis conselheiros presentes julgaram, unanimemente, que,

> havendo-se esgotado todos os meios de negociação e não havendo esperança alguma discreta que por tais expedientes se removesse o perigo iminente que ameaça a existência da Monarquia, soberania e independência de S. A. R., achando-se entradas nelas tropas francesas, se não devia perder um só instante em acelerar o embarque de S. A. R. o Príncipe Regente Nosso Senhor e de toda a Real Família para o Brasil.[33]

O embarque ocorreu no dia seguinte, retardando-se, contudo, a partida, sob a proteção da esquadra inglesa que bloqueava o Tejo, até o dia 29, em função dos fortes ventos desfavoráveis. No dia 30, entravam em Lisboa as tropas de Junot.[34]

A relutância e a indecisão em partir acabaram por propiciar certo açodamento e desordem no momento do embarque, o que, por muito tempo, levou à interpretação de que se tratava de uma fuga precipitada e repentina, o que

---

[32] BNL – Reservados. Códice 732: Invasão francesa: Notícias várias: procissões de todas as religiões para que os franceses não invadam Portugal, 1808. fl. 70v.

[33] Nas decisões finais participaram apenas 6 dos 18 Conselheiros nomeados em 1796: alguns haviam falecido, como o duque de Lafões, outros estavam em missão no exterior ou tinham sido afastados do cargo, como é o caso de José de Seabra da Silva. Cf. Enéas Martins Filho (org.). *O Conselho de Estado Português e a transmigração da família real em 1807*. Rio de Janeiro, Arquivo Nacional, 1968, p. 3-4 e, para a citação, p. 70-71.

[34] Para uma análise da primeira campanha dos franceses em Portugal, ver David Chandler. *The Campaigns of Napoleon*. Londres, Weidenfeld & Nicolson. 1998, p. 593-601.

as fontes não comprovam.³⁵ Apesar disso, a retirada da Corte e a conseqüente acefalia da Coroa – enquanto "a autoridade soberana boiava no oceano", como exprimiu Domingos de Souza Coutinho, embaixador em Londres – quebravam o pacto entre senhor e vassalos, revestindo-se de uma enorme dimensão simbólica para as populações do Antigo Regime, ao criar um sentimento de ausência do soberano, sob a imagem de uma *orfandade* política. Situação que Acúrsio das Neves, com um certo exagero de cortesão, captou no retrato do príncipe regente ao embarcar:

> Queria falar e não podia; queria mover-se e, convulso, não acertava a dar um passo: caminhava sobre um abismo, e apresentava-se-lhe à imaginação um futuro tenebroso e tão incerto como o oceano a que ia entregar-se. Pátria, capital, reino, vassalos, tudo ia abandonar repentinamente, com poucas esperanças de tornar a pôr-lhes os olhos, e tudo eram espinhos que lhe atravessavam o coração.

Fiel aos princípios do Antigo Regime, Acúrcio das Neves conhecia o papel singular que a presença física do soberano tinha entre seus súditos, pois a monarquia era imaginada como uma família, em cuja cabeça encontrava-se o rei, na figura do pai, como uma espécie de viga mestra, indissoluvelmente unido à nação.³⁶

Diante da situação, falava-se, na época, de um "sussurro melancólico e confuso do povo" ou de *povo indiscreto*, que não sabia como expressar aquilo que estava sentindo. Outros súditos revelavam um profundo inconformismo, como José Agostinho de Macedo, em cujas *Reflexões imparciaes, ou parecer acerca da situação de Portugal depois da sahida de S. A. R. para a América* considerava artificial e forçada a emigração da corte, ficando "Portugal europeu no estado de não poder subsistir como reino independente, nem continuando a guerra, nem depois de feita a paz". Além disso, desmembrado do Brasil, Portugal não

---

[35] Cf. Oliveira Lima. *D. João VI* ..., p. 43. A obra em tela, escrita em 1908, foi uma das primeiras a apontar essa questão. Ver também para a questão, Lilia M. Schwarcz et al. *A longa viagem da Biblioteca dos Reis. Do terremoto de Lisboa à Independência do Brasil*. São Paulo, Companhia das Lertras, 2002, p. 194-208.

[36] J. Acúrsio das Neves. *História geral da invasão dos franceses* ..., t. 1, p. 223. Para uma visão na Espanha e suas possessões, semelhante ao ocorrido em Portugal, ver François-Xavier Guerra. *Modernidad e independencias. Ensayos sobre las revoluciones hispanicas*. México, Mapfre/Fondo de Cultura Económica, 1993, p 150-6.

poderia voltar a ser uma monarquia, o que fazia aflorar, em sua ótica, o perigo republicano numa sociedade despojada de seu rei e de parcela de sua mais alta nobreza.[37]

Entre as elites intelectuais e politizadas, já marcadas por algumas idéias da Ilustração, a partida da Corte produziu efeitos distintos. José Liberato Freire de Carvalho, redator do *Investigador Português em Inglaterra* (1814-1818) e do *Campeão Português* (Londres, 1819-1821, e Lisboa, 1822-1823), considerou a partida um ato de covardia do governo, que, além de nomear uma Regência, pedira aos portugueses que "recebessem *como amigos* os seus conquistadores" e "obedecessem ao invasor". Da mesma forma, João Bernardo da Rocha Loureiro redigiu, anos mais tarde, para jornais publicados em Londres, comentários nada favoráveis sobre a saída da Corte e a ocupação francesa. Ele estava "em Lisboa no quase milagroso dia em que S. A. R. partiu daí para os seus estados da América" e julgou que o acontecimento "dava ares de um despejo de casa aonde prendeu o fogo", tendo ouvido "propósitos de blasfêmia e desesperação" da maioria do povo de Lisboa, que se via "abandonado por esse modo em mãos de franceses".[38]

Ao contrário, Hipólito José da Costa, no primeiro número do *Correio Braziliense*, publicado em Londres, justificava a transferência da sede da monarquia para o Rio de Janeiro, considerando a "sábia política do Príncipe Regente de Portugal em mudar a sua Corte para o Brasil", a fim de não se repetir o que sucedera com os soberanos espanhóis. Destacava ainda a importância de se fundar o novo "Império do Brasil", afirmando mesmo o direito da dinastia de Bragança de "se apossar daquela parte das colônias espanholas que lhe ficarem ao alcance de suas forças". Francisco Soares Franco admitiu igualmente a conveniência da ação do príncipe regente, pois a saída da Corte era a única esperança de salvação do regente, que, assim, pôde manter sua honra, sua segurança, sua glória e a do nome português. Também uma proclamação anô-

---

[37] Apud Innocencio Francisco da Silva. *Memórias para a vida intima de José Agostinho de Macedo*. Lisboa, Typographia da Academia Real das Sciencias, 1898, p. 57-58.
[38] Cf., respectivamente, José Liberato Freire de Carvalho. *Memórias da vida de ...* [1855]. Int. de João Carlos Alvim. 2ª ed. Lisboa, Assírio e Alvim, 1982, p. 36; Idem. *Ensaio histórico-político sobre a Constituição e Governo do Reino de Portugal*. 2ª edição mais correta e argumentada. Lisboa, Imprensa Nevesiana, 1843, p. 197; *O Portuguez* (1814), apud Georges Boisvert. *Un pionnier de la propagande libérale au Portugal: João Bernardo da Rocha Loureiro (1778-1853)*. Paris, Fundação Calouste Gulbenkian/ Centro Cultural Português, 1982, p. 70.

nima aos portugueses, transcrita no *Correio Braziliense*, justificava a partida com o perigo inevitável, confortava o povo dizendo que "vosso príncipe arriscou-se nos mares para vos assegurar a vossa Independência e dar um eterno apoio às vossas esperanças!", de modo a exortá-lo para "que com o vosso Príncipe ao lado desafieis o Mundo inteiro".[39]

Sem dúvida, Portugal junto com a Sardenha foram as únicas potências européias de menor grandeza, que, nesse período, no delicado equilíbrio europeu, mantiveram em parte seu poder. D. João exerceu a soberania, através de seus domínios na América portuguesa, constituindo um novo império – o império luso-brasileiro.[40]

A Ocupação Napoleônica

Com a partida, como em qualquer tempo de ausência do soberano, um Conselho de Regência foi instalado em Portugal através de um decreto do príncipe regente de 26 de novembro. Era composto por representantes da nobreza, do clero e da magistratura: o marquês de Abrantes; Francisco da Cunha Menezes, tenente-general do exército; o principal Castro, regedor das justiças; Pedro de Mello Breyner, presidente do Real Erário, e D. Francisco de Noronha, tenente-general do exército e presidente da Mesa da Consciência e Ordens. Se um deles estivesse ausente, seria substituído pelo conde de Castro Marim, monteiro-mor e indicado para presidir o Senado da Câmara de Lisboa. Para secretários, eram designados o conde de Sampaio e o desembargador do Paço João Antonio Salter de Mendonça, servindo D. Miguel Pereira

---

[39] *Correio Braziliense ou Armazem Literário*. Londres. v. 1, n° 1, junho de 1808, p. 57-65, citação à p. 61; Francisco Soares Franco. *Exame das Causas que allegou o Gabinete de Thulherias para mandar contra Portugal os exercitos Francez e Hespanhol, em novembro de 1807*. Lisboa, Impressão Régia, 1808, passim; *Correio Braziliense ou Armazem Literário*. Londres. v. 1, n° 4, setembro de 1808, p. 329-330.

[40] Carlos Emanuel IV, rei do Piemonte-Sardenha, manteve sua soberania sobre a Sardenha, aceitando, em 1798, apenas renunciar ao reino do Piemonte, quando este foi invadido por tropas francesas. Permaneceu nesta parte do reino até 1802, quando abdicou ao trono em favor de seu irmão, que aí permaneceu até o fim do Império. Cf. Jacques Godechot. Piemont-Sardaigne. In: J. Tulard (dir.). *Dictionnaire Napoléon*. Nouvelle édition, revue et augmentée. v. 1. Paris, Arthème Fayard, 1999. p. 504-506. Também o soberano de Nápoles, junto com sua família real, foi transportado para a Sicília, quando da invasão napoleônica em 1798, nos navios do almirante inglês Nelson.

Forjaz como substituto, todos escolhidos pela grande experiência adquirida nas coisas do governo e pela confiança que D. João neles depositava.[41]

Rigorosas e severas instruções – escritas, provavelmente, por Araújo de Azevedo – estabeleciam as principais linhas de ação do Conselho. Na essência, elas determinavam "guardar aos nacionais todos os privilégios" já concedidos anteriormente; "conservar em paz este reino" e, sobretudo, assistir às tropas do imperador dos franceses e rei da Itália "tudo que lhes for preciso enquanto se detiverem neste Reino, evitando qualquer insulto, que se possa perpetrar, e castigando-o rigorosamente, quando aconteça". As 'Instruções' passaram a funcionar "servindo de Lei Fundamental do Governo Reino", e ainda pretendiam preservar uma boa relação com os franceses, a fim de evitar qualquer usurpação da soberania portuguesa, conservando "a boa harmonia" e a colaboração "com os exércitos das nações, com as quais nos achamos unidos no continente". Curiosamente, seguia-se a mesma linha de pensamento do soberano do Piemonte, Carlos Emanuel IV, que, ao abandonar seu reino, em 1798, aconselhava aos súditos prestar obediência aos franceses.[42]

Linguagem bastante distinta, no entanto, foi apresentada no *Manifesto ou exposição justificativa do procedimento da Corte de Portugal a respeito da França*, redigido por Rodrigo de Souza Coutinho após a chegada ao Brasil, quando assumiu o cargo de ministro e secretário de Estado dos Negócios da Guerra e do Estrangeiro, no qual permaneceria até sua morte, em 1812, evidenciando, de acordo com a conjuntura, a volta do *partido inglês* ao poder. O documento apresentava três pontos fundamentais: a afirmação da neutralidade portuguesa em todo o período em tela; a fidelidade inalterável à aliança inglesa e o caráter benéfico da aliança com a Inglaterra. O manifesto terminava com uma "declaração", em que se anunciava a decisão de rompimento de "toda a comunicação com a França", autorizando os súditos portugueses "a fazer a guerra por terra e mar aos vassalos do Imperador dos Franceses" e declarando "nulos e de nenhum efeito" todos os tratados que este último obrigara os portugueses a assinar. Apresentado e discutido no Conselho de Estado, embora o texto merecesse objeções de todos os conselheiros, que temiam tomar

---

[41] Decreto de 26 de novembro de 1807. Apud *Correio Braziliense ou Armazem Literário*. Londres. v. 1, nº 1, junho de 1808, p. 5-6.

[42] J. Acúrsio das Neves. *História geral da invasão dos franceses* ..., p. 220. Para a questão do Piemonte, cf. Jacques Godechot. Piemont-Sardaigne. In: J. Tulard (dir.). *Dictionnaire Napoléon* ..., p. 505.

o partido de qualquer uma das potências beligerantes, prevaleceu a versão de D. Rodrigo, demonstrando que, doravante, a política externa portuguesa alinhava-se decididamente à Inglaterra e adotava uma posição clara e firme contra a França.[43]

No plano internacional, a nova postura traduziu-se na invasão e conquista da Guiana, colônia francesa ao norte da América do Sul e base a partir da qual se fazia a penetração francesa na Amazônia e no litoral norte do Brasil. A ação militar foi decretada em março de 1808, pretendendo emprestar maior peso à declaração de guerra à França, embora planejada há alguns anos em Londres, uma vez que a Guiana poderia servir de ponto de apoio às tropas napoleônicas para a reconquista das Antilhas aos ingleses. Em 14 de janeiro de 1809, Caiena foi ocupada por uma expedição anglo-lusitana e somente após a queda de Napoleão, o tratado de Paris (1814) determinou a devolução da conquista, ainda que, em função das discussões em torno da fronteira a estabelecer, esta só se tenha efetivado em 1817, graças a um novo tratado com a França, definindo o Oiapoque como divisa.[44]

Da mesma forma, posteriormente, a atuação militar no Prata, há muito ambicionada pelos interesses portugueses na região, decorreu também da conjuntura européia. Conflagrada desde 1809 pelas lutas entre facções locais diversas, que surgiram em virtude do vazio de poder deixado pelo desaparecimento da Coroa espanhola e pela reação dos liberais na península contra o domínio napoleônico, a Cisplatina sofreu uma primeira intervenção portuguesa em 1811, com apoio britânico, mas a situação permaneceu indefinida, para voltar à tona após o Congresso de Viena. Em 1816, a região foi novamente invadida, perdurando os conflitos até 1821, quando foi anexada ao Brasil com o nome de Província Cisplatina.[45]

No reino, sob a capa da "proteção à francesa", as tropas aliadas franco-espanholas invadiram o território português com o objetivo, no dizer de Junot, de salvar o povo da "influência maligna da Inglaterra". Ainda que o país, desprovido de seu soberano, ansiasse por um outro tipo de ajuda, por uma

---

[43] *Manifesto ou Exposição fundada, e justificativa do ...*, passim. Citações à p. 10.
[44] Castilhos Goycochea. *A diplomacia de D. João VI em Caiena*. Rio de Janeiro, G. T. L., 1963; Oliveira Lima. *D. João VI no Brasil ...*, p. 285-300.
[45] Cf. Oliveira Lima. *D. João VI no Brasil ...*, p. 191-219 e 371-399; Ana Maria dos Santos. Província Cisplatina. In: Maria Beatriz Nizza da Silva (coord.). *Dicionário da história da colonização portuguesa no Brasil*. Lisboa, Verbo, 1994, p. 165-167 e Amado Cervo & Clodoaldo Bueno. *História da política exterior do Brasil*. São Paulo, Ática, 1992, p. 15-41.

ajuda providencial, por um *salvador* que, no imaginário das camadas populares, certamente não sairia das fileiras francesas, em um primeiro momento foi através dessa imagem de protetores que os invasores foram recebidos, saudando-se Junot com uma deputação constituída por personalidades da Regência e por alguns membros da Maçonaria, homens de idéias liberais, com o objetivo de assegurar uma aliança.[46] A Regência seguiu, portanto, as 'Instruções' decretadas pelo príncipe regente, mantendo um sistema pacífico de colaboração com os invasores, que continuavam "a dar as mais positivas provas do desejo que têm de concorrer para a felicidade dos Povos deste Reino". Essa atitude foi partilhada pela Igreja, inclusive com o objetivo de conservar o povo sob controle. Do púlpito, inúmeras preleções e recomendações eram feitas para transmitir uma aura de serenidade.[47] No mês de abril de 1808, a *Gazeta de Lisboa* veiculou a notícia de que a Academia das Ciências de Lisboa oferecera diversas vezes a Junot o lugar de seu presidente, fato confirmado por Acúrsio das Neves, que considerou a instituição "nesse tempo corpo sem alma", embora o general francês só aceitasse a condição de sócio honorário.[48]

Dessa forma, nos primeiros meses de dominação francesa, instaurou-se no reino um clima político artificial, buscando Junot não só o apoio de alguns segmentos da sociedade portuguesa como também o estabelecimento de uma política de compromissos entre as forças francesas e portuguesas. Manteve-se o Conselho da Regência, mas ampliado com a inclusão do ex-cônsul Francisco Antonio Herman. No provimento dos cargos militares, Junot contou com seus oficiais e com o antigo colaborador de Pina Manique, o conde de Novion, e a Intendência Geral da Polícia ficou sob o encargo do afrancesado Lucas Seabra da Silva. De um lado, Junot tentava alcançar seu principal objetivo:

---

[46] Citação de *Proclamação de Junot aos habitantes de Lisboa*. Lisboa. Impressão Régia, 1808; J. Acúrsio das Neves. *História geral da invasão dos franceses ...*, t. 1, p. 243; G. Boisvert. *Un pionnier de la propagande...*, p. 77.
[47] Edital. *Governadores do Reino*. [Lisboa], Impressão Régia, 1808.
[48] *Gazeta de Lisboa*. abril de 1808. Para a informação de Acursio das Neves, cf. *História geral da invasão dos franceses ...*, t. 1, p. 413. Já o secretário da Academia, Francisco de Borja Garção Stockler, em sessão de 10 de janeiro de 1810, narra o episódio de forma distinta, afirmando que a instituição apenas convidara Junot para sócio honorário. Cf. *Discurso ou memória apresentada à Academia Real de Sciencias de Lisboa em sessão de 7 de Janeiro de 1810*. Lisboa, Impressão Régia, 1810, p. 2-4.

tornar-se o senhor efetivo do reino. De outro, porém, os governantes portugueses procuravam manter uma aparência de legitimidade para seu próprio poder por meio de um certo colaboracionismo, consentido ou imposto, mas sugerido pelas 'Instruções' que tinham recebido, criando a imagem de um afrancesamento de idéias e instituições, ainda que, na visão de alguns contemporâneos – é verdade que opositores aos invasores –, "muito raros foram em Portugal os amigos dos franceses por devoção".[49]

Esse clima ameno não impediu, porém, algumas animosidades, como o incidente ocorrido em 13 de dezembro de 1807, quando a bandeira francesa foi arvorada no Castelo de São Jorge. Nessa ocasião, os portugueses, "até os incrédulos", tomaram conhecimento que a "nação portuguesa tinha caído em poder das águias". Alguns tumultos entre soldados franceses e o "baixo povo" registraram-se, então, no Terreiro do Paço, alastrando-se pelas ruas vizinhas e chegando ao Rossio. Soldados franceses eram insultados "de palavras por alguns homens abjetos", que em seguida gritavam: "Viva Portugal, vivam as cinco chagas e morra a França!" Segundo informações da Intendência da Polícia, constituiu um movimento espontâneo, composto por pessoas da plebe e oficiais mecânicos, a quem a suspensão dos trabalhos tinha colocado em situação de necessidade. Apesar disso, as imagens do passado, como os vivas às cinco chagas, relacionadas ao milagre de Ourique, continuavam a envolver o presente, repleto de angústias e temores, aguardando o povo, habituado a um discurso do poder em nome da ordem e do rei, a voz de um soberano português, e não a de um estrangeiro, o qual começava a ser considerado como usurpador.[50]

Para controlar a situação, Junot, além de recorrer ao alto clero para acalmar a população com sermões, começou a adotar medidas repressivas, como o decreto que proibia qualquer tipo de ajuntamento e aquele que determinava

---

[49] *O Portuguez*. Londres. n.º 5, 10 de setembro de 1814 apud G. Boisvert. *Un pionnier de la propagande...*, p. 76. Cf. ainda Ana Cristina Bartolomeu de Araújo. *As invasões francesas ...*, p. 26-29.

[50] J. Acursio das Neves, cf. *História geral da invasão dos franceses ...*, t. 1, p. 271-275. ANTT. Livro da Intendência da Polícia n.º 9. maio de 1806 a outubro de 1808. fl. 132/133. Raúl Brandão. *El-Rei Junot*. 3ª ed. Coimbra, Atlântida Editora, 1974, p. 165-166. Antonio Ferrão. *A I ͪ invasão francesa (A invasão de Junot vista através dos documentos da Intendência Geral da Política, 1807-1808)*. Coimbra, Imprensa da Universidade, 1923, p. 35-37. Para o milagre de Ourique, cf. infra, cap. 3.

o desarmamento das tropas portuguesas. No primeiro, afirmava que "alguns maus indivíduos" tinham se atrevido a atirar nas tropas francesas, prometendo fazê-los pagar o insulto com suas cabeças. Também para evitar tumultos, ficaram proibidas as cerimônias religiosas da noite de Natal, pois a "missa da meia-noite" era "originariamente o pretexto de muitas desordens", bem como o toque dos sinos depois das ave-marias.[51] A medida mais dura, contudo, veio a 1º de fevereiro de 1808, com a extinção do Conselho da Regência e a destituição da dinastia de Bragança:

> O Príncipe do Brasil, abandonando Portugal, renunciou a todos os seus direitos à soberania deste reino. A casa de Bragança acabou de reinar em Portugal. O Imperador Napoleão quer que este belo país seja administrado e governado todo inteiro em seu nome e pelo General em chefe do seu exército.

A medida constituía uma clara violação do Tratado de Fontainebleau, mas Junot caminhava a passos largos para atingir seu objetivo: tornar-se soberano em Portugal, inspirado no modelo de Nápoles, cujo reino fora entregue ao general Murat.[52]

A Regência foi, então, substituída por um Conselho de Governo presidido por Junot, composto de três secretários de Estado franceses, residentes em Portugal, e por conselheiros portugueses, que eram figuras públicas nacionais. Francisco Antônio Herman ficou encarregado da repartição do interior e das finanças, assessorado por Pedro de Melo Breyner e pelo desembargador Azevedo Coutinho; Lhnite, na secretaria de Estado da Guerra e da Marinha, era apoiado pelo conde de Sampaio e pelo principal Castro, D. Francisco Rafael, regedor para os assuntos da justiça e do culto; Vienez Blaunc, na terceira Secretaria, ocupou-se da superintendência dos Arquivos. Para cada província era designado um administrador geral, com o título de corregedor-mor. Todos os decretos, cartas, alvarás e editais passavam a ser assinados "em nome de S. M. o Imperador dos Franceses, Rei de Itália,

---

[51] BNRJ. DMss. Códice 15,2,29. Livro com registros de assuntos públicos (1750-1822). Ordem do governador de Paris ao Sr. Cardeal Patriarca. 18 de dezembro de 1807. fl. 46. (cópia).

[52] Cf., respectivamente, *Editais de 14 e 22 de dezembro de 1807*. [Lisboa], Impressão Régia, [1807]. *Edital de 1 de fevereiro de 1808*. [Lisboa], Impressão Régia, [1808].

Protetor da Confederação do Reno". Nas Igrejas, substituía-se no *Canon* da Missa, "o nome do Imperador Napoleão ao da Rainha Fidelíssima e do príncipe Regente". Ainda eram retiradas, ou ocultadas, as armas do reino e as insígnias da Casa de Bragança, mas, revelando o quanto a religião era importante para a sustentação do trono, a decisão fez o juiz do povo do Porto lamentar-se que, dessa forma, se mandasse

> cometer, à vista dos nossos olhos, o mais sacrílego e o mais horroroso de todos os atentados, qual o de demolir o Sagrado Quadro, que nos traz à memória [...] as Cinco Chagas do Nosso Redentor, oferecidas no Campo de Ourique ao nosso Primeiro Rei para lhe servirem de honra aos seus Estandartes.[53]

No rastro dessas medidas administrativas, novos impostos foram decretados, como a contribuição de guerra extraordinária no valor de 100 milhões de francos, ordenada por Napoleão, assim como foram seqüestrados os bens pertencentes à família real portuguesa, bem como os de todos os fidalgos que tinham acompanhado o príncipe regente. O ouro e a prata das igrejas, pelo menos de Lisboa e arredores, foram confiscados; solicitaram-se maiores sacrifícios do clero; e, dos povos, que já sofriam com uma violenta alta de preços, exigiram-se novas e pesadas requisições agrícolas. Outras medidas curiosas também eram colocadas em prática, como a determinação do novo Intendente Geral da Polícia, Lagarde, que proibia "o deixar andar cães vagando pelas ruas ou praças públicas de Lisboa e subúrbios", podendo-se matar todo o cão que se achasse na rua sem dono ou condutor, ficando a pele do mesmo para o matador. A medida trouxe à luz alguns panfletos jocosos, como a representação feita a Lagarde, por "Padengo, Letrado, que os cães nomearam" para obterem alívio da pena geral de morte a que esta-

---

[53] Cf., respectivamente, *Edital de 1º de fevereiro de 1808*. [Lisboa], Impressão Régia, [1808] e Decreto de 1 de fevereiro de 1808. [Lisboa], Impressão Régia, [1808]. Para a questão das Igrejas, ver *Diario dos acontecimentos de Lisboa, por ocasião da entrada das tropas de Junot, escripto por uma testemunha presencial, Camillo Luiz Rossi, secretario da Nunciatura Apostolic, 1808*. Apresentação de Angelo Pereira. Lisboa [Off. Graficas da Casa Portuguesa], 1944, p. 33. Para a última citação, ver ANRJ. Coleção Negócios de Portugal. Caixa 621^A, pac. 1. s.n.doc. Proclamação do juiz do povo do Porto. Porto, Typ. de Antonio Alvarez Ribeiro, [1808].

vam submetidos; ou *O cão do cego que fugiu para a esquadra inglesa com medo do Lagarde*.[54]

Incapaz de impor-se somente pela força, mas facilitada pela complacência das autoridades portuguesas e estimulada pela simpatia de alguns segmentos sociais, como a maior parte da alta nobreza e alguns letrados demonstravam, a política de Junot buscou não só afastar pessoas e idéias que podiam causar resistência como também suscitar a colaboração. Em relação ao exército, embora as tropas já estivessem desarmadas, convinha atrair os melhores oficiais e soldados, postos em grandes números na reserva, para se alistarem nos batalhões franceses, retirando-os de Portugal para reforçar *la grande Armée* napoleônica. Dessa forma, o marquês de Alorna, Gomes Freire de Andrade e Manuel Inácio Martins Pamplona, dentre os principais oficiais – provavelmente por idealismo, pelo menos de início, como será discutido adiante –, passaram a dirigir um contingente de cerca de nove mil homens, que estiveram a serviço do imperador até na campanha da Rússia. Em relação aos poderosos, Junot passou a cortejar os nobres, fazendo apelos ao seu patriotismo e mostrando a necessidade de levar os anseios do povo português a Napoleão. Com esses argumentos, organizou uma deputação a Baiona, que, num encontro com Bonaparte, deveria discutir e fixar os termos da aliança dos dois países ibéricos ao sistema continental. Embora dos vários selecionados apenas 14 seguissem viagem, incluíam figuras proeminentes, representando distintas instituições do reino, como o antigo presidente da Regência, o marquês de Abrantes; o reitor da Universidade, D. Francisco de Lemos Pereira Coutinho, bispo de Coimbra e conde de Arganil; o inquisidor geral e bispo titular de Algarves, D. José Maria de Melo; varões ilustres da alta nobreza, como D. Lourenço de Lima, antigo embaixador em França, D. Nuno Álvares Pereira de Melo, o conde de Sabugal, os marqueses de Marialva, de Valença e o visconde de Barbacena, além de dois representantes do Senado da Câmara.

Essa missão revestia-se de dois aspectos essenciais, mesclados de valor simbólico: de um lado, mostrava a fidelidade e o testemunho de obediência da

---

[54] Cf. J. Acursio das Neves, cf. *História geral da invasão dos franceses* ..., t. 1, p. 326-332.; Edital do Intendente Geral de Polícia de 9 de abril de 1808. [Lisboa], Impressão Régia, 1808. *Representação dirigida ao ex-intendente Lagarde*. Lisboa, Typografia Lacerdina, 1808; *O cão do cego que fugiu para a esquadra inglesa com medo do Lagarde*. Lisboa, Impressão Régia, 1808. Para uma análise sobre Lagarde, ver Nicole Gotteri. *La mission de Lagarde, policier de l'Empereur, pendant la Guerre d'Espagne (1809-1811)*. Paris, Publisud, 1991, p. 9-30.

nação portuguesa ao imperador por meio de ilustres figuras; de outro, evidenciava a preocupação deste em prevenir eventuais rebeliões das camadas dominantes. Seu resultado foi positivo no sentido de desencadear importante propaganda a favor do regime francês. Já no dia 6 de maio, a *Gazeta de Lisboa* estampava a seguinte notícia: "S. M. Imp. e Real se dignou de receber com muita bondade a Deputação, que o Reino de Portugal lhe enviou". E continuava, informando que a Deputação ouviu "da própria boca de S. M. as expressões as mais obsequiosas da sua estima com a nação portuguesa, recebendo ao mesmo tempo as esperanças mais gratas sobre o futuro". Uma carta da deputação enviada aos portugueses, narrando o encontro de Baiona, veio à luz em folheto bilingüe, também publicada na *Gazeta de Lisboa* e distribuída por todas as Câmaras. A carta dava conta do bom acolhimento do imperador e do "paternal cuidado" que tinha em relação ao bem e felicidade dos portugueses, afirmando que "não foi como Conquistador" que Napoleão entrou no território português, "nem como tal quer que o seu Exército aí permaneça". Apesar de declarar não ter "desejo algum de vingança, nenhum rancor ao Príncipe", confirmava a destituição da dinastia de Bragança, embora ainda houvesse dúvidas sobre o destino de Portugal, nada havendo de claro quanto à integridade do reino. Redigida com muita cautela pelos emissários, se ela agradou a Napoleão, quando submetida à sua censura, provocou inúmeras manifestações em contrário entre os portugueses, que se sentiram feridos em seu patriotismo. Um texto atribuído a dois oficiais, que, apesar de partidaristas dos franceses, participaram do processo de restauração, revela tal descontentamento, ao afirmar que Junot escolheu "um rancho de homens, cuja maior parte estava no desagrado de V. A. R." e mandou-os a Baiona, "para ali receberem a insinuação da vontade de Napoleão". Era "um agregado de autoridades portuguesas informe e inconstitucional", a quem ditou "uma suposta carta" em nome da nação.[55]

Disso resultou que o conceito da deputação e especialmente de D. Francisco de Lemos, considerado seu chefe, tenha diminuído aos olhos da opinião pública, acabando por serem considerados colaboracionistas, até porque

---

[55] *Gazeta de Lisboa*. n.º 18. 6 de maio de 1808. 1º Suplemento e n.º 19. 13 de maio de 1808. 1º Suplemento. Ainda que a carta tenha recebido alguns retoques por parte das autoridades francesas, o texto reflete a opinião de muitos que lutaram naquela época ao lado do invasor. Para a última informação, ver José Liberato Freire de Carvalho apud *O Campeão Portuguez*. Londres, 16 de julho de 1819.

permaneceram por quase dois anos na França. Ao retornar a Portugal, por ordem de Napoleão, quando da terceira invasão francesa, junto às tropas de Massena, o reitor da Universidade foi detido para interrogatório, no qual procurou defender-se: "Entrei em Portugal por caminhos e rodeios desviados da via militar, com grandes riscos e perigos". Afirmava, ainda, que as atitudes precipitadas dos governadores do Reino obraram "muito à satisfação da raiva de Napoleão" a seu respeito e somente em 1814 pôde reassumir novamente seu cargo em Coimbra.[56]

Ao longo do mês de maio de 1808, inúmeras manifestações de apoio, como iluminações, cerimônias religiosas, cortejos militares, por parte das províncias e por iniciativa das Câmaras, foram registradas na *Gazeta de Lisboa*, criando a impressão de uma euforia em relação ao novo governo francês.

> Em todas as partes públicas desta cidade se vê hoje afixada a Memória da Deputação Portuguesa aos seus concidadãos [...]. Esta peça é lida por todos os habitantes com um ardor igual ao reconhecimento que ela inspira para com Sua Majestade o Imperador e Rei: Portugal ficará sendo uma nação separada e independente de qualquer outra influência afora a do Dominador da Europa! Eis aqui a nova que cada um repete com alegria.
>
> Das províncias vizinhas de Lisboa consta que a Memória da Deputação Portuguesa, a respeito dos intuitos benéficos de S. M. o Imperador e Rei a favor deste país, vai aí excitando o mesmo entusiasmo que em Lisboa. Nela acham os Portugueses a certeza de ficarem sendo uma nação independente, visto que uma tal vantagem deve ser a recompensa da sua tranqüilidade e do bom espírito que manifestam.[57]

---

[56] Sobre a Deputação de Baiona, cf. J. Acursio das Neves, cf. *História geral da invasão dos franceses* ..., t. 1, p. 374-375; Luís A. de Oliveira Ramos. D. Francisco de Lemos e a deputação de Baiona. In: *Estudos de História de Portugal – Homenagem a A. H. de Oliveira Marques.* v. 2: séculos XVI-XX. Lisboa, Estampa, 1983, p. 273-288. *Compendio Histórico dos accontecimentos mais celebres, motivados pela Revolução de França, e principalmente desde a entrada dos francezes em Portugal...* por Joaquim Soares. Coimbra, Real Imprensa da Universidade, 1808, p. 15-18; para a publicação da carta, cf. *Gazeta de Lisboa*. 13 de maio de 1808; para a defesa de D. Francisco de Lemos, ANRJ. Coleção Negócios de Portugal. Caixa 655, pac. 1, doc. 34. Ofício do Bispo Conde de Arganil. 13 de dezembro de 1811. Citações, nesse documento.

[57] Para a primeira citação, ver *Gazeta de Lisboa*. n.º 19. 14 de maio de 1808. 2º Suplemento; para a segunda, *Gazeta de Lisboa*. n.º 20. 17 de maio de 1808. Suplemento Extraordinário.

Para atingir o principal objetivo de tornar-se soberano de Portugal, Junot, aproveitando-se desse clima, contou com o apoio de parte significativa da aristocracia portuguesa, comandada pelo conde da Ega. Este, tentando evitar qualquer mudança de cunho político ou social, apontava Junot como a pessoa ideal para ocupar o trono vago de Portugal, por meio de uma representação a Napoleão, à qual se agregaram inúmeros membros da nobreza, clero e magistratura, submetida à Junta dos Três Estados, convocada pelo general francês a fim de emprestar legitimidade ao seu governo, como um substituto das Cortes, para uma sessão no dia 24 de maio.[58] Nessa ocasião, contudo, um grupo de magistrados e letrados, "os afrancesados constitucionais", elaborou um segundo documento, de outro teor em relação às idéias pretendidas, pedindo que a coroa de Portugal fosse entregue a um "rei constitucional" e "príncipe do sangue" da família Bonaparte. Para tanto, solicitaram o apoio do juiz do povo de Lisboa, José de Abreu de Campos, que apresentou o documento. O confronto e análise dessas representações, bem como da fala do juiz do povo, são significativos no sentido de destacar algumas questões essenciais quanto ao poder político em Portugal nesse momento e de apontar as dissensões internas entre aqueles que apoiavam o sistema francês.[59]

Verifica-se, assim, primeiramente, em razão de sua conduta, que Junot não estava empenhado em realizar mudanças de cunho estrutural no território

---

[58] ANRJ. Coleção Negócios de Portugal. Caixa 652, pac. 1ª, doc. 3. dezembro de 1808. Trata-se de cópia do documento autêntico, com a totalidade das assinaturas, enviada na conta dos Governadores do Reino de 12 de dezembro de 1808. A Junta dos Três Estados foi instituída em 1643 a fim de administrar o rendimento de alguns tributos, assumindo muitas das competências das Cortes em matéria fiscal; a Junta acabou por estar em função ao longo de todo o século XVIII, uma vez que as Cortes não se reuniram uma única vez nesse período para dar seu consentimento a novos tributos. Cf. Pedro Cardim. *Cortes e cultura política no Portugal do Antigo Regime*. Lisboa, Cosmos, 1998, p. 104.

[59] ANRJ. Coleção Negócios de Portugal. Caixa 654, pac. 2, doc. 46. 23 de maio de 1808. Cf. na historiografia portuguesa a referência a esses documentos, *Compendio Histórico dos ...*, p. 18-21; J. Acursio das Neves, cf. *História geral da invasão dos francezes ...*, t. 1, p. 425-433; Raúl Brandão. *El-Rei Junot ...*, p. 177-183; Graça Dias & J. S. da Silva Dias. *Os primórdios da maçonaria ...*, v.1, t. 2, p. 496-505; A. H. de Oliveira Marques. *História da maçonaria ....* v. 1: Das origens ... p. 97; Ana Cristina Bartolomeu de Araújo. *As invasões francesas ...*, p. 31-32. Mais tarde, houve um panfleto que argüiu a legitimidade dessa representação da Junta dos Três Estados. *Demonstração analytica dos barbaros e inauditos procedimentos adoptados como meios de justiça pelo imperador dos Francezes, para usurpação do throno da Serenissima e Augustissima casa de Bragança, com o exame do tractado de Fontainebleau e da informe junta dos tres Estados para suprir as Cortes, offerecida ao juizo imparcial das naçoens*. Lisboa, Impressão Régia, 1810. A questão será tratada adiante, no Capítulo 4.

português. Apesar da iniciativa de magistrados para a tradução e comentários do *Código Civil* de 1804, Junot, em resposta à proposta do próprio imperador de introduzi-lo em Portugal, reagiu, alegando que implicaria na supressão de *vínculos* e heranças, acarretando um profundo descontentamento para os nobres, pois havia "grandes inconvenientes em publicar diferentes códigos de lei nesse momento", já que as "leis deste país são muitos diferentes das nossas, particularmente no que diz respeito às heranças". Terminava a carta afirmando que já teria solicitado a tradução dos códigos civil e do comércio, que seriam, então, distribuídos aos jurisconsultos do país, para reflexões e suas opiniões.[60] Na realidade, a nobreza que permanecera no reino, repleta de ressentimentos contra a Casa de Bragança e avessa a qualquer mudança mais profunda, constituía o principal suporte político de Junot, que, por sua vez, sonhava em utilizá-la para efetivar a esperança de se tornar rei de Portugal.

Em termos práticos, no entanto, pouco resultou dessas manifestações e medidas, uma vez que no mês de junho eclodiu no Porto e propagou-se pelas demais províncias, *como uma faísca soprada pelo vento da revolta*, o movimento da Restauração portuguesa. Partia da periferia, ou seja, das áreas mais desguarnecidas e próximas das fronteiras espanholas, em direção ao centro, onde a presença do invasor francês era mais sentida, e ganhou força com as notícias de sublevação da Espanha, iniciada em maio, acarretando um confronto entre os dois exércitos, o francês e o espanhol, que asseguravam a ocupação do Porto, a partir da decisão de alguns oficiais do segundo de se engajarem na luta de seus compatriotas, como o general Domingos Bellesta. Este convocou o Senado da Câmara da cidade com a proposta de restabelecer o governo português legítimo. Vivia-se, assim, uma situação bastante singular, pois aqueles que haviam colaborado na ocupação do Norte pelos franceses acabaram desencadeando o movimento de resistência aos invasores.[61]

Além disso, a notícia do já citado *Manifesto ou exposição justificativa do procedimento da Corte de Portugal a respeito da França*, escrito no Rio de Janeiro em 1º de maio, chegou a Lisboa em meados de junho e marcava, simbolicamente, o início da ofensiva contra o invasor. Como resultado, os governadores

---

[60] Carta de 24 de maio de 1808. Apud G. Boisvert. *Un pionnier de la propagande...*, p. 86-87.
[61] A. do Carmo Reis. *Invasões francesas...*, p. 101-119; Ana Cristina Bartolomeu de Araújo. As invasões francesas ..., p. 33-34; José Veríssimo Serrão. *História de Portugal*. v. 7: A instauração do liberalismo (1807-1832). Lisboa, Verbo, 1984, p. 40-47. Ver ainda *Compendio Histórico dos ...*, p. 24-28.

do reino, o clero e a nobreza de segunda linha, que se retirara para o campo, evitando a convivência com os franceses, passaram a assumir uma atitude mais firme de oposição ao invasor, embora, temerosos em relação à ruptura da ordem estabelecida, tenham também procurado conter a insurreição popular com a lembrança de suas antigas representações políticas e das expressões religiosas de devoção e fidelidade à religião católica e ao soberano. De fato, como será analisado adiante, "o povo" estava "longe de necessitar estímulo", como diria o *Correio Braziliense*. O bispo do Porto, por exemplo, foi obrigado a fazer uma proclamação, a fim de "acalmar o furor popular, recomendando-lhe a ordem e a obediência aos superiores".[62]

O êxito da Restauração foi, em grande parte, graças à intervenção militar inglesa, só iniciada a partir de agosto, quando o processo já estava em curso, mas trazendo para o movimento a força de um exército organizado e temido. Como observa Valentim Alexandre, a operação foi decidida pelo próprio governo inglês, sem o acordo prévio de qualquer autoridade portuguesa, pois o pedido de auxílio emitido pela Junta governativa que se estabelecera no Porto ocorreu em 19 de julho. Alguns dias depois, no 1º de agosto, começava o desembarque das tropas inglesas, de acordo com o plano de uma expedição aprovado desde junho.[63] No entanto, outro fator decisivo para a derrota francesa decorreu da impossibilidade de contar com qualquer apoio da Espanha, que também se achava convulsionada. De fato, apesar do medo social atávico em relação à volta de uma união ibérica desde 1640, a sublevação dos espanhóis funcionou como poderoso estímulo e como exemplo para Portugal, louvando-se, nos escritos desse momento, a "lealdade", "o amor patriótico" e o "valor" dos chefes que se achavam à frente da nação espanhola e tudo faziam "para conservar e defender os direitos do seu Rei e da sua Pátria e a nossa Santa Religião".[64]

Depois dos embates de Roliça e Vimeiro (17 e 21 de agosto, respectivamente), vencidos com facilidade pelas tropas luso-britâncias, Junot, com um exército enfraquecido por um número significativo de baixas, viu-se na contingência de assinar a rendição, cujas negociações, porém, não contaram com a participação de qualquer autoridade portuguesa. Foram entabuladas diretamente entre o

---

[62] *Correio Braziliense ou Armazem Literário*. Londres. v. 1, n.º 2, julho de 1808, p. 148.
[63] Valentim Alexandre. *Os sentidos do império ...*, p. 182-183.
[64] *Discurso relativo ao estado presente de Portugal e Manifesto da Junta Suprema de Sevilha para creação do Supremo Governo, offerecido à Nação portugueza*. Lisboa, Nova Offic. de João Rodrigues Neves, 1808, p. III.

representante da França, general Kellerman, e o da Inglaterra, tenente-general Georges Murray, que assinaram, em 30 de agosto, a Convenção de Sintra, da qual alguns pontos se tornaram decisivos para a seqüência dos acontecimentos em Portugal. Em primeiro lugar, a rendição seria feita em favor dos ingleses, o que deixava nas mãos destes as praças, fortes e fortalezas do reino ocupadas pelos invasores, assim como excluía da permuta de reféns os soldados portugueses. Em segundo, não houve imposição restritiva alguma ao envio de despojos e de bens para a França, emprestando à derrota francesa o aspecto de um saque legal. Por fim, a Convenção estipulava que "nenhum natural de Portugal" era "obrigado a responder pela sua conduta política, durante o período de ocupação do país pelo exército francês" e colocava todos os colaboradores de Junot "debaixo da proteção dos comandantes britânicos", cláusula que se transformava num verdadeiro decreto de anistia para os *afrancesados*.

Em função dessas determinações, alguns contestaram a Convenção de Sintra, como a representação a Beresford do juiz do povo de Lisboa, de 6 de setembro de 1808, em que solicitava permissão para o governo e os generais portugueses embargarem os furtos e a impunidade dos franceses, "esses ladrões aleivosos"; a do general Bernardim Freire de Andrade, chefe do exército do Porto, que protestava formalmente diante da "falta de contemplação" nesse tratado para com S. A. R., o príncipe regente, e o governo que o representa, e diante de "tudo que pode ser contra a honra, segurança e interesse da Nação", particularizando alguns artigos, especialmente, aquele que eximia de culpa as pessoas que "foram notória e escandalosamente desleais a seu príncipe e à sua Pátria"; e a do general conde de Castro Marim. Este último proclamava que, como comandante de um exército, "sem a ajuda de uma nação estrangeira", restaurara desde 19 de junho o nome do príncipe regente no Algarve, e protestava "contra tudo quanto pudesse ser contrário à honra, soberania e independência da nação".[65]

---

[65] Convenção definitiva para a evacuação de Portugal pelo Exército Francês. Transcrita em *Correio Braziliense ou Armazem Literário*. Londres. v. 1, n.º 4, setembro de 1808, p. 311-315. Para os protestos à Convenção, cf. Representação do Juiz do Povo de Lisboa ao General em Chefe das tropas de S. M. Britânica. Transcrita em *Correio Braziliense ou Armazem Literário*. Londres. v. 2, n.º 10, março de 1809, p. 204-208; Resumo do protesto feito por Bernardim Freire de Andrade, general das tropas portuguesas, contra os artigos da convenção, acordada entre os Gen. dos exércitos inglês e francês, para evacuação de Portugal. Transcrita em *Correio Braziliense ou Armazem Literário*. Londres. v. 1, n.º 4, setembro de 1808, p. 325-326; J. Acursio das Neves. *História geral da invasão dos franceses* ..., t. 5, p. 456-469. Citação à p. 464.

Apesar desses protestos, as tropas inglesas foram aclamadas como vitoriosas pela população. E, em fins de setembro, Lisboa proclamava a Restauração completa do reino, em meio a festas e celebrações, que reconheciam Wellington e Beresford como libertadores de Portugal. Os sucessos foram cantados e glorificados ao estilo de uma monarquia de Antigo Regime, com ações de graças ao Altíssimo pelos benefícios recebidos, sempre por meio de uma procissão, acompanhada pelo clero, nobreza e povo, ou de um "soleníssimo *Te Deum*". Os escritos em homenagem à Restauração recorriam igualmente a uma linguagem específica, tradicional, para louvar a união do trono e altar, que conseguira "expulsar uns bárbaros, que mais pareciam feras do que homens". Obrara-se "em abono da Religião, da Pátria, da Liberdade, da Honra", mas, sobretudo, "dos direitos do nosso querido Soberano". Valorizava-se ainda o português que sacudira "o vergonhoso jugo" que lhe fora imposto, reivindicando "a afronta com que um tirano insolente se atreveu a insultar um tão respeitável nome" e restituindo, assim, "seu legítimo *soberano*, regenerando sua Nação.[66]

Acéfalo o reino, o processo desencadeado pelos movimentos populares levou à implantação de juntas locais de governo, como as do Porto e de Faro, nas quais tinham assento indivíduos oriundos do clero, da nobreza e do *povo*, representado pela combalida burguesia comercial e manufatureira, por militares e magistrados, de forma semelhante à que ocorrera na Espanha. O *Manifesto da Junta Suprema de Sevilha* justificava essa situação *desconhecida* na história e nas leis, uma vez que, achando-se o reino "subitamente sem Rei e sem Governo", cabia ao povo, "legalmente",

---

[66] Cf. *Compendio Histórico dos ...*, p. 48; *Successos de Portugal, ou prodigiosa Restauração da Lusitania Feliz. Por hum Portuguez que ama a Religião, a Patria e o seu Augusto soberano*. Lisboa, Offic. de Simão Thaddeo Ferreira, 1809, passim. Citações à p. 9; *Relação histórica dos principaes successos acontecidos no Reino de Portugal, desde a infausta entrada dos francezes neste Reino até a Restauração do seu legítimo governo, composta por A. P.* Lisboa, Impressão de Alcobia, 1808; *Sermão de Acção de graças pela Feliz Restauração do Reino de Portugal prégado na Real Capella do Rio de Janeiro na Manhãa de 19 de dezembro de 1808*, por Januário da Cunha Barbosa. Rio de Janeiro, Impressão Régia, 1809; e, *Sermão de Acção de graças pela Feliz Restauração do Reino de Portugal prégado na Real Capella do Rio de Janeiro na Manhã de 21 de dezembro de 1808, na Real Capella do Rio de Janeiro no tríduo que fez celebrar Sua Alteza Real, o Príncipe Regente Nosso Senhor*. Por Joaquim de S. José, Pregador Régio. Rio de Janeiro, Impressão Régia, 1809; *Oracção que o senado da Camara de Villa Real fez ... na solemne entrada na mesma villa no dia 9 de julho de 1808, alludiado ao sempre memorável 11 de junho proximo passado*. Porto, Typographia de Antonio Alvarez Ribeiro, [1808]. p. 4. Grifo no original.

tomar o poder de nomeá-lo. Por isso, "o legítimo poder estava depositado nas Juntas".[67]

Questão esta crucial nessas sociedades, em que amadurecia uma nova ordem para a representação do político e do social, distinta daquela praticada no Antigo Regime, e que se transformava, nesse momento, em um dos *nós históricos* para o mundo ibérico.[68] No caso português, o processo da Restauração dera origem a um poder dividido, constituído, de um lado, pelas juntas locais e, de outro, pela antiga Regência, expurgada dos aliados de Junot e renovada com a presença do bispo D. Antônio, líder da Junta Suprema do Porto, e do marechal-general do exército português, Sir Wellesly, conselho que fora restaurado em suas funções pelo comandante inglês, Hew Dalrymple. Indicava-se, assim, que por trás de ambas as instâncias encontrava-se uma força maior, fisicamente presente nos soldados britânicos e simbolicamente ampliada pela extrema dependência de Portugal em relação à Inglaterra, em termos econômicos, financeiros e militares. Como resultado, diante das constantes intervenções inglesas, era a imagem da realeza que saía enfraquecida, embora uma intensa negociação diplomática, envolvendo o Rio de Janeiro e Londres, possibilitasse a D. João reassumir o controle formal do reino, ao limitar as funções dos governadores à gestão de assuntos urgentes e ao sujeitar todas as demais decisões à confirmação régia. Inviabilizava-se, no entanto, qualquer possibilidade de um governo cuja origem proviesse da soberania popular por intermédio das juntas, e, enquanto que, sob a capa da aparente vitória da Corte refugiada no Rio de Janeiro, assegurava-se a dominação das forças tradicionais de legitimidade, próprias do Antigo Regime.[69]

Nessas condições, o ano de 1809 foi um período difícil, marcado pelo temor constante, aguçado pela ofensiva francesa na Espanha, de novas

---

[67] *Discurso relativo ao estado presente de Portugal e Manifesto da Junta Suprema de Sevilha para creação do Supremo Governo, offerecido à Nação portugueza*. Lisboa, Nova Offic. de João Rodrigues Neves, 1808, p. 9-10.

[68] Para a expressão *nós históricos*, cf. Pierre Rosanvallon. Por uma história conceitual do político (Nota de trabalho). *Revista Brasileira de História*. São Paulo, 15 (30): 9-22, 1995

[69] Cf. *Discurso relativo ao estado presente de Portugal e Manifesto da Junta Suprema de Sevilha para creação do Supremo Governo, offerecido à Nação portugueza*. Lisboa, Nova Offic. de João Rodrigues Neves, 1808; Valentim Alexandre. *Os sentidos do império...*, p. 180-195. Para a formação da Regência, ver Proclamação de Hew Dalrymple. 11 de setembro de 1808. Transcrita em *Correio Braziliense ou Armazem Literário*. Londres. v. 1, nº 5, outubro de 1808, p. 405-406.

invasões. Na visão dos próprios governadores do reino, "o insaciável Napoleão", "vaidoso por suas vitórias na Itália e na Alemanha e irritado por suas derrotas na Espanha e Portugal", não deixaria de empenhar todas as suas forças para vingar seus exércitos humilhados. Uma brochura saída à luz em janeiro de 1809 – *Receita contra a doença moral chamada "susto que eles voltem"* – tornava-se emblemática dessa situação, num tom de propaganda joco-séria. O autor, que se identificava como um "médico político", pretendendo aplicar "aos que são atacados de franco-mania o antídoto que lhes convém; e aos que padecem de espasmos e debilidades morais o tônico mais generoso", constatava que há três semanas os "francomanos [partidários dos franceses], pois é de fé que os há, aproveitando-se da falta de notícias", fabricavam "de propósito certas novidades para aterrarem os espíritos fracos" e provocarem, desse modo, um abalo no "patriotismo dos verdadeiros portugueses". Pelo contrário, a análise das forças francesas demonstrava que estas não tinham recursos numéricos para dominar a Península Ibérica e, enquanto afirmava que a "onipotência de Napoleão" existia "só nas proclamações de seus Governos", procurava exortar os portugueses a demonstrarem sempre "valor e constância".[70]

Tais rumores e medos despertavam o espectro de um complô ou de uma conspiração, fosse de *jacobinos, maçons* ou *afrancesados* – palavras que se tornaram intercambiáveis nesse momento dominado pela lógica da traição. Para exorcizá-lo, reativou-se o aparelho judiciário com o ressurgimento do Juízo da Inconfidência e colocou-se a Intendência Geral da Polícia em alerta contra todos os supostos amigos dos franceses, passando-se a incentivar a denúncia oculta. Imaginários ou reais, os partidaristas dos franceses acabaram denunciados e presos, em grande número, ameaçados de punições exemplares, ainda que freqüentemente sem processo formado, a fim de dar uma nova imagem ao governo fraco e debilitado pelos pactos anteriores de colaboracionismo com Junot. Diogo Soares da Silva e Bivar, por exemplo, proprietário, de 25 anos, que recebeu e alojou Junot em Abrantes, sendo em seguida nomeado juiz-de-fora da mesma cidade, viu-se, assim, condenado a

---

[70] *Receita contra a doença moral chamada "susto que eles voltem"*. Transcrita em *Correio Braziliense ou Armazem Literário*. Londres. v. 2, nº 8, janeiro de 1809, p. 77-80. Atribui-se a autoria do folheto a Luís de Sequeira Oliva e Sousa Cabral, redator do jornal *O Telegrafo Portuguez* (1808-1809).

degredo por toda a vida e "açoitado pelas vias públicas, privado de todos os bens e honras".[71]

De forma alguma a representação dos partidários dos franceses como "monstros sanguinários" e traidores da nação circunscreveram-se ao privilegiado palco das invasões que foi o território português. No Rio de Janeiro, transformado em sede da Corte, e no Brasil, a preocupação em prender franceses ou suspeitos de francesia também esteve presente a partir de 1808, com a criação de uma Intendência Geral de Polícia (alvará de 5 de abril de 1808), semelhante àquela que existia em Lisboa desde 1790, embora sua principal missão fosse a de garantir a tranqüilidade da família real, evitando os transtornos que o súbito aumento da população inevitavelmente acarretaria.[72] Ainda nesse mesmo ano, por intermédio desse órgão, passou-se a acompanhar a entrada de franceses no Rio de Janeiro, a fim de se evitar que, sob a "aparência de amigos, se não introduzam verdadeiros inimigos", abrindo para isso o intendente Paulo Fernandes Viana um livro para "a legitimação dos estrangeiros na Polícia", de modo a "arredar de nossos lares os espiões e os partidaristas dos franceses" os quais, em todo o lugar em que chegavam, tudo corrompiam, "com pestífero hálito das suas irrevolucionárias e irreligiosas doutrinas".[73]

Por qualquer incidente, os franceses acabavam sendo conduzidos à prisão e, algumas vezes, expulsos do país, ainda que pudessem provar inocência. Em 1809, o intendente Paulo Fernandes Viana escrevia um ofício a Rodrigo de Souza Coutinho para informá-lo sobre o francês João Jacques

---

[71] Citações, respectivamente, em *Os Governadores do Reino à Nação Portuguesa*. [Lisboa], Impressão Régia, 9 de dezembro de 1808; Ver ainda Graça Dias & J. S. da Silva Dias. *Os primórdios da maçonaria ...*, v.1, t. 2, p. 5231-535. Para Bivar, cf. BNRJ. DMSs. Documentos Biográficos. C 971,55. Ele acabou sendo enviado para a Bahia e perdoado em 1821, embora fosse o redator das *Variedades ou Ensaios de Literatura* (1812). Foi partidário das Cortes de Lisboa. Para a análise das perseguições realizadas em março de 1809 e setembro de 1810, ver infra, capítulo 4.
[72] M. Beatriz Nizza da Silva. Intendência Geral da Polícia: 1808-1822. *Acervo. Revista do Arquivo Nacional*. Rio de Janeiro, 1(2): 187-204, 1986.
[73] ANRJ. Códice 370, v. 1. fl. 1. Ofício de 20 de março de 1808 e Luís Gonçalves dos Santos. *Memórias para servir à história do Reino do Brasil*. Belo Horizonte/São Paulo, Itatiaia/EDUSP, 1981, v.1, p. 203. Para a análise da política da Coroa portuguesa, no Brasil, contra os franceses e da presença destes, ver Lúcia Maria Bastos P. Neves. Da repulsa ao triunfo: idéias francesas no Império luso-brasileiro, 1808-1815. *Anais do Museu Histórico Nacional*. Rio de Janeiro: 31: 35-54, 1999 e Maria Beatriz Nizza da Silva. Fazer a América: franceses no Brasil (1815-1822). *Revista de Ciências Históricas*. Porto, 10: 299-316, 1995. Separata.

Piyer. Este – apesar de ter chegado como "cirurgião de um navio", há "9 para 10 anos, quando estávamos em boa inteligência com a França"; ter-se casado no país e servido, embora posteriormente removido por ser estrangeiro, de procurador do Conselho da povoação de Mamanguape – "veio remetido da Paraíba e se acha preso na Fortaleza de Villegagnon, para se decidir se ele está no caso de ser isento de suspeita e obter sua liberdade". Segundo o intendente, vivia ali do comércio, "sempre bem quisto e sem nota em contrário", tendo sido preso somente pela "qualidade de estrangeiro, e estrangeiro francês". Em 1811, informava, igualmente, o intendente:

> Tenho há muitos tempos na cadeia Luiz Nicolão e José Marenier, Franceses: este preso nesta Corte e aquele na Vila das Alagoas por serem franceses e ter-se suspeitas de que poderiam ser espiões, mas dos processos estão elas desvanecidas ou ao menos não são bem fundadas, [mas] estou certo que não devem aqui estar, e entendia que em algum brigue de guerra ou nos Correios deveriam ser mandados para Portugal, para seguirem para a Inglaterra *e limparmos o Brasil desta raça que julgo aqui muito prejudicial porque assim se tem mostrado em toda a parte* [...].[74]

As medidas de controle também recaíam sobre os súditos do reino, como ocorreu com João Pereira de Souza Caldas e Domingos Borges de Barros, que foram denunciados como suspeitos de virem da França, por via dos Estados Unidos, em companhia de um espanhol, D. Pio Harreche, que "se fazia muito suspeito, podendo bem ser um emissário de Bonaparte". Todos foram presos e permaneceram nessa condição por quase dois meses, quando o príncipe regente ordenou a liberdade deles, ficando provada não só a inocência como a "pura e distinta fidelidade" que demostraram em todo o tempo que foram retidos na França.[75]

---

[74] Para o primeiro caso, ver ANRJ. Códice 323, v. 1, fl. 15-15v. Ofício de 28/março/1809; para o segundo, Códice 323, v. 3, fl. 60-60v. Ofício de 30/julho/1811. Grifo meu. Segundo Donatello Grieco, Marenier teria vindo para o Brasil com a esquadra de José Bonaparte. Cf. *Napoleão e o Brasil.* Rio de Janeiro, Biblioteca do Exército, 1995, p. 63.

[75] BNRJ. DMSs II – 34,18,39. Ofício do Conde dos Arcos ao Conde de Linhares. 4 de julho de 1811; II – 34, 18, 39 n.º 4. Ofício de Paulo Fernandes Vianna. 28 de setembro de 1811; II – 34, 18, 39 n.º 5. Ofício do Conde dos Arcos. 3 de outubro de 1811. A notícia da liberdade dos envolvidos foi noticiada na *Gazeta do Rio de Janeiro* de 9 de outubro de 1811.

Nesse clima de insegurança, que se espraiava pelo conjunto do império português, ocorreu a segunda invasão francesa, iniciada em março de 1809 pelo Alto-Minho e Trás-dos-Montes, sob o comando do general Soult, que se instalou no Porto. O terreno acidentado, que dificultou o progresso das tropas e favoreceu a ação das guerrilhas, e o erro estratégico de subestimar a capacidade de mobilização da população da região, porém, garantiram o êxito da atuação do exército luso-britânico, mais uma vez liderado por Beresford, forçando a expulsão dos franceses em maio. Apesar da pequena duração da ocupação, apenas dois meses, o episódio despertou denúncias de traição, que foram responsáveis pela prisão violenta de cerca de vinte supostos colaboracionistas e por atritos entre os próprios portugueses, dos quais resultou o assassinato equivocado de alguns militares, incluindo o general Bernardim Freire de Andrade.[76]

Nesse momento, um relatório dirigido a Napoleão por Henri Carrion d'Espagne de Nisas, membro da alta nobreza francesa que viera para Portugal acompanhando o quartel-general de Junot, apontava uma série de questões consideradas fundamentais para a prosperidade do reino. Pregava a abolição dos vínculos e morgados, a reestruturação da magistratura, a fusão da Universidade de Coimbra à Academia Real das Ciências, a redução do alto clero, com o fim do patriarcado e do monaquismo, a supressão das ordens militares e a introdução de todos os códigos franceses, principalmente do *Código Civil*. Para Nisas, que buscava entender as forças sociais que atuavam em Portugal, eram a nobreza esclarecida, os magistrados, grande parte do corpo docente de Coimbra e os comerciantes, aliados ao clero secular miserável e aos trabalhadores oprimidos pelos impostos e senhores, que deviam constituir o apoio dos franceses, mas, na prática, esses setores foram negligenciados em proveito dos fidalgos, que apoiaram Junot, buscando apenas a manutenção de seus interesses.[77]

Não obstante, a idéia de conquista da Península Ibérica não se desfez no círculo de poder napoleônico. Em junho de 1810, o governo português distribuía um aviso aos bispos, solicitando que "todas as Igrejas" dirigissem "ao Céu devotas e públicas preces em três domingos sucessivos", já que, para o sucesso das tropas

---

[76] Cf. David Chandler. *The campaigns of Napoleon ...*, p. 655-660.
[77] Relatório de Carion Nisas apud Graça Dias & J. S. da Silva Dias. *Os primórdios da maçonaria ...*, v.1, t. 2, p. 492-493.

aliadas, dependia-se "do auxílio e favor Divino". Somente em seguida, no entanto, ocupava-se de dar algumas providências de ordem prática, com a solicitação ao clero para exortar os fiéis a cooperar na defesa, aprontando carros e cavalgaduras para transportes e operações das tropas e "fechando os ouvidos às sugestões e intrigas dos malévolos".[78] De fato, após a vitória de Wagran, o exército francês, sob a chefia do marechal Massena, entrou em Portugal, em agosto de 1810, pela fronteira de Almeida. Dessa terceira expedição francesa, que contava com nomes de prestígio do estado maior francês, como Junot, Ney, Vicent e Reynier, participaram dois importantes militares da Legião Portuguesa, o marquês de Alorna e o general Manuel Inácio Martins Pamplona. Os franceses chegaram a apoderarem-se de Coimbra, mas, em seguida, após a derrota da batalha de Buçaco (27 de setembro), foram obrigados a recuar. Sem que os dois exércitos voltassem a livrar diretamente batalha, travou-se então prolongada guerra de usura, recorrendo os dois lados à tática de terra arrasada, o que provocou fome e devastação entre os portugueses, mas que também desgastou as tropas napoleônicas, cercadas por uma população hostil, as quais começaram a retirada em março de 1811, embora só em outubro tenham atravessado a fronteira espanhola.[79]

A essa altura, no Rio de Janeiro, tinham sido assinados os tratados de 1810 com a Inglaterra e, no reino, D. João, sob a influência de D. Rodrigo, mandara recompor o Conselho da Regência, estabelecendo como governadores o principal Souza, irmão do ministro, o conde do Redondo, o lente Ricardo Raimundo Nogueira e o conde de Castro Marim, além do ministro plenipotenciário inglês Charles Stuart. Este, em seguida, abdicou de seu voto nas questões militares e financeiras em favor de Beresford, que passou a exercer essa prerrogativa de forma cada vez mais autoritária.[80] Os novos governadores prosseguiram na política de manter aceso o patriotismo dos habitantes e, se em suas proclamações louvavam o auxílio britânico, ressaltavam, contudo, que o grande mérito da vitória pertencia "ao povo português, cuja lealdade, patriotismo, constância e humanidade" estiveram sempre presentes, apesar de tantos sofrimentos.[81] A linguagem utilizada pelos regentes visava, assim, a

---

[78] ANRJ. Coleção Negócios de Portugal. Caixa 709, pac. 1, doc. 54, 25 de junho de 1810.
[79] Nicole Gotteri. *La mission de Lagarde, policier de l'Empereur* ..., p. 66-76.
[80] *Correio Braziliense ou Armazem Literário*. Londres. v. 5, n° 28, setembro de 1810, p. 365-368.
[81] *Proclamação dos Governadores do Reino à Nação Portuguesa*. [Lisboa], Impressão Régia, 30 de março de 1811.

confirmar os princípios do Antigo Regime, como se depreende de um documento elaborado em 1814, após a derrota das forças napoleônicas:

> Portugueses: Chegou finalmente o termo que os inescrutáveis Decretos da Providência tinham marcado para cessarem as terríveis calamidades, que há tantos anos afligem o Gênero Humano. A Paz, dom precioso do Céu, vem reparar os males causados por uma Guerra, cuja ferocidade e devastações não têm exemplo nos Anais da História. [...]
> A restituição da Augusta Casa de Bourbon, e seus Estados hereditários, e a dos antigos Soberanos aos Domínios que legitimamente lhes pertenciam, lançam os fundamentos de uma concórdia durável, e formarão da Europa uma só família.

Todos esses fatos eram obra da "profunda Sabedoria de Sua Alteza Real, o Príncipe Regente Nosso Senhor, que com heróica resolução frustrou os infames projetos do Tirano", sabendo buscar numa "aliança com a Grã-Bretanha", a "cooperação, e generosos auxílios [que] tanto contribuíram para o triunfo da boa Causa". A vitória final, entretanto, devia-se, sobretudo, ao "Supremo Árbitro do Universo", alicerçando-se fundamentalmente o movimento da Restauração na aliança do Trono com o Altar, com o apoio inglês, cabendo doravante manter-se afastada qualquer influência dos *abomináveis princípios franceses*.[82]

Tal tarefa não era nem simples nem fácil. Apesar da prisão de Bonaparte a essa altura ser fato consumado, respirando-se o clima diverso da Restauração e da Santa Aliança, permanecia subjacente o descontentamento em relação às medidas arbitrárias dos governadores do reino, à ingerência da Inglaterra nos assuntos internos de Portugal, à prostração econômica posterior aos tratados de 1810 e, particularmente, à ausência do rei, refugiado com a Corte no Brasil. Essas insatisfações combinaram-se para explodir no ano de 1817 por meio da conspiração de Gomes Freire de Andrade, que havia lutado na napoleônica Legião Portuguesa, e da revolta de Pernambuco, a partir de diferentes catalisadores, do outro lado do Atlântico.

Nesse momento, no entanto, bem menos conhecida, uma outra conspiração envolvia também os insurgentes do Recife. Narrada em um artigo publicado em 1886 na *Revue du Monde Latin*, sem a indicação das fontes – que alega ter

---

[82] AN. Coleção Negócios de Portugal. Caixa 695, pac. 2, doc. 2, 99. Proclamação dos Governadores do Reino. 6 de agosto de 1814 (impresso).

obtido em arquivos brasileiros, relacionadas a ofícios de Luís do Rego Barreto, governador de Pernambuco, e a despachos e à correspondência de Lord Castlereagh –, essa trama teria sido urdida por emigrados franceses residentes nos Estados Unidos, que incluíam José Bonaparte, com o objetivo de libertar Napoleão do cativeiro em Santa Helena, levando-o para o Brasil. Os conspiradores – em sua maioria, antigos oficiais do exército francês – teriam mantido contatos com Antônio Gonçalves da Cruz, o *Cabugá*, enviado aos Estados Unidos como representante dos rebeldes pernambucanos de 1817 para obter o apoio da república do Norte para o movimento, além de armas e munições, e também com Joseph Ray, às vésperas de sua viagem ao Brasil, como cônsul norte-americano no Recife. Previa-se, de acordo com esse artigo, o desembarque de alguns franceses no Nordeste brasileiro, para estabelecer contato com o governo revolucionário de Pernambuco, a fim de organizar uma expedição que, saindo de Fernando de Noronha com destino a Santa Helena, reuniria cerca de 80 oficiais de Bonaparte, 700 oficiais americanos e outros, como os ingleses *lord* Cochrane e o panfletário William Cobbet, este igualmente exilado nos Estados Unidos pela oposição que fazia ao governo britânico.[83]

Apesar de "misteriosa e suspeita", essa conspiração apresenta algumas pistas documentais surgidas aqui e ali. O ministro de Portugal em Washington – o famoso abade José Corrêa da Serra, primeiro secretário da Academia Real das Ciências de Lisboa –, além de diversas diligências junto ao governo norte-americano, escrevia, em julho de 1817, para o conde da Barca, então Ministro da Guerra:

> Por muitas partes vim a saber que entre estes inumeráveis franceses bonapartistas e jacobinos que cá estão refugiados e o emissário Cruz se tem formado um grande trato e correspondência. Receio muito e com razão que, com um pretexto ou outro, vários deles não sejam mandados ao Brasil ou a Portugal para continuar correspon-

---

[83] J. A. Ferreira da Costa. Napoléon Ier au Brésil. *Revue du Monde Latin.* fevereiro e março de 1886, p. 205-216 e 339-349. Separata. O artigo foi publicado, em 1903, na *Revista do Instituto Arqueológico e Geográfico Pernambucano.* Recife, 10: 197-217, 1903. Tudo indica que o arquivo utilizado foi o Arquivo Estadual Jordão Emerenciano de Pernambuco. Veja-se ainda Gláucio Veiga. O cônsul Joseph Ray, os Estados Unidos e a Revolução de 1817. *Revista do Instituto Arqueológico, Histórico e Geográfico Pernambucano.* Recife, 52: 267-284, 1979.

dências. [...] Muitos dos franceses bonapartistas que comunicam com o Cruz são oficiais militares e certamente estão ou estavam apeados para Pernambuco.

Depreende-se dessa correspondência que a preocupação primordial de Corrêa da Serra era evitar a contaminação de Portugal e de Pernambuco pelas idéias bonapartistas, ainda que, nessa ocasião, a revolução brasileira já estivesse debelada.[84]

Há igualmente a comprovação do desembarque de quatro franceses em fins de 1817 no litoral do Rio Grande do Norte e em Pernambuco. Eram eles o conde de Pontécoulant, o coronel de infantaria Latapie e os militares Artong e Raulet, todos amigos de Ray e Cabugá. Os três últimos foram detidos, inicialmente, a partir das informações de Corrêa da Serra, mas, nada havendo de suspeito em seus papéis, foram libertados. Em seguida, o coronel Latapie expôs a Luiz do Rego, com uma franqueza inexplicada, o verdadeiro objetivo de sua viagem: verificar a possibilidade de conseguir apoio do governo rebelde de Pernambuco para uma expedição destinada a fazer evadir o ex-imperador de Santa Helena. Imediatamente preso no Rio de Janeiro, seus companheiros, com exceção de Pontécoulant, protegido pelo governador do Rio Grande do Norte, foram também detidos e enviados à Corte, acabando por serem mandados para a Europa, junto com outros estrangeiros, e colocados na fronteira do reino de Portugal.[85]

Da mesma forma, vale lembrar uma série de proclamações apócrifas que circularam principalmente na região parisiense, no centro-oeste e no Loire-atlântico, no outono de 1817, mencionadas pelo historiador francês Bernard

---

[84] ANTT. Negócios Estrangeiros. Corrêa da Serra ao Conde da Barca. Filadélfia, 25 de julho de 1817. Transcrito em Léon Bourdon. *José Corrêa da Serra. Ambassadeur du Royaume-uni de Portugal et Brésil à Washington (1816-1820)*. Paris, Fundação Calouste Gulbenkian, 1975. p. 314-318. Citação à p. 317 (Fontes documentais portuguesas, VII). Há outros despachos que fazem comentários sobre a vinda de franceses ao Brasil, porém, não há referências sobre o plano de trazer Napoleão. Léon Bourdon, em sua introdução aos documentos, afirma que a proposta era aproveitar a revolução em Pernambuco para organizar uma expedição destinada a retirar Napoleão de Santa Helena e levá-lo para os Estados Unidos. Cf. p. 65.

[85] Cf. J.A. Ferreira da Costa. Napoléon Ier ..., p. 339-349. Há também outro relato sobre o assunto tendo como base o texto de Ferreira da Costa. Donatello Grieco. *Napoleão e o Brasil*. [1939]. Rio de Janeiro, Biblioteca do Exército Editora, 1995, p. 19-46. Referências sobre a presença dos franceses podem ser encontradas em *Documentos Históricos. Revolução de 1817*. v. CII. Rio de Janeiro, Biblioteca Nacional, 1953, p. 108-109; 115-116; 126-128.

Ménager em seu estudo sobre o mito da volta de Napoleão – o retorno do Messias – entre as camadas populares na França. Uma delas anunciava que José Bonaparte fora proclamado regente e que com uma armada norte-americana entrara nas águas do Mediterrâneo para libertar Napoleão. Outra, inserida em um jornal norte-americano, comunicava a novidade da evasão de Santa Helena com a possibilidade de ida para os Estados Unidos. E, em mais uma proclamação, afirmava-se que insurretos sul-americanos iriam resgatar o ilustre cativo Bonaparte. Rumores do Antigo Regime ou notícias com fundamento de verdade?[86]

Sem dúvida, de todo esse *imbróglio*, que merece um estudo mais aprofundado nos arquivos brasileiros e estrangeiros, é possível deduzir, pelo menos, que agentes bonapartistas estiveram no Brasil, embora seu objetivo não pudesse ter sido o de contribuir para a agitação em Pernambuco, até porque, ao chegarem, a rebelião já havia terminado. Por outro lado, por mais concreta que fosse a conspiração para libertar Bonaparte, a idéia mais provável era a de levá-lo para os Estados Unidos, onde seu irmão já se encontrava. Napoleão, no entanto, segundo estudo de *lord* Rosebery, não pretendia fugir para os Estados Unidos, pois tinha medo de ser assassinado, e tampouco há qualquer alusão a esse plano no *Mémorial de Saint-Hélène*, uma das mais preciosas fontes sobre a fase final de Bonaparte. Em conseqüência, parece mais plausível supor que a conspiração estivesse presente mais no imaginário dos emigrados franceses, especialmente dos antigos colaboradores e oficiais do ex-imperador, em situação bastante delicada após a Restauração dos Bourbons na França, e que continuavam a esperar o retorno do antigo herói – o Salvador – para dar novo rumo em suas vidas, dotando-as de novos momentos de glória, como aqueles da época das vitórias de que tinham participado no passado.[87] Contudo, o episódio sugere fortemente o extraordinário fascínio criado pelo corso que se fizera imperador dos franceses.

---

[86] Cf. Bernard Ménager. *Les Napoléon du peuple*. Paris, Aubier, 1988, p. 19-24.
[87] Lord Rosebery. *Napoléon. La dernière phase*. Paris, Hachette, 1901, p. 132-134. Há uma referência no *Mémorial* ao banimento de Rousseau e Archambaut, implicados nessa trama, da ilha de Santa Helena, em outubro de 1816. Cf. Emmanuel de Las Cases. *Mémorial de Sainte-Hélène*. v. 2. Paris, Seuil, 1968, p. 1360. No Arquivo Histórico do Itamaraty, procurei algum dado sobre tais fatos em Correspondência Quai d'Orsay (1816-1818). Cópia da Correspondência oficial relativa ao Brasil conservada no Arquivo do Ministério Estrangeiro da França. Nada foi encontrado.

Da mesma forma, a mais curiosa presença napoleônica em terras brasileiras manifestava uma *devoção* tão grande a Napoleão Bonaparte que um viajante a qualificou de "excessiva" e "mesmo inexplicável". General holandês, mercenário a serviço da Prússia, onde serviu como soldado de Frederico, o Grande, e seguia os cursos de Kant, o conde Dirk van Hogendorp retornou posteriormente à Holanda e atuou como governador em Java. Quando seu país de origem foi ocupado, Hogendorp alistou-se nas tropas francesas, tornando-se conselheiro de Estado em 1806, Ministro da Guerra na época de Luís Bonaparte e conde do Império em 1811. Dotado, naquele novo ambiente, conforme aqueles que examinaram sua vida, de raras qualidades de honestidade e desinteresse, ganhou a confiança de Napoleão e viu-se alçado a ajudante-de-campo do imperador, atuando na campanha da Rússia e, em seguida, ficando encarregado do governo da Polônia e de Hamburgo. Após a queda de Bonaparte, quis acompanhá-lo no exílio, mas não obteve permissão. Quando dos Cem Dias, rompeu com a Holanda, que se colocara ao lado das forças inglesas e tornou-se francês por adoção, mas, em dificuldades após a restauração dos Bourbons, com grande esforço e economia, emigrou para o Brasil, como consta dos registros da Intendência Geral da Polícia: "Conde d'Hogendorp: residente em Cosme Velho, natural de Heuliet, 56 anos, nobre, viúvo, vem de Nantes, em 1816, a estabelecer-se em agricultura".[88]

Sobre a estadia de Hogendorp no Rio de Janeiro, há alguns relatos de estrangeiros, que, atraídos pela fama de suas aventuras e de sua fidelidade ao soberano deposto, iam procurá-lo em sua casa, como Jacques Arago, Theodor von Leithold, Jurien de la Gravière e Maria Graham. A todos acolhia com uma conversa cativante, embora residisse quase solitário na encosta do Corcovado e escrevesse ao irmão ter "horror aos homens", não mais podendo "viver senão com os macacos e papagaios que abundam nas matas deste país e são geralmente muito gentis e bonitos". Maria Graham impressionou-se também com o entusiasmo do conde por "seu Imperial Senhor", sobre o qual "falava

---

[88] *Os franceses residentes no Rio de Janeiro (1808-1820)*. Rio de Janeiro, Publicações Históricas do Arquivo Nacional, v. 45, 1960, p. 22. Para outras informações sobre Hogendorp, cf. Maria Graham. *Diário de uma viagem ao Brasil*. Belo Horizonte/São Paulo, Itatiaia/Edusp, 1990, p. 208-211. Citação à p. 210. Pierre Mélon. *O General Hogendorp. Soldado de Frederico, o Grande, Governador em Java, ajudante-de-campo de Napoleão Bonaparte, eremita no Rio de Janeiro*. Niterói, Casa Jorge Editorial, 1996. Agradeço à Maria Fernanda Bicalho e a José Pessôa a indicação desse livro.

incessantemente", mas compreendeu os sentimentos de Hogendorp quando este lhe mostrou uma carta escrita do próprio punho do imperador, por ocasião da morte de um filho seu, para o qual, além "de uma amabilidade rotineira", demonstrava uma "nota de carinho", que ela não imaginara encontrar.[89] Acompanhado de um criado prussiano, que tomara parte em suas campanhas militares, e de alguns africanos, antigos escravos, que libertara ao comprar, morava em uma casa avarandada com três aposentos, composta por um escritório, onde havia livros, mapas e gravuras, além de dois ou três modelos de antigos baixos-relevos; de um quarto de dormir, cujas paredes eram pintadas de negro e exibiam esqueletos de tamanho natural, todos em atitudes alegres, lembrando a "Dança da Morte" de Holbein; e de um terceiro cômodo, repleto de barris de vinho de laranja e potes de licor de grumixama, que, somados à venda de café que plantara, asseguravam sua pequena renda.[90]

Contudo, não só os estrangeiros eram atraídos por essa personagem fascinante. O *francófilo* conde da Barca, a arquiduquesa Leopoldina, que o conhecera ainda em Viena, reencontrando-o em um de seus passeios científicos às matas da Tijuca, e o próprio príncipe D. Pedro, como narra em outra carta ao irmão de 1821, subiam a encosta do Corcovado para ouvi-lo. Aliás, segundo Alfredo de Carvalho, ao chegar, D. João VI teria oferecido a Hogendorp um alto posto no exército do Reino Unido, que ele rejeitara, e há alusões que D. Pedro, após a Independência, o teria convidado para ser Ministro de Negócios Estrangeiros – hipótese pouco provável, mas que sugere a admiração que despertara no jovem imperador do Brasil. Ao morrer, em 1822, Hogendorp não chegou a receber a quantia de cem mil francos que Napoleão lhe deixara em testamento cerca de um anos antes, mas teve registrado num aviso de falecimento, publicado no jornal *O Espelho*, os cuidados de D. Pedro consigo:

Necrologia

O Conde de Hogendorp, que foi Tenente General e Ajudante–de–Campo de Napoleão, de idade de 63 anos, morreu a 29 do passado na sua Chácara do Cosme Velho, onde repartia o tempo entre a agricultura e seus trabalhos literários. Este homem distinto por suas luzes e por sua probidade depois de ter ocupado os pri-

---

[89] Maria Graham. *Diário de uma viagem* ..., p. 210. Para informações sobre os outros visitantes, cf. Pierre Mélon. *O General Hogendorp* ..., p. 181-192; T. von Leithold & L. von Rango. *O Rio de Janeiro visto por dois prussianos em 1819*. São Paulo, Nacional, 1966.
[90] Maria Graham. *Diário de uma viagem* ..., p. 210-211.

meiros empregos no Governo de Bonaparte, que lhe dera toda a sua confiança, veio terminar uma carreira tão brilhante nas nossa montanhas, tendo apenas com que acudir às suas primeiras necessidades. S. M. I. mais de uma vez o honrou com a sua visita, e ultimamente lhe havia dado uma prova da sua generosa afeição, concedendo-lhe uma pensão de 600$ réis. Quando S. M. I. soube do seu falecimento, imediatamente deu ordem a Mr. L'Abbé Boiret para em seu nome fazer a despesa do seu funeral, nada poupando para dar a esta pompa fúnebre toda a decência, que convinha ao nascimento e às raras qualidades deste respeitável ancião. Porém, o Cônsul de Sua Nação, agradecendo a S. M. I. este ato de generosidade, não permitiu que ele tivesse efeito.[91]

Ainda que Hudson Lowe, o responsável inglês pela vigilância de Bonaparte em Santa Helena, ao que tudo indica, tivesse a preocupação de avisar os agentes napoleônicos no Rio de Janeiro da morte do ex-imperador, para que soubessem que as tentativas desses "miseráveis" ficariam doravante sem sentido, Hogendorp, no entanto, jamais foi incomodado nem por franceses, como Jurien de la Gravière – almirante de Luís XVI, que veio estabelecer contatos com a corte de D. João – nem pela Intendência de Polícia do Rio de Janeiro.[92] Talvez, por trás dessa figura singular, existisse um mito mais profundo – o de Napoleão Bonaparte, o *herói do século* – que fascinara não só ao jovem imperador do Brasil como a tantos outros naquela época.[93]

---

[91] *O Espelho.* Rio de Janeiro. n.º 104, 15 de novembro de 1822. Cf. , ainda, Octavio Tarquínio de Sousa. *A vida de Pedro I.* Rio de Janeiro, José Olympio, 1954. v. 2, p. 496-497 e Donatello Grieco. *Napoleão e o Brasil.* [1939]. Rio de Janeiro, Biblioteca do Exército Editora, 1995, p. 114-116. Cf. ainda Testament de Napoléon. Codicille de 24 de abril de 1821. In: Emmanuel de las Cases. *Mémorial de Sainte-Hélène.* Paris. Seuil, 1968. v. 2, p. 1814; e Alfredo de Carvalho. O Solitário da Tijuca (1817-1822). *Revista Americana.* Rio de Janeiro, 6: 337-347, maio de 1911.
[92] Cf. Pierre Mélon. *O General Hogendorp* ..., p. 184-186.
[93] Chamo a atenção para a possibilidade de estabelecer uma comparação entre diversos atos do governo de Pedro I e o de Napoleão, principalmente, quanto à coroação, idealizada e retratada, no caso do primeiro, por J.B. Debret, discípulo de David, pintor oficial da corte do imperador francês, tema, no entanto, a ser desenvolvido em outro trabalho, posterior.

Mitos e representações em torno de Napoleão Bonaparte

As obscenas harpias da Revolução da França surgiram da anarquia, do caos, que gerou tantas coisas monstruosas e prodigiosas; e voando sobre nossas cabeças, casas, e mesas, nada deixaram impoluto, e não contaminado.[1]

As representações elaboradas, ao longo do século XIX, não só de Napoleão Bonaparte como também da França imperial permitem remeter, através da idéia e da memória, a imagens distintas de objetos, conceitos ou pessoas ausentes, procurando emprestar-lhes um significado, tal qual estes possuíam ou deveriam possuir.[2] Tais representações levaram os contemporâneos a traduzir Napoleão por meio de múltiplas facetas, desde o Ogro, devorador do mundo, até o mártir, aguardando seu fim em Santa Helena, como Prometeu acorrentado. Construídas muito mais para glorificar ou denegrir um passado e para forjar imagens de um herói ou de um demônio, essas imagens, podem transformar-se em objeto privilegiado da historiografia. Para além dos símbolos, elas testemunharam a trama que constituiu a memória desses anos, fronteira entre uma Europa do Antigo Regime e uma Europa liberal, que conheceu o embate entre forças conservadoras e forças renovadoras. Trata-se de um processo complexo, que envolveu a dimensão econômica e social, mas que dependeu, fundamentalmente, da difusão de uma nova concepção de mundo em termos políticos e intelectuais.

Ao provocar uma profunda alteração tanto na história da França, quanto na da Europa – pela reorganização de um novo corpo político, pela introdução de um *Código Civil*, pela destituição de diversas dinastias ou pela reorganização do mapa europeu –, Bonaparte acabou por ingressar no curso da História. De

---

[1] *Roteiro Brazilico ou coleção de princípios e documentos de direito político em série de números*. Rio de Janeiro, Typographia Nacional, 1822, parte II, p. 24.
[2] Para a visão de representação, cf. Roger Chartier. *Au bord de la falaise. L'Histoire entre certitudes et inquiétude*. Paris, Albin Michel, 1998, p. 175-179 e 67-86.

um lado, esse ingresso foi forjado por ele próprio, pela narração de suas vitórias, de suas proclamações na imprensa e também por intermédio das letras e das artes. De outro, foi possibilitado pelas imagens construídas por seus inimigos. Em ambos os casos, elevava-se Napoleão acima de seus contemporâneos, distinguindo-o dos demais, para melhor ou para pior. Criava-se, assim, o arquétipo do herói.³

Para que essas imagens e representações causassem um verdadeiro impacto nos seus contemporâneos crédulos também que elas seriam lidas do mesmo modo pelas gerações vindouras, seus autores recorreram a um imaginário repleto de mitos e dramaticidades. Afinal, Bonaparte era herdeiro da Revolução Francesa, momento dramático de mudanças e convulsões na Europa, mitificada pelos homens de época, por uma série de interpretações e relatos, permeados de emoção, de juízos de valor e de idéias maléficas. Edmund Burke, que valorizava a continuidade entre o passado e o presente e abominava a revolução como o flagelo dos povos, considerava a Revolução Francesa

> como a mais extraordinária que o mundo já viu. Os resultados mais surpreendentes se deram e, em mais de um caso, produzidos pelos mais vis instrumentos. Tudo parece fora do normal neste estranho caos de leviandade e ferocidade, onde todos os crimes aparecem ao lado de todas as loucuras. Diante do espetáculo desta monstruosa tragicomédia, os mais opostos sentimentos se sucedem em nós e, algumas vezes se confundem. Nós passamos do desprezo à indignação, do riso às lágrimas, da arrogância ao horror.⁴

Na mesma perspectiva, o luso-brasileiro José da Silva Lisboa, futuro visconde de Cairu, via a revolução como uma "praga", que destruía a felicidade de toda uma geração e produzia a "anarquia e a guerra civil".⁵ Por fim, o *abbé* Barruel, "apoiado em fatos e munido de provas", em suas *Mémoires pour servir à l'histoire du jacobinisme*, revestiu os seus textos de uma linguagem exacerbada, em que se formulavam impropérios contra todo um mundo misterioso de

---

³ Cf. Annie Jourdan. *Napoléon: héros, imperator, mécène*. Paris, Aubier, 1998, p. 57-84.
⁴ Edmund Burke. *Reflexões sobre a Revolução em França*. Brasília, Editora da Universidade de Brasília, 1982, p. 52. Cf. J. G. A. Pocock. "Burke and the ancient constitution: a problem in the history of ideas". In: *Politics, language and time. Essays on political thought and History* New York, Atheneum, 1971, p. 202-232.
⁵ *Reclamação do Brasil*. Parte XII, 1822.

idéias revolucionárias, de forças ocultas e condenadas, querendo demonstrar que a Revolução Francesa e seus eventos, os mais terríveis, foram resultado de uma conspiração da seita dos jacobinos, tramada muitos anos antes. Afinal, os "Sofistas da impiedade tornaram-se os Sofistas da rebelião" e "depois de terem jurado esmagar Jesus Cristo, esses mesmos homens chamados de Filósofos, formularam ainda o voto de esmagar os Reis". Era uma conspiração contra o altar e o trono.[6]

Assim, se as representações tentaram fazer de Bonaparte um mito, produto da força dos acontecimentos, elas próprias viram-se impregnadas pela força do mito. Segundo Girardet, o "mito político é fabulação, deformação ou interpretação objetivamente recusável do real", interpondo-se como uma tela entre a verdade dos fatos e as exigências do conhecimento. Na visão do mesmo autor, no entanto, o mito constitui um sistema de crença coerente e completo, permitindo que a narrativa legendária seja capaz de fornecer chaves explicativas para a compreensão do passado, uma vez que parece ordenar "o caos desconcertante dos fatos e dos acontecimentos".[7]

Nesse sentido, nos dois últimos séculos, é comum que a conjuntura de uma perturbação política seja acompanhada de uma notável "efervescência mitológica", que aflora por meio de representações diversas de um acontecimento, renovando esperanças ou suscitando angústias da sociedade. Ora surge a imagem de um *herói salvador*, restaurador da ordem; ora a *conspiração maléfica* permite a submissão dos povos por forças obscuras; ora o desejo de retornar a uma *idade do ouro* traz à cena um período anterior de felicidade perpétua; ora por fim, *o combate entre o bem* (luzes) *e o mal* (trevas) anuncia uma nova fase final na história do mundo, assegurando para sempre um reino de justiça e felicidade. Constituem-se, assim, o que Girardet, utilizando-se de uma proposição de Gilbert Durand, chama de "constelações mitológicas", ou seja, um conjunto de construções míticas reunidas em torno de um tema central.[8]

Os tempos napoleônicos trouxeram à cena uma série de representações que se pautaram não em um tempo simplesmente do passado, mas em um tempo

---

[6] M. l'Abbé Barruel. *Mémoires pour servir à l'Histoire du Jacobinisme*. [1797/1798]. Hambourg, P. Fauche, Libraire, 1803. 5v. Para a idéia de conspiração, ver, principalmente, v. 1, p. V-XX; para as citações, cf. v. 2, p. V.

[7] R. Girardet. *Mitos e mitologias políticas*. São Paulo, Companhia das Letras, 1987, p. 12-14. Citação à p. 13.

[8] Idem. *Ibidem*, p. 11-21.

imemorial, "tempo esvaziado de espaço", que se repete em cada momento de tensão ou crise. Monstros e demônios, conspirações, medos, esperanças de tempos melhores seriam elaborados por meio de imagens que recuperavam os símbolos e os valores de mitos fundadores, presentes em outros momentos. Sem dúvida, o mito não pode conter em si o sinal de sua própria verdade nem ser confundido com o mundo vivido, mas pela força que há em seu interior, ele é capaz de funcionar como sinal de superioridade, emprestando à ordem presente um passado destinado a fornecer sua legitimidade e racionalidade.[9]

De modo geral, os mitos políticos organizam-se por intermédio de uma sucessão de imagens, que se encadeiam, interpenetrando-se umas nas outras. São imagens complementares, mas que também podem ser opostas, compondo uma "dialética dos contrários", que, segundo Girardet, constitui uma de suas especificidades maiores, pois ela é "igualmente ambivalente". Dessa forma, construiu-se um imaginário em torno da figura de Bonaparte.[10] Lenda dourada ou lenda negra, a exaltação ou o repúdio alimentam-se de fatos resultantes da mesma trama. Tanto pelo Ogro quanto pelo de Napoleão, *o Grande*, vislumbra-se um perfil que aponta para uma origem nebulosa, uma rápida ascensão ao poder, uma sede de dominação, uma vontade férrea e um declínio fulminante. Por conseguinte, os mesmos elementos combinados forjaram tanto a imagem do herói, como a do anti-herói.

A legenda em torno de Bonaparte, bem como o período das invasões francesas em Portugal, propiciaram uma notável efervescência mitológica, característica dos períodos de perturbação política, em que relatos, apelos e anúncios proféticos ganham corpo e proporções, escapando a qualquer explicação racional dos acontecimentos. Em torno de um tema central, envolvendo uma

---

[9] Gian Paolo Caprettini, Guido Ferraro & Giovani Filoramo. Mythos/logos. In: Ruggiero Romano (dir.). *Enciclopédia Einaudi.* v. 12: Mythos/Logos – Sagrado/profano. Lisboa, Imprensa Nacional/Casa da Moeda, 1987, p. 93-95. Expressão à p. 94. Outros momentos históricos foram propícios à essa preocupação em dar uma explicação inteligível ao que parece incompreensível, como as Guerras de Religião, a Revolução Francesa ou a Revolução Russa, entre outros. Cf., por exemplo, para uma análise das representações sobre a as Guerras de Religião, Yves-Marie Bercé. *Révoltes et révolutions dans l'Europe Moderne (XVIe-XVIIIe siècles)*. Paris, Presses Universitaires de France, 1980. p. 18-32; para a Revolução Russa, Lená M. de Menezes. *Tramas do Mal: a Revolução de Outubro no plano das representações (1917-1921)*. Tese para concurso de professor titular apresentada ao Departamento de História da UERJ. 1999. Mimeo.

[10] R. Girardet. *Mitos e mitologias* ..., p. 15-16.

oposição entre as sociedades já modificadas pela força das idéias e instituições liberais e aquelas em que o Antigo Regime permanecia em vigor, relutando por manter as forças da tradição, constituíram-se constelações mitológicas. Do mito das origens, ao do Salvador, ao da Conspiração, ao da Idade do Ouro, ao da luta entre o Bem e o Mal até ao do Fim dos Tempos, acompanhado pelas imagens do Anticristo, uma rede de correlações pode ser estabelecida, embora na luta simbólica entre as forças do Bem, relacionadas seja aos ideais da sociedade liberal ou aos ideais do Antigo Regime, e as forças do Mal do adversário, representado pelas Trevas e pelo Demônio, as primeiras deveriam sair sempre vitoriosas.

O Bem e o Mal

A convulsão das guerras napoleônicas possibilitou o surgimento de inúmeros mecanismos de leitura simbólica do real, dos quais os mitos constituem-se instrumentos primordiais, especialmente aqueles que se encontram enraizados nas idéias de origem do mundo e do homem. Nesse caso, travava-se uma luta entre dois princípios que operam na criação – um deus benéfico, que deu origem ao cosmos, e um princípio maléfico, inconstante e desordenado, que intervém nesse momento da criação. Essência das grandes religiões, essa perspectiva conduz a um verdadeiro confronto dualista, que recupera sob novas formas a oposição entre o bem e o mal, os quais, segundo Norman Cohn, podem estar inseridos na caracterização denominada "mitos de combate". Recurso utilizado quando os indivíduos, em seu mundo ordenado, sentem-se ameaçados por forças caóticas, simbolizadas sempre na figura de um *monstro*, que ameaça e significa o mal, em todos os seus sentidos, e na de um herói-deus que o derrota e salva o mundo. Essa luta, contudo, parece infindável, pois o monstro nunca chega a ser destruído, e o herói-deus deve continuar lutando e derrotando-o inúmeras vezes.[11]

Verifica-se, nesse momento de tensão e quebra da ordem na Europa do Antigo Regime, o ressurgir dessa luta simbólica entre o bem e o mal. Regra

---

[11] Alfonso di Nola. Origens. In: Ruggiero Romano (dir.). *Enciclopédia Einaudi*. v. 12: Mythos ..., p. 19-22; Norman Cohn. Como adquirío el tiempo uma consumación. In: Malcolm Bull. *La teoria del apocalipsis y los fines del mundo*. México, Fondo de Cultura Económica, 1998, p. 49-50.

geral, o mal era representado pelo monstro Bonaparte. Segundo J. Tulard, por volta de 1813, corria na França a lenda do Ogro. Esse Ogro tinha um nome – Napoleão, imperador dos franceses. Cada ano ele exigia para seu exército maior número de jovens, que as cidades não mais veriam. Morreram, assim, em expedições longínquas, mais de um milhão de soldados. O Ogro, porém, um dia, começou a encontrar derrotas, não podendo engolir a Península Ibérica. Vencido, teve que abandonar o trono. Em 1814, a lenda transformou-se em "história verdadeira" de Bon-à-part, o ogro da Córsega, o imperador Napoleão, de Rougemaître de Dieuze, cujo objetivo era ensinar e divertir as crianças, a fim de que aprendessem que um rei só é verdadeiramente grande se ele faz a felicidade de seus povos. Aqui, o bem triunfou sobre o mal.[12]

A representação do *Monstro do Universo* multiplicou-se pelo tempo e pelo espaço por meio de inúmeras imagens. Desde o *papão*, com cujo nome as amas-de-leite intimidavam as crianças quando essas não as deixavam dormir à noite, até o *Colosso infame*, que oprime e que assoberba a Europa inteira; do "herói que a Córsega vomitou sobre a face da Europa na força de seu furor" até o "ferino Dragão", nutrido "nas brenhas da Córsega". Em todas elas, há associações a forças maléficas e a símbolos de violência, apresentando os elementos constitutivos da narrativa que elas pretendem construir.[13]

O herói-deus, que nesse momento corporifica o bem, é encontrado naquele que enfrenta Bonaparte e, de certo modo, consegue vencê-lo, ainda que temporariamente. Duas figuras emergem da literatura de circunstância em Portugal – Jorge III e, quem diria, o príncipe regente D. João. O "grande e incomparável Jorge III empunhou o cetro", levando a Inglaterra "ao mais eminente grau da [s]ua glória". O soberano inglês, ao se opor a Napoleão e ao auxiliar os povos invadidos, por uma questão essencial de sobrevivência e de luta pelo poder econômico na Europa, transformou-se no defensor da

---

[12] Apud J. Tulard (apres.). *L'Anti-Napoléon: la legende noire de l'Empereur*. Paris, Julliard, 1965, p. 9-12.
[13] Citações, respectivamente, em *Carta escrita por L. P. A. P. a hum seu patrício da Cidade da Bahia*. Lisboa, Nova Officina de João Rodrigues Neves, 1808, p. 7; *Sonho de Napoleão*. Lisboa, Off. de João Evangelista Garces, 1809, p. 7; *Ode sobre o memorável feito da tarde de 18 de junho, em que a cidade do Porto tomou armas para sacudir o jugo francez*. Lisboa, Of. de Simão Thadeo Ferreira, [1808], p. 7; *Perfídia ou politica infernal. Diálogo entre Lucifer e Bonaparte*. Lisboa, Typografia Lacerdina, 1808, p. 14; *Discurso sobre a ruina de Portugal traçada pelos francezes*. Lisboa, Offic. de Simão Thadeo Ferreira, 1809, p. 26.

causa continental e marítima das nações européias, estendendo "por toda a terra os luminosos raios da sua incomparável humanidade". Era, enfim, o "Rei Magnânimo" que sacrificava à causa dos povos "todos os seus recursos", ou "o Grande e Imortal Jorge III, a quem competia "o título de Herói", pois sua vida fora "consagrada à felicidade de seus povos e à de seus aliados". Ainda eram aclamados como heróis, pelas "vozes unânimes de todos os bons portugueses", "os ilustríssimos" *lord* Wellington e o general Beresford.[14]

Na mesma imagem era colocado, por seus súditos, D. João, príncipe regente de Portugal. Era o "Príncipe virtuoso, humano, amigo da Igreja e de seus Ministros", em oposição a um "Déspota", que, "disfarçado com a pele de ovelha, sem fé nem religião", "encobre a voracidade de lobo e de um estrangeiro sagaz", visando à "arte de sacar todas as riquezas do Estado".[15]

Se Bonaparte era percebido como força maléfica a ser vencida, ao mesmo tempo, também era representado em sentido inverso, como força do bem, herói mitificado. Assim, o Imperador dos Franceses transformava-se em herói por força de suas promessas de proteção e defesa da Europa contra as ambições inglesas, impondo-se como o libertador dos povos e das nações.

> Então surgiu, do seio dos tempos, NAPOLEÃO!
> [...]
> Os votos das nações, os matizes de sua alegria
> Erguem uma glória a Napoleão:
> Ao sibilo de sua espada
> As idéias nascem!
> Sua guerra criou Repúblicas ...![16]

---

[14] Citações em *À inclyta Grã-Bretanha, hum soldado português em nome da sua pátria*. Lisboa, Impressão Régia, 1811, p. 1; *A Generosidade de Jorge III e a ambição de Bonaparte. Wellesley e os generais franceses*. [1809]. In: *Obras Completas de José Acúrsio das Neves*. v. 5: Escritos Patrióticos. Porto, Edições Afrontamento, s/d, p. 167; *Voz da Gratidão, que a nação portuguesa dirige ao glorioso heroe dos nossos tempos, o grande e immortal Jorge III*. Lisboa, Impressão Régia, 1810, p. 2; última citação em *Discurso politico sobre o valor e heroismo portuguez: offerecido ao publico por Lourenço da Mesquita Pimentel Sotto Maior e Castro, corregedor que foi da Ilha de S. Miguel*. Lisboa, Impressão Régia, 1811, p. 16.

[15] *Discurso sobre a ruina ...*, p. 12. Cf. *Decreto de 1º de fevereiro de 1808*. [Lisboa], Impressão Régia, [1808].

[16] Para a citação de Girardet, ver *Mitos e mitologias ...*, p. 16. H. Wergeland. *Ode à Napoléon* apud Natalie Petiteau. *Napoléon, de la mytohlogie à l'Histoire*. Paris, Seuil, 1999, p. 66-67.

Invertia-se, portanto, a luta entre bem e o mal. O herói-deus transformava-se no "Grande Napoleão", considerado "como enviado de Deus Todo-Poderoso", "o Árbitro dos Reis e dos Povos" e o "Herói do Mundo".[17] Prevalecia a visão da lenda dourada e aquela do herói dos românticos.

A tendência maior da literatura panfletária, sobretudo em Portugal e Espanha, era reforçar o lado maléfico e monstruoso de Napoleão Bonaparte, o causador de tantas desgraças. Em um escrito, onde se forjavam os "delírios do tirano", ele exclamava:

> Oh Fúrias infernais! Ódios, vinganças
> A minha alma ocupai, fazei que sejam
> Ainda mais fatais que o fogo etéreo
> As terríveis idéias que fulmino.
> Lágrimas, sangue, estrago, fogo e morte
> Espalhe a minha voz pelo universo;
> Qual raio estragador, reduza a cinzas...[18]

Era ainda representado como o "cruel, que tem feito correr caudalosas torrentes de sangue, fazendo interminável a guerra continental". Tornava-se necessário, para os povos dominados, "tirar a máscara a esse falso herói" e "refutar esses libelos insolentíssimos e cheios de falsidades atrozes, esparzidos pelos nossos mesmos inimigos, ou talvez por escritores nacionais vendidos ao ouro da França". Reforçavam-se as visões maléficas e demoníacas, em que o apelo ao emocional servia para ampliar a imagem do horror, como os "rios de sangue", nos quais, por influência de Napoleão, "se têm visto nadar a Europa toda".[19]

---

[17] Citações, respectivamente, em *Segunda parte do espião Patriota, ou continuação da correspondência de Paulo Mendes Mirrado com Pedro Paulo Pereira Pedra até a retirada do exército invasor.* Lisboa, Impressão Régia, 1811, p. 17. ANRJ. Col. Negócios de Portugal. Caixa 654, pac. 2, doc. 45. 1808. Coleção Negócios de Portugal. Caixa 621^A, pac. 1. 1808.

[18] *Furores, Remorsos, Transportes e Delírios do Tyrano e Falsário Napoleão.* Lisboa, Typographia Lacerdina, 1808, p. 3.

[19] *O Tyranno da Europa Napoleão I. Manifesto que a todos os povos do mundo, e principalmente aos hespanhoes* apresenta o Lic. D. J. A. C. Traduzido do Hespanhol por F. J. J. C. [Lisboa], s./e., s./d, p. 7 e 4. Para a última citação, cf. *Discurso sobre a ruina ...*, p. 22.

Nessa luta simbólica, retomava-se a visão bíblica das origens do mundo, em que Deus é bom e a qualificação negativa provém dos sucessivos eventos humanos, especialmente da história de Adão e Eva, com o surgimento do pecado original, sugerindo uma visão providencialista da história. Assim, ao indagar-se a procedência de Bonaparte, a resposta dos panfletos era uma: "do inferno e do pecado". Vislumbrava-se a idéia de que "na vasta História dos Séculos" os tiranos era encarados como "destinados por Deus para flagelos dos povos e executores de sua cólera". Importava, porém, ainda mostrar Napoleão não como aquele que governa e "dá a volta ao mundo", mas como simples "instrumento" que Deus lançou mão "para acordar os homens e fazê-los entrar em seus deveres". Algumas vezes, utilizava-se do cômico, por meio da glosa, para o reforço da idéia do mal associada ao pecado do homem:

GLOSA,
Em que fala um pescador
Quero contar, Mestre Arrais,
E pagará quem dever,
Vou na Arrábida viver
Ao barco não torno mais:
A moça, que eu tinha no cais
Deixia [sic] pelo Natal
Já não quero viver mal,
Pois tenho fé, em que Deus
Mandou por pecados meus
A Praga de Portugal.[20]

---

[20] Citações, respectivamente, em *Cathecismo Civil e Breve compendio das obrigações do Hespanhol; conhecimento pratico da sua liberdade e explicação de seu inimigo: mui útil nas actuaes circunstancias, posto em forma de dialogo.* Lisboa, Typografia Lacerdina, 1808, p. 4; *Discurso sobre a ruina ...,* p. 21; *Partidista contra partidistas e Jacobinos praguejados.* Lisboa, Offic. de Simão Thaddeo Ferreira, 1809, p. 11; *Protecção á franceza.* Rio de Janeiro, Impressão Régia, 1809, p. 26. Grifo do texto.

Nessa perspectiva, os castigos de Deus eram justos, pois a sociedade européia havia se deixado levar pelo contágio dos escritos ilustrados franceses, que eram sempre "ímpios, sediciosos, inflamatórios e de uma execranda obscenidade, diretamente compostos e destinados para abalar e subverter o trono, o altar e os bons costumes". Seu contágio era pior do que uma peste, cujo dano parecia ser "muito menor que o do moderno contágio mental e moral". Recorria-se à metáfora da praga para demonstrar a virulência desses contágios maléficos.[21]

Se Napoleão transformava-se no elemento essencial dessas forças do mal, os panfletos visavam também a demolir a influência real que a França exercia, especialmente após a Revolução Francesa, com seus escritos, em muitos homens ilustrados no mundo europeu ainda dominado pelo Antigo Regime. Em um suposto texto escrito por Napoleão, ao imaginar seus projetos de guerra, ele próprio exclamava: "É geralmente sabido e reconhecido que a nação Francesa adquiriu pela última revolução o *direito de dar todas as novas leis da ordem moral e política que lhe agradarem*, de *ditar estas leis ao resto do mundo*". Para o comentador do folheto, tal direito era simplesmente o *Direito Napoleão*. Pela força ou por intermédio da opinião pública, as idéias francesas circulavam, pondo em alerta alguns estadistas. Afinal, a guerra principiava "com livros e cartas que corrompem a opinião" e, logo que isso acontecia, apareciam "as armas" e entravam "pelo país reduzido por sua casa".[22]

Os ataques voltavam-se para a questão política, moral e religiosa, em que a França era apresentada como uma nação tirânica que havia reduzido as outras nações à simples "propriedade do povo francês", pois considerava ter o "pleno direito inalienável de fazer dos outros povos" tudo que julgasse "mais favorável a seus interesses". Enfim, era uma "Nação degenerada, coberta de vícios e de crimes". A França era ainda comparada à "confusa Babilônia", retirada da linguagem bíblica, "essa nefanda mestra do erro, da desolação e da libertinagem, onde reina a intriga, a falsidade e a impostura". Da mesma

---

[21] ANRJ. Mesa do Desembargo do Paço. Caixa 171, pac. 3, doc. 43. 16 outubro 1820 e 21 janeiro 1819.

[22] *Projectos de Napoleão sobre a guerra feita por ele ao continente*. Escritos por ele mesmo. Coimbra, Real Imprensa da Universidade, 1809, p. 5. Grifo do texto. Para a última citação, ver ANRJ. Negócios de Portugal. Caixa 712, pac. 2, doc. 1,13. 1803.

forma, a cidade de Paris era considerada uma "prostituída cidade" lembrando a "grande meretriz" como era chamada Babilônia no Apocalipse.²³ De forma idêntica, os franceses integravam esse conjunto das forças do mal, sendo considerados "homens grosseiros e ignorantes, sem princípios, sem educação e sem Religião", ou ainda, "astutos, manhosos, velhacos, ardilosos, arrogantes e fanfarrões". Eram os "assassinos da espécie humana", que deviam ser combatidos pela espada e pela pena.²⁴ Assumiam a forma de uma caricatura, em que se destacava o grotesco: obesos, calvos, malfeitores e ladrões, representados com uma carga de vícios que podia ser sintetizada por essa fala dos "honrados portugueses":

> [uma] matilha de leões, desaforado bando de deístas, sacrílegos, de traidores, insultante tropa de velhacos conquistadores, corja terrível de bárbaros, cruéis e sanguinários, enorme tropel de atrevidos ignorantes, degenerada porção da humanidade, homens cujas ações serviram de perpétuo horror a todo o ser humano.²⁵

A França era um país "só coberto de ladrões, assassinos e de algozes". Eram "monstros em forma humana / com que o mundo se ilude e desengana".²⁶ Em um aviso da *Gazeta do Rocio*, lia-se:

---

²³ *Projectos de ...*, p. 5; *Portugal Desafrontado. Diálogo entre um oficial francês da Legião do Meio-Dia e um eclesiástico da província de Entre-Douro-e-Minho*. [Lisboa], s/ed., [1808], p. 13; *Relação verídica de notícias frescas de França, observadas e referidas por hum presbytero secular*. Lisboa, Nova Officina de João Rodrigues Neves, 1809, p. 5; Para a referência ao Apocalipse, ver João. Apocalipse. 17, 1. In: *Bíblia Sagrada*. Traduzida da vulgata e anotada pelo Pe. Matos Soares. 3ª ed. São Paulo, Paulinas, 1959, p. 1492.

²⁴ Para a primeira citação, ver *Portugal Desafrontado ...*, p. 13; para a segunda, *Segunda parte do espião Patriota ...*, p. 26; para a terceira, cf. *Diálogo entre as principais personagens francesas, no banquete dado a bordo da Amavel por Junot, no dia 17 de setembro de 1808. Acrescentado nesta segunda edição com hum novo prato de palhitos e alguns talheres. Escrito por L. S. O. Portuguez*. Lisboa, Typografia Lacerdina, 1808, [p. 3].

²⁵ *Carta de despedida ao resto do exército francês pelos fiéis e honrados portugueses*. Lisboa, Off. de Simão Thaddeo Ferreira, 1808, p. 3.

²⁶ J. Acúrsio das Neves. *Manifesto da Razão contra as usurpações francezas, offerecido à nação portuguesa, aos soberanos e aos povos*. Lisboa, Off. de Simão Thaddeo Ferreira, 1808, p. 9; Antonio Joaquim de Carvalho. *Na Restauração de Portugal, libertado do jugo dos francezes, verdades críticas*. Lisboa, Typografia Lacerdina, 1808, p. 2.

Perdeu-se um anel de um só brilhante, que era de um homem que tinha em sua casa um oficial francês; faz-se aviso a todos os moradores desta Cidade, que têm franceses em casa para que andem sempre olho vivo, quando não ficarão, em breve tempo, só com o fato que tiverem no corpo.[27]

A essa crítica ao francês, enquanto homem político e moral, associava-se àquela enquanto indivíduo religioso: eram "ateus e materialistas", graças "ao sistema ímpio destes desgraçados tempos"; eram infiéis, acolhendo a doutrina que lhes trazia maiores proveitos: "cristão pela manhã, no meio-dia turco, à tarde índio, depois da digestão do jantar materialista, às portas fechadas ateu chapadíssimo".[28] Não respeitavam os lugares e funções sagradas, como apontava, com refinada "ironia e tom de irrisão", pois esse era o melhor modo de ridicularizar os franceses, o *Espião Patriota*:

> estes vândalos fazem dos templos e altares cavalariças e manjedouras. [...] Parece anunciada a época do mundo anticristão por aqueles mesmos desavergonhados, que nos pregam em papéis públicos que a nossa religião será respeitada, e que ela é a mesma que a sua![29]

A França, nação que outrora deu "ao mundo tantos doutíssimos varões, tantos ilustres prelados e tantos homens de eminentes virtudes", naqueles tempos, esquecendo-se das "sábias lições de tão grandes Mestres", assolada por "um furacão intempestivo", foi "mergulhar-se nas pestíferas águas do Ateísmo".[30] O mal era representado, em toda a sua essência, com fortes cores e imagens, que traziam à memória os horrores da natureza e da doença.

---

[27] Gazeta do Rocio. n° 6. In: *Coleção das célebres Gazetas do Rocio que para seu desenfado compoz certo Patusca, o qual andava à pesca de todas as imposturas, que o intruso ministerio francez fazia imprimir no Diario Portuguez*. Lisboa, Typographia Lacerdina, 1808, p. 16.
[28] Primeira citação em *Correspondencia Antijacobina. Carta primeira*. Lisboa, Impressão Régia, 1809, p. 3; demais em *Dialogo entre dois mortos ou entendimento entre dous soldados, que morreram na batalha do Bussaco, um inglês e outro francês, enterrados ambos no mesmo lugar, por H.V.M. Parte III e última*. Lisboa, Impressão Régia, 1811, p. 7-8.
[29] *O Espião Patriota ou carta de Paulo Mendes Mirrado a um seu amigo em Lisboa, participando-lhe os passos do exército francês, depois da invasão de Portugal*. Lisboa, Impressão Régia, 1811, p. 11.
[30] *Mentor da moda ou educação à franceza em forma de Cathecismo, para conhecimento do desorientado sistema da França nestes ultimos dias*. Lisboa, Impressão de Alcobia, 1808, p. 3.

Na face do bem, encontravam-se a Inglaterra e os ingleses. Era a nação generosa, que vertia o próprio sangue para resgatar os povos dominados por Napoleão, possuidora apenas de sentimentos "honrados". Um instigante panfleto, cujo título – *Desgraças que os francezes nos trouxerão com a sua vinda a Portugal e Felicidades que nos fazem gozar a Gram-Bretanha com a sua vinda em Portugal* – torna-se bastante significativo para se verificar esse confronto entre as forças do mal e do bem. Os primeiros, para os portugueses, traziam a lembrança apenas de "infelicidades", "infortúnios e tiranias". Já os ingleses representavam alegria, lealdade, dignidade e liberdade. Aliados antigos de Portugal, os ingleses eram vistos sempre como os que prestaram socorro em todas as calamidades. Invocava-se a ajuda britânica em mantimentos, dinheiro, fazendas, materiais e até gente desde o terremoto de Lisboa, em 1755, até a época da gloriosa restauração portuguesa, em 1808. Estabelece-se um curioso paralelo em que a Inglaterra sempre está associada ao bem, como pode se verificar no texto abaixo:

> Os Franceses ocasionaram a opressão, a tristeza, a fome, a desgraça e a falta da segurança individual e nacional da Nação portuguesa.
> Os Britânicos fazem recobrar aos portugueses a liberdade, a alegria, a felicidade, abundância e a segurança pessoal e nacional.

Até mesmo em relação à religião, a Inglaterra, apesar de professar outra fé, diferenciava-se dos franceses, pois "longe de desprezar" a religião dos portugueses, como faziam aqueles, ela se transformava em uma "verdadeira proteção contra os pérfidos projetos do governo francês".[31]

Um outro ponto destacado relacionava-se à atitude dos exércitos franceses e ingleses. Os generais ingleses agiam sempre com "humanidade", recomendando que "fossem bem tratados os prisioneiros", embora se fizesse necessária uma rigorosa vigilância sobre estes. Destacava-se, especialmente, *lord* Wellington e seus "bravos" soldados, que adquiriram "o reconhecimento de suas Pátrias, a admiração da idade presente e da posteridade, a mais remota". Já a imagem transmitida por um escrito em relação a Massena, gene-

---

[31] Primeira citação em *Analyse da proclamação de Mr. Junot de 16 de agosto de 1808*. Coimbra, Real Imprensa da Universidade, 1808, p. 5. Demais, em *Desgraças que os francezes nos trouxerão com a sua vinda a Portugal e Felicidades que nos fazem gozar a Gram-Bretanha com a sua vinda em Portugal*. Lisboa, Off. Nunesiana, 1808, p. 3, 5 e 7.

ral francês, chefe do exército em Portugal, na invasão de 1811, era bastante diversa: "maneiras grosseiras", homem "malévolo e ignorante". As tropas francesas faziam "correr pelas ruas rios de sangue", amontoando "imensos cadáveres" nas praças. Cadáveres, aliás, que os virtuosos ingleses mandavam enterrar.[32]

A oposição básica entre o bem e o mal desdobrava-se, portanto, em novos e múltiplos conflitos, que traduziam essencialmente, como já se assinalou, o confronto entre as forças conservadoras e as forças liberais, que, nesse momento eram representadas por uma Europa do Antigo Regime e por uma Europa napoleônica, herdeira da Revolução Francesa. A primeira podia ser representada tanto pelo "feliz reinado de Luís XIV", onde imperava "a verdadeira sabedoria", quanto por Portugal, onde um "Príncipe irrepreensível, criado à nossa vista com as nossas santas normas de virtude", extremava-se "energicamente no amor de seus vassalos"; a segunda, pelos "projetos temerários" declarados pela França – a inimiga de Deus, a "matadora de seus monarcas, a indigna madrasta de seus filhos", aquela que falsamente proclamava liberdade e igualdade.[33]

No caos da Europa convulsionada pelas invasões napoleônicas, o confronto entre o bem e o mal parecia interminável, como no mito de origem. Inúmeras foram as coligações para a derrota de Bonaparte. Mesmo com a entrada dos exércitos aliados em Paris e a conseqüente abdicação de Napoleão em favor de seu filho, em 6 de abril de 1814, e a convocação pelo Senado de Luís XVIII – "livremente chamado ao trono" e submetido à "aceitação do povo" –, o mal não estava vencido, apenas dominado. Aliás, a atitude das potências vencedoras no Congresso de Viena foi bastante ambivalente: se de um lado temia-se o poder de Napoleão, de outro respeitava-se seu direito em ser um soberano, pois ele conseguiu praticamente a soberania sobre a ilha de Elba e uma renda de dois milhões de francos, paga pelo

---

[32] Citações em *Carta escrita por L. P. A. P.* ..., p. 17; *Reflexões sobre as notas dos Monitores de 16, 23, 29 e 30 de novembro de 1810*. Por hum Amigo da Verdade. Traducção do original publicado em Londres. Lisboa, Impressão Regia, 1811, p. 22; *Analyse da vida do General Massena*. Lisboa, Impressão Régia, 1811, p. 3-4; *Carta de despedida ao resto* ..., p. 6.

[33] *O jacobinismo vencido pelas razões de hum patriota ou Dialogo entre hum patriota e hum jacobino sobre a retirada de Massena*, por Paulino da Costa Ferreia e Vasconcellos. Lisboa, Impressão Régia, 1811, p. 10; *Carta da província escrita a hum amigo de Lisboa, em que lhe mandava notícias da Corte*. Lisboa, Off. de João Evangelhista Garcez, [1808], p. 7.

governo francês. A Carta Constitucional de 1814 esforçava-se por conciliar a restauração monárquica com a preservação dos conquistas revolucionárias. Equilíbrio delicado que se rompeu com o regresso de Bonaparte, em março de 1815, no governo dos Cem Dias.[34]

O "herói do século" retornava para uma vez mais ser derrotado pelo bem, abdicando, pela segunda vez, em 22 de junho de 1815. Nessa ocasião, o mal devia ser definitivamente contido com a prisão em Santa Helena, mas a idéia do retorno não cessava, sendo inúmeras as lendas e conspirações para uma nova volta do imperador.[35] Especialmente porque o governo de Luís XVIII, ao invés de introduzir o novo em meio ao antigo, privilegiou o último, restaurando as virtudes e vícios do Antigo Regime. A impopularidade dos Bourbons aumentava na proporção inversa daquela de Napoleão. O mito do imperador liberal suplantava a figura presente do rei absoluto. Invertiam-se apenas os papéis – o bem, agora, era representado por Napoleão e o mal, por Luís XVIII. A morte do imperador, em 5 de maio de 1821, trouxe de volta a imagem de um herói, que, por ser homem, merecia o perdão, um perdão que a França tinha interesse em conceder para reviver os anos de glórias imperiais. Bonaparte voltava uma vez mais à memória dos franceses e dos europeus. Em primeiro lugar, por meio do novo herói edificado pelos românticos e pelos seus admiradores, como por exemplo, o poeta português Francisco Joaquim Bingre, que, apesar de no momento da invasão francesa em seu país fazer duras críticas a Napoleão, mudava o tom de seus sonetos, a partir dos anos quarenta do oitocentos:

Na Córsega nasceu o bravo Marte
O astro de Paris de França a glória,
O grande Napoleão de alta memória
O sem-pavor soldado Bonaparte
As águias de seu inclito estandarte
Fez voar sobre as asas da vitória

---

[34] J. Tulard. *Les vingt jours. (1ᵉʳ-20 mars 1815) Napoléon ou Louis XVIII?* Paris, Fayard, 2001, p. 9-11 e 261-264.
[35] Cf. supra capítulo 2, o complô, em 1817, para trazer Bonaparte até o Brasil a fim de se instalar nos Estados Unidos e depois voltar à França.

Sua fama nas páginas da História
Não morreu, inda vive em toda a parte.³⁶

Em segundo, quando do retorno de suas cinzas, em 1840, para ocupar um lugar no Panteon entre os fundadores da nação, convertido em lugar de memória. Realizava-se a fina ironia vislumbrada no diálogo entre um soldado inglês e um soldado francês, ambos mortos, em que o primeiro dizia que, após sua morte, Napoleão devia "ser levado ao Panteon, para fazer rancho e tavolagem com os Padres fundadores da República Francesa, *una e indivisível*".³⁷ Preservava-se o caráter repetitivo da narração do mito e o confronto entre o bem e o mal era reinventado.³⁸

O mito do salvador

Com a imagem do bom nos enganamos ...³⁹

Há muitos séculos, o apelo a um homem providencial, a um guia, a um chefe, enfim, a um salvador se faz presente na história das sociedades. Em geral, a construção mítica, nesse sentido, leva em consideração uma boa parte de "manipulação voluntária", sem chegar ao clímax das formas de propaganda contemporânea.⁴⁰ No caso específico de Bonaparte, como já foi assinalado, essa foi uma questão primordial, com a formação de uma imagem do herói

---

[36] Francisco Joaquim Bingre. *A Napoleão Bonaparte. Favores e avessos da Fortuna*. Manuscritos BII, 387. Textos cedidos gentilmente pela Drª. Vanda Anastácio, pesquisadora portuguesa que está organizando a obra de Bingre encontrada em um espólio, pertencente a seus descendentes. Bingre foi autor de obra monumental que permanece, em sua maioria, ainda inédita, sendo sóciofundador da Academia de Belas Letras (Nova Arcádia).
[37] Para o retorno das cinzas, cf. J. Tulard. Le retour des cendres. In: Pierre Nora (dir.). *Les Lieux de mémoires*. T. II: *La Nation*. v. 3. Paris, Gallimard, 1986, p. 81-110. *Dialogo entre dous mortos ou entendimento entre dous soldados que morreram na batalha do Bussaco, hum inglez e outro francez, enterrados ambos no mesmo lugar por M. V. M.* Parte II. Lisboa, Impressão Régia, 1811, p. 10. Grifo do texto. Cf. ainda J. Tulard. *Les vingt jours* ... passim; N. Petiteau. *Napoléon* ..., p. 70-71.
[38] Gian Paolo Caprettini, Guido Ferraro & Giovani Filoramo. Mythos/logos. In: Ruggiero Romano (dir.). *Enciclopédia Einaudi* ..., p. 93-95.
[39] *Protecção à Franceza* ..., p. 1.
[40] R. Girardet. *Mitos e mitologias* ..., p. 71-72.

mitificado, por meio da imprensa, com a utilização de uma propaganda oficial e com as artes. Além da própria conjuntura histórica, que foi favorável para o surgimento dessa lenda napoleônica.

Em 1799, a França estava cansada de dez anos de instabilidade e convulsão revolucionária. Buscava uma reconciliação interna, que garantisse as conquistas essenciais de 1789, mas que estivesse condicionada à vitória contra as coligações da Europa do Antigo Regime. Para alguns, era a imagem do caos que necessitava a figura de um chefe providencial – de um salvador. Configurava-se, na visão de Girardet, o "tempo de espera e de apelo", aquele em que se divulga a imagem desse salvador, cristalizando-se em torno dela esperanças, nostalgias e sonhos. O retorno de Bonaparte do Egito, apesar de seu fracasso, trouxe a imagem do vitorioso das campanhas de Itália e do pacificador. A notícia de seu desembarque causou sensação nos jornais, afirmando que "o mundo estava em êxtase", pois ele chegara para "desfechar os derradeiros golpes na coalizão expirante". Assim, os franceses o receberam "com mil aplausos", "graças à anarquia" em que se achava o país.[41]

Com a ascensão de Napoleão ao poder, inaugurava-se o tempo da presença do salvador, em que se combinavam diversas representações a fim de atender ao imaginário político e às aspirações das distintas camadas da sociedade. Mesclava-se, ao mesmo tempo, o homem da paz e o deus da guerra; o que impunha a ordem interna, mas que se lançava na aventura das conquistas; o soldado da Revolução Francesa, que divulgou um messianismo revolucionário, e o déspota ilustrado, que restaurou o princípio da autoridade. Após sua reclusão em Santa Helena, restava o tempo da lembrança, em que a murmuração mais freqüente era aquela da presença de Bonaparte à frente de um exército de americanos com milhares de homens, encorajando a credulidade popular. A lembrança do ex-imperador transformava-se na possibilidade do salvador que viria colocar fim a uma vida monótona e triste. Depois de sua

---

[41] Idem. *Ibidem*, p. 72. Para a informação dos jornais, ver G. Lefebvre. *Napoléon*. 6ème ed. Paris, PUF, 1965, p. 63-78. Última citação em *Como se pensa em França de Bonaparte ou notícias particulares da vida deste homem, escritas por hum viajante hespanhol a hum amigo de Madrid*. Lisboa, Nova Officina de João Rodrigues Neves, 1808, p. 11. Para uma análise sobre o período napoleônico, cf., entre outros, Jean Tulard. *Napoleão: o mito do salvador*. Niterói, Casa Jorge Editorial, 1996; G. Lefebvre. *Napoléon*.... Jacques-Olivier Boudon. *Histoire du Consulat et de l'Empire, 1799-1815*. Paris, Librairie Académique Perrin, 2000; François Furet. *La Révolution. De Turgot à Jules Ferry, 1770-1880*. Paris, Hachette, 1988.

morte, a imagem do salvador vai ser resgatada do passado e modificada de acordo com os caprichos dos jogos ambíguos da memória.[42]

A imagem do "Restaurador da República, do Enviado do Céu", do "pacificador da Europa" e do "destruidor da anarquia na França" brilhou por certo tempo de espera e de apelo entre alguns setores das elites ilustradas que habitavam as monarquias européias, ainda envoltas nas brumas do Antigo Regime. As promessas de um "Regenerador" da sociedade, que, ao introduzir o Código Napoleônico, fazia o mundo "iluminado e feliz", perdurou por algum tempo. Esses partidários dos franceses, na linguagem da época, esperavam a vinda do *Messias*, que iria fundar uma nova ordem institucional, pautada nos princípios de liberdade política e de igualdade civil. Napoleão, *o Grande*, era proclamado como "o homem prodigioso que Deus tem destinado para amparar e proteger a religião e fazer a felicidade dos povos", ou aquele que tomou Portugal "debaixo de sua Onipotente Proteção".[43]

Esse afrancesamento das idéias pode ser exemplificado em Portugal por alguns jovens intelectuais que, num primeiro momento, acalentaram a esperança de que a presença francesa iria realizar a obra de regeneração política. Assim, Domingos Antonio Sequeira, pintor, apresentou um quadro denominado *Junot protegendo Lisboa*, como referência às diversas proclamações feitas pelos franceses, em que se reforçava a idéia de proteção da França contra o domínio da Inglaterra. No quadro (ver Anexo nº 1), Lisboa está representada por uma presença feminina e olha extasiada para o general, que lhe estende o braço e lhe segura à mão como símbolo de sua proteção. Napoleão aparecia, portanto, "como esses grandes raríssimos fenômenos, que os homens admiram e temem sem saber o porquê". Em síntese, "o protetor político de todas as Nações civilizadas".[44]

---

[42] Para os tempos do Salvador, ver R. Girardet. *Mitos e mitologias* ..., p. 72-73. Para a murmuração, cf. Bernard Ménager. *Les Napoléon du peuple*. Paris, Aubier, 1988, p. 20-22 e 41-45.

[43] Citações, respectivamente, em *A Generosidade de Jorge III e a ambição de Bonaparte* ..., p. 158; "Avis de l'Editeur". In: Abbé Barruel. *Mémoires pour servir a l'Histoire du Jacobinisme*. v. 1. Hambourg, P. Fauche Libraire, 1803. Sem numeração de página. *Discurso sobre a ruína* ..., p. 9; *Sonho de Napoleão* ..., p. 3. *Carta escrita por L. P. A. P.* ..., p. 11; *Pastoral de D. José Francisco de Mendonça*. Lisboa, Impressão Régia, 10 de janeiro de 1808.

[44] *Horóscopo de Napoleão ou prognóstico da queda do Tyranno do século XIX e ruína do seu Império*. Lisboa, Typografia Lacerdina, 1809, p. 6. *Dialogo entre dous mortos* ... Parte II, p. 13.

Contra esses indivíduos, que davam as boas vindas aos franceses, surgiram diversos panfletos, que tinham como alvo essa suposta proteção, como, por exemplo, *Sonhos Fantásticos*, em que Junot proclamava, irônico, que para "lindamente entreter" os portugueses, já havia se declarado "seu Protetor". Em *Protecção à Francesa*, pela glosa, inúmeros versos eram elaborados, repetindo-se sempre na última estrofe – "É Proteção à Francesa":

> Deixem-se estar sossegados
> [A]s proclamações diziam:
> Pilhavam tudo que viam,
> Com sistema de terror;
> Mas este grande favor,
> Feito à gente portuguesa
> É Proteção à Francesa.[45]

A presença real do salvador trouxe outras leituras, distintas daquelas do tempo de espera e apelo. Assim, os "Exércitos franceses [...] entraram em qualidade de Protetores neste então florescente país [Portugal], e em poucos tempos por suas horrorosas extorsões se viu a um país assolado, falto de víveres, e de tudo o mais, em que pouco antes abundava".[46]

Outras idéias do sagrado vinham acoplar-se a essa imagem do salvador. Napoleão era o *Redentor* dos povos, numa alusão ao cristianismo, para o qual Jesus Cristo morreu na cruz para redenção do homem pecador. Igualmente, invocava-se a metáfora da unidade, comum às religiões reveladas, em que o imperador dos franceses decretava "que não haja no Mundo mais que um só Povo, uma só família". Recorria-se ainda às paródias das orações católicas, não só como uma forma de dignificar a imagem do soberano, mas também de favorecer a apreensão de uma *doutrina* por parte das camadas mais humildes. Um exemplo pode ser encontrado em uma das muitas versões de Pai-Nosso, que circulou na França:

> Nosso Imperador que está em Santa Helena
> Que vosso nome seja respeitado

---

[45] *Sonhos Fantásticos do usurpador Junot, com as reflexões que ele fez, ou devia fazer, em acordando.* Lisboa, Impressão de Alcobia, 1808. p. 4; *Protecção à Francesa* ..., p. 2.
[46] *Discurso sobre a ruína* ..., p. 3.

Que vosso reino retorne
Que vossa vontade seja feita
Contra todos os conservadores que retiram nossas pensões
Livrai-nos dos malditos Bourbons.
Amém.[47]

Também, em sentido de ironia ao imperador, encontravam-se outras versões de diferentes tipos de oração, como o Símbolo da Fé Francesa, paródia do Credo da religião católica:

> Creio de todo o meu coração na Lei da chamada Natureza, em Buonaparte, seu único restaurador, em seus Irmãos, que todos foram concebidos pelo espírito das trevas para perpétua revolução de todo o Orbe Terrestre, os quais nasceram de Maria Latitia, prima com Irmã Raab de Babilônia, e que ele Buonaparte padeceu com eles muitas misérias em sua destroncada casa até subirem à dignidade Real, por trabalhos e fadigas inexplicáveis; subindo ao Piemonte, descendo a Viena da Áustria; espalhando todos os móveis do Duque de Brunswick, e mais alfaias do rei de Prússia, Espanha e Portugal, os quais o têm feito ressuscitar aos quatro anos dos profundos abismos da miséria em que vivia ele, e seus Irmãos, e que agora subiu ao elevado Trono de Protetor da confederação do Reno, e de todos os mais Povos por onde transitam as desoladoras e desgraçadas Falanges, as quais por sua ordem pretendem julgar os Príncipes e Povos da terra: creio também na aniquilação de todas as almas e de todos os corpos sem admitir transmigração alguma; e, na vida voluptuosa até à confusão bestial. Assim seja.

A crítica fina transparecia em alguns pontos, como, por exemplo, a referência à mãe de Napoleão Bonaparte como Raab, alusão bíblica, que tudo indica ser uma "prostituta astuta" da cidade de Jericó, e à rapina que o imperador fez em relação aos soberanos europeus, quando da invasão em seus territórios.[48]

---

[47] Citações, respectivamente, em *Carta de hum general francez escrita a Napoleão.* Coimbra, Real Imprensa da Universidade, 1808, p. 5; para o Pai-Nosso, cf. Bernard Ménager. *Les Napoléon ...,* p. 58.

[48] *Mentor da moda ou educação à franceza ...,* p. 8-9. A referência de Raab na Babiblônia é uma versão hebraica do nome da deusa suméria e babilônica Tiamat, deusa das águas salgadas ou marítimas. Apesar da outra Raab ser da cidade de Jericó, ela cabe melhor nas intenções do texto, devendo-se levar em consideração as imprecisões comuns na época no tocante a citações. A indicação de Raab em Jericó encontra-se em Josué, 2, 1-21. *Bíblia Sagrada ...,* p. 210-211. Agradeço todas essas referências e informações ao Prof. Ciro Flamarion Cardoso.

Na outra face desse imenso complexo mitológico, a lenda negra representava a imagem de Bonaparte como o "Monstro Usurpador". Quando das invasões na Península Ibérica, na literatura panfletária, Napoleão transformava-se em um *tirano* que oprime tudo e num *usurpador* que, sem ao menos um título, "se tinha feito *Senhor de Portugal*!" Era ainda um "Usurpador de vidas", na metáfora do "Lobo esfaimado", que se apodera "da inocente ovelha e dos seus tesouros". Reforçava-se a idéia da ausência de legitimidade das conquistas napoleônicas, pois

> Napoleão usurpa tudo, porque não é herdeiro de nada, senão do inferno, e, portanto, tudo transtorna ou incorpora na massa do Império Francês, para que jamais possam segregar-se os infelizes povos sem desfazer-se o corpo que os tragou e converteu em sua substância.[49]

O uso de determinadas palavras de força possibilitava a transformação do real em um discurso que representava as lutas simbólicas travadas no interior da sociedade.

As atitudes do imperador, portanto, não eram apenas as de um conquistador, mas também as de um usurpador, que ousava distribuir títulos a seus generais em nome dos países conquistados, como ocorreu no caso de Junot, que foi elevado a Duque de Abrantes. A crítica era áspera:

> Como pois lhe vem ele dar o título de uma terra que não é sua? Figuro-me ver neste lance a representação de uma Ópera, em cujas cenas o suposto monarca toma, tira e distribui o que não possui. E posso eu pensar de outro modo sobre o ambicioso destino de Napoleão?[50]

---

[49] Citações, respectivmente, em *Ode a Palafox, seguida segunda parte das poesias cujo assunto he a nação francesa e o seu chefe*. Lisboa, Impressão Régia, 1809, p. 2; *Compendio Histórico dos accontecimentos mais celebres motivados pela Revolução de França, e principalmente desde a entrada dos francezes em Portugal ...* por Joaquim Soares. Coimbra, Real Imprensa da Universidade, 1808, p. 24; *Carta escrita por L. P. A. P ...*, p. 6; D. Antonio Capmany. *Sentinella contra francezes*. Segunda Parte. Lisboa, Impressão Régia, 1809, p. 24.

[50] *Discurso sobre a ruína ...*, p. 11.

Comparando-o a outros conquistadores ávidos de glória, especialmente Alexandre Magno, os textos pintavam Napoleão como aquele que violava o "Direito das gentes" ao pautar-se apenas no "direito do poder e da força" e ao estabelecer uma "Lei infame". Graças a esse poder, Bonaparte pretendia fazer "cada dia novas mutações no Orbe Político e novas aquisições para si e os seus", devendo "as testas coroadas" manterem-se "num profundo letargo" e conformarem-se "pacificamente com suas soberanas disposições".[51]

Essa transformação do protetor em usurpador também foi aplicada aos generais franceses que invadiram a Europa dominada. Assim, Junot, outrora o protetor de Lisboa, era ridicularizado e representado com outras cores numa paródia à proclamação feita por ele em 16 de agosto de 1808:

> Eu me separo de vós por três ou quatro séculos para nunca mais vos maltratar. [...] Peço-vos muito que me acrediteis, pois sou um Homem capaz, estais bem acreditados para comigo, portanto tudo confio de vós; tranqüilizai-vos, que nenhum dano sofrereis, a guerra é feita só ao vosso dinheiro e fazenda; nada de tumultos, a desordem é um crime inaudito; muitas se têm feito contra umas tropas bizarras e protegedoras e num tempo em que já delas não precisa. [...]
>
> O Duque Histórico.

Na presença do salvador, a regeneração prometida transformava-se em pesadelo, visto não ter outro objetivo "senão roubar o Estado, a Nação e a Igreja". Nesse momento de profundo desequilíbrio, de incertezas e de conflitos, a Europa dominada voltava seus apelos, veementemente, à intervenção de um novo herói, agora convertido em uma nação – a Inglaterra –, que pudesse fazer frente ao domínio napoleônico. Assim, "a Inglaterra entra em Portugal a tirar este Reino das garras infernais dos Franceses".[52]

A imagem do salvador, por conseguinte, variou conforme as circunstâncias em que foi invocado, pois todo o "processo de heroificação" implicava, de certo modo, em uma adequação entre a personalidade do salvador virtual e as necessidades da sociedade em dado momento. Verifica-se, assim, que Bonaparte foi, sobretudo na França desgastada pelos conflitos resultantes da

---

[51] *O jacobinismo vencido pelas razões ...*, p. 8; *O Tyranno da Europa Napoleão I ...*, p. 11.
[52] Citações, respectivamente, em Gazeta do Rocio n.º 6. In: *Coleção das célebres Gazetas do Rocio ...*, p. 16; *Discurso sobre a ruína ...*, p. 4 e *Desgraças que os francezes ...*, p. 3.

Revolução Francesa e oscilando entre um golpe dos realistas ou outro dos jacobinos, a imagem do salvador da burguesia, respondendo a uma expectativa e a uma exigência dos segmentos dessa classe, na qual se incluíam não só a burguesia de negócios como os proprietários rurais, base social fundamental do regime imperial. Se ela renunciava ao exercício pleno de sua liberdade, tal fato ocorria em seu benefício único. Já para a Europa de Antigo Regime, Napoleão representou, em princípio, aquele que iria realizar o processo de regeneração política, o salvador esperado e acalentado por uma intelectualidade que bebera tais ideais nos livros dos filósofos da Ilustração. O mito do salvador, construção que revela um forte caráter ideológico, em ambos os casos, ganhou amplitude, especialmente, após a morte de Napoleão, prolongando-se na memória coletiva a imagem de um herói que ressurgiria, como Jesus Cristo ao ressuscitar três dias após sua crucificação, para redimir os bons franceses das penas que vivenciavam ao longo da Restauração.[53]

Idade do ouro

Salvador, felicidade e paraíso constituem um mesmo conjunto identitário, a que se agrega a idéia de idade do ouro. Nessa perspectiva, o homem voltava-se para o "tempo de antes", uma época de grandeza, de prestígio, de segurança e de certa felicidade. Constitui um tempo não-datado, em geral situado no início das origens do mundo e do homem, época de inocência e plena felicidade. É uma recusa ou uma negação a algumas formas contemporâneas da vida social, política e econômica, que devem ser substituídas por um complexo de representações e símbolos, que permanecem inesgotáveis no peso das lembranças e na experiência vivida da memória. Resgate de valores e comportamentos que ocorrem, muitas vezes, pela recuperação da tradição. Segundo Girardet, "o mundo da idade do Ouro é o dos relógios parados".[54]

Sob essa ótica, de um lado, o período napoleônico foi representado como uma dessas imagens da idade do ouro. Após a Restauração, quando Luís XVIII transformava-se no responsável por todos os males dos tempos – "O rei

---

[53] Cf. R. Girardet. *Mitos e mitologias* ..., p. 80-96; Jean Tulard. *Napoleão: o mito do salvador* ..., passim. Cf. anexo nº 1- quadro.
[54] Cf. R. Girardet. *Mitos e mitologias* ..., p. 101-105 e 119-129. Citação nessa última página.

é um cachorro, é inimigo do povo. Bonaparte, ao contrário, é seu único amigo" – a época áurea do Império ressurgia com freqüência entre os discursos sediciosos, produzidos pelas camadas populares francesas. Nesse caso, a idade do ouro relacionava-se a uma conjuntura econômica e social mais favorável, como aquela da época do Império. Na Restauração, o fim das guerras e o aumento demográfico provocaram um excedente de mão de obra, que levou à queda dos salários e ao desemprego crônico. Se o pão era caro sob Bonaparte, havia emprego, ou pelo menos, no imaginário do povo, muitos podiam engajar-se no exército. Sob Luís XVIII, o pão continuava caro, mas não havia emprego.[55]

A lembrança dos tempos felizes e de prestígio permaneceu na memória coletiva e, sem dúvida, foi um dos elementos essenciais para a vitória de Luís Napoleão nas eleições presidenciais de 1848. Não é objetivo desse trabalho discutir a questão do bonapartismo, mas pode-se afirmar que, na esteira do mito da idade do ouro, o sobrinho surgia como um novo salvador para o qual as camadas populares se voltavam, como nos tempos de crise e fome da Restauração. Bernard Ménager acentua esse aspecto, apontado as músicas cantadas pelo povo da época:

> A França perece: Nós temos fome
> Irmãos, salvemos a pátria; demo-nos pão
> Votemos em Luis-Napoleão Bonaparte!

Segundo o autor, as canções multiplicavam-se e a idéia de retorno a um passado feliz e imaginário era o tema recorrente.[56]

Entre os partidaristas franceses havia também, sem dúvida, a esperança inicial de que o domínio napoleônico poderia representar as "promessas de uma nova idade áurea, de um século de felicidade" que os "sofistas ímpios prometeram, feita a extinção dos Tronos", quando então "renasceria a primitiva liberdade e igualdade dos homens, em que todos seriam senhores e gozariam de um deleite e estado de tranqüilidade que nunca houve no mundo". Em Portugal, acreditava-se que os franceses reproduziriam "nas margens do pacífico Tejo, as fabulosas idades de ouro". Era uma espécie de paraíso

---

[55] Cf. Bernard Ménager. *Les Napoléon ...*, p. 56-57. Citação em p. 56.
[56] Idem. *Ibidem*, p. 99-103. Citação em p. 101. Para a visão de Bonapartismo, ver Frederich Bluche. *El Bonapartismo*. México, Fondo del Cultura Económica, 1984.

perdido, inseparável de tantos outros sonhos alimentados pelos homens, que voltavam à idéia de um estado de natureza.[57]

De outro lado, a visão da idade do ouro, para os países conquistados por Bonaparte, relacionava-se a um passado de glória que certamente não se traduzia no domínio francês. As imagens eram diversas; contudo, em todas vislumbra-se o retorno a um tempo imemorial, algumas vezes identificado ao governo do soberano destronado, como, por exemplo, no caso da Espanha:

> P: Que felicidade devemos buscar? R: A que eles [franceses] não podem nos dar.
>
> P: E qual é? R: A segurança de nossos direitos e pessoas, o livre exercício de nossa Sagrada Religião e o estabelecimento de um governo regulado aos costumes atuais da Espanha e relações com a Europa.
>
> P: Pois não o tínhamos? R: Sim, senhor, porém, desorganizado pela indolência das autoridades supremas que nos governam.
>
> P: E quem deve regulá-lo? R: A Espanha, a quem só pertence este direito privativamente, com absoluta inibição de todo o estrangeiro.
>
> P: E quem autorizará este plano? R: Fernando VII, que Deus queira restituir ao seio de nosso amor por séculos eternos.[58]

O respeito à tradição de fidelidade ao trono e ao altar mesclava-se em meio a esses tempos felizes, projetados para o futuro, quando do fim da dominação francesa.

Nos panfletos portugueses, principalmente, a recordação de tempos áureos surgia com freqüência, em função do sentimento de orfandade política, face à ausência do rei. Inúmeras manifestações vinham à luz, simbolizando o desejo de retorno a uma velha ordem imemorial, e eram expressas por meio de uma linguagem de esperança e redenção messiânica. Algumas delas traziam, inclusive, de volta a origem fabulosa e fantástica do império português, caracterizada pelo milagre de Ourique, verdadeiro mito das origens e suporte da visão profética da Restauração de 1640.

---

[57] *Correspondência antijacobina.* Carta Segunda. Lisboa, Impressão Régia, 1809, p. 25. Última citação em *Sermão de Acção de graças pela Feliz Restauração do Reino de Portugal prégado na Real Capella do Rio de Janeiro na Manhãa de 19 de dezembro de 1808,* por Januário da Cunha Barbosa. Rio de Janeiro, Impressão Régia, 1809, p. 4.
[58] *Cathecismo civil ...,* p. 8.

Portugal está coberto com um escudo muito superior ao de Minerva: *as promessas do Campo de Ourique são infalíveis*: o seu amável e respeitável Príncipe, assim é que está ausente, mas ele deixou aí um Governo assisado, que acaba agora de restabelecer-se, e sabe tomar medidas justas para se fazer respeitar dos inimigos e abraçar cordialmente pelos amigos.[59]

Concretizava-se, assim, o pressuposto do milagre de Ourique como um instrumento ideológico da nacionalidade e da legitimação da independência de Portugal. Esperava-se, também, que a crise iniciada em 1807, com a transmigração da Corte portuguesa para o Brasil e o domínio de Portugal pelas tropas francesas, tivesse bom êxito, pela reencenação das "promessas de Ourique" ou, até, pela possibilidade de um novo retorno de D. Sebastião.[60]

Outras publicações prendiam-se às questões de ordem material:

Sim, senhores: na saudosa Regência do nosso Príncipe vivia Portugal no seio da abundância, da fartura, das riquezas, da dita e do prazer; a nossa negociação era verdadeiramente florente em todas as quatro partes do globo; a Nação, apesar das décimas e impostos, que pagava ao Estado, contava a centenares casas de grossos

---

[59] *Perfídia ou política infernal* ..., p. 13. Para outra referência ao Milagre do Campo de Ourique, ver *Discurso sobre a ruína* ..., p. 25 e *Victoriosas promessas de Christo a Portugal, na gloriosa apparição ao venerável D. Affonso Henriques em o Campo de Ourique, manifestadas no auto do juramento do mesmo rei, descuberto no cartorio de Alcobaça no anno de 1596. Explicadas na lingua portugueza e corroboradas pelos acontecimentos nelle preditos, e depois verificados. Em louvor de Sua Alteza Real o Principe Regente*. Lisboa, Offic. de João Evangelista Garcez, 1808. Cf., principalmente, p. 9-10: "Não te apereci deste modo para acrescentar tua fé, mas para fortalecer teu coração neste conflito e fundar os princípios de teu reino sobre pedra firme. Confia, Afonso, porque não só vencerás esta batalha, mas todas as outras em que pelejares contra inimigos de minha Cruz. [...] quero em ti e teus descendentes fundar para mim um Império, por cujo meio seja meu nome publicado entre as nações mais estranhas".

[60] Para a análise do Milagre de Ourique enquanto um mito de origem, ver Ana Isabel Buescu. Um mito das origens da nacionalidade: o milagre de Ourique. In: Francisco Bethencourt & Diogo Ramada Curto. *A memória da Nação*. Lisboa, Livraria Sá da Costa Editora, 1991, p. 49-69. Para a questão do sebastianismo na época da invasão napoleônica, cf. infra, capítulo 5. Para a análise do sebastianismo, ver Jacqueline Hermann. *No Reino do Desejado. A construção do sebastianismo em Portugal, séculos XVI e XVII*. São Paulo, Companhia das Letras, 1998 e O Sebastianismo e a Restauração Portuguesa. *Voz Lusíada*. Lisboa, Academia Lusíada de Ciências, Letras e Artes, n.º 11, 1999, p. 3-16 (Separata). Lucette Valensi. *Fábulas da memória. A batalha de Alcácer Quibir e o mito do sebastianismo*. Rio de Janeiro, Nova Fronteira. 1994.

cabedais; os pobres passavam contentes e satisfeitos na sua sorte; os campos debaixo de um Céu benigno correspondiam em colheitas às fadigas e trabalhos dos lavradores; o luxo e o fausto, enfim, nas Vilas e nas cidades, igualava ao das Cortes mais pomposas e opulentas. Tal era a feliz situação, em que vivíamos recostados à doce sombra da frondosa árvore da paz.[61]

Reinava a paz, a segurança e a prosperidade. Na mesma linha, embora de forma jocosa, dizia uma personagem:

"Ah! tempo, tempo! (exclama Fartura com lágrima no olho.) Ah! tempo, tempo! Bom tempo era aquele, meus caros irmãos de S. Martinho, em que ainda não éramos protegidos por Ladrões Franceses! Então era eu Fartura, e agora não sou mais que Miséria e Penúria".[62]

A época áurea do período napoleônico convertia-se, assim, em uma espécie de época de horrores, composta de "negros dias" que enlutavam os corações dos povos dominados.[63] Nesse processo, outros cruzamentos podiam ser instituídos nessa relação mítica de tempos felizes ao estabelecer-se o confronto de Civilização/Ocidente/Cristãos x Barbárie/Oriente/Hereges. Recuperavam-se algumas representações antigas, que tinham sua origem no avanço dos *bárbaros* sobre Roma, que também traziam em seu bojo a idéia do fim dos tempos.

Napoleão, "um monstro vomitado pelo inferno", tinha como objetivo "acabar com a Europa civilizada", isto é, na linguagem dos panfletos, aquela voltada para a Santa Religião, para a segurança dos legítimos soberanos, das proprie-

---

[61] *Discurso sobre a ruína* ..., p. 11.
[62] *Exclamação que fez o Fartura no armazem do João das Palhas em dia de S. Martinho proximo passado, queixando-se dos francezes por lhe terem feito mudar o nome de Fartura em Penuria.* Observada e referida por Bartholomeu dos Santos, O Coixo. Lisboa, Offic. de João Rodrigues Neves, 1809, p. 3.
[63] *Os tres tempos, ou os trabalhos passados e as alegrias de Portugal, presentes e futuras.* [s.n.e.], [18..], p. 3.

dades e das pessoas de bem. Assim, civilização era concebida na perspectiva de um juízo de valor, em que há sempre algo de grande, de belo, de nobre, enfim, de melhor moral e materialmente daquilo que não lhe está contido, ou seja, a barbárie e a selvageria. Os homens ainda não haviam desviado totalmente seus olhos dos Céus e, portanto, a França apresentava-se moralmente inferior às qualidades das demais nações européias, pois ali residiam as trevas. Ora, por se tratar de um confronto entre o bem e o mal, sem dúvida "esta parte da Europa civilizada do mundo" obteria a vitória, retornando ao seu antigo estado e, por conseguinte, "a barbaridade extinguir-se-á de todo".[64]

Da mesma forma como, "os povos do Norte, os bárbaros, suevos, vândalos, sarracenos", entre outros, aproveitaram a ocasião em que "todos os monarcas da Europa procuravam a mútua destruição" para, "desde o Oriente até ao Ocidente", tudo queimar e assolar, ficando "a Europa reduzida a ser regida e governada por feras em lugar de homens", Bonaparte e seus exércitos – "os vândalos do presente século" – usufruíram das conseqüências da Revolução Francesa para dominar os povos. Algumas vezes, em razão de seu "sistema de sangue", os franceses eram considerados "muito piores que *Vândalos*, ou *Hunos* e *Alanos*", pois mais "pareciam ser feras do que homens" e cujas atrocidades e opressões eram "mais pesadas e vergonhosas do que a mesma morte". Por fim, além da idéia de vândalos, associava-se aos franceses a denominação de foragidos, assassinos e salteadores.[65]

A feição de bárbaros adquiria também outras representações, como a dos povos vindos do Oriente, em contraposição ao Ocidente civilizado. Ora, se a França era "bárbara", nada mais natural que Bonaparte ser chamado de "Thamas-Kouli-Kan da Europa" e os franceses comparados "aos turcos e tártaros". Retomava-se a antiga idéia de uma Europa sobretudo cristã, que devia lutar contra os povos hereges e bárbaros do Oriente, situados em estágios inferio-

---

[64] *Que he o que mais importa à Hespanha. Discurso de hum membro do povo espanhol*, traduzido por F. I. J. C. Lisboa, Nova Officina de João Rodrigues Neves, 1808, p. 6; *Carta de hum official portuguez a Pedro de Almeida, ex-Marques d'Alorna*. Lisboa, Impressão Régia, 1811, p. 41. Para o conceito de civilização, cf. L. Febvre. "Civilisation: évolution d'un mot et d'um groupe d'idées". In: *Pour une Histoire à part entière*. Paris, Jean Touzot, 1962, p. 481-483.

[65] Citações, respectivamente, em *Carta de hum official portuguez ...*, p. 5 e 39; *Compendio Histórico dos accontecimentos mais celebres ...*, p. 21 (grifo do texto); *Successos de Portugal, ou prodigiosa Restauração da Lusitania Feliz. Por hum Portuguez que ama a Religião, a Patria e o seu Augusto soberano*. Lisboa, Offic, de Simão Thaddeo Ferreira, 1809, p. 9; *Como se pensa em França ...*, p. 23.

res, que, nesse caso, identificavam-se à França. "Pratique-se o Evangelho [...] e o novo Império Otomano cairá!", exclamava um panfleto, fazendo a analogia deste com o Império Napoleônico.⁶⁶

Essa ameaça relacionava-se ainda à questão religiosa. Se Bonaparte aparecia como "fundador de uma nova seita religiosa", seguidora dos filósofos do século XVIII que pretendiam "esmagar a infame" – a Igreja Católica –, uma das melhores imagens com que compará-lo era a de Maomé. O autor do panfleto *Sentinella contra franceses* exclamava:

> eis aí Maomé escrito e escarrado; e, para completar o paralelo, também tocado de epilepsia, como o filho da Meca. Ambos vieram ao mundo para arruinar os fundamentos da verdadeira fé e do império dos Reis; e, ambos têm feito correr rios de sangue humano nas três partes do mundo.

Portanto, o que o "Profeta árabe" não pudera pôr fim com sua mão em virtude de sua morte, seus "califas", aqui representados pelos soldados franceses, complementariam.⁶⁷ Igualmente, em outro panfleto ressurgia a mentalidade de uma visão tradicionalista católica em que a imagem do infiel era reforçada: "Mandais que a Missa seja / Vedada já nas casas, já na Igreja / Estas leis não admiram / Que os brutos moiros nunca missa ouviram / O clero perseguido foi na França, em geral, preso e punido / Que o Mafoma, Pirata / Ao que moiro não é persegue e mata".⁶⁸

Além disso, reinventava-se um anti-semitismo, especialmente em Portugal, onde franceses e judeus apareciam relacionados: "Morram os franceses, e os judeus que os protegem", gritava-se, sobretudo no norte do país, no qual se achavam estabelecidos "desde tempo imemorial muitos dos que se apontam como descendentes da tribo de Israel". Devassas foram abertas contra os judeus, revivendo-se tempos antigos, com a presença de práticas como crucifi-

---

⁶⁶ Citações, respectivamente, em *Reflexões sobre as notas do Monitor de 14 de setembro de 1810*. Por hum Amigo da Verdade. Traducção do original publicado em Londres. Lisboa, Impressão Regia, 1811, p. 5-6. *Correspondencia antijacobina. Carta terceira*. Lisboa, Impressão Régia, 1809, p. 32. Provavelmente, Thamas Kouli-Kan era Kublai-Khan, neto de Gengis Khan.
⁶⁷ D. Antonio Capmany. *Sentinella contra ...*, p. 19.
⁶⁸ Antonio Joaquim de Carvalho. *Na Restauração de Portugal, libertado do jugo dos Francezes. Verdades críticas*. Lisboa, Typografia Lacerdina, 1808, p. 4-5.

xos enterrados em esterqueiras, cruzes quebradas e cobertas de excremento humano, entre outras. Mesmo em Lisboa, dizia-se que a "nação judaica", que provocava tantas desordens nesta cidade, como outrora no reinado de D. João IV, "pelo vil interesse" deixavam corromper-se e "por módico salário serviam de espias acusadores" em favor dos franceses. Como em outros momentos históricos, os descendentes de judeus eram responsabilizados pela situação de crise no país.[69]

Os escritos ainda denunciavam as atrocidades e brutalidades cometidas por esses novos bárbaros da Europa. As narrativas eram, por vezes, excessivamente dramáticas, repletas de sangue e violência. Em uma memória sobre os "estragos causados no bispado de Coimbra pelo Exército francês", seu autor ressaltava:

> Corramos denso véu sobre cenas ainda mais lastimosas! A pena me treme de querer contar quantas vezes as esposas e as donzelas foram violadas nos próprios braços dos pais e dos esp ..... [sic] Algumas, oh ferocidade sem exemplo! arrancaram por fim a vida, ou a tiro, ou às catanadas, e sempre de um modo crudelíssimo.
> [...]
> Em Oliveira do Hospital, rasgaram, com baionetas, a uma rapariga, desde o ventre até ao peito, depois de ter sido vítima das torpezas deles!
> [...]
> Na Freguesia de Figueiró dos Vinhos esburgaram a carne dos ossos a um velho, desde a barba até o peito; e a outro sangraram-no como se fora um porco.[70]

Da mesma forma, os franceses nunca enterravam os mortos, pois além disso, "têm esses bárbaros o costume de matar ou desamparar os feridos, que ficam impossibilitados em pegar em armas". Os ingleses, contudo, "mandaram

---

[69] Para os acontecimentos do norte da Europa, cf. José Acúrsio das Neves. *História geral da invasão dos franceses em Portugal e da restauração deste Reino*. Porto, Afrontamento, s./data. t. 4, p. 303-311. Para a questão em Lisboa, ver *Carta escrita por L. P. A. P. ...*, p. 16. Cf. ainda Albert Silbert. *Portugal na Europa oitocentista*. Lisboa, Salamandra, 1998, p. 18.

[70] *Breve Memoria dos estragos causados no bispado de Coimbra pelo exercito francez, commandado pelo General Massena extrahida das informações que derão os reverendos parocos*. Lisboa, Impressão Régia, 1812, pp. 5, 11 e 12.

curar com toda a caridade" os feridos e enterrar de modo cristão, portanto civilizado, aqueles que tinham falecido.[71]

Ao contrário, no entanto, quaisquer atitudes tomadas pelos povos em coligação contra a França eram consideradas necessárias e, algumas vezes, pelo fato de serem *bárbaras*, eram justificáveis, pois visavam a impor novamente a ordem e a civilização. O *Espião Patriota*, ao narrar os acontecimentos em Santarém após a derrota dos franceses, informava que um dos "partidaristas" tinha sido pego pelo povo, que lhe deu "a morte mais bárbara que se viu, porque pouco a pouco com todo o vagar e de sangue frio o foram despedaçando pelas juntas dos dedos, mãos, braços, pernas". Reconhecia a atrocidade do ato, mas o desculpava: "Que há de se esperar do furor popular e principalmente de rapazes? Quando eles assim tratam um *milhafre*, que fariam a uma *Águia*, se a pilhassem?", numa alusão a Bonaparte.[72]

Assim, o tempo presente, que se identificava à França imperial, era o tempo de degradação, de desordem, de uma sociedade invadida por costumes incivilizados. A França transformava-se em lugar misterioso, atrasado e ameaçador, que fazia renascer o antigo medo que a própria Europa sentira em relação aos povos bárbaros vindos do Norte e ao oriente herege. Nesse sentido, o retorno à idade do ouro simbolizava, em essência, a regeneração dos costumes e valores antigos, ligados ao trono e ao altar, e não à França revolucionária.

A Conspiração

Ao longo dos séculos, também o espectro do complô ou da conspiração rondou o imaginário político das sociedades. A eclosão da Revolução Francesa propiciou o surgimento de alguns desses exemplos, como a trama aristocrática, composta pela nobreza e pelo alto clero agonizantes, que, desejando vingar-se dos golpes recebidos após a reunião dos Estados Gerais, pretendia reduzir

---

[71] *Relação da batalha do Vimeiro, em que forão completamente derrotadas, e vencidas as tropas francezas, que comandava, em chefe, o general Junot, a qual foi transmettida fielmente por hum Official do Corpo de Engenheiros, que assistiu ao Combate.* (Minerva Lusitana, n.º 37). [s.n.t.], p. 5 e 7.

[72] *Terceira e ultima parte do espião Patriota, ou carta de Paulo Mendes Mirrado com Pedro Paulo Pereira Pedra até a retirada do exército invasor*, por José da Silva Freire. Lisboa, Impressão Régia, 1812, p. 11.

todos à fome, destruindo a colheita. Construía-se, assim, a idéia básica que se generalizou no *grande medo de 1789*.[73] Da mesma forma, como já se assinalou, a própria Revolução Francesa era explicada como resultante das maquinações da seita dos jacobinos, a "pestilencial irmandade", formada a partir das seitas há muito tempo escondidas nas Lojas Maçônicas, dos iluminados e dos pedreiros livres. Segundo o *abbé* Barruel, foi graças aos jacobinos que a "revolução Francesa tornou-se a peste da Europa; o terror das potências, em vão coligadas para colocar fim aos progressos dos exércitos revolucionários, mais numerosos e devastadores que a erupção dos Vândalos". Tratava-se, assim, de "uma tríplice conspiração", urdida muito antes de 1789, na qual se tramou "a ruína do altar, aquela do trono, enfim aquela de toda a sociedade civil".[74]

Os principais autores dessa conspiração, segundo Barruel, eram três: Voltaire, que odiava a religião católica, porque tinha inveja de seu criador e de todos aqueles que ela fez a glória; d'Alembert, porque seu coração frio não podia amar coisa alguma, e Frederico II, da Prússia, que se tornou conselheiro e protetor do complô. Devia-se ainda acrescentar um quarto homem, Diderot, que odiava a religião, porque "era louco por natureza". Esses "filósofos modernos", como os sofistas da rebelião, partilhavam o mesmo discurso de esmagar o trono e o altar.[75]

A conspiração maléfica concretizara-se em 1789, com os "projetos temerários" e dos "fins indignos e odiosos" da França, pois ela se "declarara inimiga de Deus", "matadora de seus monarcas" e "indigna madrasta de seus filhos". Esse complô continuava a existir por meio da perpetuação da Revolução Francesa, nas garras da águia napoleônica. Os escritos explicavam que a "situação presente da Europa" era produzida pelo "sistema ímpio destes desgraçados tempos, que tendo-se unido de diversos corpos no dos chamados Jacobinos, perdeu a França e a Itália e intenta perder o mundo". O próprio Barruel, escrevendo no final do século XVIII, queria provar que os jacobinos, a fim de propagar suas idéias, enviavam legiões de emissários secretos para influenciar a opinião, antes de man-

---

[73] Cf. G. Lefebvre. *O grande medo de 1789*. Rio de Janeiro, Campus, 1979.
[74] M. l'Abbé Barruel. *Mémoires pour servir a* ..., v. 1, p. VI e XVIII. A primeira expressão é retirada do título do folheto *Os Pedreiros Livres, e os Iluminados, que mais propriamente se deveriam denominar TENEBROSOS, de cujas seitas se tem formado a pestilencial Irmandade, a que hoje se chama Jacobinismo*. Reimpresso no Rio de Janeiro, Impressão Régia, 1809. Uma crítica a esse panfleto, que também incluiu críticas ao Abbé Barruel, foi elaborada por Hipólito José da Costa. Londres. *Correio Braziliense*. v. 8, n.º 48, junho de 1812, p. 635-647 e n.º 49, julho de 1812, p. 733-745.
[75] M. l'Abbé Barruel. *Mémoires pour servir a* ..., v. 1, p. 1-2 e v. 2, p. V.

dar seus *Pichegru* e seus *Bonaparte*. Na visão do autor, Bonaparte era um general a serviço da seita e, graças às suas vitórias, Milão e Veneza aderiram às novas idéias. "De todos os fenômenos da Revolução Francesa, o mais admirável, sem dúvida, e, infelizmente, também o mais inquestionável", era a velocidade das conquistas já realizadas pela Revolução de uma grande parte da Europa, ameaçando, pois era um complô maléfico, transformar-se em uma "Revolução do Universo".[76]

Bonaparte, que havia lido Voltaire, como todos os homens de seu tempo, mas também Rousseau, Raynal e Mably, num esboço de uma dissertação sobre autoridade real, em 1788, contestava o princípio monárquico, afirmando que existiam poucos soberanos que não mereciam ser destronados. De início, foi para o campo mais radical da Revolução, fazendo-se jacobino e, assim, passou ao imaginário daquela sociedade do Antigo Regime como seguidor de Robespierre. E foi graças às "perversas doutrinas dos pedreiros livres" que "o furioso Napoleão" obteve "suas infames vitórias". O mito do complô, por conseguinte, continuava a ser a sombra ameaçadora a rondar as cabeças coroadas.[77]

A imagem do complô demoníaco, na perspectiva de Girardet, constituía-se de dois elementos essenciais: o segredo e a comunidade de cúmplices, ou seja, "a temida e temível Organização". Para Barruel, havia uma verdadeira "pedagogia do segredo", pois os participantes do complô eram instruídos a esconder-se do poder reinante. Da mesma forma, o mistério era um fator de unidade que ligava seus adeptos entre si. Assim, de um lado, o segredo das lojas podia ser explicado, da mesma forma que os mistérios da Igreja e da política privada do Estado absolutista, transformando-se no segredo de um terceiro poder, que vivia de acordo com suas leis, paralelamente aos poderes institucionalizados; mas, de outro, à medida que as lojas maçônicas constituíam-se em embriões de uma esfera pública de poder, o segredo mantinha um sentido de proteção, para escapar da vigilância das instâncias clericais e do poder do Estado absolutista.[78]

---

[76] *Carta da provincia escrita* ..., p. 7; *Correspondencia antijacobina. Carta primeira* ..., p. 3; M. l'Abbé Barruel. *Mémoires pour servir a* ..., v. 5, p. 183, 185 e 206.

[77] Cf. J. Tulard. "O homem de Robespierre". In: *Napoleão: o mito do* ..., p.49-59. Citação em *Os Pedreiros Livres, e os Iluminados* ..., p. 6.

[78] Cf. R. Girardet. *Mitos e mitologias* ..., p. 34-35. Para a questão do segredo em Barruel, ver "Sécret géneral, ou les petits mystères des Franc-Maçons". In: *Mémoires pour servir a* ..., v. 2, p. 185-199. Para a análise do sentido do segredo, ver R. Koselleck. *Crítica e crise. Uma contribuição à patogênese do mundo burguês*. Rio de Janeiro, EDUERJ/Contraponto, 1999, p. 63-66; J. Habermas. *L'Espace public. Archéologie de la publicité comme dimension constitutive de la société bourgeoise*. Paris, Payot, 1997, p. 45-47.

Protegida da vigilância do Estado absolutista em virtude do segredo, a organização impunha-se. Nos escritos, "o sistema da infernal seita dos iluminados" tinha sido estabelecido pela "diabólica astúcia de Adam Weishaupt, professor de Leis na Universidade de Ingolstadt", na Alemanha, no ano de 1776. Em torno dele, surgiram os primeiros adeptos, treinados para realizarem suas conquistas. Em seguida, ocorreu a adesão de milhares e milhares de franco-maçons, a época da Franco-Maçonaria Iluminada. Depois, a seita foi descoberta e seus seguidores perseguidos, acreditando-se estar extinta. No entanto, ela renasceu, "mais ativa do que nunca" e da "monstruosa associação" das lojas subterrâneas da Maçonaria com os iluminados surgiram os jacobinos, colocando-se em andamento as suas maquinações.[79]

Supunha-s que a organização, constituída por rigorosa estrutura interna e rígida hierarquia. Graus diversos eram estabelecidos a fim de serem galgados pelos participantes do complô, que eram entronizados através de ritos diversos, imaginados e idealizados pelos seus opositores, em virtude da manutenção do segredo. Nesse imaginário, a presença das trevas e da morte era uma constante: o professo, ao ser introduzido ao grau de Regente, era "conduzido a uma antecâmara adornada de luto, onde estava exposto um esqueleto sobre um banco".[80]

Os objetivos da organização eram claros e podiam ser encontrados nos múltiplos textos de seus seguidores, na versão dos que combatiam a seita:

> o voto de aniquilar toda a idéia de Religião, até mesmo o nome de Deus; o plano de subverter todo o Governo, até pôr em esquecimento todo o resto das leis, Autoridades e Sociedade Civil; o desejo de destruir as nossas Artes e Ciências, as nossas cidades e mesmo aldeias, a fim de realizar o sistema que pretendem – ter Liberdade e Igualdade; o desejo de exterminar a maior parte da Natureza humana para efetuar o triunfo de seus diferentes graus de Vagabundos sobre o restante dos homens.

Verifica-se, assim, que nesses escritos era muito tênue a distância entre a veracidade dos fatos e sua interpretação mítica. Uma análise apurada da questão poderia mostrar que a assimilação feita por Barruel, por exemplo, entre a maçonaria e a ditadura jacobina era inviável, pois as assembléias secretas não

---

[79] Para essa narrativa, cf. M. l'Abée Barruel. *Mémoires pour servir a* .... v. 4, p. 3-10; *Os Pedreiros Livres, e os Iluminados* ..., p. 19-20.

[80] *Os Pedreiros Livres, e os Iluminados* ..., p. 29.

eram toleradas numa República. Os maçons foram, em alguns casos, considerados elementos perigosos na época do Terror. Algumas contestações foram, inclusive, escritas nos inícios do oitocentos, como os já mencionados artigos do *Correio Braziliense*, que atacavam as idéias de Barruel e seus seguidores, como o autor do folheto *Os Pedreiros Livres, e os Iluminados, que mais propriamente se deveriam denominar TENEBROSOS, de cujas seitas se tem formado a pestilencial Irmandade, a que hoje se chama Jacobinismo*. Para o editor do *Correio*, somente a ignorância, o fanatismo e a superstição poderiam confundir "a veneranda sociedade dos pedreiros livres", existente há tantos séculos, com as sociedades dos iluminados e a seita dos jacobinos.[81]

Na literatura panfletária, ninguém melhor que "o infame Napoleão" para dar continuidade aos objetivos dessas "seitas pestilentas", pois, se ele "o não tem dito em palavras, em suas obras diabólicas bem mostra como sua alma atroz está possuída deste infernal sistema", e também "nas cruedades e injustíssimas guerras, com que se tem declarado destruidor da humanidade". E, numa linguagem mais virulenta: "parece que sua maior complacência não só é amontoar cadáveres, mas reduzir o Continente a um Oceano de Sangue". A "canalha dos Napoleonistas" era bem comparada à "seita dos pedreiros livres", não só por se comunicarem por senhas e segredos, mas também pela sua vileza e crueldade. Uma vez mais, a conspiração maléfica revestia-se do luto, do sangue e da violência.[82]

Esse mito do complô ainda pretendia impor suas idéias e seus domínios em escala universal. A Irmandade dos Jacobinos visava um poder de dominação mundial. Era o sonho da unificação do mundo sob uma única autoridade. Da mesma forma, o homem principal da conspiração, no início do oitocentos, além de pretender "estabelecer o Império universal, somente com o fim de extinguir a Moral e a Religião", personificava em suas conquistas essa representação do mito.

> O Atlas do Mundo está em branco, como depois do dilúvio; e os gravadores estão com o buril na mão, esperando, antes de traçar as linhas dos Estados, que S.M.I. acabe de fixar de uma vez o último destino do Continente Europeu.

---

[81] Londres. *Correio Braziliense*. v. 8, n.º 48, junho de 1812, p. 635-647 (citação à p. 637) e n.º 49, julho de 1812, p. 733-745.
[82] Citações, respectivamente, em *Os Pedreiros Livres, e os Iluminados* ..., p. 22-23; *Exclamação que fez o Fartura* ..., p. 7.

Acabou-se o estudo da Geografia: todos sabemos o nome da terra em que temos nascido e não podemos advinhar o daquela que morreremos. Acabou-se também a História, pois perderão sua existência, e no seu nome as Nações e os Povos que deram assunto à memória dos historiadores e pasto à curiosidade dos viajantes. Já não existem nação Holandesa, nem Veneziana, nem Genovesa, nem Helvética, nem Lombardia, nem Piemonte, nem Toscana, nem Estados Pontifícios, nem Cidades Asiáticas: tudo há tragado o ventre do Império Francês.

O domínio completava-se com a introdução das regras e costumes franceses. O mesmo autor prosseguia afirmando que as conquistas de Napoleão tudo transformavam, até o Culto Divino. Introduzia-se sua moeda, sua Constituição Política, seu Código Civil, suas fórmulas e regras de governo. Impunha, nessa visão, a perversidade de seus costumes e a sua impiedade, reduzindo, em uma palavra, "à escravidão, os corpos e as almas". A ascendência sobre os príncipes e sobre os povos a fim de estabelecer um poder em dimensão mundial, preconizada pelo mito da conspiração, parecia concretizar-se nos escritos antinapoleônicos.[83]

Para atingir tais objetivos, todos os meios eram legítimos, sobretudo a espionagem, a delação e a propaganda. Nesse caso, uma figura emergia dessa literatura de circunstância como fundamental: o partidarista dos franceses ou dos jacobinos. Eram vistos "como dementes voluntários e de capricho", que "conspiram contra a Nação", mantendo "relações e correspondência com os inimigos", e favorecendo diretamente os seus projetos. Eram considerados seus "agentes", ou melhor, "uns monstros, umas víboras venenosas, que pretendiam dilacerar o céu e as entranhas da terna Mãe que os gerou, da sua Pátria!" A idéia de traição à pátria era uma tônica marcante nos folhetos portugueses: "Eu chamo de Jacobino aos que pensam, mas é aos que pensam mal e, atraiçoadamente, aos que pensam como hão de perder a Pátria". Em um diálogo entre um partidarista e um verdadeiro amigo, esse último pintava o retrato de um "Jacobino ou Partidarista de Napoleão":

é um indivíduo falso à sua Pátria, é um traidor do seu soberano, é um vil assalariado por promessas, é o ódio dos bons Cidadãos, é um sectário de um homem sem

---

[83] Citações, respectivamente, em *Perfídia ou política infernal* ..., p. 4; D. Antonio Capmany. *Sentinella contra* ..., p. 21-22.

Lei, que quando lhe não vale a cavilosa indústria, supre-lhe a desesperação; é um inimigo dos seus compatriotas, é um indivíduo sem Religião alguma, um mortal, que só se alimenta de peçonha, que não respira, senão veneno, com que empesta as Leis e os costumes, e por isso propenso a ser um cruel assassino, um desenfreado ladrão e um verdugo da humanidade, que de tudo o que tem faz vítimas.[84]

Em síntese, a mensagem do texto era demonstrar que esse indivíduo representava todo o mal que podia assolar a terra e que, em seus defeitos e vícios, equiparava-se ao irmão principal da seita, Bonaparte. Para combatê-lo, era preciso organizar "a santa conjuração", traduzida fielmente, em 1815, pela Santa Aliança.

Uma outra associação que se estabelecia com a conspiração maléfica, resultante da seita dos jacobinos e levada adiante pelo imperador dos franceses, era a do império das trevas. Existia no complô um afastamento natural e progressivo da luz. Os conspiradores procuravam reunir-se à noite em "ocultos conclaves". Weishaupt, segundo Barruel, escolheu como emblema da seita "o pássaro sinistro da noite", ou seja, a "coruja". A Revolução Francesa saiu à luz, "vestida de negro, banhada em sangue". Os crimes cometidos pelos franceses eram "negros". O dia da libertação era "o claro dia" que veio rasgar "o negro véu da noite", isto é, o domínio francês, relembrando as profecias bíblicas, em que, no "dia do senhor", quando reinar a total felicidade, a luz seria permanente, sem alternância do sol e das estrelas. Deve-se destacar que essas imagens reforçavam o lado do não-conhecido, em que as palavras perdiam seu sentido para descrever a realidade, além de expressarem o medo e a insegurança daqueles desconhecidos que vagueavam à noite.[85]

---

[84] *Demonstração do erro e demencia dos partidaristas do Governo francez, offerecida aos verdadeiros portugueses*, por José Antonio da Silva Freire. Lisboa, Typografia Lacerdina, 1808, p. 16; *Grito de hum Portuguez aos seus compatriotas*. Lisboa, Impressão Régia, 1809, p. 1-2; *O jacobinismo vencido pelas razões ...*, p. 5; *Partidista contra partidistas ...*, p. 19.

[85] Citações, respectivamente, em *Mentor da moda ou educação à franceza em forma de Cathecismo, para conhecimento do desorientado systema da França nestes ultimos dias*. Segunda parte. Lisboa, Impressão de Alcobia, 1809, p. 19; M. l'Abée Barruel. *Mémoires pour servir a ...*, v. 4, p. 3; *O Francezismo desmascarado ou exame das formas que ultimamente se revestio aquella manhosa seita*, escrito por ***. Lisboa, Offic. de Joaquim Rodrigues D'Andrade, 1811, p. 13; *Compendio Histórico dos accontecimentos mais celebres ...*, p. 10; *Na Restauração de Portugal ...*, p. 9. Para as profecias, cf. Zacarias: "... e virá o senhor meu Deus e todos os santos com ele (para punir os inimigos de seu povo). E naquele dia, não haverá luz, mas sim frio e gelo. E haverá um dia conhecido (somente) do senhor que não será nem dia, nem noite; e na tarde (deste dia) aparecerá a luz". Profecia de Zacarias, 14, 5-9. In: *Bíblia Sagrada ...*, p. 1104.

As trevas ainda se faziam presentes em relação ao chefe da conspiração maléfica, desenvolvendo-se, segundo Girardet, o processo de "demonização do homem do complô". Retomavam-se mitos antigos, em que o *espírito do maligno*, o Satã invisível mas onipresente, aparecia. O *Príncipe das Trevas* transforma-se no herói privilegiado, que reunia seus companheiros no mundo invisível do mal, seu verdadeiro reino. Assim, Bonaparte, o homem do complô jacobino, inúmeras vezes era identificado ao diabo, como nessa passagem, em que o próprio narrava seus delírios:

> Se igual a Lúcifer, Anjo maldito,
> A impulsos de soberba e tirania,
> Me quis assemelhar ao Deus Superno [sic],
> Sacrílego arrogando os epítetos,
> Com que à força de orgulho e despotismo,
> Me fiz dominar em toda a Europa.

Ou era chamado ainda de Astarot, "um demônio que há no inferno, não é o Príncipe, que é Lúcifer, mas é aquele de quem Lúcifer mais se confia para as suas maiores empresas".[86]

Nesses panfletos, a sátira fazia o imperador dos franceses descer aos infernos e manter um diálogo com o Diabo, "seu maior amigo". É curioso que a maldade, pintada pelos escritos, chegava às raias do burlesco, fazendo mesmo de Lúcifer um ser melhor que Napoleão:

> Diabo: Eu nunca vos protegi; a ventura é que vos tem soprado. Era preciso, assim, para castigo dos crimes dos Povos da Europa. As Nações sobejamente castigadas, é preciso que tornem a gozar as doçuras da Paz, e já que tendes roubado os Cetros, é preciso destruí-los.

---

[86] Cf. R. Girardet. *Mitos e mitologias* ..., p. 48; citações em *Furores, remorsos, transportes e delírios...* p. 9-10; *Relação verídica de notícias* ..., p. 8. A identificação do homem do mal ao Diabo revela, assim, uma visão binária do mundo, em que o céu se opunha ao inferno e o bem ao mal, sendo uma perspectiva de longa duração na Idade Moderna. Ver Laura de Mello e Souza. *Inferno Atlântico. Demonologia e colonização: séculos XVI-XVIII*. São Paulo, Companhia das Letras, 1993, p. 29-46.

Napoleão Bonaparte: J'en foutre!! Ne conée [sic] vous pas l'Empereur du Monde?
Diabo: Vai-te infame, se não queres que chame *todos os Diabos que te levem*.[87]

Para purificar tantas atrocidades e maldades resultantes da efetivação da conspiração, nada melhor que a simbologia do fogo – a do fogo purificador – que vai apagar os crimes e os pecados, dissipar as angústias e obrigar a recuar os poderes das trevas. "A conjuração filosófica e iluminada contra a Religião, o Trono, Propriedade e Tranqüilidade de todos" era resultado, em grande parte, dos influxos malignos dos escritos de "Voltaire, dos seus apóstolos e dos vilíssimos Iluminados". Quanto proveito, por conseguinte, na visão de um panfleto português, "se não tiraria da grande causa" por meio de "uma queima soleníssima nas praças públicas, pela mão do algoz, dos livros ímpios, nossos primeiros e capitais inimigos!" Reviviam-se os autos de fé da Inquisição, em que mouros, judeus, bruxos e hereges morriam nas imensas fogueiras da purificação. De forma semelhante, o fim de Napoleão só podia realizar-se igualmente pelo fogo:

> Não pode o mesmo Deus que tudo move
> Meus crimes perdoar, falsários crimes,
> que o fogo abrasador do escuro Averno
> Saberá expiar, sendo punidos
> No seio da tremenda eternidade.

Ou, como aparecia em fabulações grosseiras, num diálogo entre Lúcifer e Napoleão:

> Lúcifer: Não, tu terás um lugar bem junto a mim; a desesperação, a raiva, os remorsos, eis aqui o prêmio que terás por toda a eternidade. Deixo-te livre a língua para as blasfêmias, os olhos para as lágrimas de sangue, de que no Mundo tinhas tanta sede [...]

---

[87] *Confissão de Bonaparte e a satisfação que toma ao Diabo por não auxiliar os seus exércitos. Dialogo entre Lucifer, Barraz e Bonaparte*. Lisboa, Impressão Régia, 1811, p. 3 e 8. Cf. ainda *Perfídia ou política infernal. Dialogo entre Lucifer e Bonaparte ...*

Disse e batendo as asas como de morcego, furou as sombras e se apartou, enfim, do herói que a Córsega vomitou sobre a face da Europa, na força de seu furor. Alvíssaras, oh raça humana; o monstro horrendo dará o último urro; e será ferrolhado de maneira, que não mais veja a luz do dia per omnia saecula saeculorum. Amén.

Vislumbra-se, por conseguinte, a vitória aparente do bem sobre mal. As trevas reinariam por todo o sempre para aqueles que, saindo das profundezas do inferno, "vomitado[s] pelo furor", retornassem para pagar por seus pecados. Representava-se, ainda, o eterno combate entre os filhos das luzes e o poder das trevas, no qual o mundo é posto à prova, pois Lúcifer, em sua fala, ainda pretendia "encarregar a outro diabo a destruição da Europa".[88]

O mito da conspiração apresentou-se ainda como "mito de combate", ao encontrar espaço para o ressurgimento, nos momentos maiores de tensão e radicalização, do conflito projetado por novos "fanáticos da conspiração", que pretendiam o aumento do terror. Assim, o mito do complô era utilizado como forma de o poder estabelecido livrar-se de seus suspeitos, fossem estes contrários a Napoleão ou partidaristas dos franceses. Na primeira hipótese, inúmeras foram as perseguições e execuções realizadas pelo imperador da França contra os seus supostos e/ou reais inimigos. Um dos casos mais explorados pela literatura foi a execução do duque d'Enghien, em 1804, acusado pelo governo napoleônico de tramar, entre outras acusações, junto com os ingleses e os emigrados, um atentado contra a vida do primeiro cônsul. Mais que os panfletários, foram os poetas que criticaram tal episódio, deixando claro que se tratava de um fato existente apenas no imaginário de Bonaparte:

> A glória apaga tudo ... tudo, exceto o crime!
> Mas seu dedo aponta-me o corpo de uma vítima,
> Um jovem indivíduo, um herói de um sangue puro transbordado.[89]

No outro extremo, citando Portugal como exemplo, a conspiração serviu, na linguagem de Hipólito da Costa em seu *Correio Braziliense*, para "uma sór-

---

[88] Citações, respectivamente, em *Correspondencia antijacobina. Carta terceira* ..., p.40; *Furores, remorsos, transportes e delírios* ..., p. 9; *Perfídia ou política infernal* ..., p. 14.
[89] Lamartine. Bonaparte (1821) apud J. Tulard (apres.). *L'Anti-Napoléon* ..., p. 70.

dida intriga", a fim de se "extraditar ou aferrolhar em masmorras as pessoas mais ilustres em ciências, em virtudes, em bens de fortuna e em fidelidade ao Príncipe e à Pátria". Tratava-se do episódio da *Setembrizada*, em 1810, quando cerca de 60 personalidades ligadas à magistratura, comércio, exército, profissões liberais e clero viram suas casas devassadas e receberam ordem de prisão por serem considerados jacobinos e partidaristas dos franceses.[90]

Na imaginação coletiva, o medo da conspiração jacobina – nesse momento, napoleônica – trazia em seu bojo um conjunto de representações maléficas, demoníacas, caóticas e apocalípticas, através das quais se recuperava o maniqueísmo original entre as forças do bem e as forças do mal, entre o Cristo e o Anti-Cristo, e, portanto, entre a Europa de Antigo Regime e a França revolucionária, entre o despotismo e a liberdade.

Napoleão Bonaparte: o anticristo?

E vi levantar-se do mar uma besta, que tinha sete cabeças e dez chifres, e sobre os chifres, dez diademas, e sobre as suas cabeças, nomes de blasfêmias.

E vi uma besta que em seu nascimento foi, como todas as criaturas humanas, livre, racional e semelhante à imagem de Deus, por cujos méritos foi também elevada, nas águas do batismo, à alta dignidade de filha sua adotiva, mas ela com horrível ingratidão desprezou estas honras Divinas, quis comparar-se às bestas que não têm entendimento, e seguindo, em tudo, seus brutais apetites se fez semelhante a elas. Vi, pois, que esta besta saiu do mar, que rodeia uma pequena Ilha do Tirreno, chamada Córsega e tinha sete Cabeças e dez Cornos, e sobre os Cornos, dez Coroas.[91]

Desde o final do século XVIII, quando da eclosão da Revolução Francesa, até o fim do período napoleônico, assistiu-se a uma dessas explosões de medos escatológicos, que geram *a angústia apocalíptica*, segundo expressão de Delumeau, e

---

[90] Cf. Para o episódio da Setembrizada, ver infra, capítulo 4. Para a citação de Hipólito da Costa, cf. Londres. *Correio Braziliense*. v. 8, n.º 49, julho de 1812, p. 734.

[91] Para a primeira citação, ver São João. Apocalipse. 13, 1. In: *Bíblia Sagrada* ..., p. 1489; para a segunda, *A Besta de sete cabeças e dez cornos ou Napoleão, Imperador dos franceses. Exposição litteral do Capítulo XIII do Apocalypse por hum presbítero Andaluz*. Lisboa, Offic. de Joaquim Thomaz de Aquino Bulhões, 1809, p. 11.

que povoaram os tempos. Os acontecimentos justificavam-se pela proximidade do fim dos tempos, quando se figurava o reinado de anticristo. Qualquer fenômeno físico – tempestades, raios, chuvas ou tremores de terra – transformavam-se em sinais e prodígios que deviam acompanhar o Juízo Final.[92]

Segundo os estudiosos dos textos proféticos, existem duas interpretações sobre a questão da última etapa da história humana: uma que insiste na promessa de mil anos de felicidade e a outra, no Juízo Final. A primeira, o *Milleniun*, era uma versão mais otimista, ao apresentar um período de paz e prosperidade, uma espécie de paraíso terrestre na terra que duraria até o Juízo Final. Tal perspectiva foi transmitida pelo *Apocalipse* de São João, quando anunciava que um anjo de Deus acorrentaria Satã, por mil anos, nas profundezas da terra. Na segunda, mais sombria, manifesta-se a cólera de Deus com os não escolhidos e a sua bondade pelos eleitos, colocando-os definitivamente no Paraíso. Seriam, no entanto, dias de luto e de sangue, projetando-se a destruição total de qualquer tipo de esperança futura para os pecadores.[93]

Se em ambas as esperas escatológicas pode-se encontrar algum tipo de esperança, em verdade, por aflorarem em períodos conturbados, elas motivavam o medo e a angústia, em virtude das desgraças que precediam tanto o *Millenium* quanto o Juízo Final. Nas duas, concedia-se, em geral, um lugar importante para a figura do anticristo, imagem sinistra, presente na "Segunda Epístola" de São Paulo aos Tessalonicenses e nas epístolas de São João. Na primeira, define-se o caráter e fim do anticristo: "E então se manifestará esse iníquo (a quem o Senhor Jesus matará com o sopro de sua boca e destruirá com o resplendor da sua vinda; a vinda dele é por obra de Satanás, com todo o poder e com sinais e prodígios mentirosos". Para João, "é a última hora; e, como ouvistes dizer que o anticristo vem, também já agora há muitos anticristo; donde conhecemos que é a última hora".[94] O anticristo ainda pode ser re-

---

[92] Para a angústia apocalíptica, cf. J. Delumeau. *História do medo do ocidente, 1300-1800: uma cidade sitiada.* São Paulo, Companhia das Letras, 1999, p. 205-238. Cf. também, para o final do século XVIII, na Inglaterra, E. P. Thompson. *Witness against the Beast. William Blake and the Moral Law.* Cambridge, University Press, 1993, p. 179-182.
[93] J. Delumeau. *História do medo ...*, p. 207-215.
[94] Para as imagens do anticristo, cf. A. J. Maas. Antichrist. In: *New Advent Catholic Encyclopedia.* http://www.newadvent.org/cathen/01559 a.htm, consultada em 10/02/2002; J. Delumeau. *História do medo ...*, p. 215; citações, respectivamente, em São Paulo. Segunda Epístola aos Tessalonicences. 2, 8-9. In: *Bíblia Sagrada ...*, p. 1426 e João. Primeira Epístola. 2, 18. In: *Bíblia Sagrada ...*, p. 1470.

conhecido no *homem do pecado* de Daniel e nos Evangelistas, nos quais surge como o falso Cristo e o falso profeta. Não aparece explicitamente citado no *Apocalipse*, embora seus intérpretes fizessem uma relação entre ele e a "fera" ou o "dragão vermelho" ou a "besta das sete cabeças e dez chifres". Além disso, ele representava o mal decorrente das noções de pecado, de inferno e de demônio, além daquele decorrente das perseguições à Igreja. Em síntese, é um mal que se opõe ao bem, encarnado em Cristo.[95]

Com esse sentido, a imagem do anticristo, enquanto símbolo atualizado do mal, não deixou de ser recuperada no início do século XIX pelo pensamento contra-revolucionário. A representação mais poderosa que floresceu, na França imperial, foi a de Bonaparte como um dos precursores, ou como o próprio anticristo. Entre os dois aspectos interpretativos, abriu-se um leque de possibilidades de sentidos, que variaram, muitas vezes, de acordo com as estruturas sociais e políticas em que os escritos de circunstâncias eram produzidos. Uma comparação entre três panfletos, que relacionaram Napoleão à figura de anticristo, cada um redigido em distintos locais – França, Espanha e Portugal –, permitem comprovar a idéia levantada.[96]

Em primeiro lugar, um panfleto publicado na França em 1817 obteve grande aceitação, sendo traduzido para o português no ano seguinte, a partir da sexta edição. Logo em seu prefácio, advertia aos leitores que, embora as interpretações do "sagrado Livro do Apocalipse" fossem objeto de discordância entre os sábios e eruditos, todos aceitavam que nesse livro encontravam-se os "maiores sucessos do Mundo em relação com a Igreja de Jesus Cristo até a consumação dos séculos". Relacionava-se, então, à Revolução Francesa e "ao homem fatal, que manchou o trono de seus legítimos Reis", ou seja, Bonaparte, à quinta época do *Apocalipse*. Ainda que essa explicação pudesse ser considerada "falível, no que toca aos sucessos futuros", pois nem o autor nem o tradutor pretendiam que os leitores a tivessem por "infalível", ela transformava-se numa

---

[95] Cf. São João. Apocalipse. 11, 7; 12, 3; 13, 1, In: *Bíblia Sagrada* ..., p. 1487-1489.
[96] Manoel Joaquim Rodrigues Rici. O mais importante desengano ou o AntiChristo descuberto e indubitavelmente verificado em Napoleão. Exposição literal do Apocalipse. A.N.T.T. Real Mesa Censória. Licença de Impressão. Caixa 68, no. 5. 1810; *A Besta de sete cabeças e dez cornos ou Napoleão ...; Os precursores do Anti-Christo; historia profetica dos mais famosos impios que tem havido desde o estabelecimento da Igreja aos nossos dias; ou a Revolução Franceza profetizada por S. João Evangelhista, com huma dissertação da vinda e do futuro reinado do Anti-Christo.* Traduzida da sexta edição do original francês. Lisboa, Impressão Régia, 1818.

reflexão propícia para uma conjuntura tão tenebrosa, igual àquela vivenciada, que os sucessos poderiam "confirmar ou desvanecer".[97]

A argumentação fundamental do panfleto pautava-se nos mil anos do reinado de Cristo na terra, que, incontestavelmente, "era um reinado temporal, que deve durar mil anos, sem tirar nem por". Pautado nos textos sagrados, localizava esse reinado entre 800 – ascensão de Carlos Magno – até 1800, quando um "enviado do Inferno", que seria um "flagelo de Deus", "um novo Átila", arrancaria o selo posto nas "portas infernais" e colocaria Satanás em plena liberdade. Mesmo esse *Millenium*, no entanto, não poderia deixar de ter conhecido calamidades e perseguições aos fiéis, pois "nunca há de haver verdadeira felicidade na terra, que é a pátria dos desgraçados, e que sempre há de chamar-se vale de lágrimas".[98]

O escrito apontava Bonaparte como este "homem terrível", "enviado do Inferno", escolhido para executar tal vingança. Ele era o "anjo do abismo", que, em grego denominava-se de *Appolyon* e, em latim, *Exterminans* (Exterminador). Afinal, era "seu nome quase à risca". Esse homem, filho da Revolução Francesa, iria consolidar o "reinado da heresia e da filosofia", cuja origem vinha das sociedades secretas, de onde saíram a franco-maçonaria ou os pedreiros-livres e o *club* de Holbach. Esses dois monstros – Heresia e Filosofia – tentaram "solapar o Cristianismo pelo alicerce e fazer cair por terra todo o seu edifício". Terminava, portanto, por identificar Napoleão como "o último precursor deste homem do pecado", o anticristo, que deveria aparecer antes do fim do mundo mas, o autor tinha cautela em afirmá-lo, já que, embora essa conjectura fosse perfeitamente conforme o caráter das antigas profecias e adequada à conjuntura vivenciada, não pretendia fazer uso dela.[99]

Numa perspectiva distinta dos dois próximos autores, a besta do Apocalipse, neste caso, era o próprio Demônio, porém com formas diversas e nomes diferentes que "o Dragão infernal" usava, segundo seus planos funestos, sendo

---

[97] *Os precursores do Anti-Christo; historia profetica...*, p. IV-V.
[98] Citações, respectivamente, em *Ibidem.* p. 106, 103 e 105. Para a visão de mil anos, cf. São João. Apocalipse. 20, 1-3. In: *Bíblia Sagrada* ..., p. 1495: "E vi chegar do céu um anjo que tinha a chave do abismo e uma grande cadeia na sua mão. E prendeu o dragão, a serpente antiga, que é o demônio e Satanás, e amarrou-o por mil anos; e meteu-o no abismo e fechou-o, e pôs o selo sobre ele, para que não seduza mais as nações até se completarem os mil anos; e depois disto deve ser solto por um pouco de tempo".
[99] Citações, respectivamente, em *Os precursores do Anti-Christo; historia profetica...*, p. 103, 173, 159 e 181.

ora a idolatria, ora a heresia, ora a filosofia, ora "algum outro gênero de impiedade", ora "a pessoa que representasse Satanás."¹⁰⁰ As sete cabeças da Besta designavam, em sentido figurado, os sete grandes Impérios da Idolatria: o dos Egípcios, o dos Babilônios, o dos Caldeus, o dos Persas e Medas, o dos Gregos, o dos Romanos e, o último, o Império do anticristo. Esse ainda não tinha vindo e, quando vier, de acordo com sua interpretação, apenas no ano de 1912, pouco tempo haveria de durar, cerca de 45 anos apenas.¹⁰¹

Dessa forma, o imperador dos franceses figurava apenas como um dos precursores do Anti-Cristo, embora propusesse uma explicação para a célebre relação do número da besta – segundo o *Apocalipse*, o "número do homem: e o número é seiscentos e sessenta e seis" – com o nome de Napoleão. Informava que alguns imaginaram adaptar as letras do alfabeto francês ao sistema grego de numeração, contando por unidades até 10, correspondendo à letra K, e depois, por dezenas, até ao fim. E nesse caso, *l'Empereur Napoléon*, como Bonaparte fez-se apelidar, somava o mesmo número da besta. Assinalava, contudo, que não se seguiu o sistema de numeração dos gregos, pois depois da letra T, que faz 100, devia contar-se por centenas, de maneira que a letra U não corresponderia a 100, mas a 200.¹⁰² (Ver, ao final, o Anexo nº 2.)

O outro panfleto intitulado *A besta de sete cabeças e dez cornos*, cujo autor era um presbítero da Andaluzia, obtivera licença para impressão em Portugal em 1809. Acatando as antigas interpretações do *Apocalipse*, encarava o anticristo como um mal indiscutível, em oposição a Cristo e à Igreja. Demonstrava que as profecias desse livro decorriam de "todos os grandes sucessos da Igreja", como afirmara Santo Agostinho, devendo ser levadas em consideração até o fim do mundo, quando Jesus Cristo voltaria para "julgar as ações de todos os homens". Nessa perspectiva, apontava Bonaparte como aquele que representava o anticristo com "mais viveza e propriedade que nenhum dos antigos tiranos" já identificados a esse mito. Da mesma forma, o imperador dos franceses encarnava a besta que saía do mar. Sobre seus cornos, existiam dez coroas, que simbolizavam o poder exercido por Napoleão na Europa – França, Itália,

---

¹⁰⁰ *Ibidem*. p. 28.
¹⁰¹ Cf. *Ibidem*, p. 243 e 309.
¹⁰² *Ibidem*, p. 357-358. Para o número da besta, ver Apocalipse. 13, 18. In: *Bíblia Sagrada* ..., p. 1490.

Gênova e Veneza, representando as outras seis coroas os membros de sua família, que governavam os demais reinos.[103]

A Besta era "semelhante a um leopardo", cuja variedade de manchas e cores significava a facilidade com que o astuto animal se acomodava "à observância das diversas seitas e religiões". Assim, Napoleão

> umas vezes parecia muçulmano entre os maometanos; outra, um zeloso Rabino nas sinagogas; ante o primeiro vigário de Jesus Cristo parecia ser um perfeito Católico e o mais obediente fiel da Igreja Apostólica Romana; entre os Luteranos, Calvinistas e outros sectários mofava de muitos artigos que crê e ensina a Santa Igreja Católica e dos pontos de sua venerável disciplina.

Sua boca era semelhante à do leão, pois devorava reinos e províncias inteiras. E, para atingir seus objetivos, o poder lhe foi dado pelo "Dragão infernal" – Satanás –, com o beneplácito de Deus para "castigar os delitos dos homens". Transparecia, assim, um imperador poderoso, que, contudo, só atingiu tão alto grau de força e poder pela vontade de Deus.[104]

De forma semelhante aos outros panfletos, preocupava-se com o nome da besta, identificado pelo número 666. Acatava as interpretações que ligavam o nome da besta a algum seguidor da religião de Maomé, ou aquelas de Bossuet e Calmet, que identificavam o anticristo a Diocleciano, imperador romano que perseguiu os cristãos, por ser imagem fiel do que deveria acontecer no fim dos tempos. Apontava, no entanto, algumas imperfeições no método de contar desses autores, para demonstrar que, na sua exposição, todas as circunstâncias da besta "acomodavam-se sem violência alguma ao Imperador Napoleão". Fazia, assim, um longo relato da origem do nome de Napoleão, que, como podia ser grego, deveria ser escrito O ΝΑΡΡΟΛΕΙΟΣ, e cuja soma das letras, pelo mesmo método indicado anteriormente, atingia o número 666.[105]

---

[103] *A Besta de sete cabeças e dez cornos ou Napoleão ...*, p. 3 e 6. Essa distinção entre Napoleão representar o anticristo e não ser, como "verdade inegável", o mesmo anticristo foi um dos argumentos utilizados pelo censor do Santo Ofício para justificar a permissão desse folheto e a proibição de correr O mais importante desengano ou o AntiChristo descuberto ... Cf. parecer de Manuel Correia da Fonseca. ANTT. Real Mesa Censória. Licença de Impressão. Cx. 68, no. 5. 1810.

[104] *Ibidem*, p. 12-13.

[105] *Ibidem*, p. 27-28. Ver Anexo n.° 2, ao final do trabalho.

Apesar de tantas evidências, o presbítero andaluz era mais cauteloso, pois afirmava que "seu desgraçado tempo" reconhecia em um tirano aquele que "se não foi o anunciado por São João", parecia tanto, que não haveria equívoco de considerá-lo como original. Napoleão era, por conseguinte, "o monstro figurado" na besta marinha, embora não o fosse identificado plenamente. Além disso, exortava os espanhóis a se afastarem desse terrível ser, cuja divisa era –, "a perfídia, a injustiça, a hipocrisia, a adulação, o egoísmo, a crueldade, a ambição, o orgulho e a soberba". Somente assim os leais espanhóis seriam protegidos "das terríveis pragas com que Deus vai atormentar" todos os seguidores da besta. Vislumbrava também "os triunfos do Cordeiro divino", pois o fim de Napoleão estava próximo, segundo a própria explicação divina: coroado imperador, em 2 de dezembro de 1804, começara a sofrer suas primeiras derrotas quando seus exércitos entraram na Espanha e em Portugal, em maio/junho de 1808, cumprindo-se assim 42 meses, ou o tempo assinalado pela Divina Providência para que a besta fizesse guerra contra os cristãos. Pautado nessa crença, previa que, após o "tirânico poder e cruéis triunfos" da besta, haveria um período de felicidade, "onde o nome adorável de Jesus, com o de seu Eterno Pai" e "o Espírito Santo" seria cantado pelos escolhidos. Nessa perspectiva, o que escrevera apresentava uma brecha de esperança e felicidade, com a vitória absoluta do bem sobre o mal, numa perspectiva mais otimista do *Apocalipse*, diferenciando-se do panfleto seguinte, escrito por um padre português, que, além de identificar, inexoravelmente, Bonaparte ao anticristo, previa, em alguns momentos, por ação de uma *angústia escatológica*, o fim próximo dos tempos.[106]

Esse último folheto foi escrito em 1810 pelo padre Manuel Joaquim Rodrigues Rici, mas não chegou a ser publicado por ter sido censurado pela Mesa do Desembargo do Paço. Seu autor, ao longo das oitentas páginas do manuscrito, tinha como objetivo primordial demonstrar que "o dragão e a besta do Apocalipse" consubstanciavam-se "em Napoleão Bonaparte e no Império francês". Avisava aos seus leitores que era "chegada a época a mais crítica do mundo", pois "a individualização com que vejo verificados todos os sinais, visões e vaticínios do Profeta Amado, assim como de outros muitos do Antigo

---

[106] *Ibidem.* p. 29-30 e 15-16. Para o período de 42 meses, cf. São João. Apocalipse. 13, 5. In: *Bíblia Sagrada* ..., p. 1489: "E foi-lhe [à besta] dada uma boca que proferia coisas arrogantes e blasfêmias e foi-lhe dado poder de fazer guerra durante quarenta e dois meses".

Testamento, exige de mim, assim como de todo o homem racional, toda a credulidade". Denunciava o crescente domínio do mal, pondo de sobreaviso os seus leitores. Demonstrava que esses sinais já vinham ocorrendo em várias partes do mundo e, mesmo em Lisboa, quando, por exemplo, viram-se os "tremores de terra", as "tempestades e furacões" no momento da entrada dos franceses e os "raios e coriscos" sobre a armada russa que estava colocada no Tejo para apoiar o intento do inimigo. Para o autor, todas esses sinais apontavam a indignação de Deus.[107]

Em sua concepção, a imagem do anticristo, símbolo de um contrapoder, inseria-se perfeitamente nas convulsões da época. Definia, portanto, o anticristo como o "Anjo Exterminador", o "filho da perdição", o "filho do pecado", a "besta de sete cabeças e dez cornos", o "formidabilíssimo Dragão do Apocalipse", e afirmando que já existia entre os homens.

> Esta Besta é Napoleão juntamente com o seu Império, a França e os mais Reis e Reinos que ele tem subjugado; é, em uma palavra, o Napoleonismo ou Bestialismo. Ninguém pode duvidar que esta palavra Bestialismo é a denominação mais genuína que se pode dar para significar semelhante governo e indivíduos que o compõem. Estes Reinos assim subjugados, tendo-se governado até aqui por códigos iluminados, extraídos à força de trabalhos e de séculos de tudo o que há de mais sagrado no Direito Divino, natural e das Gentes, são agora governados por um código verdadeiramente Bestial ou brutal, pois que eles não têm verossimilhança alguma com o Sacratíssimo Direito Divino e natural e nem ainda das Gentes, e só sim foi ele composto e formado, segundo o brutal desejo e vontade de seu autor, Napoleão. [...] assim, fica assaz verificada esta Besta do Sagrado texto em Napoleão e seu Império, e Reinos subjugados, que segundo o mesmo Código Napoleão, se governam.[108]

Nessa longa citação, evidenciam-se alguns traços da mentalidade do padre Rici arraigada aos valores e princípios do Antigo Regime, especialmente a idéia da supremacia absoluta da religião sobre qualquer direito do homem e a explicação divina sobre todos os acontecimentos terrestres.

---

[107] O mais importante desengano ou o AntiChristo descuberto ..., fl. 3 e 13. Para uma análise minuciosa desse panfleto, bem como de sua censura, cf. Zília Osório de Castro. Napoleão, "o anticristo descoberto". *Ler História*. Lisboa, 17: 93-111, 1989.

[108] O mais importante desengano ou o AntiChristo descuberto ..., fl. 32.

Comprovava ainda sua certeza de identificação da fera com Napoleão, ao afirmar que o mar, a que se referia o versículo 1, do capítulo XIII do *Apocalipse*, era o mar Mediterrâneo, que "banha a Córsega, ilha natal" do imperador francês. Além disso, ressaltava a importância das "sete cabeças da besta" saída do mar, que, de acordo com outras interpretações, eram vistas como a representação dos sete imperadores que sucederam Júlio César ou das sete colinas de Roma com seus reis. Nas explicações do padre Rici, no entanto, elas representavam os sete reis e reinos "subjugados, vencidos ou invadidos por Napoleão": Portugal, Espanha, Nápoles, Sardenha, Alemanha, Etrúria e, sobretudo, a França.[109]

Quanto à referência dos "dez cornos", vistos, entre outras explicações, como as dez províncias, em que se viria dividir o império romano, para o autor de *O Anti-Cristo descuberto*, eles significavam os reis que ainda não haviam recebido reinos, a saber: "os de Portugal, Espanha, Nápoles, Holanda, Baviera, Westfália, Saxônia, Wurtemberg, Itália e o da própria França". Nesse caso, o autor, em sua interpretação, ultrapassava o sentido histórico para oferecer uma explicação de caráter político e ideológico. Os soberanos desses reinos não podiam ser considerados como legítimos no plano do exercício efetivo do poder. Sem dúvida, ou não tinham chegado a receber o reino, como era o caso de Portugal, ou tinham recebido "usurpadamente, que é como se os não recebessem aos olhos de Deus", como o caso da própria França. Afinal, foi "o mesmo Dragão [que] os constituiu como reis e lhes deu esse poder que Deus não aprova". Evidenciava-se, portanto, o caráter da origem divina dos reis, tão caro às sociedades de Antigo Regime. Da mesma forma, a legalidade da transmissão do poder real, essencial ao reconhecimento de sua legitimidade, também era questionada:

> Rei só é aquele que é feito por Deus e o que dele recebe o poder e a autoridade para governar os homens segundo a sua Santíssima Lei; e aquele que arroga a si este Supremo poder, sem que Deus lhe dê, nisso mesmo se constitui um blasfemo contra a suprema autoridade de Deus.[110]

---

[109] *Ibidem*, fl. 34.
[110] *Ibidem*, fl. 18-19 e 38.

Ainda na discussão sobre o poder, vale assinalar que, para o padre Rici, Cristo "deixara um Chefe visível na terra, que em tudo e por tudo fizesse nela as suas vezes". O primeiro chefe fora Pedro, a quem entregara "todo o poder em benefício dos homens sem a mais mínima reserva". Depositara ainda em suas mãos toda a sua onipotência. Ora, se o papa detinha o poder de Cristo na terra, na lógica do autor, era capaz de interferir em todas as hierarquias terrestres que dele dependiam para exercer seu poder. Logo, o papa, representante de Cristo, opunha-se a Napoleão, o anticristo, que empreendeu todos os esforços "para abater, humilhar e mesmo reduzir a nada" a figura sagrada, despojando-o de todo "os seus bens temporais", prendendo sua "respeitabilíssima pessoa" e fazendo-o conduzir, "no meio da maior ignomínia", "para onde sua diabólica e Luciferina inveja lhe inspira". Era uma alusão não só à vinda do papa Pio VII para coroar Napoleão, como também, mais tarde, à sua prisão. Afirmava também que Deus concedera ao demônio "um pleno poder para enganar e seduzir os homens". Segundo o autor, se no plano religioso a besta representava a idolatria, o ateísmo, a apostasia, aspectos encontrados em Napoleão Bonaparte, no plano político e ideológico, ela simbolizava as doutrinas de poder e legitimidade resultantes da Revolução Francesa e consubstanciadas em um "Código Bestial", ou seja, o Código Napoleônico.[111]

A personificação desse mal era ainda comprovada, mais uma vez, pelo do número da besta. Esse número esconderia, portanto, o nome da pessoa que seria a expressão desse mal. Por esse método, intérpretes antigos identificaram o imperador Diocleciano como o anticristo. Para Rici, era a prova final do mistério revelado – a identificação de Bonaparte ao anticristo. Essa correspondência entre o número e o nome era realizada pela atribuição de valores numéricos latinos às letras do nome em consideração. No entanto, como São João escrevera em grego, partia do valor numérico de cada letra do alfabeto grego, compatibilizando tal valor com as letras latinas. E, se necessário, fazendo algumas adaptações, como no critério de colocação da letra J, que aparece antes do K, ou antes do X, ou não aparece, pois segundo Rici, "assim se usa em todos os reinos estrangeiros". Nesse jogo de combinações, o nome Bonaparte, em diversas línguas – português, francês, espanhol, inglês, grego e latim, equivalia sempre ao número 666. Ora, aparecer um nome de homem

---

[111] Ibidem. fl. 11 e 32.

equivalente ao número da besta, com tanta exatidão e em tantas línguas, era "um mistério que não pode ter lugar na ordem natural". Indubitavelmente, o imperador dos franceses era o anticristo.[112]

Tais explanações e interpretações, contudo, foram vetadas pela censura régia portuguesa, abrindo amplo debate entre o padre Rici e um dos censores, o padre Lucas Tavares, que indeferira a publicação. Não cabe aqui uma análise minuciosa desse parecer de censura, mas vale ressaltar que, por detrás da polêmica estabelecida, vislumbra-se um conflito de mentalidades em relação ao problema do mal e à visão do poder. Lucas Tavares julgou o autor "um temerário" em querer publicar uma doutrina contra os votos da Igreja, um arrogante, "um profanador das Divinas Escrituras, torcendo o verdadeiro sentido e interpretando-as a seu arbítrio", "um novador", "um fanático", um "injurioso ao Papa". No entanto, em seu parecer, o censor não deixa de discutir, também, se Bonaparte pode ou não ser identificado ao anticristo. Para ele, em primeiro lugar, segundo São Paulo, o Anti-Cristo havia de vir armado do poder de Satanás, com toda a sorte de milagres e sinais enganadores, e Napoleão ainda não teria feito milagres, nem falsos nem verdadeiros; em segundo, o anticristo viria apenas no fim do mundo, porque Cristo haveria de matá-lo e ninguém sabia, nem os anjos do Céu, quando tal fato iria acontecer. Assim, o padre Lucas Tavares condenava, naquele momento, a inconseqüente aplicação da identificação do anticristo a Bonaparte. Como afirma Zília Osório, o padre Lucas rejeitava a visão absoluta do mal, numa perspectiva de imutalidade no tempo. Aceitava as mudanças e inovações, que não obrigatoriamente significavam expressões do mal. Com essa mentalidade, entrava também em choque com o autor em sua abordagem sobre a origem do poder. Discordava da idéia de que a Igreja representava todo o poder divino na terra, encarnado na pessoa da papa, que, por sua vez, transmitia tal poder aos legítimos soberanos. A ordem temporal ficava, assim, rigidamente submetida à ordem eterna. Pode-se afirmar, por conseguinte, que Rici apresentava uma filiação ultramontana quanto ao modo de definir o poder da Igreja e do papa, enquanto Lucas Tavares configurava uma visão regalista do poder. Este último não via "baixeza do papa", como afirmava Rici, em "sagrar um Rei que o povo quis e aclamou". A sagração implicava em alguma vontade popular, retomando uma tradição histórica do povo português, que se opunha à visão tradicional de

---

[112] Ibidem, fl. 55-60. Ver, ao final do trabalho, Anexo n.º 2.

Rici, perfeitamente enquadrada na mentalidade predominante da sociedade portuguesa do Antigo Regime.[113]

Nos três exemplos apontados, verifica-se o uso de uma linguagem escatológica, em que se procurava detectar as marcas ou o prenúncio do fim dos tempos entre o processo da Revolução Francesa e o período napoleônico. Se, para Rici, o sexto Anjo já havia tocado a trombeta das calamidades e derramado seu cálice de amarguras sobre a terra, sendo o governo de Napoleão o próprio reinado do anticristo, para os outros dois autores os últimos acontecimentos apenas antecipavam as leituras das catástrofes do fim do mundo. Para eles, o tempo do combate final entre o bem e o mal, definido, de certo modo, no reinado do anticristo, ainda não chegara.

Da mesma forma, a visão de poder político e ideológico delineada nos escritos era distinta. Da perspectiva de total e completa submissão do poder temporal ao poder da Igreja, encarnado no papa, defendido por Rici, chegava-se a uma visão mais tênue, na qual o autor francês afirmava que "o caráter do catolicismo não diz respeito senão ao seu reinado espiritual", aceitando a idéia de que para a Igreja ser reconhecida por toda a parte "não é de absoluta necessidade que todos os governos sejam católicos". Eram percepções divergentes, embora tangenciadas pela questão do peso da religião, o que demonstrava que seus autores ainda estavam inseridos em uma sociedade de Antigo Regime, embora com movimentos próprios à cada estrutura nacional.[114]

Para além desses, alguns outros exemplos podem ser retirados desses escritos de circunstância, nos quais a apropriação das visões proféticas se faziam desvinculadas de seu contexto original. Num diálogo em forma de catecismo, para que o público tivesse "conhecimento do desorientado sistema da França" nos "últimos dias", o mestre, em sua exortação final, recomendava aos homens afastarem-se dos "congressos dos Ímpios" e das "Assembléias" de "misteriosos Mestres", que a todos iludiam "com sanhas, terrores pânicos e outras superstições indigestas e abomináveis". Pedia cautela porque Bonaparte mui-

---

[113] A. N. T. T. Real Mesa Censória. Licença de Impressão. Cx. 68, no. 5. 1810. Existem dois pareceres do padre Lucas Tavares, o primeiro datado de 7 de maio de 1810 e o segundo, de 5 de agosto de 1810. Em virtude das dúvidas sobre a censura, foram elaborados mais dois pareceres, conforme a norma da época, pelo Bispo da Lacedemônia (Ordinário) de 31 de agosto de 1810 e por Manuel Correia da Fonseca (Santo Ofício), sem data, que confirmaram o parecer de Lucas Tavares, embora com argumentos distintos. Para Zília Osório de Castro, ver Napoleão, o anticristo ..., p. 104-108.

[114] Os precursores do Anti-Christ; historia profetica..., p. 369.

to se assemelhava ao "filho da mentira", a quem Jesus Cristo se referia como prenúncio do fim dos tempos e, tal época, ninguém sabia, nem os "anjos do Céu", quando há de ser.[115] Outros panfletos aproximavam o imperador dos franceses à imagem da besta que seduzia os habitantes da terra com inúmeros prodígios. Apresentava-se, portanto, como um homem apenas na figura, pois em tudo mais era "um monstro", "o melhor pintor de imposturas e felicidades imaginárias".[116]

Os sinais eram os mais evidentes – tempestades, enchentes, tremores, trevas, sangue e guerra –; todos anunciavam o fim dos tempos. "Vós vereis que um chuveiro de sucessivas calamidades principia já a devastar e a pôr em combustão as férteis e vastas campinas do país da França". Calamidades e fogo, associados ao sofrimento e à morte, tornavam-se a característica marcante dessa "época de ira" que antecedia a chegada do anticristo:

> Deus já vai a vingar os seus direitos, as lágrimas dos seus Povos e a derramar sobre ti a taça de sua cólera; do seio da prenhe nuvem está já pendente o raio que te ferirá de morte; o sangue, o inocente sangue de mil centenares de vítimas, que tens sacrificado à tua desmesurada ambição e o ídolo dos teus caprichos, clama contra ti, como o de Abel, justiça.

Anunciava-se, assim, na visão de época, a incursão final do Dragão na terra, a mais terrível, segundo as profecias, e possibilitada por Deus para o castigos dos infiéis. Se não era o prenúncio do fim dos tempos, sem dúvida era o início do *fim de um tempo* – aquele da sociedade de Antigo Regime, cujos alicerces tinham sido abalados pela Revolução Francesa.[117]

Outros indícios proféticos, especialmente a imagem do cometa, eram também veiculados para anunciar o início de novas calamidades: "apareceu há dias no horizonte desta cidade um cometa rabudo, que é para a plebe agouro de funestos males [...] já o Povo está inteiramente persuadido, querendo armar-se, por temer alguma nova invasão protetora dos Franceses". Em alguns casos, o fenômeno natural podia ser prenúncio de boas-novas. Em

---

[115] *Mentor da moda ou educação à franceza em forma de Cathecismo...* Segunda parte, p. 23.
[116] *Relação verídica de notícias ...*, p. 10. Para a imagem do Apocalipse, cf. 13, 113-14. 20, 1-3. In: *Bíblia Sagrada ...*, p. 1490.
[117] Para a citação, ver *Discurso sobre a ruina ...*, p. 19. Para a visão do castigo de Deus, cf. *Os precursores do Anti-Christo; historia profética...*, p. 233-283.

carta ao conde das Galveias, o brigadeiro comandante da vila de Ilha Grande – Francisco Cláudio Álvares de Andrade – descrevia "o grande fenômeno" visto por algumas pessoas em 23 de maio de 1813 pelas sete horas da manhã. No mesmo paralelo do sol, em uma distância de cinco ou seis graus ao sul do verdadeiro Sol, elevado sobre o horizonte, apareceu "um arco de quinze graus pouco mais ou menos". O fenômeno durou de "dois a três minutos" e desmanchou-se em "uma nuvem que correra para o norte com grande velocidade até desaparecer". Destacava, ainda, que "o tempo era claro" e "o ar, sereno". O término de seu texto, porém, era revelador da visão: "Deus queira que o prognostique a dissipação total do Imperador dos franceses para sossego do mundo", anexando, ainda, um desenho do referido fenômeno.[118]

Outras explicações divinas permeavam igualmente essa literatura de circunstância, especialmente na Península Ibérica. Em 1808, as primeiras vitórias portuguesas, auxiliadas pelos ingleses, contra as forças invasoras francesas constituíram "maravilhas" que "não aconteceram sem milagre". Os escritos recorriam à longa tradição dos soberanos portugueses, principalmente ao já citado D. Afonso Henriques, em luta contra europeus e africanos, que só teriam podido alcançar vitória debaixo do socorro divino, traduzido no Milagre de Ourique. Em um sermão de ação de graças pela Restauração de Portugal proferido na Real Capela do Rio de Janeiro, em dezembro de 1808, por Januário da Cunha Barbosa, a imagem da vitória que "prodigiosamente" desbaratou os inimigos devia-se também à ajuda celeste: "Sim, Portugueses, o Senhor se fez ver aos nossos inimigos como um guerreiro invencível; o seu nome, que decide do seu poder, foi o sinal e o penhor de nossa feliz Restauração".[119]

Todas essas representações de caráter divino eram revisitadas no início do oitocentos, especialmente nas sociedades em que predominava o pensamento mais conservador, fiel aos princípios do Antigo Regime. Assim, os símbolos religiosos acabavam por preencher o campo de enunciação do sentimento

---

[118] Para a primeira referência cf. Gazeta do Rocio. n° 7. In: *Coleção das célebres Gazetas do Rocio* ..., p. 17. Arquivo da Casa Imperial do Brasil, 1807-1816. I – POB-1.6.813-Add.c. 1° de junho de 1813.

[119] Citações, respectivamente, em *Analyse da protecção dos franceses, para desengano dos seus apaixonados, reconciliação dos Jacobinos com os Vassalos fiéis e perpétua união destes contra os conquistadores*. Segunda Parte. Lisboa, Impressão Régia, 1811, p. 6-7. *Sermão de Acção de graças pela Feliz Restauração* ..., p. 3-4. Cf. ao final, no Anexo n.° 1, gravura portuguesa de combate ao Grande Monstro do Apocalipse, representado por Napoleão, destruído pelo povo sob a proteção das cinco chagas de Cristo.

político. O alegórico e o fantástico mesclavam-se ao burlesco e até ao grotesco, mas permitiam, no entanto, que o público leitor tomasse consciência dos fatos de forma mais densa e profunda, uma vez que envolviam valores ligados ao cotidiano e às mentalidades das várias camadas da população.

Napoleão Bonaparte, o homem

Era uma vez na Córsega, onde

> uma mulher de humilde nascimento [pariu] um monstro, que, depois de alguns minutos de ter aparecido à luz do mundo, cresceu até à altura em que se acha, falando as línguas, empunhando a espada, e de tal modo propendeu para dominar tudo, que logo descompôs sua Mãe, e esbofeteou seu Pai. É muito natural que este feto raro seja o célebre Napoleão; as datas concordam, os fatos combinam e o seu decantado procedimento justifica estes anúncios.[120]

Essa notícia, estampada na *Gazeta do Rocio*, havia sido publicada para desmascarar as imposturas do governo francês em Portugal. Apontava para uma questão fundamental em torno da lenda napoleônica: a incerteza de seu nascimento e de suas origens.

Nascido em Ajaccio, a 15 de agosto de 1769, numa Córsega convulsionada, por causa da anexação pela França, segundo os relatos de diversos historiadores atuais, as explicações sobre as origens do imperador francês são, contudo, as mais fantasiosas possíveis. A lenda dourada, uma vez que sua mãe, Letizia Ramolino, fora surpreendida pelas dores do parto, fê-lo nascer sobre um tapete onde estariam representandos os heróis da *Ilíada*. Estas personagens pagãs teriam sido os primeiros a reverenciar a chegada do futuro imperador dos franceses. Recorria-se à mitologia grega para definir uma relação entre realidade atual e realidade de origem, que se apresentava como um "tempo imemorial".[121] Já a lenda negra, que encontrou em

---

[120] *Gazeta do Rocio*. n.º 6. In: *Collecção das celebres Gazetas do Rocio ...*, p. 15.
[121] Cf. para essa visão sobre o nascimento, Las Cases. *Mémorial de Sainte-Hélène*. v. 1. Paris, Seuil, 1968, p. 117-118. Essa visão foi retomada por Stendhal. *Napoléon*. Edition établie et presentée par Catherine Mariette. Paris, Stock, 1998, p. 261. Ver ainda J. Tulard. *Napoléon: o mito do ...*, p. 29-31. Alfonso di Nola. Origens. In: Ruggiero Romano (dir.). *Enciclopédia Einaudi*. v. 12: Mythos ..., p. 22-23.

Chateaubriand um de seus maiores intérpretes, afirmava que Bonaparte rejuvenescera em um ano, pois em verdade nascera em 5 de fevereiro de 1768, época na qual a Córsega ainda não estava reunida à França. Logo, Napoleão era um estrangeiro, sendo Buonaparte o seu verdadeiro nome, segundo aquele autor; ele próprio teria assinado esse nome por toda a campanha de Itália até à idade de 33 anos.[122] Segundo a mesma literatura, teria adquirido o nome de Napoleão mais tarde, para afrancesar-se, porque chamava-se Nicolas. Deve-se ressaltar que a maior parte dos panfletos antinapoleônicos, publicados tanto na França quanto na Península Ibérica, adotava a grafia Buonaparte, para destacar a origem italiana, e não francesa, com o objetivo de depreciar a imagem do "herói do século".[123]

Aliás, são inúmeras as histórias e singularidades relacionadas ao nome de Napoleão Bonaparte. Em umas "Memórias", datadas de 1836, afirmava-se que Napoleão era composto de duas palavras gregas que significavam "leão do deserto". Esse mesmo nome, "engenhosamente combinado", fornecia para o autor "singular analogia com o caráter daquele homem extraordinário". Cortando-se a primeira letra desse vocábulo e, depois de cada palavra que for restando, formam-se seis palavras gregas – apoléôn, poléôn, oléôn, léôn, éôn, on –, cuja tradução literal, designada pela ordem dos números, é "Napoleão, sendo o leão dos povos, e destruindo as cidades".[124]

A visão do estrangeiro era também reforçada nessa literatura de circunstância através do epíteto – Corso. Em um diálogo entre dois soldados, um francês e outro inglês, mortos nas lutas de invasão em Portugal, o último afirmava:

> A guerra da vossa Revolução foi a mais vergonhosa que já se viu [...]. E depois de tantos e tão cruéis sacrifícios, vossos patrícios embriagados escolheram para seu soberano um Estrangeiro... um Corso... um pérfido que não ceva seu coração depravado senão de sangue humano: uma besta feroz que saiu das águas para castigar a Humanidade inteira.

---

[122] François-René Chateaubriand. *Mémoires d'outre-tombe*. v. 1. Paris, Gallimard, 1997, p. 1091.
[123] Cf. infra, na listagem das fontes, os títulos desses panfletos. Para a expressão, ver *Como se pensa em França...*, p. 3.
[124] BNL. Reservados. Códice 600, f. 331. Microfilmado.

Retomava-se a idéia da França ciosa de seus heróis ancestrais e de sua civilização, para ironizá-la com a ascensão de um soberano estrangeiro.[125]

Igualmente, em carta escrita por um português a conterrâneo da cidade da Bahia, a crítica voltava-se para um certo tipo de preconceito em relação à Córsega, freqüentemente presente no discurso das elites, que a consideravam um lugar onde a ambiência selvagem da África já se fazia sentir. Assim, era incompreensível que os franceses tivessem trocado um rei da dinastia dos Bourbons pela "Águia rapinadora, que lhes introduziu um Corso (filho de uma nação que só produz escravos)". E prosseguia, afirmando que o caráter "desta bárbara Nação" era indigno de "se associar a homens virtuosos". Além disso, para os países dominados como Portugal, Bonaparte aparecia como o *outro*, isto é, o estrangeiro, que virava um inimigo. Nos momentos traumáticos, como aquele vivido pelas sociedades européias invadidas e desprovidas de seu legítimo soberano, arrancado do poder por um intruso, a presença e o temor do *outro* constituíam em elemento fundamental para explicar determinados processos coletivos.[126]

As origens familiares e a rápida ascensão política e social de Bonaparte também foram representadas de formas distintas. De um lado, a lenda negra apresentava-o como "parido [...] por mãe que a cão e gato ofertava d'amor venal tributo". Era "ladrão na meninice assaz astuto" que andou "dez anos sem calçar sapato" e "sempre roto".[127] Ou aquele "gerado pela ambição, perfídia e tirania, nutrido com o leite da irreligião, imoralidade e mentira, e embalado pela fortuna e atrevimento", que, mascarando-se com "a capa do amor republicano, do apego à Religião Católica e da afeição ao bem e glória da França", soube "fazer-se Primeiro Cônsul da República Francesa, logo depois destruí-la; e aclamar-se Imperador dos Franceses".[128]

Uma outra leitura, contudo, podia ser realizada. Em um diálogo entre Napoleão e um mouro, ele ressaltava que, enquanto "Reformador de todas

---

[125] Citação em *Dialogo entre dous mortos* ... Parte II, p. 6-7. Para a idéia de herói, ver Christian Amalvi. *De l'art et la manière d'accommoder les héros de l'histoire de France. Essays de mythologie nationale*. Paris, Albin Michel, 1988, p. 19.
[126] Para as citações da correspondência, ver *Carta escrita por L. P. A. P.* ..., p. 29. Para a idéia do outro como inimigo, cf. C. Schmitt. *O conceito do político*. Petrópolis, Vozes, 1992, p. 51-53.
[127] *Ode a Palafox* ..., p. 13.
[128] *Compendio Histórico dos accontecimentos mais celebres* ..., p. 8.

as Nações", pretendia "desmentir a baixeza" de seu nascimento e colocar seu nome "entre os grandes heróis". Seus admiradores faziam também dessa mesma origem um outro retrato – aquele do homem ancorado no real, cuja ascensão social e política, alcançada a partir de uma origem obscura, tornava-se modelo para o mais humilde dos franceses. O herói de Stendhal sonhava com ascensão semelhante:

> Desde muitos anos, Julien não passava mais de uma hora de sua vida sem dizer que Bonaparte, tenente obscuro e sem fortuna, fez-se senhor do mundo com sua espada. Essa idéia o consolava de suas tristezas que ele acreditava ser enormes, e redobrava sua alegria, quando ele a possuía.[129]

Tal visão não deixava de levar em conta o embate entre a ascensão pelo mérito, resultado das mudanças da Revolução Francesa, e aquela relacionada ao nascimento, sobrevivência da sociedade do Antigo Regime.

Pouco conhecido quando se elegeu cônsul provisório após o 18 Brumário, com Sieyès e Ducos, continuou, até mesmo após tornar-se imperador, na memória de muitos como o estrangeiro que concebeu a "fanática idéia de se fazer Senhor de todo o mundo", proferindo a "execranda sentença de extinguir a Dinastia dos Bourbons". Era autor de um "plano tão atrevido e horroroso", que propunha "acabar com os Reis e Soberanos antigos da Europa, para sobre seus Tronos colocar uma vil corja de irmãos e parentes, iguais a ele em sentimentos e caráter".[130]

Nessa dialética dos contrários, inserem-se também as imagens de Napoleão quanto ao seu físico e moral. No primeiro aspecto, a extrema magreza e o rosto macilento foram objeto de pilhéria, em glosas e sonetos.

> Um homem com cabeça de donato
> Tendo por barretina uma caneca,

---

[129] Primeira citação em *Cartilha napoleonica ou instrucções machiavelico-vandalicas. Dialogo entre Napoleão e hum mouro salentino. Por hum Portuguez de todos os quatro costados.* Lisboa, Typ. Lacerdina. 1808, p. 10; demais em Stendhal. *Le rouge et le noir.* Paris, Garnier-Flammarion, 1964, p. 53.
[130] *Compendio Histórico dos accontecimentos mais celebres ...*, Citações à p. 8-9.

Os olhos gázeos, boca de alforreca,
O pescoço estendido como gato.[131]

Ao contrário dos reis taumaturgos que manifestavam sua sacralidade ao curarem os escrofulosos, Bonaparte apresentava erupções e escrófulas, resultantes de uma camada de sarna mal curada. A doença, símbolo manifesto do pecado, ainda se agravava por se afirmar que era epiléptico.[132] Nesse caso, a ironia atingia o grotesco. Em mais de um panfleto narrava-se a mesma história. Uma célebre atriz da capital passara a noite com Napoleão em Saint-Cloud, quando o "herói teve um ataque de epilepsia". Apavorada, a atriz gritou por socorro. Todos os serviçais e mais a imperatriz Josefina acorreram. Quando "o tirano" recuperou os sentidos, indagou por que todas aquelas pessoas em seu apartamento. Soube que elas tinham vindo em função dos gritos da atriz. Nesse momento, precipitou-se sobre ela, agredindo-a fisicamente com extrema violência e jogando-a pela porta, seminua. No dia seguinte, ela teria recebido ordem de deixar Paris e partir para uma outra nação.[133]

Esse *monstro*, no entanto, era capaz de despertar um outro tipo de sentimento, como ocorreu com Goethe, que o traduziu por meio da imagem de um ser excepcional: "Napoleão, eis um homem! Sempre luminoso, sempre claro, decidido...". Até mesmo Chateaubriand, em suas *Mémoires d'outre-tombe*, já impregnado pelo sentido do romantismo, assim retratava seu primeiro encontro com Bonaparte, em 1802:

> Seu sorriso era afagoso e belo; seu olhar, admirável, sobretudo pela maneira onde ele está localizado em sua fronte e enquadrado em sua sobrancelhas. Ele não possuía ainda nenhuma charlatanice em seu olhar, nada de teatral ou afetado. [...] Bonaparte incontinenti afastava-se. Como a Jó, em minha noite, 'um espírito passou diante

---

[131] *Protecção à Franceza...*, p. 19.
[132] Ver J. Le Goff. Observações sobre o corpo e ideologia no Ocidente Medieval. In: *O maravilhoso e o quotidiano no Ocidente Medieval.* Lisboa, Edições 70, 1985, p. 59-62.
[133] Cf. L. Goldsmith. *História secreta do gabinete de Napoleão Bonaparte e da corte de Saint-Cloud.* Lisboa, Impressão Régia, 1810, p. 188-189. Tulard descreve a mesma história a partir do folheto francês *Les crimes de Napoléon* apud J. Tulard (apres.). *L'Anti-Napoléon...* Paris, Julliard, 1965, p. 100.

de mim; os cabelos de toda a minha pele arrepiaram-se; ele se manteve lá: eu não mais conhecia seu rosto e eu ouvia sua voz como um pequeno sopro.[134]

Em relação à moral, a contralenda fez de Napoleão um indivíduo possuidor de todos os defeitos morais: cínico, violento, ambicioso, sem princípios, hipócrita, cruel, sádico, grosseiro, charlatão, orgulhoso e pérfido. Em *Sentinela contra franceses*, o autor descrevia o que lhe vinha à memória ao ver o retrato de Napoleão: "este tem cara de heresiarca, e certamente nunca a vi assim ninguém. Que funesto pressentimento me inspiraria sua fisionomia para retratar por ela seu coração? [...] li em seu rosto uma profunda hipocrisia e em sua vista perspicaz e sombria, uma malvada intenção".[135]

Nessa linha, representava-se o imperador como um indivíduo desprovido de todas as riquezas da natureza humana, desejando reduzir o homem à força e à fraude, considerando todo o mais como asneira e loucura. As acusações construídas contra Bonaparte tomavam, assim, formas de agressividade e de violência, que, combinadas na imaginação popular, ofereciam imagens comparáveis aos monstros mais vis que o mundo conhecera. Em uma carta fictícia escrita por sua própria mãe a seu filho, depois de considerá-lo "filho do pecado", ela exclamava: "Quando eu mesma leio o nome dos Calígulas, Neros, Caracalas, Eleogabalos, Diocleciannos e outros monstros, opróbrio da Humanidade me parece falar de ti. Então, um furor infernal me arrebata!".[136]

Ainda no plano moral, várias referências eram feitas em relação à sua vida privada. Além das anedotas referentes ao seu casamento com "a virtuosa Josefina", mulher "jogadora e dissoluta", antiga concubina de Barras, que dela se cansou e ofereceu-a a Napoleão, outros vícios lhe eram atribuídos: "Este monstro tem duas paixões, que se acham raramente juntas no mesmo homem: é dissoluto com as mulheres e entrega-se ao vício nefando dos Sodomitas".[137]

---

[134] Para Goethe, cf. Natalie Petiteau. *Napoléon, de la mytohlogie à l'Histoire*. Paris, Seuil, 1999, p. 30. François-René Chateaubriand. *Mémoires* ..., v. 1. p. 836. Para visão de Jó, ver Livro de Jó. 4, 15-16. In: *Bíblia Sagrada* ..., p. 578.
[135] D. Antonio Capmany. *Sentinella contra* ..., p. 19.
[136] *A grande carta que a mãi do Imperador Napoleão I dirigio a seu filho, que foi interceptada e traduzida do italiano para o Hespanhol e deste em vulgar*. Lisboa, Impressão Régia, 1810, p. 6.
[137] Para as primeiras citações, ver *Buonaparte sem máscara*. Tradução do hespanhol por F. I. J. L. Lisboa, Nova Officina de João Rodrigues Neves, 1808, p. 4; para a última, cf. L. Goldsmith. *História secreta do gabinete...*, p.183.

Os escritos ainda consideravam-no como louco, não apenas por uma espécie de confusão nas faculdades mentais, mas por um desregramento das idéias, que provinha do exagero e da ambição em acreditar que venceria todos os obstáculos; ou, mais ainda, que não mais haveria obstáculos a vencer. Para demonstrá-lo, narrava-se um pesadelo do imperador, quando se anunciam as "indigestas notícias de Madri", em julho de 1808: ele se atira sobre um sofá, "evaporando-se-lhe os miolos, cuspindo blasfêmias e forjando ameaças" contra todos os homens do reino espanhol. Depois, submerge em profundo sono, mas sua imaginação, por demais sobrecarregada "de vivas e interessantes idéias", agita-lhe a bílis e o sangue; como um sonâmbulo, levanta-se e, desembainhando a espada, começa a dar "grandes golpes e grandes berros", motivando "tal estrondo, como que faria uma legião de diabos se tivesse ali vindo buscar o que de direito lhe pertencesse"; e, assim, nada escapa de seu furor – "o lustro *grande*", o "grande espelho Imperial", "nem coisa alguma que fosse *grande*", repetindo, à sua maneira, a cena de combate de D. Quixote de la Mancha contra os odres de vinho.[138]

Em contrapartida, os defensores de Napoleão divulgavam a imagem de um homem de gênio, "o Enviado do Altíssimo", "o Mestre da Arte Difícil de Governar", "o invencível", "o onipotente".[139] Ao retomar sua *Vie de Napoléon*, em 1836, sob o título *Mémoires sur Napoléon*, Stendhal afirmava que seu objetivo era fazer conhecer o "maior homem que apareceu no mundo depois de César". Propunha-se ainda a contar a verdadeira vida de Napoleão, experimentando uma espécie de sentimento religioso ao descrevê-la. Desapareciam os atributos do monstro, renasciam aqueles do "homem mais extraordinário que apresentam os séculos", soldado da Revolução, soberano liberal e unificador e libertador dos povos.[140]

Em meio a exclamações exaltadas, repletas de figuras de linguagem, as mensagens desses escritos políticos traduziam lutas simbólicas que se reduziam, regra geral, a uma dualidade simplista, evidenciando o bem e o mal, embora representassem igualmente uma luta política e ideológica, ainda mesclada ao religioso, entre a sociedade liberal, oriunda da Revolução Francesa e de que Bonaparte era considerado o herdeiro, e aquela de Antigo Regime.

---

[138] *Sonho de Napoleão...*, p. 1. Grifo do texto.
[139] Para as expressões, ver *Cartilha napoleonica ...*, p. 5. *Discurso sobre a ruina...*, p. 17.
[140] Stendhal. *Napoléon...*, p. 257-258. Cf., para a imagem regenerada de Napoleão Bonaparte, Emmanuel de Las Cases. *Mémorial de ...*, passim. Citação, v. 1, à p. 40.

No entanto, o *fazer crer* naquilo que se quer acreditar depende não só dos mecanismos discursivos que visam à manipulação do leitor ou ouvinte, mas também das formas e modalidades que a sociedade possui para preparar seus integrantes a compreender tais representações. Torna-se necessário, por isso, analisar como essas representações foram lidas e assimiladas em um determinada sociedade, por meio da utilização de práticas políticas e ideológicas distintas.[141]

---

[141] Para essa questão, cf. Roger Chartier. *Au bord de la falaise* ..., p. 181-184.

Partidistas, jacobinos e afrancesados

U m filho da modéstia me proíbe escrever os nomes de muitos Portugueses que se distinguiram, com apurado zelo, no Governo francês, perdendo todo o caráter da Nação e sem Patriotismo algum os ajudavam descaradamente nas suas malvadas intenções, oprimindo deste modo aos seus Compatriotas [...].[1]

Dessa forma um contemporâneo expressava sua opinião sobre os portugueses que, fosse por identidade ideológica, fosse pela via do colaboracionismo, fosse pelo oportunismo do interesse pessoal, se tinham colocado a serviço dos invasores. Sem dúvida, durante a primeira invasão francesa, ocorreu uma adesão por parte dos membros do governo, das mais altas dignidades da Igreja e de agentes da burocracia administrativa, que consideravam um dever, segundo as instruções legadas pelo próprio Príncipe Regente, unirem-se ao invasor para ver o que se podia salvar do país, contribuindo, de maneira significativa, para bloquear a introdução das medidas inovadoras que os franceses haviam posto em prática em outras regiões. Outros, em menor número, juraram fidelidade aos ocupantes, preenchendo importantes cargos na nova administração por interesse material. Em ambos os casos, esse afrancesamento não representou uma adesão aos princípios franceses, pois não partilhavam uma ideologia revolucionária; ao contrário, em muitos casos, continuaram apegados a valores conservadores. Entretanto, também houve aqueles que viam na figura de Napoleão Bonaparte a de um salvador que possibilitaria a regeneração da velha estrutura do Antigo Regime português. Nesse caso, sua adesão revelava um afrancesamento intelectual e ideológico, herdeiro de uma tradição ilustrada.[2]

---

[1] *Carta escrita por L. P. A. P. a hum seu patrício da Cidade da Bahia*. Lisboa, Nova Officina de João Rodrigues Neves, 1808, p. 19.

[2] Para o fenômeno do *afrancesamento*, cf. Ana Cristina Araújo. Revoltas e ideologias em conflito durante as invasões francesas. *Revista de História das Idéias. Revoltas e Revoluções*. Coimbra. 7: 7-90, especialmente 16-25 e 61-72, 1985. Para uma comparação com o processo na Espanha, ver Miguel Artola. *Los afrancesados*. Madrid, Alianza Editorial, 1989. Especialmente p. 36-50.

O governo de Junot não obteve, no entanto, grande sucesso entre a maioria da população, apesar da subserviência manifestada por parte dos administradores do reino, sendo os "*Francezes* recebidos com os braços abertos, mas com os corações fechados".[3] Em conseqüência, numa relativa contradição com o papel do império napoleônico de implantar algumas das principais conquistas da Revolução de 1789 em territórios que até então as tinham desconhecido, foi entre os segmentos mais elevados da nobreza que procurou apoio. Por isso, as páginas que se seguem pretendem fazer uma análise das leituras que as diversas camadas sociais realizaram das imagens e representações, a que tiveram acesso, sobre a França revolucionária e sobre Napoleão. Tanto por meio dos escritos de circunstâncias quanto dos documentos oficiais, busca-se compreender e avaliar tal postura de adesão, à qual não estava alheia, em certos casos, um limitado questionamento das formas de poder vigentes, embora revelasse também, em outros, mais numerosos, o caráter profundamente tradicional da sociedade portuguesa na época.

Portugal, ao ser invadido pelos exércitos napoleônicos, continuava imerso no Antigo Regime. Embora tenuamente marcado pelas Luzes, o absolutismo mantinha-se em vigor e, apesar de algumas mudanças surgidas como conseqüência das políticas pombalinas, as camadas sociais permaneciam estratificadas – sem grande rigidez, é verdade – por critérios tradicionais. Não havia, portanto, uma correspondência linear entre os corpos sociais definidos pelos direitos e as hierarquias sociais.[4] Nesse ambiente, qualquer proposta de mudança que implicasse na alteração da situação vigente tendia a assumir uma conotação revolucionária, sendo descartada até mesmo por indivíduos que abraçavam princípios liberais. Exemplo disso, em 1803, Rodrigo de Souza Coutinho defendeu um "Plano de Fazenda" com o intuito de conseguir meios financeiros para a defesa de Portugal, no qual demonstrava que a "taxação, base de toda a renda" da monarquia, deveria recair sobre todos os contribuintes com a maior igualdade possível e "na mais exata proporção com as suas forças". Ao propor, assim, a imposição de impostos sobre as fontes primeiras da riqueza – o produto da terra, o salário dos

---

[3] *Compendio Histórico dos accontecimentos mais celebres, motivados pela Revolução de França, e principalmente desde a entrada dos francezes em Portugal* ... por Joaquim Soares. Coimbra, Real Imprensa da Universidade, 1808, p. 12. Grifo no original.

[4] Nuno Gonçalo Monteiro. Poder senhorial, estatuito nobiliárquico e aristocracia. In: Antonio Manuel Hespanha (Coord.). *O Antigo Regime (1620-1807)*. Lisboa, Editorial Estampa, [1993], p. 333-379.

jornaleiros e artistas e a renda do capital –, arremeteu contra a lógica de uma sociedade de ordens e ameaçou seus privilégios, levantando a oposição óbvia da aristocracia.[5] De modo equivalente, na época das invasões, a ocasião não foi pensada, senão com dificuldade, enquanto uma oportunidade para efetuar uma transformação radical, preferindo-se, em geral, ansiar por uma *regeneração*, que pressupunha o retorno a uma antiga ordem ideal momentaneamente perdida.

De início, obedientes às ordens do príncipe regente D. João, a postura dos governadores do reino foi a de tratar os franceses como amigos, "abrindo-lhes as portas, estendendo-lhes generosamente as mesas e dando-lhes leitos para dormirem". Para alguns contemporâneos, como Acúrsio das Neves, esses governadores "*não deviam* e *não podiam*" resistir aos atentados e atos de usurpação dos franceses. "*Não deviam*", porque seria agir contra "o plano adotado" pelo soberano e "sacrificar inutilmente a nação a males horrorosos"; "*não podiam*", porque era "com exércitos e não com palavras" que se resistia a um "inimigo poderoso e armado". Agiam, nessa perspectiva, pela via do colaboracionismo, fiéis às ordens da realeza ausente. De Londres, já Hipólito da Costa não oferecia a mesma imagem aos seus leitores. Se não chegava a acusar diretamente os governadores de subserviência para com os franceses, fiado "na autoridade de numerosas cartas particulares que recebia de Portugal", apontava uma "demora dos Regentes do Reino em aprestar-se para a guerra", não dirigindo "imediatamente contra o inimigo o entusiasmo que se levantou em todas as Províncias do Reino".[6]

De qualquer modo, após a primeira expulsão dos franceses, os três membros da Regência que tomaram parte no conselho de governo instituído e presidido por Junot – os governadores principal Castro e Pedro de Mello Breyner, além do secretário, conde de Sampaio – foram impedidos de reassumirem seus postos, com o "fundamento de parecerem suspeitos de adesão ao interesse dos franceses", pois assinaram a representação da nação portuguesa em 24 de maio,

---

[5] Representação a S. A. R. o Príncipe Regente sobre um Plano de Fazenda. Transcrito em Andrée Mansuy Diniz Silva (int. e dir.). D. Rodrigo de Souza Coutinho. *Textos políticos, econômicos e financeiros (1783-1811)*. v. 1. Lisboa, Banco de Portugal, p. 131-142. Citação à p. 132. Cf., ainda, José Luís Cardoso. *O pensamento econômico em Portugal nos finais do século XVIII, 1780-1808*. Lisboa, Estampa, 1989, p. 170-173.

[6] Citações, respectivamente, em *Compendio Histórico dos ...*, p. 12; J. Acúrsio das Neves. *História geral da invasão dos franceses em Portugal e da restauração deste Reino*. t. 1. Porto, Edições Afrontamento, s./data, p. 254. Grifos no original; *Correio Braziliense ou Armazem Literário*. Londres. v. 2, n° 9, fevereiro de 1809, p. 172. Na visão de Ana Cristina de Araújo, essa prática política dos colaboracionistas não deve ser lida como oportunismo, mas apenas como uma atitude de seguir as ordens do soberano ausente. Cf. Idem. *Revoltas e ideologias ...*, p. 19-20.

solicitando a Napoleão que desse a Portugal "um príncipe da sua escolha".[7] Em sua petição justificativa ao príncipe regente, no entanto, Breyner alegou que o simples fato de ter servido com os franceses, se fosse criminoso, deveria impedir igualmente a atuação de outros membros do governo, que permaneceram nos cargos, e que somente aceitara empregos dos invasores para melhor servir ao seu soberano e à sua nação. Sem entrar no mérito das provas, pode-se considerar que, na época, "todos viviam com justo temor", linha que seguiu o parecer dos magistrados da Relação do Porto, de 8 de agosto de 1809, a favor de Breyner e do conde de Sampaio, argumentando que, "segundo o direito natural das gentes e mesmo o civil, as ações necessárias e extorquidas não podiam classificar-se de criminosas", especialmente, quando não era impossível "colher argumento da aderência ao inimigo ou de perfídia contra a Pátria e seu legítimo soberano". Além disso, prosseguia o parecer, em circunstâncias "tão imperiosas", "não deverá confundir-se o tímido proceder de um justo medo e iminente perigo com as sinistras maquinações dos mal-intencionados".[8]

De modo geral, quase todos os nobres envolvidos como suspeitos de colaborar com os franceses – ainda que, algumas vezes, condenados à morte numa primeira instância – foram, mais tarde, absolvidos.

> Enquanto o povo resistia ao poder inimigo, os fidalgos e nobres pediam a Napoleão que lhes desse um rei da sua família e iam em pessoa pedir-lhe. Mudando, porém, de senhores, foi punido o povo que resistiu e premiado quem adorou e beijou a bandeira estrangeira.

O comentário, em suas *Memórias*, de José Liberato Freire de Carvalho, um dos perseguidos pela Regência após 1811, ainda acrescentava, numa explícita referência aos governadores, chamando-os de *tigres do Rossio*, que aqueles que mais tinham servido e adulado os franceses, tornaram-se, após a expulsão dos invasores, os "mais acerbos e furiosos perseguidores".[9]

---

[7] Ver supra, Capítulo 2.
[8] Ver, para a primeira e a última citação, A.N.T.T. Ministério da Justiça. Partidarista dos franceses. Maço 100, n.º 1. 1809; Cf., ainda, ANRJ. Coleção Negócios de Portugal. Caixa 652, pac. 1ᴬ, doc. 3 e *Correio Braziliense ou Armazem Literário*. Londres. v. 5, nº 31, dezembro de 1810, p. 668-669.
[9] José Liberato Freire de Carvalho. *Memórias da vida de...* [1855]. Int. de João Carlos Alvim. 2ª ed. Lisboa, Assírio e Alvim, 1982, p. 41 e 43.

De fato, tanto a nobreza quanto o alto clero, as ordens dominantes da sociedade, mostraram-se, em parte, bastante sensíveis aos apelos de Junot. Se boa parte da nobreza palaciana acompanhou o príncipe regente ao Brasil, aqueles que permaneceram em Portugal, incluindo a maioria dos grandes titulados, tornaram-se o braço direito do general francês. Adesão, em diversos casos, motivada por oportunismo, e não por alguma filiação ideológica, a partir da oportunidade que entreviram de manter o estatuto privilegiado e o prestígio social de que gozavam pela colaboração, a fim de evitar a qualquer custo, como já se indicou, que entrassem em vigor os códigos napoleônicos, que alterariam profundamente a estrutura econômica e social portuguesa. Nessa ótica, Junot transformava-se, como aparece num quadro de Domingos Antônio Sequeira, no homem providencial – no Salvador – que daria à alta aristocracia portuguesa a proteção de que se sentia carente desde o período pombalino.[10]

Explica-se, assim, ao menos parcialmente – em virtude das pressões a que todos estavam submetidos –, a maciça presença dessa aristocracia na acima mencionada representação de Portugal a Bonaparte em maio de 1808, solicitando-lhe "formar parte da grande família que Vossa Majestade Imperial e Real é o Pai Benéfico e Soberano Poderoso". Segundo *O Português*, o documento foi assinado por todos os marqueses (exceto o marquês das Minas e o de Olhão, ambos fora de Lisboa), por todos os condes, viscondes, barões e senhores da terra em exercício, totalizando 76 assinaturas. Submetido à Junta dos Três Estados, um órgão esclerosado a essa altura, para emprestar-lhe legitimidade, oferecia vassalagem a Napoleão, "o herói do mundo, o árbitro dos reis e dos povos", uma vez que só ele podia "cicatrizar as feridas da Pátria, defendê-la dos perigos da escravidão" e dar a Portugal "aquele lugar destinado entre as potências da Europa", acrescentando, após alguns elogios a Junot, a solicitação de que o imperador dos franceses lhes desse "um príncipe da sua escolha", acompanhada da lembrança de que o primeiro soberano dos portugueses, "o conde D. Henrique, fora um príncipe francês".[11]

---

[10] Para o quadro, ver, ao final, o Anexo n° 1 – Caricaturas/Gravuras.
[11] ANRJ. Coleção Negócios de Portugal. Caixa 652, pac. 1^A, doc. 3, dezembro de 1808. Trata-se de cópia, como já se assinalou no Capítulo 2, enviada posteriormente pelos Governadores do Reino a D. João. Foram elaboradas três vias originais: uma seguiu por correio para Napoleão; outra, por um fidalgo português que, ao entrar no território espanhol, foi perseguido por patriotas espanhóis e retornou a Portugal sem sucesso em sua missão; e uma última, que foi depositada no Torre do Tombo. Cf. para

A análise do documento revela uma linguagem caraterística do Antigo Regime, que, a partir de uma afinidade histórica entre Portugal e a França, identificada pelo nascimento francês do primeiro rei português, tratava Napoleão como soberano e protetor dos povos, buscando, de modo a transformá-lo em "senhor natural" do reino, estabelecer um novo pacto de legitimidade, assinado pelos *grandes* da nação. Em momento algum, exceto pela menção a Portugal ficar unido por uma mesma constituição política aos destinos da França – idéia mais próxima da perspectiva de inserir o reino português no sistema continental napoleônico –, tocava-se no estabelecimento de novas instituições políticas nos moldes franceses, ao contrário da outra representação apresentada, na mesma data, pelo juiz do povo.[12]

O tradicionalismo da nobreza lusitana, nessa fase difícil da Regência, procurava, assim, manter a ordem e a hierarquia social, acreditando que chegara o momento propício para retomar o seu antigo papel de conselheira nata do monarca, mesmo que este fosse um rei estrangeiro. Dessa forma, Bonaparte surgia em seu imaginário não como o continuador dos princípios de 1789, mas como aquele que se preocupara em restabelecer, após os tumultos revolucionários na França, o lugar da antiga aristocracia, com a sua sagração e coroação e com a restauração daquele espaço primordial que, para ela, constituía o círculo privado da Corte.[13] Queria compensar, assim, a marginalização que sofrera desde o período pombalino e que, a despeito da *Viradeira*, prosseguira no governo mariano sem solução de continuidade, em decorrência de cres-

---

essa última A.N.T.T. Ministério dos Negócios Eclesiásticos e Justiça, caixa 36. s.n., segundo indicação de A. H. de Oliveira Marques. *História da Maçonaria em Portugal*. v. 1: Das origens ao triunfo. Lisboa, Presença, 1990, p. 97, nota 19. A informação do nº 10 do jornal, publicado em Londres com data de 10 de fevereiro de 1815 encontra-se em Georges Boisvert. *Un pionnier de la propagande libérale au Portugal: João Bernardo da Rocha Loureiro (1778-1853)*. Paris, Fundação Calouste Gulbenkian/Centro Cultural Português, 1982, p. 87-88.

[12] ANRJ. Coleção Negócios de Portugal. Caixa 652, pac. 1ª, doc. 3; Acúrsio das Neves. *História geral da invasão dos franceses ...*, t. 2, p. 425-428. Na historiografia portuguesa, alguns autores fazem referências a este documento, como Graça Dias & J. S. da Silva Dias. *Os primórdios da maçonaria em Portugal*. 2ª ed. Lisboa, Instituto Nacional de Investigação Científica, 1986. v. 1, t. 2, p. 497-498; Ana Cristina Bartolomeu de Araújo. As invasões francesas e a afirmação das idéias liberais. In: Luis Reis Torgal & João Lourenço Roque. *O Liberalismo (1807-1890)*. Lisboa, Estampa, [1993] p. 31.

[13] G. Lefebvre. *Napoléon*. 6ème ed. Paris, PUF, 1965. p. 421-433; Jacques Godechot. *Europa e América no tempo de Napoleão (1800-1815)*. São Paulo, Pioneira/EDUSP, 1984, p. 325-329 e J. Tulard. *Napoléon et la noblesse d'Empire*. Paris, Tallandier, 2001, p. 15-50 e 99-106.

cente intervenção do poder central, mediante racionalização administrativa timidamente inspirada nas Luzes, apoiada sobre a atuação dos ministros nas Secretarias de Estado. Situação que, a partir de 1796, se agravara com o *despotismo ministerial* de Rodrigo de Souza Coutinho, afilhado de Pombal, num contexto de enfraquecimento da função monárquica com a doença da rainha e a conseqüente regência não-oficial de D. João de 1792 a 1799, por meio de uma política que vislumbrava no conhecimento um instrumento de poder. Política que, por isso, não podia prescindir, na falta de uma autêntica *burocracia*, dos círculos letrados, inaugurados pela Academia Real de Ciências de Lisboa (1779), como aquele da *geração de 1790*, independentes das origens sociais, mas que configuravam uma nobreza *de talentos*, no lugar daquela *de sangue*.[14]

O conde da Ega, Ayres de Saldanha Albuquerque Coutinho Mattos e Noronha, pode ser identificado como exemplo emblemático dessa aristocracia, que aderiu, por interesse pessoal, ao *junotismo*. Conselheiro do governo, encarregado da distribuição da justiça, obteve de Junot uma provisão para tomar de juro dinheiro de uma confraria.[15] Como deputado mais antigo da Junta dos Três Estados, liderou a ala aristocrática que encaminhou a representação de 24 de maio a Napoleão e, quando da sublevação popular contra os invasores, em proclamação aos magistrados e empregados na administração judicial, recriminou a atitude destes, por excitarem e promoverem "a discórdia e a rebelião desses desgraçados povos", fundamentados "em princípios errados do interesse público", salientando que o domínio napole-

---

[14] Para a vida e obra de D. Rodrigo, ver Andrée Mansuy Diniz Silva (int. e dir.). D. Rodrigo de Souza Coutinho. *Textos políticos, econômicos e financeiros* .... Cf. ainda José Luís Cardoso. Nas malhas do Império: a economia política e a política colonial de D. Rodrigo de Souza Coutinho. In: Idem (coord.). *A economia política e os dilemas do império luso-brasileiro (1790-1822)*. Lisboa, Comissão Nacional para as Comemorações dos Descobrimentos Portugueses, 2001, p. 63-109, e Kenneth Maxwell. A geração de 1790 e a idéia do império luso-brasileiro. In: *Chocolate, piratas e outros malandros: ensaios tropicais*. São Paulo, Paz e Terra, 1999, p. 157-207.

[15] Raúl Brandão afirma que o conde da Ega, embaixador em Madri, em 1807, já procurava uma aliança com Godoy, traindo Portugal, vendendo-se "pelo gozo, pelo ouro, pelas fardas". Cf. Raúl Brandão. *El-Rei Junot*. 3ª ed. Coimbra, Atlântida, 1974, p. 94-95. Hipólito da Costa também afirmava que o crime do conde da Ega era notório. *Correio Braziliense ou Armazem Literário*. Londres, v. 5, nº 28, setembro de 1810, p. 369. Deve-se assinalar que o Conde da Ega pertencia a uma casa recente, criada em 1758. Em alguns momentos, a casa da Ega passou por situação de endividamento e de grande aperto financeiro. Cf. Nuno Gonçalo F. Monteiro. *O Crepúsculo dos Grandes (1750-1832)*. Lisboa, Imprensa Nacional/Casa da Moeda, 1998, p. 88 e 407.

ônico mantinha "as nossas Leis, os nossos Privilégios e os nossos Costumes". Este era "o brilhante quadro da nossa futura existência", se a "Nação Portuguesa" respeitasse a "Poderosa Proteção" do imperador francês. Naquele momento, porém, se a revolta continuasse, o resultado seria a ruína total, embora ainda houvesse "remédio, porque NAPOLEÃO, sempre grande nos seus projetos, desde que lanç[ara] as suas vistas para arrancar a Nação Portuguesa da escravidão da Inglaterra", escolhera para representá-lo "um dos mais distintos capitães", ou seja, Junot; e "o perdoar [era] certamente a mais grata disposição da alma Elevada do Respeitável Chefe", que regia Portugal "com Mão Benfeitora".[16]

Segundo os autos do Juízo de Correição do Crime e da Corte, em 15 de setembro de 1808, na mesma ocasião "em que o Inimigo foi forçado a retirar-se de Lisboa", o conde da Ega embarcara com sua família, retirando-se de Portugal, por "seu próprio Arbítrio", sem "autoridade legítima", dirigindo-se para o "porto do inimigo" e entrando em "território proibido", o que redundava em acusação, portanto, de ter fugido para a França, com "ânimo hostil", a fim de "fazer guerra ao Rei e ao Estado". O processo arrolava igualmente uma carta sua, escrita a um primo, de 18 de janeiro de 1810, na qual Ega se lisonjeava de ter assumido suas atitudes anteriores, mencionava "ter muitos companheiros" na França e manifestava a esperança de convencê-lo, em pouco tempo, a tomar o mesmo partido. Comprovava ainda sua adesão "à revolução e sedição" do partido francês a proclamação que fizera em 1º de agosto aos magistrados, o que tudo indicava as "circunstâncias do abominável delito de traidor do Estado", agravadas porque sempre recebera, no decurso da vida, "particulares favores e graças da família real portuguesa".[17] Num outro nível, criado pela intriga e murmuração típicas do Antigo Regime, afirmava-se que sua mulher, D. Juliana, condessa de Ega e filha da marquesa de Alorna, ter-se-ia envolvido "em amores sem recato com Junot", motivo pelo qual, temendo vingança pela assiduidade dela e

---

[16] Conde da Ega. *Aos Magistrados e Empregados na Administração Judicial.* Lisboa, Imp. Imperial e Real, 1808, p. 1 e 2. Grifo no original. Proclamação datada de 1º de agosto de 1808.

[17] BNL. Códice 855. Sentenças (1810-1812). fl 351-353. A sentença, em que há parte do processo, foi transcrita também em *Correio Braziliense ou Armazem Literário.* Londres. v. 6, nº 34, março de 1811, p. 286-292.

dele próprio à casa do general francês, partira para a França.[18] Como resultado, em janeiro de 1811, foi enquadrado no "horrorosíssimo crime de Lesa-Majestade de primeira cabeça e alta traição". De acordo com a sentença final, ficou

> desautorado de todos os Títulos, Honras, e Prerrogativas Civis de que gozava, e condenam a que com baraço e pregão seja conduzido à Praça do Cais do Sodré, onde formando-se uma alto Cadafalso, morrerá morte natural para sempre, de garrote, sendo-lhe depois decepada a cabeça, se reduza seu corpo a cinzas, que lançarão ao mar. E visto achar-se ausente, o hão por banido e mandam às Justiças do dito Senhor, que apelidem contra ele toda a Terra para ser preso, ficando livre a qualquer do Povo o poder de matá-lo, estando certo de que é o próprio banido; e o condenam outrossim em confiscação e perdimento de todos os seus bens para o Fisco e Câmara Real, revertendo e incorporando-se efetivamente na Coroa os que forem de Morgado, Feudo ou Foro estabelecido em bens.
> Quanto às Rés D. Maria e D. Violante as hão por inocentes e absolutas; condenam, porém, a Ré D. Juliana ao perdimento de todas as Honras, Títulos, Regalias e Bens, e hão por desnaturalizada [...], e paguem os Réus as custas.[19]

Após a Regeneração Vintista, no entanto, o conde da Ega, bem como outros implicados em crimes de lesa-majestade, receberam o perdão concedido por dois decretos das Cortes Gerais e Constituintes de 9 de fevereiro e 12 de março de 1821. Apesar disso, o conde da Ega continuou a morar em Paris, onde publicou um folheto, cujo argumento reproduziu na apresentação à *Sentença de absolvição*, que fez sair à luz em Lisboa em 1823, com o título "Aos meus compatriotas". Nela, propunha uma "análise circunstanciada" dessa "abominável trama", a fim de provar "que as autoridades, em que residia o poder da Soberania, atropelaram quanto há de mais Sagrado na ordem social e no respeito da Religião e da Lei" e infringiram "todos os princípios de Direito Positivo e das Gentes", considerando-se o "único condenado por opiniões e motivos políticos". Rebatia, em seguida as principais acusações que pesavam sobre ele. Em primeiro lugar, "não havia fugido para o inimigo em tempo de

---

[18] Marquesa de Alorna. *Inéditos. Carta e outros escritos*. Lisboa, Sá da Costa, 1941. p. 197.
[19] BNL. Códice 855. Sentenças (1810-1812). fl. 354-355. No *Correio Braziliense ou Armazem Literário*. Londres. v. 6, nº 34, março de 1811, p. 291-292.

guerra, sem passaporte legítimo", pois embarcara com destino a Londres, mas a nau, contrariada pelo "mar e ventos", viu-se obrigada a arribar em França e, por encontrar-se muito doente, foi persuadido a desembarcar por dois emigrados franceses. Em segundo, que saíra de Lisboa, com sua mulher e filhas, respaldado pelo "patrocínio das forças inglesas", uma vez que a Convenção de Sintra, datada de 30 de agosto, em seu artigo 16, tinha facultado "a saída livre de Portugal a todo o português, que, forçado das circunstâncias, exercera algum emprego público durante a ocupação do Reino pelos franceses". Em terceiro, como estava impedido de recorrer a uma autoridade portuguesa, não tivera outro recurso senão permanecer em França, "onde certamente o meu braço não foi empregado em ajuda dos inimigos da minha Pátria, nem dei a Napoleão conselhos sobre projetos políticos ou militares".

Por tudo isso, ficou profundamente consternado ao ver-se "injustamente considerado na qualidade de réu de alta traição", pensando que teria "a desgraça de manchar o nome de uma família, que contava séculos de ilustração", que participara da Restauração de 1640 e da qual membro algum, "em toda a História de Espanha e Portugal", jamais estivera "compreendido em alguma das conspirações de que a península tem sido o teatro".[20] Aproveitava para também demandar que lhe fosse devolvida a Casa Solar de sua família – o Pátio do Saldanha –, que há longos anos vinha sendo indevidamente retida pelo marquês de Campo Maior – ou seja, o próprio Beresford –, pleito que alcançou por sentença datada de 18 de janeiro de 1823, restituindo-lhe a "qualidade de Cidadão português, prerrogativas e bens que antes gozava", emanada das autoridades vintistas dispostas a realizar aquelas mudanças econômicas e sociais, que, na época das invasões, procurara evitar, e que o tratavam agora não mais de *súdito*, mas de *cidadão*.[21]

Não obstante tais comportamentos, um outro grupo da nobreza aderiu ao governo francês mediante certa opção ideológica. Foram, na maioria, militares, muitos ligados à nobreza, atraídos não só pelo fascínio que *la grande Armée* exercia, mas também pela figura do herói mitificado – Napoleão Bonaparte, invencível em suas conquistas, embora não lhes fosse estranha a idéia de que, apesar do desabono de suas práticas, os novos princípios da Revolução Francesa traziam a oportunidade de implementar algumas

---

[20] *Sentença de absolvição proferida a favor do Conde da Ega*. Lisboa. Impressão Régia, 1823, p. 1-5.
[21] BNL. Códice 855. Sentenças (1810-1812), fl 354-357-8.

instituições novas e modernizar as estruturas de poder, promovendo a tolerância e o progresso cívico, aspectos que eram caros à corrente anglófila da Maçonaria. Dessa forma, engajaram-se nas tropas dos invasores, compondo a chamada *Legião Portuguesa*.[22]

Figura exponencial desse grupo foi o marquês de Alorna, Pedro de Almeida, que assumiu o comando da Legião Portuguesa, mas nele estavam igualmente incluídos, entre outros, o marquês de Ponte Lima, Tomás Xavier de Lima; o marquês de Valença, José Miguel João de Portugal; o marquês de Loulé, Agostinho José de Mendonça Rolim de Moura Barreto; o conde de São Miguel, Álvaro José Xavier de Botelho de Portugal; e o conde de Sabugal, Manuel Assis Mascarenhas Castelo Branco. Militares de formação, situavam-se, à exceção de Alorna, que já ultrapassara os cinqüenta, na faixa etária dos trinta aos quarenta anos e estavam ligados pelo segredo da Maçonaria, esboço de uma esfera pública de poder, em que se discutiam os meios de criar um Portugal novo, integrado à *Grande Nação*, tradução do "ideal maçônico de fraternidade sem fronteiras", segundo Oliveira Marques, filtrando para isso as diferentes representações dos princípios de 1789 de acordo com seus interesses, que abominavam a violência do que sucedera na França em 1792.[23]

O marquês de Alorna é, sem dúvida, a personagem mais instigante desse grupo. Segundo memórias de seu sobrinho, o marquês de Fronteira e Alorna, pouco ou nada devia à dinastia de Bragança, que mandara decapitar seus avós na praça de Belém e encarcerar seus pais por dezoito anos – o pai no forte de Junqueira e a mãe no Mosteiro de Chellas, junto com a irmã, a marquesa de Alorna, esta, mais tarde, expatriada, sem processo, por suposta conspiração contra D. João. Ele próprio, além de perder os dois únicos filhos em tenra idade, fora perseguido, devendo sua formação em Coimbra "à generosidade de alguns parentes", sendo ainda privado, ao longo do reinado de D. José e da regência de D. João, da mesada que recebia, apesar da grande fortuna do pai. Na liderança da Legião Portuguesa a partir de 1808, Alorna retornou a

---

[22] Cf. A. H. de Oliveira Marques. *História da Maçonaria*.... v. 1: Das origens ..., p. 97-98. Para uma análise militar desta Legião ver Antonio Pedro Vicente. A Legião Portuguesa em França – uma abertura à Europa. In: *O tempo de Napoleão em Portugal. Estudos Históricos*. Lisboa, Comissão Portuguesa de História Militar, 2000, p. 253-268.

[23] A. H. de Oliveira Marques. *História da Maçonaria*.... v. 1: Das origens ..., p. 93-94. Desses nobres, apenas o marquês de Valença não estava ligado à Maçonaria. Cf. Idem. *Ibidem*, p. 333-433.

Portugal em agosto de 1810, com a terceira invasão francesa chefiada por Massena. O encarregado dos negócios portugueses na Espanha já informara à Regência, dois meses antes, que ali se encontrava para auxiliar na invasão do território português, procedendo-se, por isso, ao processo de "seqüestro de todos os bens do dito Marquês".[24]

Ao chegar a Portugal, lançou uma curiosa e um tanto confusa proclamação, na qual procurava mostrar a superioridade da França em relação à "Espanha junta com Portugal", defendendo serem as "vantagens da guerra" "ordinariamente resultado da força empregada com arte" e da disponibilidade da riqueza necessária para levar adiante o empreendimento. Prosseguia demonstrando que o valor consistia em "não ceder à contrariedade", embora fosse preciso conhecer bem qual a contrariedade "para aplicar o valor que lhe compete", o que correspondia, em alguns casos, a saber sofrer para alcançar a glória e, em outras circunstâncias, para não sofrer. Eram essas lições que ele julgava que deviam conduzir o raciocínio dos portugueses, a fim de escolher uma direção firme, entre três possibilidades: primeira, a de Portugal ser reduzido à província da Espanha; segunda, a de ficar sob a tutela da Inglaterra, que "cobre com a capa da amizade seu próprio interesse"; por fim, a da união com a França, que em todos os tempos, desde a Restauração de 1640, oferecera tratados de comércio vantajosos ao país. Segundo ele, para a Espanha e a Inglaterra, convinha a aniquilação de Portugal, enquanto para a França, sua conservação. "Resistir [à França] é fazer oposição ao que lhe convém" e, se a oposição ocorresse, o resultado poderia ser a ruína.[25]

Argumentos esses que, para os governadores do reino, equivaliam a um ato de sedução destinado a "alienar os ânimos dos fiéis portugueses", usando o fato de ser um "general português para melhor os iludir", e que produziram reação imediata. Considerada uma "proclamação sacrílega, destinada a seduzir o Povo e a tropa", à qual convidava "ao Serviço Francês, para a levar a morrer desgraçadamente nas injustas guerras desta Potência", determinou-

---

[24] D. José Trazimundo Mascarenhas Barreto. *Memórias do Marquês de Fronteira e d'Alorna*. Parte primeira e segunda (1802 a 1824). Coimbra, Imprensa da Universidade, 1926, p. 15, 36-37. A casa de Alorna foi de fundação tardia, ainda que elevada à Grandeza em 1677, sendo considerada como um das mais cultas de Portugal. Cf. Nuno Gonçalo F. Monteiro. *O crepúculo dos Grandes* ..., p. 43 e 344-345.

[25] ANRJ. Coleção Negócios de Portugal. Caixa 709, pac. 1, doc. 52. Conta dos Governadores. 25 de junho de 1810 e pac. 2, doc. 85. Proclamação do Marquês de Alorna [impresso, s.n.t.].

se ao chanceler da Casa da Suplicação que fizesse "queimar dentro de vinte e quatro horas as proclamações", espalhadas e assinadas pela mão de Alorna, e que a Intendência da Polícia afixasse tal ordem em todo o reino, para que fosse executada. Declarava-se também "o dito Pedro de Almeida, Réu de lesa-majestade de primeira cabeça e procedendo sobre a notoriedade do fato como convêm em tão atroz, execrando e abominável delito", mandava-se privá-lo de "todos os Títulos, Honras e dignidade e até do Nome Ilustre de Português, de que se faz indigno", apontando-o como bandido, com "o prêmio de mil moedas de ouro a quem o apresentar vivo, ou morto, e o perdão do seu crime, no caso que seja seu cúmplice". Depois do retorno de Alorna à França, o processo prosseguiu, acrescentando-se a essa primeira sentença sua condenação à morte, sendo suas mãos cortadas em vida e "depois de separada a Cabeça, fosse reduzido o [...] cadafalso com o seu corpo pelo fogo a cinzas", que seriam lançadas ao mar. Por se encontrar ausente, consideravam-no banido, mandando "às justiças do Príncipe Regente Nosso Senhor, que apelidem contra ele toda a terra para ser preso, ou para que todo e qualquer do povo o possa matar sem pena".[26]

Alorna não mais retornou a Portugal e morreu em campanha, na cidade de Königsberg, após a retirada da Rússia, no ano de 1813, escrevendo o médico de sua divisão à marquesa de Alorna: "O General Marquês morreu de saudade, frio e fome, o que tudo ocultava".[27] Morria proscrito, pois sua reabilitação final só viria em 1823, quando foi publicada uma *Memória Justificativa do Marquês d'Alorna*, cuja autoria atribui-se à irmã, que também foi embargante da sentença que lhe fora proferida. Em seus argumentos, defendia a idéia de que Alorna, ao partir para a França, em 15 de abril de 1808, não se dirigira para um território de inimigos do rei, uma vez que este só declarou guerra aos franceses em 1º de maio daquele ano. Logo, a França não era "inimiga ostensivamente" de Portugal e, nos anos seguintes, considerava seu irmão um prisioneiro, obrigado a obedecer aos franceses, sem liberdade nem escolha. Ressaltava ainda alguns aspectos de valor moral em relação a Alorna: ele teria sido mal julgado por seus contemporâneos, principalmente numa época em

---

[26] Cf. ANRJ. Coleção Negócios de Portugal. Caixa 709, pac. 2, doc. 85. Portaria do Governo de 6 de setembro de 1810 e Sentença contra o Marquês de Alorna. Transcrita em *Correio Braziliense ou Armazem Literário*. Londres. v. 6, nº 32, janeiro de 1811, p. 69-74.
[27] D. José Trazimundo Mascarenhas Barreto. *Memórias do Marquês de Fronteira ...*, p. 128.

que a sociedade dava ouvidos à intriga e na qual se desenvolvia e prosperava a inveja. Sua conduta na França foi sempre a de um *pai* para com seus soldados e para com os conterrâneos, sendo "um excelente português em todas as ocasiões em que pôde manifestar suas opiniões", vislumbrando Portugal como uma monarquia independente, embora estivesse fora de seu "alcance e possibilidade de provocar ou tomar parte [na] restauração gloriosa" de seu país, porque já "tinha sido cruelmente avaliado".[28]

Entre os contemporâneos, Hipólito da Costa era bastante rigoroso ao comentar "a sentença contra o traidor ex-marquês de Alorna". Indagava aqueles que "tanto estribam a sua glória e orgulho na nobreza de seus antepassados e parentes, de cujo merecimento querem participar, se também acham racionável que nos lhe lancemos em rosto a ignomínia deste seu colega, deste seu aparentado?" Para ele um homem só merecia estima pelas suas "boas qualidades" e "vitupério pelos seus vícios" e, entre esses últimos, situava o marquês. Igualmente vários escritos de circunstâncias referiam-se a Alorna em termos desabonadores: "o Senhor Pedro de Almeida [foi] um dos apóstolos encarregados = de propaganda *protectione, felicitate et tranquilitate* = dos franceses"; Pedro de Almeida "é conspirador consumado contra sua Pátria"; "Valido [de Massena] e mais que valido! Traidor como lhe chamam as Autoridades Régias, de que não se duvida". Observe-se que as referências eram feitas a Pedro de Almeida, e não ao marquês, pois como traidor não teria direito de usufruir seus títulos e honras.[29] No entanto, condenado por seus contemporâneos, Alorna teve o reconhecimento de José Liberato Freire de Carvalho, que, em suas *Memórias*, relatou o tratamento cordial que dele recebeu quando esteve preso nas mãos dos franceses: "[...] nele encontramos o homem mais generoso e humano que podíamos desejar", revelando-se extremamente afável,

---

[28] *Memória Justificativa do Marquês de Alorna.* Hamburgo, Typografia de F. H. Nestler, Imp. e Livreiro, [1823], p. 12 e 13.

[29] *Correio Braziliense ou Armazem Literário.* Londres. v. 6, n° 32, janeiro de 1811, p. 95-96. Para os panfletos, ver, respectivamente, *Terceira e ultima parte Espião Patriota ou Cartas de Paulo Mendes Mirrado com Pedro Paulo Pereira Pedra, até a retirada do exercito invasor,* por José Antonio da Silva Freire. Lisboa, Impressão Régia, 1812, p. 22; *Dialogo entre dous mortos ou entendimento entre dous soldados que morreram na batalha do Bussaco, hum inglez e outro francez, enterrados ambos no mesmo lugar, por H. V. M.* Parte III e última. Lisboa, Impressão Régia, 1811. p. 4-5. Ver ainda *O Francezismo desmascarado ou exame das formas de que ultimamente se revestiu aquela manhosa seita, escrito por ***.* Lisboa, Offic. de Joaquim Rodriguez d'Andrade, 1811, p. 12.

oferecendo sua ajuda para "aliviar o nosso estado", além de "sua mesa" estar "sempre pronta para nós".[30]

Dos demais nomes destacados da nobreza, os marqueses de Ponte Lima e de Valença desertaram do exército francês quando se encontravam na Espanha em novembro de 1811, passando "com a proteção de Lord Wellington" para Portugal. Em sua defesa, apresentavam uma carta do tenente-coronel Grant narrando que, ao ser ele próprio preso por um destacamento francês em território espanhol, encontrara os dois nobres, que solicitavam notícias de seu país e mostravam "em suas conversações um afeto o mais decidido e leal para com seu príncipe e Pátria". Além disso, o oficial britânico atestava, pela conduta dos marqueses e por informações de alguns oficiais franceses, que eles nunca tinham obrado em qualquer operação militar contra os exércitos aliados e que tinham "recusado a promoção no serviço francês", acrescentando eles, em sua súplica, que "logo que em França tiveram a gostosa notícia da nossa feliz Restauração, mostraram os maiores desejos de virem para Portugal". Foram absolvidos e libertados em janeiro de 1812.[31]

Quanto aos demais, tiveram destinos distintos. Por um envolvimento maior no "Exército Inimigo", por estarem "empregados no seu Estado Maior" e por terem entrado em Portugal integrando os exércitos de Massena, o marquês de Loulé e o conde de São Miguel foram sentenciados enquanto ausentes. O primeiro já havia sido denunciado em 1803 pela Inquisição, pois seu palácio era considerado uma "loja maçônica" e, em razão de sua participação na batalha de Wagram, recebera "o hábito da Legião de Honra". Ambos tiveram seus bens e rendas de suas casas seqüestrados, sendo expulsos e privados dos privilégios de cavaleiros da Ordem de Cristo. Condenados à morte em 1811, foram, no entanto, indultados mais tarde.[32]

---

[30] José Liberato Freire de Carvalho. *Memórias da vida* ..., p. 51.
[31] ANRJ. Coleção Negócios de Portugal. Caixa 657, pac. 1. Conta dos Governadores n.º 138. 25 de janeiro de 1812. Ponte de Lima e Valença eram antigas casas de nobreza em Portugal, criadas, respectivamente, em 1476 e 1515. Cf. Nuno Gonçalo F. Monteiro. *O crepúculo dos Grandes* ..., p. 88.
[32] ANRJ. Coleção Negócios de Portugal. Caixa 682, pac. 2. Conta dos Governadores n.º 135. 7 de dezembro de 1811. Sentença contra o Marquês de Loulé e contra o Conde de S. Miguel. Transcrita em *Correio Braziliense ou Armazem Literário*. Londres. v. 8, nº 44, janeiro de 1812, p. 73-79. Para a informação sobre a participação na maçonaria do Marquês de Loulé, cf. A. H. de Oliveira Marques. *História da Maçonaria*..., v. 1: Das origens ..., p. 299. Loulé e São Miguel foram casas de nobreza constituídas antes da Restauração – respectivamente, 1628 e 1633. Cf. Nuno Gonçalo F. Monteiro. *O crepúculo dos Grandes* ..., p. 88.

Por fim, o conde de Sabugal que também "andava ao serviço dos franceses", de acordo com Hipólito da Costa, fora aprisionado por "uma guerrilha espanhola" e remetido a Lisboa, onde ficou preso na Torre de Belém. Sua sentença foi mais amena, sendo degredado para a ilha de S. Miguel, na qual permaneceria sem comunicação e correspondência com qualquer pessoa que não fosse de sua família. Oliveira Marques relata, no entanto, que, no degredo em Ponta Delgada, ele teria fundado uma loja maçônica. Perdoado mais tarde, engajou-se no movimento liberal vintista, defendendo os ideais liberais com que sonhara desde o período napoleônico.[33]

Na visão da época, as sentenças distintas para aqueles que praticaram "o mesmo crime de servir com os franceses" justificavam-se por posturas também diferenciadas: uns seguiram o "partido francês" por sua "própria vontade e por seu gosto"; outros foram "violentados", "inteiramente levados" pela "força superior do inimigo". Avaliar com clareza quais eram os "verdadeiros traidores ao Soberano e à Pátria" não era tarefa fácil, especialmente quando os processos eram feitos em segredo e sentenciados ocultamente por um governo tendo à frente "um ministro despótico e um Inquisidor ao rabo, para o auxiliar em tudo quanto é iníquo, sob a capa de religião".[34]

No clero, pelo menos as figuras mais proeminentes comportaram-se de maneira bastante semelhante à aristocracia, não escapando, como já foi indicado, de uma certa colaboração. Para alguns historiadores, essa postura de cautela era imposta pelas circunstâncias da invasão, não havendo um "sentimento aberto de francesia", mas apenas a preocupação de "fomentar sentimentos de esperança no ânimo das populações"; mas nem sempre os contemporâneos compartilharam dessa leitura.[35]

---

[33] ANRJ. Coleção Negócios de Portugal. Caixa 657, pac. 2, doc. 27. Ofício ao Conde de Sabugal. 3 de fevereiro de 1812. Cf. *Correio Braziliense ou Armazem Literário*. Londres. v. 6, n° 35, abril de 1811, p. 452; e A. H. de Oliveira Marques. *História da Maçonaria* .... v. 1: Das origens ..., p. 407. A casa de Sabugal era nobreza recente em Portugal (1729). Cf. Nuno Gonçalo F. Monteiro. *O crepúsculo dos Grandes* ..., p. 88.
[34] *Correio Braziliense ou Armazem Literário*. Londres. v. 8, n° 44, janeiro de 1812, p. 107-108.
[35] Para as citações, ver Joaquim Veríssimo Serrão. *História de Portugal*. v. 7: A instauração do liberalismo (1807-1832). Lisboa, Verbo, 1984, p. 27-28. Cf. ainda Isaías da Rosa Pereira. Pastorais de alguns bispos portugueses por ocasião das invasões francesas. *Revista de História das Idéias. A revolução Francesa e a Península Ibérica*. Coimbra. 10: 327-346, 1988. O autor, nesse artigo, assume uma postura de defesa dos bispos e da Igreja Católica, justificando que esta não podia ser diferente, pois o "cristianismo nunca tentou modificar a ordem estabelecida, nem o direito dos povos" (p. 330).

O patriarca de Lisboa, a mais alta dignidade da Igreja em Portugal, chegou a proclamar Napoleão como um enviado de Deus para "amparar a religião e fazer a felicidade dos povos" e considerou-o um "homem prodigioso, desconhecido a todos os séculos", que iria derramar sobre o povo inúmeras benesses, se este respeitasse suas determinações e se tratasse "nacionais e estrangeiros com fraternidade". Vale lembrar que Bonaparte, nesse momento, aparecia como o signatário da Concordata de 1801 e como um soberano cujo poder fora sagrado pelo papa, como observou o principal Miranda, em nome do clero, em acontecimentos de maio de 1808:

> sendo um dos deveres mais santos impostos pela Religião a submissão aos Soberanos da terra, era para o Clero de Portugal uma bem grata satisfação o ver a sorte deste Reino nas mãos de um Monarca, que entre os seus numerosos títulos de glória tem o de Restaurador da Religião Católica em França, e de seu Protetor nos países aonde faz chegar sucessivamente as suas armas triunfantes.[36]

A adesão do alto clero à representação ao imperador, aprovada em 24 de maio de 1808, foi bastante expressiva, com 69 assinaturas de arcebispos e bispos do Colégio da Santa Igreja Patriarcal e de dignidades e prelados do clero secular e regular. Sem dúvida, não se pode inferir que a simples assinatura significasse apoio integral aos princípios franceses, como se deduz da presença de alguns, como José, bispo de Elvas, ninguém outro que José Joaquim da Cunha de Azeredo Coutinho, natural de Campos dos Goitacazes e bispo de Olinda de 1794 a 1802, conhecido por sua posição de fiel vassalo do rei de Portugal e de opositor às doutrinas francesas, como voltou a demonstrar em pastorais datadas de 1810 e 1811 e em muitos outros atos.[37] Certamente, quando a invasão francesa alas-

---

[36] *Pastoral de D. José Francisco de Mendonça*. Lisboa, Impressão Régia, 8 de dezembro de 1807. *Gazeta de Lisboa*. n.º 20, 20 de maio de 1808. 1º Suplemento. Após a expulsão dos franceses, saía uma nota no mesmo jornal, em 1º de outubro de 1808, (*Gazeta* n.º 35) em que o Principal Miranda informava que seu texto havia sido alterado pelos franceses.

[37] Cf. Guilherme Pereira das Neves. Guardar mais silêncio do que falar: Azeredo Coutinho, Ribeiro dos Santos e a escravidão. In: José Luís Cardoso (coord.). *A economia política e os dilemas ...*, p. 14-62. Para as pastorais, ver Manuel Augusto Rodrigues. As invasões francesas em cartas pastorais de bispos portugueses. Posição dos prelados de Angra e de Elvas. *Revista de História das Idéias. Revoltas e Revoluções*. Coimbra. 7: 109, 1985, especialmente 101-109.

trou-se pelo território, não se podia deixar de recorrer à Igreja para pacificar o povo, e os prelados não tiveram outra alternativa senão obedecer. Mesmo o arcebispo de Évora, frei Manuel do Cenáculo, antigo colaborador de Pombal, então com quase noventa anos, redigiu duas pastorais, em 1808, para desarmar o clero e exortar o povo a obedecer à autoridade francesa:

> Quis a Providência Divina que nossa obediência e sujeição fosse dirigida e determinada pelo Governo do Invencível Napoleão. É necessário assentar em vaso firme para a segurança dos nossos passos. A instrução Apostólica não se ocupa de questões: o que é de direito se nos apresenta, é o que lemos nas Sagradas Escrituras, obedecer a quem nos preside. Isto, assim, observado, vem a tranquilidade com todos os bens consecutivos. A este desempenho, vos exorto e aconselho; certos, em que esta obediência é ação cristã.

Em uma memória, escrita posteriormente, Cenáculo afirmava que tinha sido obrigado a escrever essas pastorais – "não tive mais remédio do que pegar na pena e com o socorro do Espírito Santo fazer as duas pequenas Pastorais"–, mas essa atitude criou-lhe uma série de problemas, despertando a desconfiança de apoio aos franceses.[38]

Por outro lado, em relação ao baixo clero, a lista de presos entre março de 1809 e setembro de 1810, considerados "jacobinos incorrigíveis e teimosos" que tinham apoiado os franceses, indica que, dentre 74 indivíduos, 18 eram sacerdotes, perfazendo o maior percentual entre as profissões encontradas. Para a maioria desses presos, não se constituiu processo, tornando difícil afirmar se foram ou não colaboradores, embora haja indícios que todos estavam filiados à Maçonaria. Dois casos podem ser destacados: no primeiro, um sacerdote secular,

---

[38] Ver Biblioteca Municipal e Arquivo Distrital de Évora. CXXIX/1-21. Pastorais de 1808 – Évora, 30 de julho de 1808 e "Memória exacta e individual dos acontecimentos nesta Cidade de Évora, que succederão desde a intrusão dos Franceses neste reino", por Frei Manuel do Cenáculo. Há nessa documentação uma segunda pastoral, com termos bem mais favoráveis aos franceses, que, no entanto, apesar de impressa, não foi distribuída, sendo queimada depois da expulsão dos franceses, escapando apenas dois exemplares: um, enviado ao príncipe regente no Rio de Janeiro e o outro, arquivado, ainda que o padre José Agostinho de Macedo tenha conseguido subtrair um exemplar da tipografia. Para Cenáculo, ver mais adiante, Capítulo 5, e, sobretudo, a obra clássica de Jacques Marcadé. *Frei Manuel do Cenáculo Vilas Boas, évêque de Beja, archevêque de Évora (1770-1814)*. Paris, Fundação Calouste Gulbenkian, 1978, sobretudo, p. 464-475.

preso e deportado para os Açores, adotou como nome simbólico na Maçonaria, em 1821, o de *Napoleão*, refletindo, sem dúvida, sua simpatia pelo antigo imperador; no outro, um clérigo regular, preso e enviado recluso para Setúbal, com residência fixa no Convento dos Agostinhos Descalços, onde ficaria "com mais segurança e cautela" para não fugir "nem ter comunicações perigosas", organizou na sua cela um grupo paramaçônico, sendo, por isso, deportado em 1810 para os Açores. Há ainda o registro sobre o padre José Felix, capelão, que se declarou "partidarista do inimigo comum, antes e depois da invasão destes Reinos", sendo, por tal motivo, "preso em uma das cadeias públicas de Lisboa pelo tempo de meses e depois recluso em Rilhafoles". Todos sugerem que muitos desses sacerdotes, membros da reduzida elite letrada, eram pelo menos simpatizantes das idéias liberais de 1789.[39]

Já outro padre indiciado, frei Alexandre Palhares, diretor e administrador do Colégio de Educação das Ursulinas, na vila do Pereira, parece corresponder a um padrão diferente. Anteriormente à invasão dos franceses, fora denunciado por manter conversações sobre a Revolução Francesa e sobre as primeiras conquistas napoleônicas. Em conseqüência, de acordo com seu testemunho, foi preso no aljube de Coimbra e depois transferido para o Colégio da Sapiência, "sem culpa, sem prova, sem sumário e só por furor de um povo". Após a Restauração, outra denúncia redundou na constituição de devassa, quando as testemunhas o acusaram de continuar suas "conversações de Gazetas", de ter acorrido aos franceses, de ser mais "político" do que cuidar de seu ministério e de ter louvado Bonaparte de seu púlpito, o que replicou como resultado de pura maledicência de seus inimigos. O próprio juiz da Inconfidência, aludindo ao caráter correto do denunciado e a seu serviço em prol da educação da mocidade, reconheceu sua inocência e assinalou que frei Alexandre, com 66 anos de idade, "já sofrera o incômodo da prisão", de que "foi mandado soltar, por não se ter formulado culpa contra ele", parecendo-lhe "bastante a correção de ser repreendido no Real Nome de V. A. R." e a admoestação de que se "abstenha de discursos políticos

---

[39] Listagem elaborada a partir de BNL. Códice 855. Lista dos Jacobinos mandados sair de Lisboa, como incorrigíveis e teimosos. 1810-1811-1812, fl. 349-350 e A. H. de Oliveira Marques. *História da Maçonaria* ..., v. 1: Das origens ..., p. 101-102. Cf. ainda ANTT. Intendência Geral da Polícia. Requerimentos 600, maço 2, doc. 4 a 75, maço 3, 76 a 97 e maço 4, doc. 98 a 124. Para o caso do clérigo regular Francisco Cloots Vanzeller, cf. ANTT. Intendência da Polícia. Requerimentos 600, maço 2, doc. 11 e A. H. de Oliveira Marques. *História da Maçonaria* ..., v. 1: Das origens ..., p. 103 e 358, e ainda ANRJ. Coleção Negócios de Portugal. Caixa 652, pac. 1^A, doc. 16. 31 de outubro de 1808.

que pudessem ser perigosos à segurança do Estado". Da leitura de sua apologia, vislumbra-se um ilustrado que gostava de estar informado sobre os assuntos de seu tempo, assim como das "conversações das gentes civilizadas na Europa" e que lia jornais vindos de Londres ou da Espanha, emprestados por um "mercador de livros" de origem francesa, há muito estabelecido em Portugal. Sem dúvida, deixou-se levar pelo entusiasmo das primeiras notícias da Revolução Francesa e da expansão napoleônica, comentadas algumas vezes em seu púlpito, como ele próprio afirmou em relação à Paz de Badajós (1801), mas, simpático a algumas idéias liberais, não foi, contudo, colaborador do regime francês.[40]

Entre os militares, como já foi assinalado, o apelo às armas e a possibilidade de solidariedade à causa napoleônica mobilizaram diversos oficiais, que integraram a Legião Portuguesa, nominalmente dirigida pelo marquês de Alorna, embora seu verdadeiro cabeça fosse o "comandante em segundo", o tenente-general Gomes Freire de Andrade. Após a invasão de Massena do território português, em que este corpo militar exerceu papel decisivo, não faltaram comentários desfavoráveis sobre aqueles que dele participaram, destacando-se que seus soldados prestaram "repetidos e abomináveis serviços voluntariamente ao inimigo" de sua pátria e de seu soberano. Uma notícia do *Moniteur* era transcrita por Hipólito da Costa, com o comentário que deveria interessar a alguns portugueses. Referia-se a uma "brilhante festa" que a Legião Portuguesa, estacionada em Toul, oferecera para celebrar o nascimento de S. M. o Rei de Roma, ou seja, o filho de Napoleão, com a celebração de um *Te Deum*, a elevação de um arco de triunfo, e a presença de uma "excelente orquestra e um ajuntamento de dançadores e dançadoras, vestidos à moda portuguesa, cercado por 30 cavaleiros", tudo acompanhado de 101 tiros de peças de artilharia, um jantar público e um grande baile, durante três dias de festas, "com aclamações e expressões de mais viva alegria".[41]

---

[40] Cf. ANTT. Ministério da Justiça. Correspondência da Intendência da Polícia. Maço 99, nº 8, 1808.

[41] *Correio Braziliense ou Armazem Literário*. Londres. v. 6, nº 36, maio de 1811, p. 564 e n.º 37, junho de 1811, p. 720-721. Na historiografia há distintas referências sobre a questão da Legião de Honra. Entre os que aceitam uma colaboração dos militares aos franceses, ver Ana Cristina Bartolomeu de Araújo. As invasões francesas ..., p. 29-30; Raúl Brandão. *El-Rei Junot* ... passim; G. Boisvert. *Un pionnier de la propagande* ..., p. 410. Numa postura em que a adesão foi mínima, cf. Graça Dias & J. S. da Silva Dias. *Os primórdios da maçonaria* ..., v. 1, t. 2, p. 483-484; A. H. de Oliveira Marques. *História da Maçonaria* ..., v. 1: Das origens ..., p. 97-98. Ver também alguns panfletos que fazem referência ao assunto, confirmando a colaboração com os franceses, entre outros: *O Francezismo desmascarado* ... e *Dialogo entre dous mortos* ... .

De uma sentença contra os portugueses que acompanharam os exércitos inimigos, encontraram-se 16 oficiais, das mais diversas categorias, desde alferes até marechal de campo, que foram todos – com apenas três exceções, uma vez que o processo ainda não estava instruído com toda a legalidade – condenados a castigos corporais e à morte. O ponto fundamental voltava-se para o fato desses réus não só terem aceitado servir no exército francês mas sobretudo de terem participado do ataque francês a Portugal em 1810. Esse era um crime de lesa-majestade, a merecer punição exemplar. Além do marquês de Alorna, anteriormente analisado, outro cabeça da Legião Portuguesa era Manuel Inácio Martins Pamplona, fidalgo cavaleiro, que foi elevado ao cargo de governador militar de Coimbra por Massena, sendo condenado à morte, em 1811, com sua mulher, que o acompanhou e demonstrou grande desenvoltura no exército, recebendo dos "soldados franceses" o apelido de "Rainha Pamplona". Seus bens foram seqüestrados e todas suas honras, títulos e privilégios de português e de vassalo, cassados; mas, após a Revolução Vintista, foi igualmente perdoado e elegeu-se deputado para as Cortes de Lisboa. Novamente preso na época do miguelismo, morreu na prisão, em 1832.[42] João Reicend, filho do mercador de livros em Lisboa João Batista Reicend, serviu como capitão de infantaria e demonstrou, segundo os autos, tal entusiasmo com sua adesão que teria proclamado: "Adeus Portugueses, eu sou francês e sempre o fui".[43]

Digno de menção é ainda Gomes Freire de Andrade. Destinado desde cedo ao serviço militar, participara como voluntário das guerras no império russo, entre 1788-1792 e seguiu para a França, em 1808, junto com o marquês de Alorna e os demais oficiais, assumindo a direção efetiva da Legião Portuguesa. Não retornou, no entanto, em 1810 e, talvez por esse motivo, não foi condenado à morte, tendo apenas seus bens seqüestrados. Participou da campanha da Rússia, quando foi feito prisioneiro. Retornou a Paris em 1814-1815 e, após a paz geral, veio a Portugal para recuperar seus bens, mas acabou executado como chefe da conspiração de 1817.[44]

---

[42] *Correio Braziliense ou Armazem Literário*. Londres. v. 6, nº 36, maio de 1811, p. 552-566.
[43] *Ibidem*, p. 558 e 560-562.
[44] *Correio Braziliense ou Armazem Literário*. Londres. v. 5, nº 30, novembro de 1810, p. 473; A. H. de Oliveira Marques. *História da Maçonaria* ..., v. 1: Das origens ..., p. 409.

Na mencionada lista de 74 presos entre 1809 e 1810, podem ser também identificados 12 oficiais do exército e da marinha. Regra geral, estavam numa faixa etária entre os 25 e 45 anos e participavam das lojas maçônicas. Torna-se, contudo, difícil comprovar sua adesão ao francesismo. Segundo Oliveira Marques, cinco deles faziam parte do Conselho Conservador de Lisboa, um corpo de ação paramaçônico, criado em 5 de fevereiro de 1808, após a destituição da dinastia de Bragança, de reduzida atividade, mas com o objetivo de sacudir o jugo francês, confirmar a religião católica, ultrajada pelos invasores, e restituir ao trono seu legítimo soberano. No entanto, não parece improvável que almejassem a introdução de um tímido ideário liberal, como pode ser comprovado pela participação de alguns, anos mais tarde, na Revolução de 1820.[45]

O grupo, em que a adesão voluntária aos princípios franceses e ao imperador foi mais expressiva e explícita, foi o Terceiro Estado. Aí se encontram comerciantes, magistrados, médicos e outros letrados. Atraídos pelos princípios de 1789, principalmente, pelas idéias de liberdade e igualdade civil, consolidadas pelo *Código Civil* de 1804, entusiasmaram-se com as primeiras notícias da Revolução Francesa e com as propostas napoleônicas, vendo em Bonaparte um herdeiro de 1789, e não o jovem admirador de Robespierre e Marat e criando, a partir dele, a imagem do homem providencial, capaz de emendar os erros de um velho reino.[46]

Dois momentos podem ser destacados nessa adesão: o início da ocupação francesa, em 1808, e os anos de 1809 e 1810, marcados pela Restauração e as novas invasões napoleônicas. O primeiro caracterizou-se por um marcado afrancesamento ideológico, embora os apoios fossem sentidos de modos distintos. Defendia-se a liberalização das instituições políticas, sem que, no entanto, uma revolução fosse necessária para que tal ocorresse, e um constitucionalismo monárquico, assegurado por uma lei justa, que impedisse a supremacia do poder, seja do monarca, seja de seus ministros. O principal documento que traduz

---

[45] A. H. de Oliveira Marques. *História da Maçonaria* ..., v. 1: Das origens ..., p. 96. Deve-se mencionar ainda a participação de Caetano Lopes de Moura, baiano pardo, que atuou como cirurgião-mor na Legião Portuguesa e de José Antonio Soares de Souza, mineiro, pai do futuro Visconde do Uruguai, que se tornou médico do exército de Napoleão. Cf., respectivamente, Cláudio Veiga. *Um brasileiro soldado de Napoleão*. São Paulo, Ática, 1979. José Antonio Soares de Sousa. *A vida do visconde do Uruguai (1807-1866)*. São Paulo, Companhia Editora Nacional, 1944.

[46] Para a visão de Napoleão como herdeiro da Revolução Francesa, cf. supra Capítulo 3. Para Napoleão como revolucionário de 1792, cf. Lucian Regenbogen. *Napoléon a dit. Alphorismes, citations et opinions*. Paris, Belles Lettres, 1998, p. 173.

as idéias desse grupo foi uma representação, articulada pelo desembargador Francisco Duarte Coelho juntamente com o maçom Gregório José de Seixas e os juristas Ricardo Raimundo Nogueira e Simão de Cordes Brandão e Ataíde. Desempenharam ainda papel fundamental na divulgação dessa corrente os franceses Henri Carrion d'Espagne de Nisas, tribuno do bonapartismo em Portugal, e Timóteo Lecussan Verdier, industrial, além dos juízes Bento Pereira do Carmo e José Joaquim de Moura, sendo escolhido o juiz do povo de Lisboa, José de Abreu de Campos, para ler a representação que eles apresentaram à sessão de 24 de maio da Junta dos Três Estados, em contraposição àquela produzida pela aristocracia. Para convencer o juiz, o grupo afirmava que em suas mãos "estava a felicidade da Nação", que havia "perdido a ocasião de melhorar no tempo da aclamação de D. João IV", mas que agora via despontar nova oportunidade, que não podia ser desperdiçada, emprestando legitimidade ao "voto sobre um pedido do novo Rei" fazê-lo por meio do juiz do povo.[47]

Em síntese, a proposta desse grupo pautava-se sobretudo na solicitação de uma constituição, semelhante àquela dada por Napoleão ao ducado de Varsóvia, alterando-se, porém, o modo de eleger os representantes da nação, para fazê-lo pelas Câmaras, "por melhor se conformar" com os antigos costumes da nação. Manifestava, assim, o desejo de uma divisão dos três poderes, na qual o executivo fosse exercido por um Conselho de Estado, cujos decretos seriam colocados em prática por ministros, dividindo-se o legislativo em duas câmaras ligadas ao executivo e mantendo-se o judiciário independente, regido pelo Código Napoleônico. Preocupava-se, ainda, com os direitos individuais do homem, a liberdade civil e a igualdade de "todos os cidadãos perante a lei". Nesse sentido, solicitava-se tanto a liberdade de imprensa quanto a liberdade religiosa, embora a católica fosse reconhecida como religião de Estado; defendia-se uma distribuição dos impostos proporcional às posses de cada indivíduo; e sugeria-se a abolição dos vínculos e a supressão de todos os gravames e servidões, que eram obstáculos ao livre cultivo da terra. Além de querer a criação de um ministério "encarregado da Instrução Pública", acompanhando a tendência do dirigismo político napoleônico, modernização dos corpos de administração civil, econômica e judiciária, a proposta propunha um novo status para as colônias, "fundadas e regadas com nosso sangue, pelos nossos antepassados",

---

[47] ANRJ. Caixa. 654, pac. 2, doc. 43. Memória de tudo quanto se passou no tempo, em que servi de Juiz do Povo em 1808, para ser presente a S. A. R., o Príncipe Regente Nosso Senhor.

com o objetivo de transformá-las em "províncias ou departamentos" anexos ao reino. E, por fim, embora essa não fosse a questão fundamental, pedia um "rei constitucional", que fosse "Príncipe de sangue" da família imperial. Implicava, por conseguinte, a representação, ainda que não se pretendesse um projeto revolucionário, em profunda modernização das estruturas do Antigo Regime português, estabelecendo relação direta entre a abolição dos direitos senhoriais e a possibilidade de efetiva mudança política, que encaminhava o país para a senda do constitucionalismo de tipo liberal, com a adoção plena do *Código Civil* francês, pilar dos princípios de 1789.[48]

Na sessão da Junta dos Três Estados, a fala do juiz do povo José de Abreu Campos acrescentou outros aspectos a essa adesão aos princípios franceses. Ao retrucar à fala do conde da Ega, que, pensando em Junot, pedia um novo rei como o "voto geral da Nação", informava ter em mãos outros papéis, que expressavam opinião distinta, ou seja, a solicitação de uma constituição e de um rei da família de Napoleão e, embora não partilhasse da maior parte daquelas opiniões, julgava que os deputados da Casa dos Vinte e Quatro devessem ser ouvidos quanto às duas representações para poder emitir seu voto enquanto procurador do povo. Em seguida, tendo "como guia a verdade e a justiça" e "regido pela razão", discorreu sobre a idéia da escolha de um soberano para Portugal. O pedido de um "rei ou uma Suprema Autoridade" para governar Portugal era "o negócio mais importante da nossa Nação" e, antes de ser votado, exigia uma séria reflexão, pois a deliberação tomada poderia

> prejudicar direitos adquiridos de partes ausentes e não ouvidas, [...] prejudicar a nossa posteridade e ofender a Religião de nossos juramentos ainda não dissolutos e tentar a Deus Supremo, Árbitro do Universo, fonte das legítimas autoridades que regem o governo humano.[49]

---

[48] ANRJ. Caixa 654, pac. 2, doc. 45. Representação de Portugueses pedindo um rei constitucional da família de Napoleão e uma Constituição baseada na liberdade dos mares e de comércio e na igualdade legal. Para o comentário de alguns pontos desse documento, cf. Maria Helena Carvalho dos Santos. A evolução da idéia de Constituição em Portugal. *Revista de História das Idéias. A revolução Francesa e a Península Ibérica*. Coimbra, 10: 435-456, 1988; Graça Dias & J. S. da Silva Dias. *Os primórdios da maçonaria ...*, v.1, t. 2, p. 488-491 e Ana Cristina Araújo. Revoltas e ideologias ..., p. 65-72 e 77-90.

[49] ANRJ. Coleção Negócios de Portugal. Caixa 654, pac. 2, doc. 46. Cf. também em BNL. Códice 528 (cópia moderna). Encontrei menção a esse texto em Graça Dias & J. S. da Silva Dias. *Os primórdios da maçonaria ...*, v. 1, t. 2, p. 504-505 e A. do Carmo Reis. *Invasões*

Prosseguiu levantando três pontos fundamentais: 1. Se o trono estava vago e recaía na nação o direito de eleger ou de pedir um outro soberano; 2. Se naquela assembléia residia autoridade, segundo a Constituição portuguesa, de usar tal direito e 3. Se os juramentos de fidelidade e homenagem dos portugueses estavam dissolvidos e se agradaria a Deus essa tentativa. Em torno deles, argumentava que o "Grande Imperador" afirmara que "neste Reino não houve da sua parte conquista, mas sim uma poderosa proteção", o que, por conseguinte, dava "liberdade para deliberarmos com justiça e honra". Sua questão central era que o "Reino não está vago de direito, mas sim de fato", pois a rainha, "a quem juramos fidelidade e obediência, existe", apresentando apenas "o impedimento natural de mentecaptura". Tal fato não lhe tirava o domínio do reino, estivesse ela em qualquer parte do mesmo, porque "não obrou fato voluntário ou criminoso" que dele a privasse. Assim, no seu raciocínio, por sua morte há de passar o reino "a quem confere o direito de sangue e de sucessão legítima". Alertava, no entanto, para o fato de dever estar "privado do direito de suceder o Príncipe D. João, se puder julgar que a sua retirada foi culpável", não podendo, porém, "ser privado do direito de sucessão", segundo a Lei Constitucional, "o neto mais velho da Rainha, ou por menor ou por inocente".

A Nação, nas circunstâncias em que o reino se acha, o que tenho ponderado, teria o direito de eleger a Regência, que é a que na realidade se pode julgar vaga; e a faculdade de usar deste direito, é o que devemos pedir ao nosso benigno Protetor [Bonaparte] com a devida submissão. Se o juramento de fidelidade se não reputar um ente imaginário, deve religiosamente respeitar-se; e não é do caráter da Nação o ser inconstante, infiel e perjura. O mesmo Imperador estranharia a nossa inconstância e a facilidade de menosprezarmos o juramento, o que é um vínculo de Religião, o qual une os Vassalos com o Trono e é da firmeza de um sagrado apoio.

---

francesas. As revoltas do Porto contra Junot. Lisboa, Editorial Notícias, [1991], p. 70. Os autores atribuem a D. Francisco de Almeida a autoria do escrito, encontrado no Arquivo da Biblioteca Municipal da Vila do Conde. Papel que se diz apresentado pelo Tenente General D. Francisco de Noronha na Assembléia de 24 de maio de 1808. Nos documentos do Arquivo Nacional do Rio de Janeiro, na Conta dos Governadores, e da Biblioteca Nacional de Lisboa, está assinalado como fala do juiz do povo.

E, para encerrar, fazia exaltação ao "Grande Napoleão", considerado "como enviado de Deus Todo-Poderoso, para cumprir as suas ordens acerca do destino das Nações" e de "providenciar com todo o bom discernimento e justiça, segundo a vontade do mesmo Poderoso, as nossas necessidades".[50]

Para o autor, que revelava uma visão de poder típica do Antigo Regime português, em que a divindade continuava a constituir sua fonte legítima, o pacto de fidelidade, estabelecido entre o rei a os súditos, não fora rompido, pois ainda estava viva a rainha de direito, impedida apenas de qualquer ação em virtude de sua doença mental. O povo, representado por seus procuradores, numa alusão às célebres Cortes de Lamego, podia, no entanto, impedir que o primeiro na linha de sucessão – no caso, D. João – assumisse o poder, se houvesse agido de maneira culposa, e entregar o trono ao sucessor seguinte, D. Pedro. Além disso, reconhecia nos mesmos representantes o direito de "eleger a Regência portuguesa interina", com o "uso das Leis e costumes" portugueses. Embora Silva Dias atribua essa visão aos *afrancesados* partidários da dinastia de Bragança, parece mais sensato considerar muito tênue a influência dos princípios franceses, que o autor não tinha, é verdade, em ojeriza, posto que acatava uma reforma no regime, com a predominância, na realidade, de uma concepção tradicionalista, escorada na história constitucional do reino, sob a via do ordenamento político e jurídico estabelecido pelas Cortes.[51]

Por outro lado, no momento da segunda invasão, em 1809, uma adesão ideológica mais clara aos princípios franceses transparecia de um opúsculo político, que se apresentava como a reflexão de um *amigo da pátria*, que, imbuído de certa sensibilidade liberal, buscava uma causa para os males que faziam o infortúnio do país naquela ocasião. Em parte, atribuía a culpa aos rasgos de despotismo da Inglaterra em suas relações com Portugal, pois os ingleses pretendiam aniquilar os "diferentes ramos do comércio" e só desejavam escravizar o reino, que perdia, assim, "seu lustre, suas riquezas, sua agricultura, suas manufaturas e, conseguintemente, a sua independência". Enfim, queriam "reduzir Portugal a uma colônia". Com a derrocada de Junot, agravara-se

---

[50] ANRJ. Coleção Negócios de Portugal. Caixa 654, pac. 2, doc. 46.
[51] Cf. Graça Dias & J. S. da Silva Dias. *Os primórdios da maçonaria* ..., v. 1, t. 2, p. 504-505. António Manuel Hespanha. *História das instituições: épocas medieval e moderna*. Coimbra, Almedina, 1982; Ângela Barreto Xavier & António Manuel Hespanha. A representação da sociedade e do poder. In: A. M. Hespanha. *O Antigo Regime (1620-1807)*. Lisboa, Estampa, [1993], p. 121-155. (Col. História de Portugal, v. 4); Pedro Cardim. *Cortes e Cultura política no Portugal do Antigo Regime*. Lisboa, Cosmos, 1998.

a situação, ao ocorrer "o restabelecimento daquele covarde e inepto governo [...], composto de fidalgos que aprenderam a política entre divertimentos de jogo e de caça". Tratava-se de um "governo de estúpidos, sem energia, sem talentos e sem patriotismo; em uma palavra [...] um governo de fidalgos". A nobreza devia ser um prêmio que supunha "talentos e serviços", e este não era o caso da aristocracia portuguesa. Por isso, elogiava "os grandes da regenerada França [bonapartista]", que deviam seus títulos e sua grandeza "a seus serviços relevantes". Por conseguinte, acreditava que o atraso econômico de Portugal podia ser redimido pela união com a França e por meio do estabelecimento de alguns direitos civis, que quebrariam a hierarquia da sociedade portuguesa.[52] O *amigo da pátria* discutia ainda a questão do poder em Portugal. Julgava que o abandono do reino pelo príncipe regente implicava em uma renúncia espontânea "ao direito à Coroa de Portugal", existindo, desse modo, "em vagatura o trono português, porque a regência, que erigira o príncipe antes de partir, é um governo fanático, ilegal e nulo", já que não fora proposto pelas Cortes.

> As leis fundamentais da monarquia não permitem que o príncipe trespasse a coroa a um sujeito da sua amizade. Se o príncipe legítimo existe, governe ele; se não existe, a coroa cai de novo na mão dos povos, que, sós, a podem dar a varões prestantes. Em toda a parte a soberania não é patrimônio particular dos príncipes, mas um depósito sagrado que se lhes confiou para promoverem e não para arruinarem a fortuna pública.[53]

Atribuído a frei Antônio de Santa Bárbara, em oposição à visão de Antigo Regime, que designava uma autoridade pessoal e exclusiva do monarca, o folheto mesclava idéias liberais, em que a soberania tendia para impersonalização do poder, com a antiga tradição pactista do reino, pela qual cabia aos representantes do povo – as Cortes – a escolha de um novo e legítimo sobe-

---

[52] *Desengano proveitoso que um amigo da patria se propoem a dar a seus concidadãos.* Porto, Offic. de Antonio Alvarez Ribeiro, 1809. Citações, respectivamente, às p. 6-7 e 12.
[53] *Ibidem.* p. 13-15. Cf. Graça Dias & J. S. da Silva Dias. *Os primórdios da maçonaria ...*, v. 1, t. 2, p. 504 e 516-518. Para os autores, o texto do *Desengano* revela uma profunda identidade com os princípios liberais. Para o papel das Cortes no Antigo Regime, ver Pedro Cardim. As cortes na política do século XVII. In: *Cortes e cultura ...*, p. 19-50.

rano, quando o antigo rompia o pacto de fidelidade entre ele e seus súditos, ainda que, nesse caso, sua escolha de soberano recaísse em um estrangeiro, o marechal Soult. Debatido por Hipólito da Costa, este procurou refutar as críticas contra os ingleses e atacar os elogios aos franceses, que o autor promovia, tratando-o de forma extremamente sarcástica. Por aventar a possibilidade de romper-se o pacto de fidelidade entre o povo português e a dinastia de Bragança, chamava-o de "traidor português" e de "hipócrita", que exalava "venal incenso" e "adulações nauseosas" a um "desses subordinados salteadores", ou seja, a Soult, o opressor de Portugal.[54]

Como outros exemplos típicos de afrancesamento, na fase inicial de 1808, podem ser destacados os nomes dos magistrados Francisco Duarte Coelho e José Joaquim Ferreira de Moura, que além de traduzirem o Código Napoleônico, também, foram os mentores da representação constitucional. Acusado de jacobinismo, o primeiro foi preso em dezembro de 1808 na torre de Belém, por ordem dos governadores do reino, sendo, mais tarde, também incurso na Setembrizada, quando uma devassa pretendeu apurar os nomes dos desembargadores que tinham pedido a observância do Código de Napoleão. Segundo a maioria das testemunhas, apenas ele, desembargador da Casa da Suplicação, pretendera que os Ministros assinassem "uma súplica para se pôr em uso nestes Reinos o dito Código em lugar de nossas Leis". Alguns afirmavam ter visto a folha de papel "retirada da beca" do desembargador para ser assinada; outros mencionavam que não sabiam a natureza "do desconhecido papel", mas que "parecia ser uma Petição em que se pedia ao Imperador dos Franceses a observância do dito Código em Portugal"; outros, por fim, testemunhavam e juravam que, em sua presença "nada se tratou sobre semelhante objeto"; no entanto, atestavam, aos moldes do Antigo Regime, "ter ouvido, que em um dos dias da Relação, no tempo do intruso governo francês, o desembargador [...] se lembrava de propor a introdução deste Có-

---

[54] *Correio Braziliense ou Armazem Literário*. Londres. v. 3, n° 15, agosto de 1809, p. 149-172. Citações à p. 172. Segundo Graça Dias & J. S. da Silva Dias, houve também uma outra crítica, no folheto *Analyse severa e refutação cabal de hum folheto impresso no Porto em 1809*. Lisboa, Impressão Régia, 1810. *Os primórdios da maçonaria ...*, v. 1, t. 2, p. 504. Segundo J. Garnier, quando desta invasão, Soult foi acusado por contemporâneos franceses de procurar fazer coroar rei de Portugal. Cf. Idem. Soult (Jean de Dieu, duc de Dalmatie). In: J. Tulard (dir.). *Dictionnaire Napoléon*. Nouvelle édition, revue et augmentée. v. 1. Paris, Arthème Fayard, 1999, p. 779-781.

digo", mas que sua "proposta fora muito mal recebida".⁵⁵ Assim implicado, o desembargador, em justificativa ao príncipe regente, juntou um bilhete de seu amigo, o bacharel José Joaquim Ferreira de Moura, em que este lhe solicitava a tradução do *Código*, tentando persuadir que este fora o culpado. Suas explicações, no entanto, não foram suficientemente convincentes, sendo argüido como culpado, escuso do real serviço e deportado para os Açores. Mais tarde, como fez José Joaquim de Moura, que escapou da sentença em 1809, Duarte Coelho, fiel aos princípios liberais, participou da Revolução de 1820 e, no ano seguinte, chegou a integrar o ministério vintista.⁵⁶

Da mesma forma, o desembargador Francisco de Azevedo Coutinho, integrante do Conselho de Governo de Junot, expressou sua adesão aos franceses ao colocar luminárias na noite do dia 1º de fevereiro, quando da publicação do decreto que destituía a dinastia de Bragança. Por tal fato, após a expulsão dos franceses, foi obrigado "a sair para fora desta cidade e dez léguas em redor, por tempo de seis meses", embora "sem prejuízo de seus ordenados". Já o pintor da Real Câmara, Domingos Antonio Sequeira, como já mencionado, manifestou seu entusiasmo num quadro em que Junot aparecia protegendo Lisboa (Anexo nº 1 – Caricaturas/Gravuras), o que lhe valeu oito meses de prisão no Limoeiro e de onde só saiu por favor.⁵⁷

Outro acusado de "amigo dos franceses" foi o brigadeiro Francisco de Borja Garção Stockler, conselheiro militar do duque de Lafões e secretário da Academia Real das Ciências. Envolvido no episódio, comentado anteriormente, do convite a Junot para assumir a presidência da instituição, Stockler procurou, em discurso na Academia no dia 10 de janeiro de 1810, justificar o fato de forma distinta daquela anunciada pela *Gazeta de Lisboa* e por Acúrsio das Neves no seu livro sobre a invasão francesa. Segundo o secretário, depois que alguns consócios, ao parabenizar o general em seu palácio, terem sugerido a

---

⁵⁵ ANRJ. Caixa 638, [sem numeração de documento]. Conta dos Governadores do Reino nº 33, 1810.

⁵⁶ ANRJ. Caixa 638[sem numeração de documento]. Conta dos Governadores do Reino nº 33, 1810; ANTT. Intendência Geral da Polícia. Requerimentos 600, maço 2, doc. 4, 1808. Para Moura, cf. A. H. de Oliveira Marques. *História da Maçonaria* ..., v. 1: Das origens ..., p. 393.

⁵⁷ ANRJ. Coleção Negócios de Portugal. Caixa 652, pac. 1ᴬ, doc. 16. 31 de outubro de 1808. Para Sequeira, BNL. Códice 855. Lista dos Jacobinos mandados sair de Lisboa, como incorrigíveis e teimosos. 1810-1811-1812. fl. 350 e A. H. de Oliveira Marques. *História da Maçonaria* ..., v. 1: Das origens ..., p. 351.

fim de ganhar a sua benevolência que ele assumisse a presidência, Stockler convocou uma assembléia para deliberar e expôs o ponto de vista contrário a essa sugestão, que foi "rejeitada como inadmissível", e, como maneira de "obviar este mal", evitando-se o "pessoal ressentimento" que poderia resultar na "ruína desta sociedade", propôs-se a eleição de Junot para sócio honorário. Acusado de "colaborar com os franceses", Stockler foi forçado a transferir-se para o Rio de Janeiro, onde, no entanto, conseguiu justificar-se perante o soberano e adquirir seus antigos cargos. Anos depois, escreveu uma obra intitulada *Cartas ao autor da História Geral da invasão francesa*, na qual rebateu duramente as críticas e "falsidades inventadas" por Acúrsio das Neves e abjurou, então, de acordo com seus biógrafos, os princípios franceses. Não obstante declarar-se fiel partidário da monarquia absoluta e ter prestado serviços na época miguelista, ao exercer o cargo de censor régio no Brasil, mostrou-se bastante complacente e liberal, permitindo a entrada de obras proibidas, como as *Cartas persas*, nas quais, em parecer de 1819, reconhecia que a jovialidade fora levada "mais longe que a razão e a decência pediam", sem supor, porém, que isso fosse motivo suficiente para proibi-las, sob o argumento de que podiam "dar nascimento às heresias ou às revoluções políticas".[58]

Entre os comerciantes, poucos foram os casos de nítida adesão por afinidade ideológica, mas aqueles de origem francesa, sobretudo em 1809, tornaram-se um dos alvos privilegiados da repressão, como os livreiros Jacques Borel e Francisco Roland, presos e obrigados a deixar o país, acusados de jacobinismo. Já o negociante Inácio Francisco Bastos, natural de Pernambuco, mas sito na praça de Lisboa e sócio dos livreiros Pedro e Jorge Rey, segundo os registros da Intendência da Polícia, foi denunciado "como inimigo" do soberano e da nação por ser "autor de um escrito em que se oferecera a Junot um plano para a conquista do Brasil". Uma testemunha informava que, em tal documento, "dizia-se mal de V. A. R., louvava-se a Nação francesa e propunha-se a facilidade de conquistar os americanos". Outras falavam disto "por dúvida", mas acrescentavam que *o Bastos* era, no seu conceito, "um homem intrigante",

---

[58] F. B. Garção Stockler. *Discurso ou memória apresentada à Academia Real de Sciencias* ..., p. 2-4. Citações à p. 4; Idem. *Cartas ao autor da História Geral da Invasão dos Francezes em Portugal e da Restauração deste Reino*. Rio de Janeiro, Impressão Régia, 1813, p. 79-116. Citação à p. 94. Para o parecer, ver ANRJ. Mesa do Desembargo do Paço. Caixa 170, pac. 3, doc. 75. 18 junho 1819.

que "se familiarizava com os franceses" e, principalmente, "um homem dado aos princípios revolucionários, amigo da novidade". Entre os papéis apreendidos, porém, nem vestígio se achou de tal escrito, mas sim um outro, no qual discorria sobre o comércio e agricultura, com elogios a Napoleão e ataques à nação inglesa, sendo por isso pronunciado. Afinal, na visão da justiça, "adular o inimigo e o opressor da nação e dar ao mais bárbaro dos conquistadores o epíteto de Pacificador do Mundo" eram expressões mais "próprias de um boletim francês do que um vassalo que ama seu príncipe e a sua Nação".[59]

Por razões diferentes, em ofício à Junta de Administração da Companhia Geral da Agricultura dos Vinhos do Alto Douro, em 3 de fevereiro de 1808, um de seus deputados, Manoel José Sarmento, afirmava esperar "muitos bens da ocupação do Reino pelo inimigo". Narrava ainda que, tendo ido cumprimentar M. Junot, em nome da Junta e em seu próprio, "pela declaração de V. Ex.ª de governador de Portugal e de ficar governando o Reino todo inteiro, *o que é um bem reconhecido*", Junot acolhera com benignidade seus cumprimentos, prometendo-lhe que "alguns obstáculos para expedir as ordens para a exportação" seriam em breve removidos – o que evidenciava a adesão por motivos comerciais de um grupo que via na entrada dos franceses uma oportunidade de substituir os acordos comerciais estabelecidos entre Portugal e Inglaterra, uma fonte, em sua perspectiva, de grande prejuízo ao comércio nacional.[60]

Terminada a primeira invasão, na prática, em setembro de 1808, o medo difuso de um retorno dos invasores, durante os anos de 1809 e 1810, transformou qualquer indivíduo aberto às novas idéias em *partidarista* dos franceses, especialmente aqueles que estavam ligados à maçonaria. Difundiam-se as idéias do complô maçônico-jacobino do padre Augustin Barruel, descritas em suas *Mémoires pour servir à l'histoire du jacobinisme* [1797-1798], divulgadas em Portugal por Agostinho Ribeiro de Macedo a partir de 1809, temendo-se que os suspeitos de afeição aos franceses, confundidos com freqüência aos maçons ou pedreiros livres, tramassem nova vinda de Napoleão. Diante do crescimento desse rumor, os governadores do reino procuraram coibir qualquer ato considerado simpatizante das idéias francesas, com o renasci-

---

[59] ANTT. Livro da Intendência da Polícia nº 10, outubro de 1808 a dezembro de 1809. fl. 132. 2 de maio de 1809. Almanaque de Lisboa de 1807. *RIHGB*. Rio de Janeiro, 290: 188,1971.
[60] ANRJ. Coleção Negócios de Portugal. Caixa 679, pac. 1, doc. 29. 3 de fevereiro de 1808. Cópia.

mento do Juízo da Inconfidência e o incentivo à delação oculta, uma vez que as "denúncias em segredo" tornavam-se necessárias a fim de "firmar a tranqüilidade e a segurança do estado", não ofendendo "por modo algum a mais escrupulosa delicadeza do homem honesto".[61] Das inúmeras pessoas colocadas em prisões, sem processo e sem justificativa, alguns eram, sem dúvida, simpatizantes dos franceses, mas, na grande maioria, os indivíduos envolvidos por essas denúncias e arrestamentos acabaram incriminados apenas pela opinião pública.

Em meio a esse clima explosivo, em que qualquer rumor se transformava em conspiração com o incentivo da intensa campanha dos governadores do reino, por proclamações e editais da polícia, começaram a surgir listas de afrancesados, reais ou imaginários, afixadas nas principais praças da capital. Considerados jacobinos por praticarem discursos sediciosos e maçons ou pedreiros livres por fazerem associações e reuniões ocultas, todos eram julgados criminosos, mesmo sem um processo instaurado. Jacobino e pedreiro livre tornavam-se sinônimos, passando a significar partidarista dos franceses. Conforme artigo de Hipólito da Costa, no entanto, em resposta a um panfleto sobre os pedreiros livres, identificados como "iluminados ou tenebrosos" pertencentes à irmandade do jacobinismo, "o verdadeiro motivo" dessas perseguições arbitrárias, destinadas a iludir o povo, "foi a inveja do comportamento da Maçonaria Lusitana no tempo dos franceses", pois uma parte de seus associados, pelo Conselho Conservador, filiada em geral à influência inglesa, resistira à intervenção estrangeira, não admitindo a pretensão de Junot de assumir o cargo de grão-mestre do Grande Oriente Lusitano.[62] As prisões, ditadas pela necessidade de assegurar a segurança militar, tiveram início em março de 1809, durante a semana santa, coincidindo com a segunda invasão francesa, constituindo a maioria dos implicados, encarcerados fora da capital, de indivíduos ligados à Maçonaria e ao Grande Oriente Lusitano, cujo arquivo caíra nas mãos da Polícia.[63]

---

[61] Edital da Intendência da Polícia de 5 de Dezembro de 1808. [Lisboa], Impressão Régia, 1808. Para Macedo e o *abbé* Barruel, ver o Capítulo 5.
[62] *Correio Braziliense ou Armazem Literário*. Londres. v. 8, nº 48, junho de 1812, p. 638. Nessa refutação ao panfleto, Hipólito aponta as diferenças entre maçom ou pedreiro livre e jacobino, uma vez que, os primeiros nem sempre foram favoráveis aos franceses.
[63] Segundo Oliveira Marques, foi Maurício José Moreira, negociante, preso e solto, que entregou os arquivos à Polícia. Cf. *História da Maçonaria ...*, v. 1: Das origens ..., p. 414.

Um ano mais tarde, quando da terceira invasão francesa e da queda da cidade de Almeida, em agosto de 1810, perante as tropas de Massena, auxiliadas por vários oficiais nacionais da Legião Portuguesa, como o marquês de Alorna e o general Pamplona, o clima de terror recrudesceu. Em 5 de outubro de 1810, o jornal londrino *Morning Post* chegou a noticiar que acabava de ser descoberta em Lisboa "a mais atroz conspiração", cujo objetivo era "assassinar a Regência, os Magistrados e todos aqueles suspeitos de afeição ao interesse britânico", com a descoberta em casa do negociante de origem francesa Jacome Ratton de três mil fardas semelhantes às do regimento britânico e igual número de armas para executar o projeto.[64] Apesar de ser uma notícia fantasiosa, desmentida pelo própria Regência de Portugal, transformou-se em justificativa para a prisão de franceses residentes no país. Por uma portaria de junho de 1813, 41 deles eram colocados em liberdade, dos quais 28 deveriam residir nos locais indicados pelas autoridades e 13 serem remetidos para a França.[65]

Em relação aos naturais, com a justificativa de que "a residência de alguns indivíduos neste Reino podia ser prejudicial ao sossego público em uma conjuntura tão delicada como a presente", mais de 60 pessoas foram presas, algumas das quais já detidas em 1809. Após alguns dias de retenção nas cadeias de Lisboa, foram embarcadas na fragata Amazonas para serem levadas à ilha Terceira, nos Açores, com grande aparato militar e dentro do maior segredo, conforme relato do juiz do crime do bairro do Limoeiro:

> Passei à cadeia da Corte pelas duas horas da noite, onde havia feito juntar com pouca antecedência os que se achavam espalhados pelas cadeias da cidade e castelo, e fazendo-lhes saber que deviam seguir-me, prontamente o fizeram. Foram tão acertadas as medidas que se haviam tomado, para o desvio de algum tumulto que a condução se fez até o cais das Colunas sem o encontro de uma só pessoa, à exceção das muitas e fortes patrulhas que vigiavam com muita antecedência o

---

[64] ANTT. Intendência Geral da Polícia. Requerimentos 600, maço 2, doc. 40. Ver também *Recordações de Jacome Ratton sobre ocorrências do seu tempo em Portugal de maio de 1747 a setembro de 1810*. Lisboa, Fenda, 1992, p. 291-292. J. Ratton foi incurso na Setembrizada, mas conseguiu, ao desembarcar na ilha Terceira, ser transferido para a Inglaterra, onde permaneceu até 1815. Sua casa serviu de alojamento para o chefe do Estado Maior do Exército francês.

[65] ANTT. Intendência Geral da Polícia. Requerimentos 600, maço 4, doc. 121.

embarque no maior silêncio, e com o mesmo se efetuou a chegada a bordo antes de romper o dia.[66]

Alguns, apesar de tudo, com apoio da Maçonaria inglesa, conseguiram passar à Grã-Bretanha, como foi o caso do negociante de origem francesa Jacome Ratton, o antigo grão-mestre Sebastião de Sampaio, o negociante Bento Dufourq, o médico Antonio de Almeida, o magistrado José Diogo Mascarenhas Neto, o bacharel em leis José Sebastião de Saldanha de Oliveira e Daun, senhor de Pancas, neto do marquês de Pombal, os pintores italianos Pellegrini e Pizetti e, mais tarde, o naturalista Domingos Vandelli.[67]

Esse episódio, conhecido como *Setembrizada*, motivou grande oposição não só entre os portugueses, como também de *lord* Welligton. O fato de os indivíduos serem presos e sentenciados sem processo formado propiciou uma campanha de opinião pública contra a Regência e o sistema judiciário em Portugal, organizada tanto pelo *Correio Braziliense* quanto por algumas gazetas inglesas. Hipólito não empreendia a defesa indiscriminada de todos os presos, pois acreditava que, entre eles, segundo informações particulares que tinha, havia indivíduos de pouco caráter e de conduta suspeita. Aceitava que os culpados fossem punidos, afastados de seus empregos no governo e mandados para fora do reino por um certo período de tempo; "mas, degradar, prender, castigar é procedimento que só deve recair em crime provado". Em outro artigo, datado de dezembro de 1810, demonstrava a situação perversa e inusitada desses presos.

> Entre os deportados se achava um relojoeiro suíço, por nome Pedro Borgar [sic – Bougard]; foi tirado de sua cama, em Lisboa, pela uma hora da noite do dia 10 para 11 de setembro, deixando sua mulher e filhos na última desolação; preso, metido de segredo, incomunicável e embarcado com outros infelizes a bordo da fragata, que os levou para a ilha Terceira. O Governador desta ilha, Aires Pinto de Souza, com o despotismo próprio dos funcionários públicos portugueses, principalmente nas colônias, mandou encarcerar uns, com muito

---

[66] *Gazeta de Lisboa*. n° 259, 29 de outubro de 1810. ANTT. Intendência Geral da Polícia. Requerimentos 600, maço 2, doc. 96-97.

[67] Cf. BNL. Códice 855. Lista dos Jacobinos mandados sair de Lisboa, como incorrigíveis e teimosos. 1810-1811-1812. fl. 349-350. ANTT. Intendência Geral da Polícia. Requerimentos 600, maço 3, doc. 93, 96-97. Cf. ainda, A. H. de Oliveira Marques. *História da Maçonaria* ..., v. 1: Das origens ..., p. 100-101.

rigor, outros com menos rigor, outros ficaram soltos; e a este Pedro, de que falamos, não o quis receber absolutamente, remeteu outra vez para Lisboa pela mesma fragata. [...] Chega o infeliz Pedro a Lisboa, fica a bordo da fragata, no rio, muitos dias, por não se saber o que se fazia com ele; por fim desembarca preso para a fortaleza de Cascais; e daí a algum tempo é expedido um Aviso da Intendência da Polícia de Lisboa, mandando soltar este homem e dando-o por inocente.[68]

Na documentação da Intendência da Polícia, um aviso de 11 de setembro, informava que Pedro havia sido colocado no segredo do Limoeiro e que, em sua casa, não se encontraram papéis alguns, mas ainda assim seu nome continuou constando da relação de presos para serem enviados aos Açores, a bordo da Amazonas.[69]

Vários requerimentos desses presos a instâncias superiores, inclusive ao príncipe regente, datados entre 1811 e 1813, solicitaram a instauração de um processo para acusação e defesa do crime, como, por exemplo, o de Vandelli, ainda detido na Ilha Terceira. "Sem saber ainda do seu crime" e "prostrado do modo que lhe é possível perante o santuário do Trono", Vandelli "cheio de angústia", em virtude de "sua deplorável sorte", então com 75 anos, apresentava ao soberano "uma breve e sincera análise de sua vida particular e pública", estendendo-se desde sua chegada a Portugal, a fim de criar as cadeiras de Química e História Natural na Universidade de Coimbra reformada, até a invasão dos franceses, salientando seus "bons serviços", seu "bom comportamento" e sua fidelidade ao soberano. Justificava o fato de não acompanhar a Corte "por não poder abandonar a sua numerosa família, nem suportar uma grande jornada de mar" em virtude da idade avançada. Acrescentava que, apesar de conservar "intacta a sua honra e a sua fidelidade no centro das desordens e alterações", praticadas ao longo da "funesta e abominável invasão do inimigo comum", não conseguira escapar "ao ódio de alguns malévolos, que o quiseram denegrir, como ordinariamente acontece quando se desenfreiam as animosidades particulares". Informava que o único motivo para incriminá-lo vinculava-se ao fato de ter sido

---

[68] Respectivamente, *Correio Braziliense ou Armazem Literário*. Londres. v. 5, nº 28 e 30, outubro e dezembro de 1810, p. 471 e 667.
[69] ANTT. Intendência Geral da Polícia. Requerimentos 600, maço 2, doc. 67 e maço 3, doc. 96-97.

obrigado a entregar o que havia de "mais raro ou cientificamente interessante" do Jardim Botânico aos "tiranos usurpadores", mas lembrava, no entanto, todo seu empenho em conseguir de volta alguns dos objetos roubados.[70]

Em geral, não houve prosseguimento a tais petições, provavelmente, por falta de provas que implicassem de fato os presos. Conforme informação do intendente da Polícia, "a instauração de processo regular em tais termos deve produzir a absolvição das referidas pessoas", pois "as medidas da Polícia distam muito das regras por que se conduzem os juizes", e foi o público que os julgara réus no "tempo infelicíssimo em que este reino esteve debaixo da bárbara dominação dos franceses".[71] Da mesma forma, não estava "público e legalmente definido" o que eram pedreiros livres, nem existia uma lei do reino que reprovasse "esta corporação como existente e ilícita". Por conseguinte, não havia possibilidade de abrir-se processo em função do acusado ser maçom ou pedreiro livre. Assim, para justificar suas medidas, só restava às autoridades invocar o ódio popular contra os suspeitos, afirmando que todos os presos

> estavam já antecipadamente proscritos no juízo da nação – e quando o governo os mandou sair do reino, longe de fazer esta medida alguma estranheza, admirou-se o povo de que ela não compreendesse maior número de pessoas que considerava em iguais circunstâncias.[72]

A partir do Quadro apresentado no Anexo n.º 3, ao final, verifica-se que dos 74 indivíduos envolvidos nas prisões e encarceramentos de março de 1809 e na Setembrizada, a grande maioria – ou seja, 91% – era de maçons. Em termos etários, a média situava-se em torno dos 45 anos, mas, dentre aqueles para os quais se obteve a data do nascimento, destacam-se Domingos Vandelli e Jacome Ratton, com 75 e 74 anos, respectivamente. Em relação às profissões, como evidencia a Tabela nº 1, a seguir predominam os clérigos, aos quais se seguem os negociantes e militares; os magistrados; os médicos, funcionários da administração e artistas-artífices; os advogados, professores e proprietários; e os estudantes. No conjunto, cinco eram fidalgos e 23, ou seja, 31%, tinham cursado a Universidade de Coimbra.

---

[70] ANTT. Intendência Geral da Polícia. Requerimentos 600, maço 2, doc. 39.
[71] ANTT. Ministério do Reino. Maço 236. 28 de dezembro de 1811.
[72] Conta dos Governadores do Reino. 25 de janeiro de 1812 apud Graça Dias & J. S. da Silva Dias. *Os primórdios da maçonaria ...*, v. 1, t. 2, p. 565.

Tabela nº 1: Atividades dos implicados nas prisões de 1809 e 1810

Categoria	Número	Distribuição
Clérigos	18	24,3%
Negociantes	12	16,2%
Militares	12	16,2%
Magistrados	8	10,8%
Médicos	4	5,4%
Funcionários da administração	4	5,4%
Artistas e artífices	4	5,4%
Advogados	3	4,1%
Professores	3	4,1%
Proprietários	3	4,1%
Estudantes	2	2,7%
Sem informação	1	1,4%
Total	74	100,0%

Fonte: Quadro nº 1, Anexo n.º 3

Esses dados não deixam de apontar alguns traços curiosos. O número expressivo de sacerdotes, em sua maioria regulares, associado ao dos universitários, como magistrados e professores, indicam o interesse dos grupos letrados pelas novas idéias que vinham de além-Pirineus. A participação dos militares explica-se pela familiaridade com as matemáticas, identificadas por excelência à razão ilustrada, e pela tradição de adquirirem sua formação com oficiais estrangeiros, pelos quais travavam contato com o ideário liberal e os princípios maçônicos. A atração que as propostas reformistas exercem sobre esse conjunto ainda pode ser confirmada pela participação, anos depois, de 15 dentre eles na Conspiração de 1817 e na Revolução de 1820, alguns dos quais foram novamente presos em 1823, quando da Vila Francada, ou após 1828, na época do Miguelismo, movimento a que somente um deles aderiu. Outro dado relevante é que 13 deles foram denunciados à Inquisição, no bojo de sua nova função de zelar pela pureza da fé religiosa ou política, opondo-se à Maçonaria, como uma "doutrina errônea, suspeita e perigosa".[73] Por conseguinte, embora esses homens não fos-

---

[73] Para a perda da imagem da Inquisição enquanto elemento efetivo de controle no campo dos poderes, ver Francisco Bethencourt. *História das Inquisições. Portugal, Espanha e Itália.* Lisboa, Círculo de Leitores, 1994, p. 354-355; David Higgs. Linguagem perigosa e a defesa da religião no Brasil na segunda metade do século XVIII. In: Maria Beatriz Nizza da Silva (org.). *Cultura portuguesa da terra de Santa Cruz.* Lisboa. Estampa, 1995. p. 155-169. Idem. O Santo Ofício da Inquisição de Lisboa e "a Luciferina Assembléia" do Rio de Janeiro, na década de 1790. *RIHGB.* Rio de Janeiro, 162 (412): 239-384, jul.-set. 2001.

sem, em sua maioria, colaboradores dos franceses nem opositores à dinastia de Bragança, partilhavam sem dúvida de idéias que pressupunham uma reforma para Portugal, como a quebra das estruturas dominiais e a introdução de instituições que garantissem a liberdade individual e a igualdade civil, numa típica atitude ilustrada, mal vista, porém, pelas autoridades.

Alguns exemplos podem ser invocados para verificar os pressupostos acima. José Diogo de Mascarenhas Neto era magistrado, formado em Coimbra, ocupando o cargo de desembargador da Casa da Suplicação. Seu filho, João Mascarenhas Neto, lutou no exército francês e, depois da Restauração do reino, retornou a Portugal, participando, na qualidade de ajudante de campo do general Loison, da batalha do Bussaco. Preso e sentenciado como traidor da pátria e incurso em crime de lesa-majestade, acabou garroteado em 1811.[74] O pai, provavelmente por ter exercido, na época do governo de Junot, o cargo de conservador da nação francesa, encarregado de receber as reclamações dos ingleses, foi acusado de colaborar com os invasores e, após a apreensão de seus papéis, acabou encarcerado na torre de São Julião, em 11 de setembro de 1810, e, em seguida enviado para os Açores. Daí, conseguiu seguir para a Inglaterra, de onde, por via da Suécia, alcançou a França. Em 1814, segundo o intendente da Polícia de Lisboa, tais fatos eram "totalmente desconformes à resignação" em que se devia conservar na ilha Terceira, uma vez que passara, por "deliberação própria", até mesmo para "território inimigo deste Reino". Nessa situação, só retornou a Portugal em 1821, quando foi escolhido vereador do Senado da Câmara de Lisboa e deputado às Cortes pelo Algarves.[75]

Um frade franciscano, posteriormente deportado para os Açores, teve sua prisão por um coronel, em 13 de setembro de 1810, justificada por ofício da Intendência da Polícia, porque o militar ouvira "um motim do Povo, que o tratava de jacobino", que "pregava sermões a favor dos franceses".[76]

Por suas ligações com a Maçonaria, foram condenados, entre muitos outros, José Máximo Pinto da Fonseca Rangel e Vicente José Ferreira Cardoso da Costa.

---

[74] Para a sentença de João Mascarenhas Neto, ver *Correio Braziliense ou Armazem Literário*. Londres. v. 6, nº 35, abril de 1811, p. 427-432.

[75] Cf. ANTT. Intendência Geral da Polícia. Requerimentos 600, maço 2, doc. 59; *Correio Braziliense ou Armazem Literário*. Londres. v. 1, nº 2, julho de 1808, p. 88; ANRJ. Coleção Negócios de Portugal. Caixa 738, pac. 1, doc. 11. 17 de fevereiro de 1814. Innocencio Francisco da Silva. *Diccionario Bibliographico Portuguez*. t. 4. Lisboa, Imprensa Nacional, 1860, p. 307.

[76] ANTT. Intendência Geral da Polícia. Requerimentos 600, maço 3, doc. 95 e 97. Tratava-se, provavelmente, de frei Francisco de Santana.

O primeiro era militar, ocupando o posto de sargento-mor de infantaria, e possuía honras de grandeza, como a de cavaleiro da Ordem de Cristo, e, mais tarde (1820), obteve o grau de bacharel em Coimbra. No período da ocupação francesa, tornou-se membro e secretário do paramaçônico Conselho Conservador de Lisboa, motivo suficiente para prendê-lo, em outubro de 1810, na fortaleza de Sines e, em seguida, na cadeia de Lisboa. Recuperou a liberdade por portaria de 21 de junho de 1813, devendo, porém, fixar residência em Palmela, mas "sempre debaixo da vigilância da Polícia". Em 1817, envolveu-se na Conspiração de Gomes Freire, com o qual já participara, em 1803, dos motins do Campo do Ourique, e depois foi deputado pelo Porto nas Cortes de Lisboa. Nos tempos de D. Miguel, parece que viveu escondido numa água furtada, onde morreu, com quase 70 anos. Em 1821, publicou um interessante panfleto político intitulado *Pernicioso poder dos pérfidos validos, destruído pela Constituição*, em que, pautado nas idéias de Benjamin Constant, descrevia os meios pelos quais os validos, esses "verdugos do povo", declaravam guerra aos reis e os iludiam, tornando-se os intérpretes e os executores das leis escritas por "férrea mão no código de despotismo". De um lado, apresentava D. João VI como um soberano enganado por seus auxiliares, mas, de outro, procurava manter o amor que os povos lhe demonstravam, consolidando a crença na autoridade dos príncipes e mantendo-se fiel a alguns dos principais traços da cultura política do Antigo Regime. Considerado um "homem endiabrado" e incluído na lista dos jacobinos, não passava, provavelmente, de um partidário da soberania partilhada entre o rei e a nação, no mais moderado liberalismo, fruto das mitigadas Luzes ibéricas.[77]

Já Vicente José Ferreira Cardoso da Costa era natural da Bahia. Formou-se em Leis por Coimbra e exerceu no reino a magistratura, assumindo os cargos de desembargador na Relação do Porto e de professor interino na Universidade de Coimbra. Há indícios que, ele poderia estar envolvido na conspiração de 1805 contra o príncipe regente, pois teria redigido o decreto que passava a regência à princesa Carlota Joaquina. Ligado às lojas maçônicas, foi preso em

---

[77] ANTT. Intendência Geral da Polícia. Requerimentos 600, maço 2, doc. 18 e 94 e maço 4, doc. 98-99. BNL. Códice 855. Lista dos Jacobinos mandados sair de Lisboa, como incorrigíveis e teimosos. 1810-1811-1812. fl. 349-350. Para o panfleto, ver *Pernicioso poder dos pérfidos validos conselheiros dos reis destruído pela Constituição*. Reimpresso no Rio de Janeiro, Impressão Régia, 1821, p. 4. Para uma análise detalhada deste, cf. Lúcia Maria Bastos P. Neves. *Corcundas e constitucionais: a cultura política da Independência*. Rio de Janeiro, Faperj/Revan, 2003, p. 123-124.

1810, em virtude de encontrar-se em sua posse "uma inocentíssima carta do Conde da Ega escrita de Paris", sendo deportado para os Açores. Distinguiu-se por seus inúmeros requerimentos ao príncipe regente, pelas cartas ao ministro Rodrigo de Souza Coutinho, conde de Linhares, e por textos, veiculados pela imprensa, por meio do *Correio Braziliense* ou da publicação de pequenos opúsculos, em geral, vindos à luz em Londres, subvencionados pelo autor, que acarretaram respostas e refutações.[78]

Suas críticas mais violentas dirigiam-se contra o *despotismo* dos governadores do reino, que condenava inúmeras pessoas por "vinganças particulares" e com a "licença popular por ele nutrida". Em suas primeiras diligências, por intermédio do conde de Aguiar e do conde de Linhares, solicitava que fosse transferido do Convento de São Francisco, em Angra, na Terceira, para a ilha de São Miguel, onde possuía alguns bens, continuando debaixo da vigilância da polícia – o que, aparentemente, só alcançou em dezembro de 1812, quando data uma carta de Ponta Delgada. Nesta, endereçada ao conde de Linhares, voltava a criticar os governadores do reino, que, em seus decretos, usavam "de capa o Nome de V. A. R. e os exteriores da Soberania", ao recorrer à fórmula *S. A. R. é servido ordenar*. Ficava, assim, prosseguia ele, impossível distinguir "se quem falava era a verdadeira e respeitável S. A. R., que residia no Rio de Janeiro, ou se era a imaginária S. A. R., que se tinha inaugurado em Lisboa". Como exemplo, indicava um ofício, no qual os governadores do reino, em nome do soberano, empregavam palavras de D. Rodrigo com a finalidade de alcançar maior vigilância "sobre a administração da justiça" e evitar "qualquer frouxidão ou prevaricação" que pudesse haver entre os magistrados, mas aproveitavam também para lembrar "do pouco zelo que na invasão dos franceses" observou-se, em geral, nessa classe. Para Vicente Cardoso, "foram tíbios e pouco zelosos os magistrados no tempo da invasão dos franceses", não por "desafeição para com seu soberano, mas porque lhes pareceu que, para terem o que queriam e muitos o de que careciam, era necessário agradar aos outros". Justificava, assim, os atos de colaboração em função do interesse, e não de motivos ideológicos, atitude

---

[78] ANTT. Intendência Geral da Polícia. Requerimentos 600, maço 2, doc. 73 e maço 3, doc. 92-93. BNL. Códice 855. Lista dos Jacobinos mandados sair de Lisboa, como incorrigíveis e teimosos. 1810-1811-1812. fl. 349-350. Para a carta do conde da Ega, ver AHI. Lata 202, maço 4, pasta 9.

observada igualmente, como já se salientou, entre os membros da Regência e provavelmente até mesmo em seu próprio caso.[79]

Além dessa correspondência, também em seus outros escritos predomina o tema da questão do poder e da soberania, que, em sua visão, a Regência arrogava para si de forma ilegal. Para ele, tinham-se constituído em Portugal "dois poderes legislativos, ao mesmo tempo, um na América e outro na Europa", e, para que não se distinguisse nunca de qual deles vinha a determinação que se publicava, o governo de Lisboa "conservava em segredo as ordens" do Rio de Janeiro e enviava às repartições avisos que sempre diziam "S. A. R. é servido mandar".[80] Nessa concepção sua, característica de uma perspectiva de Antigo Regime, a soberania significava a autoridade pessoal e exclusiva do monarca, como um bem privado que a Regência seqüestrara. Por outro lado, embora citasse Montesquieu e invocasse o jurista suíço Jean-Louis Delolme – cuja obra, *Sobre a Constituição Inglesa*, fora proibida no mundo luso-brasileiro –, Vicente Cardoso continuava a somente considerar o poder dos reis limitado pelas *leis fundamentais do reino*, o resultado das disposições legais e da prática do direito consuetudinário, corporificadas na "antiga constituição", que os governadores contrariavam.[81] Quanto à magistratura e à justiça, inspirado no exemplo inglês e influenciado por Bentham, defendia "a independência dos magistrados", invocando os artigos do "Ato de Habeas Corpus" para condenar as arbitrariedades das prisões sem processo formal.[82]

Nas *Considerações políticas sobre a Revolução de 1808*, atribuía ao movimento um caráter *oclocrático*, ou seja, o de um sistema em que o governo, distintamente da própria democracia, está nas mãos das camadas mais baixas do povo. Nesses casos, "a multidão é quem impera", criando uma natural tendência para "lisonjear

---

[79] Carta de Vicente José Ferreira de Cardoso da Costa ao capitão general da ilha dos Açores. Transcrita em *Correio Braziliense ou Armazem Literário*. Londres. v. 8, n° 45, fevereiro de 1812, p. 259-260. Para a carta de Ponta Delgada, ver *Correio Braziliense ou Armazem Literário*. Londres. v. 10, n° 45, março de 1813, p. 388-395. BNL. Reservados. Caixa 3, n.° 5. Carta de Vicente José Ferreira de Cardoso da Costa ao Sr. conde de Linharès. 26 de dezembro de 1811. Transcrita em *Correio Braziliense ou Armazem Literário*. Londres. v. 16, n° 96, maio de 1816, p. 468-481.

[80] BNL. Reservados. Caixa 3, n° 5, Memória dos exteriores e pleno uso da soberania que se arrogou o Governo de Lisboa depois da evacuação do Reino pelas tropas francesas, fl. 8v.

[81] Cf. J. G. A. Pocock. Burke and the Ancient Constitution: a problem in the History of ideas". In: *Politics, language and time. essays on political thought and History*, New York, Atheneum, 1971, p. 202-232.

[82] BNL. Reservados. Caixa 3, n.° 5. Carta de Vicente ..., 26 de dezembro de 1811.

aqueles que governam, esperando, assim, multiplicar as suas ocasiões de gozar e diminuir as suas ocasiões de sofrer"; e, ao mesmo tempo, uma vez que os sentimentos populares formam o espírito público, fazendo "girar publicamente, como se fossem fatos verdadeiros, notícias fabulosas". Nessa ótica, as palavras "traição e inconfidência" transformavam-se nos "imaginários monstros" que "há dois anos têm assustado o povo português, sendo o pretexto para a sua licença e desorganização social". Daí, no lugar da Regência arbitrária, a necessidade de um governo sábio e prudente, que soubesse controlar tal situação, pois "a multidão é igualmente inconstante, que temerária, e sempre semelhante às ondas do mar, que se levantam sem motivo, e que umas vem, outras vão". Para Cardoso, que tinha como um de seus axiomas políticos "obrar a bem do povo e nunca pelo povo", o governo não podia ser despótico, mas tampouco poderia ceder à "anarquia do exercício da pública autoridade nas mãos da multidão", como julgava proceder, nos moldes da Espanha, a Junta Provisional de sua própria cidade, o Porto, após a expulsão dos franceses.[83]

Quando da Revolução de 1820, Vicente Cardoso apresentou uma proposta de código civil às Cortes de Lisboa. Foi, contudo, rejeitada pela sua moderação, pois argumentava que era necessário garantir a liberdade civil para que a sociedade estivesse livre "*in perpetuam de Setembrisaidas*", mas não acatava proclamar "ilimitadamente as idéias liberais" e, embora visse a Constituição como um instrumento precioso para regulamentar as leis da sociedade, insistia que a soberania fosse partilhada entre o soberano e a nação.[84] Por conta desse liberalismo bastante moderado, que apreciava referir aos princípios de Montesquieu de maneira elogiosa, parece pouco provável que fosse o jacobino que imaginaram, ou autor de um panfleto que lhe atribuíram intitulado *Os Pedreiros Livres, e os Iluminados, que mais propriamente se deveriam denominar TENEBROSOS, de cujas seitas se tem formado a pestilencial Irmandade, a que hoje se chama Jacobinismo*. Escrito que, profundamente influenciado pelas idéias do *abbé* Barruel, confundia a Maçonaria com o jacobinismo e identificava o

---

[83] IHGB. Arq. 1.4.35. Considerações políticas sobre a Revolução Portuguesa de 1808. Citações às fl. 21v, 22 e 66v. Correspondência de Vicente Cardoso de 23 de janeiro de 1812. Transcrita em *Correio Braziliense ou Armazem Literário*. Londres. v. 8, nº 47, abril de 1812, p. 569-574. Citação à p. 572.

[84] Correspondencia recebida e enviada por Vicente José Cardoso da Costa relativa aos sucessos em Portugal e no Brasil de 1822 –1823. *RIHGB*. Rio de Janeiro, 22: 413-439, 1859. Citação à p. 430.

"abominável plano de subverter o Trono e o Altar" como uma das quimeras introduzidas pela filosofia, e especialmente pelo autor de *O espírito das leis*.[85]

Somente no início de 1814, após intensa campanha de opinião pública, em que até mesmo o representante inglês Charles Stuart, mediante nota oficial à Regência, invocando a Convenção de Sintra, intercedeu por prisioneiros portugueses, houve um recuo nas atitudes do governo. O príncipe regente assegurou a todos os funcionários da Coroa o pagamento de seus vencimentos, ordenando, em virtude de terem cessado "por Misericórdia Divina as forças invencíveis de Napoleão e as suas terríveis maquinações", que se averiguasse se ainda havia algum motivo que obstasse o regresso das pessoas deportadas. O regresso a Portugal delas foi autorizado no mesmo ano. Alguns foram reabilitados, como Jacome Ratton, nomeado, por decreto de 7 de março de 1816, juiz-comissário Comissão de Reclamações para as indenizações de guerra, exigida pelas potências aliadas. Apenas Vicente José Ferreira Cardoso da Costa e José Diogo de Mascarenhas Neto foram excluídos da anistia, sendo indultados somente na época da Revolução de 1820.[86]

Por fim, resta comentar a participação das camadas populares, que aderiram, quase sempre, às manifestações contrárias aos franceses, espoliadas pelo invasor estrangeiro, havendo "muita falta de pão e constava que morria gente de fome", segundo informação do juiz do povo de Lisboa.[87] Ainda assim, alguns exemplos podem ser invocados. Como nos demais casos acima, denúncias quase sempre imaginárias convertiam-se em instrumentos de prisão. Jácomo Antônio Luiz Serra foi acusado de mostrar-se apaixonado pela França e inimigo da nação portuguesa e de relacionar-se com um general francês, que freqüentava a loja de bebidas de seu patrão, Inácio Martins. Este, em seu depoimento, afirmava que, após a Restauração, seu empregado lhe informara

---

[85] Lisboa, Impressão Régia, 1809, p. 7.
[86] A nota do ministro inglês está transcrita em *Correio Braziliense ou Armazem Literário*. Londres. v. 6, nº 36, maio de 1811, p. 531-532. Para as outras informações, ver ANTT. Intendência Geral da Polícia. Requerimentos 600, maço 2, doc. 53. Para a nomeação de Ratton, ver Nuno Daupias D'Alcochete. *Lettres de Diogo Ratton a Antonio de Araujo de Azevedo, Comte da Barca (1812-1817)*. Paris, Fundação Calouste Gulbenkian, 1973, p. 57. Para o indulto a Vicente José Cardoso e a José Diogo, ver Decreto de D. João VI, concedendo anistia aos que se acham fora do Reino, de 23 de fevereiro de 1821.
[87] ANRJ. Coleção negócios de Portugal. Caixa 654, pac. 2, doc. 43. Memória de tudo quanto se passou no tempo, em que servi de Juiz do Povo em 1808, para ser prezente a S. A. R., o Príncipe Regente, fl. 11.

que um general francês, permanecendo disfarçado em Lisboa, ia todos os dias à loja e falava sobre um plano de Napoleão para tirar de Portugal todos os moços capazes de pegar em armas, para matar todos os clérigos e para reduzir a população ao menor número possível. Para o intendente da Polícia, tratava-se de um plano "muito conforme às vistas de um déspota conquistador", no estilo de um complô satânico. Considerava, no entanto, inverossímil a presença, ainda que disfarçada, do general em Lisboa, e não lhe podia dar crédito, pois "uma só testemunha nunca faz prova". No entanto, outros acusavam Serra de ser "muito apaixonado dos franceses", sempre tendo-os servido com preferência a portugueses e "que não cessava de dizer que eles tornariam a Portugal com brevidade". Aconselhava, então, que um indivíduo "tão claramente a favor de Napoleão" fosse tirado do meio dos fiéis vassalos do soberano.[88]

Outra denúncia foi levantada contra Ana Perpétua Jourdain, francesa de origem, por andar jactando-se "de ter ido vestida de soldado à batalha de Vimeiro", acompanhando o general Junot. Bem conhecida na Intendência, pois esteve por alguns anos na Casa Pia, a pedido de seus pais, "que não podiam conter sua desenvoltura", meteu-se ainda com os franceses, indo visitá-los depois de estarem embarcados. Encontrada na casa de Domingas Rita Ebard, meretriz pública, que a acolhera por compaixão, o intendente achava conveniente remeter ambas a Cordoaria, "onde se costumam ensinar mulheres deste caráter".[89]

Em alguns casos, até as autoridades reconheciam o motivo arbitrário da prisão, como ocorreu com João Batista Moroni, genovês, preso sob a acusação de jacobino por ter servido de intérprete aos franceses quando entraram em Portugal, anotando-se no despacho que essa razão não parecia suficiente para a detenção do réu por dois anos.[90]

Nos autos do processo de Antônio Romão consta que, estando na "taberna de Carlos Lopes do lugar da Vermelha" com um correio francês, ali preso pela população, ele ameaçara os presentes com a total destruição do estabelecimento por meio de um incêndio, pedindo um botão da casaca do estrangeiro, que tinha as armas da França, como prova do insulto perpetrado para dar par-

---

[88] ANTT. Livro da Intendência da Polícia n° 10, 6 de junho de 1809, fl. 162-162v.
[89] ANTT. Livro da Intendência da Polícia n° 10, 16 de janeiro de 1809, fl. 47v e 8 de fevereiro de 1809, fl. 61.
[90] ANTT. Livro da Intendência da Polícia n° 11, 22 de novembro de 1811, fl. 226.

te do incidente ao general francês. Comprovado o fato por seis testemunhas, o réu, embora negasse tudo, era "onerado com a culpa de parcial do exército inimigo", dizendo a sentença de quatro anos de degredo em Cabo Verde que, como "um bom patriota", deveria ter-se unido ao povo.[91]

Esses poucos acontecimentos miúdos sugerem que a adesão entre as camadas populares existiu predominantemente no imaginário das autoridades, acarretando que o mesmo temor infundado, que levou a prisões e deportações os membros das elites, possibilitasse também que qualquer indício de aproximação do povo com os franceses transformasse imediatamente o suspeito em culpado. No fundo, o maior descontentamento decorreu da penúria e da indigência a que as condições de conflito reduziu a maioria e direcionou-se sobretudo contra o invasor, sendo necessária, algumas vezes, a intervenção das autoridades para conter a fúria da multidão contra os partidistas. Eram "medos recíprocos", na expressão de Delumeau, manifestação de temores antigos, ainda em vigor, especialmente numa sociedade ainda tão pouco secularizada, como a portuguesa.[92]

Assim, no conjunto, embora se possam identificar manifestações sinceras de adesão aos invasores napoleônicos, que talvez parecessem revestir os princípios de 1789 com uma roupagem menos exótica para as pálidas Luzes portuguesas, predominaram, sobretudo nas elites, as atitudes de oportunismo e certas perspectivas escatológicas em torno de um *salvador*, cuja imagem, entre o tempo de espera e de apelo e o tempo de sua presença real, variou ao sabor das circunstâncias, tendendo a transformar o protetor em usurpador, mas frustrando, ao final, as esperanças e anseios de todos. Nessas condições, não é de admirar-se que a voz da tradição se fizesse ouvir com tanta intensidade.

---

[91] BNL. Códice 855 – Sentenças. fl. 231-231v e fl. 232v. Sentença impressa. Lisboa, Typografia Lacerdina, 1809.
[92] Jean Delumeau. *História do medo do Ocidente, 1300-1800: uma cidade sitiada.* São Paulo, Companhia das Letras, 1999, p. 202.

As vozes do patriotismo português contra Napoleão e seus satélites

Após a Restauração de 1808, os anos imediatos, marcados pelas duas novas tentativas de invasão, assistiram a uma campanha sistemática contra os franceses e seus partidários, movida a partir de diversos quadrantes, que encontrou sua inspiração em valores tradicionais de forte cunho religioso relacionados à fidelidade ao soberano, evidenciando o peso de um código maior, ou *linguagem*, profundamente ancorada no imaginário de Antigo Regime, que continuava a permear a sociedade portuguesa.[1] Proclamações oficiais, artigos em jornais e panfletos indicam o quanto algumas das representações da lenda negra sobre o imperador passaram a serem lidas, interpretadas e absorvidas pelos portugueses. Desse ponto de vista, tais imagens traduziam, quando muito, um certo desejo de renovação do poder, desde que fiel à manutenção da monarquia e à Casa de Bragança, mas assumindo, na maioria dos casos, um caráter claramente anti-revolucionário, que se opunha às novidades e permanecia preso a estruturas mentais do passado.

Como já analisado, o primeiro momento de domínio militar do país levou a uma política de compromisso entre Junot e as autoridades portuguesas, estimuladas pelas instruções que tinham recebido da Corte ao partir, que legitimou, em certa medida, os atos impetrados pelos invasores e que levou a maioria dos quadros dirigentes, ligados ou não a funções burocráticas e políticas, a participar e a colaborar, de forma consentida ou imposta, nesse processo. Não se tratava de um afrancesamento da sociedade, que ocorria mais no imaginário social do que na prática política, mas, talvez de um *afrancesamento das instituições*, recorrendo-se à expressão da historiadora portuguesa Ana Cristina de Aráujo.[2]

---

[1] Para a visão dos projetos políticos da idade moderna, ver Yves-Marie Bercé. *Révoltes et révolutions dans l'Europe Moderne (XVI*-*XVIII*ᵉ *siècles)*. Paris, Presses Universitaires de France, 1980, p. 249-254.

[2] Ana Cristina Bartolomeu de Araújo. As invasões francesas e a afirmação das idéias liberais. In: Luis Reis Torgal & João Lourenço Roque. *O Liberalismo (1807-1890)*. Lisboa. Estampa, [1993], p. 17 (Col. História de Portugal, v. 5). A historiografia recente em Portugal aceita a tendência dessa colaboração por interesse ou por acomodação das classes

Embora as primeiras proclamações dos governadores do reino demonstrassem simpatia pelos planos de Junot – adaptados, por sua vez, para atrair o apoio da aristocracia insatisfeita –, a partir de junho de 1808, quando ficou conhecido em Lisboa e nas demais capitais européias o *Manifesto e exposição fundada de D. João*, declarando guerra à França, que despertou a resistência aos invasores, a linguagem predominante passou a ser crescentemente a de fiéis defensores da nação portuguesa. Nesse ambiente, diante da explosão popular, que se alastrara espontaneamente por todo o território, e do enfraquecimento das autoridades, cuja imagem ficara manchada pelas atitudes colaboracionistas, os novos regentes procuraram retomar o controle da situação e submeter a massa insuflada contra os supostos jacobinos e amigos dos franceses, como mostram suas proclamações e editais "em nome da Religião". Incentivar o patriotismo de todos, especialmente das camadas populares, era primordial: "Às armas, Portugueses, às armas. A necessidade exige que a massa da Nação empunhe as armas e todas as armas na mão robusta de um Defensor da Pátria são instrumentos decisivos da vitória"; mas também a delação dos inimigos e partidaristas dos franceses convertia-se numa prática acalentada oficialmente pela Polícia, de modo a forjar a idéia de um governo extremamente hostil a Napoleão.[3]

As reflexões políticas de Vicente José Cardoso da Costa, incurso na Setembrizada, consideravam que o governo deixara "ao povo este exercício de prenderem uns aos outros arbitrariamente, com o motivo de se descobrirem assim os franceses e seus partidaristas". E, com o exagero de um degredado ressentido, mas revelando os traços de terror que caracterizaram o período, acrescentava que a arbitrariedade alcançava o máximo quando os quadrilheiros abordavam as pessoas para prendê-las aos gritos de "É francês?", "Cheira a Jacobino" ou "fala para vermos se é francês". O próprio intendente da Polícia reconhecia que "Lisboa continua a mostrar o espetáculo de um povo que

---

dirigentes. Cf. Idem. *Ibidem*, p. 27-28; Graça Dias & J. S. da Silva Dias. *Os primórdios da maçonaria em Portugal*. 2ª ed. Lisboa, Instituto Nacional de Investigação Científica, 1986. v. 1, t. 2, p. 483-486; A. do Carmo Reis. *Invasões francesas. As revoltas do Porto contra Junot*. Lisboa, Editorial Notícias, [1991], p. 36-39; Para uma visão contrária, ver José Veríssimo Serrão. *História de Portugal*. v. 7: A instauração do liberalismo (1807-1832). Lisboa, Verbo, 1984, p. 22-27 e 37-39.

[3] *Os Governadores do Reino à Nação Portuguesa*. Lisboa, Impressão Régia, [1808].

com o sentimentos de patriotismo principia a mostrar uma terrível disposição para cometer atos arbitrários. O nome de jacobino é a senha que se vale para este fim". A Regência reabilitava-se assim perante o príncipe regente, ainda que, no discurso e na prática, temendo pelo que ocorria na vizinha Espanha, restaurasse a essência do Antigo Regime pela tradicional aliança do trono e do altar e denegrisse a imagem dos franceses, mostrando as iniqüidades do "monstro do Universo" – Napoleão Bonaparte.[4]

Um exemplo dessa oposição em seus primórdios encontra-se nas atitudes da marquesa de Alorna – Leonor de Almeida Portugal –, cujo irmão lutou na Legião Portuguesa ao lado do invasor. Ilustrada, apreciadora dos filósofos franceses e crítica da Inquisição, não aceitava, contudo, a via da revolução como caminho para chegar à civilização. Para ela, que tinha "sempre presente na imaginação as cenas de horror que presenciara em Paris e Marselha, onde esteve na época do Terror", a Revolução Francesa apenas minara "todos os tronos da Europa". Por volta de 1799, D. Leonor empenhou-se em um plano arrojado de apoio para uma reação a ser iniciada na Vendéia por meio de militares franceses, com o aval do futuro Luís XVIII e do papa, apelando primeiro, por correspondência, ao cardeal Patriarca e, a seguir, já em 1800, em carta diretamente a D. João, na qual faz críticas veementes a Bonaparte, "o mais temível dos usurpadores", que "jurou ódio aos Reis e a aniquilação dos Tronos", o qual a fazia temer uma invasão de Portugal, pois na "opinião dos Estados mais poderosos", "Portugal não existir[ia] em três meses".[5]

Em seguida, criou em Lisboa a *Sociedade da Rosa*, que, segundo as *Memórias* de seu sobrinho, destinava-se a combater as idéias da Revolução Francesa e as sociedades secretas, embora também fosse, ela própria, secreta, e cujas sessões

---

[4] AHI. Lata 175, maço 3, pasta 2. Reflexões políticas sobre o sistema de infamar a nação portuguesa fazendo crer ao povo que nela há traidores e partidaristas franceses. Ofício de 1 de fevereiro de 1809 do Intendente da Polícia. Apud Graça Dias & J. S. da Silva Dias. *Os primórdios da maçonaria ...*, v. 1, t. 2, p. 534. Para a última expressão, cf. *Carta escrita por L. P. A. P. a hum seu patrício da Cidade da Bahia*. Lisboa, Nova Officina de João Rodrigues Neves, 1808, p. 7.

[5] Marquesa de Alorna. *Inéditos. Carta e outros escritos*. Lisboa, Sá da Costa, 1941, p. 121. Para sua presença na França, na época do Terror, ver D. José Trazimundo Mascarenhas Barreto. *Memórias do Marquês de Fronteira e d'Alorna*. Parte primeira e segunda (1802 a 1824). Coimbra, Imprensa da Universidade, 1926, p. 15. Cf. ainda Maria Helena Vilas-Boas e Alvim. A Marquesa de Alorna – De defensora das Luzes à agente contra-revolucionária. *Revista de História das Idéias. A Revolução Francesa e a Península Ibérica*. Coimbra. 10: 265-276, 1988.

– de que participava, entre outros, o célebre Bocage – seguissem provavelmente o modelo dos salões literários do Antigo Regime. Apesar disso, a seita despertou as desconfianças do intendente Pina Manique, que, em 1803, mandou revirar a casa e apreender os seus papéis, dando ordem de exílio à marquesa, a qual refugiou-se em Londres.[6] Daí, escreveu, então, um verdadeiro libelo acusatório ao próprio Napoleão.

> Tenho sido vossa inimiga até ao presente – confesso-vo-lo. Continuo a sê-lo. A honra impõe-me que vos odeie. Este ódio, contudo, é apenas fundado sobre os sofrimentos do Mundo. Está em vossa mão reparar os seus males.
>
> Eu tenho uma Pátria, uma família, ambas a ferros vossos. Dai-lhes a liberdade e sacrificar-me-ei a mim. Entregar-me-ei à vossa cólera, se for preciso. Estou em Inglaterra e, tão depressa eu saiba que a minha família é livre, dou-vos a minha palavra de honra que partirei para França, sem precaução alguma, e irei encontrar a morte no primeiro lugar em que vossas severas leis sacrifiquem os que estão ao seu alcance.
>
> Saúdo-vos ainda como a Nero; sede Augusto e eu vos bendirei ao morrer.

Embora explicite clara e desafiadoramente ódio ao imperador, da carta não deixa de transparecer igualmente um certo fascínio por aquele que era considerado o "herói do século", revestido por uma postura romântica característica, ao oferecer sua vida em troca daquela de seu irmão, prisioneiro de Napoleão, cuja honra iria resgatar mais tarde na *Memória justificativa do Marquês de Alorna*, mostrando que, apesar de seu espírito ilustrado, a fidelidade aos laços de família ainda clamava mais alto no espírito de D. Leonor.[7]

Restaurado o governo da Regência, os nobres, outrora aliados de Junot, em conjunto com os deputados dos Três Estados do Reino e os ministros do Conselho de Ultramar, apressaram-se em apresentar-lhe um requerimento, a fim de justificar sua assinatura, em maio de 1808, à representação em que

---

[6] Marquesa de Alorna. *Inéditos. Carta e outros* ..., p. 145. Para a Sociedade da Rosa, cf. D. José Trazimundo Mascarenhas Barreto. *Memórias do Marquês de Fronteira* ..., p. 15 e A. H. de Oliveira Marques. *História da Maçonaria em Portugal*. v. 1: Das origens ao triunfo. Lisboa, Presença, 1990, p. 300.

[7] Marquesa de Alorna. *Inéditos. Carta e outros* ..., p. 196.

ofereciam vassalagem a Napoleão, "o herói do mundo, o árbitro dos reis e dos povos", solicitando-lhe um príncipe de sua escolha. Argumentavam que

> a insaciável ambição e feroz despotismo do inimigo comum, depois de invadir perfidamente estes Reinos, extorquiram dos fiéis vassalos de Vossa Alteza Real, com a força armada, as assinaturas do infame papel [...], da mesma sorte que obrigaram a V. A. R. a sair destes Reinos para seus domínios de ultramar.

Julgando evidente e incontestável a nulidade da representação, visto que as assinaturas tinham sido violentamente extorquidas, os governadores remeteram-na à Mesa do Desembargo do Paço para emissão de parecer. Esta, considerando a situação em que os ministros do Conselho do Ultramar, os deputados da Mesa e os representantes da magistratura tinham vivido – "em meio das baionetas e das peças de artilharia" –, acatou o pedido, mas ressalvava não ser atendível a solicitação dos deputados da Junta dos Três Estados, por quanto terem sido eles quem formalizara a "nefanda proposta" oferecida ao general Junot, aconselhando, ainda, que tal registro, cujos originais se encontravam na Torre do Tombo, fossem trancados, não ficando dele memória alguma. Na Conta dos governadores do reino de dezembro de 1808, há a sugestão de destruir o "infame papel", reduzindo-o "a cinzas, pelo Executor da Alta Justiça na praça do Pelourinho", revestido com "todo o aparato fúnebre" que exigia, diante de "imenso Povo desta capital" reunido para assistir a esse verdadeiro auto de fé. No entanto, as autoridades receavam alguma comoção, sendo, por sua "lealdade", tomado o povo de "furor com a lembrança da perfídia e violência com que se forjou e cometeu o maior atentado, que nunca houve, nem lembrou em Portugal", passando a considerar os que assinaram a representação como amigos do franceses. Submetiam, por conseguinte, a decisão à Real Presença de D. João. Reabilitavam-se assim as camadas dirigentes do reino, passando a utilizar, em suas escusas, a mesma linguagem violenta contrária a Bonaparte. Contudo, felizmente, o documento não se perdeu.[8]

---

[8] Uma cópia encontra-se no ANRJ. Coleção Negócios de Portugal. Caixa 652, pac. 1ᴬ, doc. 3. Segunda via da Conta de 12 de Dezembro de 1808. Nessa coleção de documentos, encontram-se cópia da Representação de Maio de 1808 a Napoleão, bem como todos os requerimentos justificativos das assinaturas e dos despachos da Mesa do Desembargo do Paço e dos Governadores do Reino. Para o documento original, que está no fundo do Ministério dos Negócios Eclesiásticos e Justiça do ANTT. cf. A. H. de Oliveira Marques. *História da Maçonaria ...*, v. 1: Das origens ..., p. 97, nota 19.

Já o clero, depois de uma atitude algo complacente com o invasor francês, mostrou-se, *et pour cause*, um elemento decisivo no decorrer da Restauração. Em primeiro lugar, no norte e centro do país, por iniciativa própria ou com a aprovação dos prelados das respectivas dioceses, formaram-se batalhões eclesiásticos, que lutaram em conjunto com as camadas populares para a expulsão dos franceses. Em segundo, eram os membros dos quadros tradicionais da sociedade, com destaque para os religiosos, que os insurgentes reconheciam, quase sempre, para liderar os movimentos. Em Braga, o arcebispo, D. José da Costa Torres, ao receber a notícia da prisão de franceses, tanto na vila de Viana, quanto no Porto, "mandou imediatamente descobrir as armas reais no paço episcopal e passou ordem à igreja primacial para se restituir na missa a coleta pelo príncipe regente e mais pessoas da Real família". Em seguida, colocou-se à frente de um batalhão, com o título de general.[9] No Porto, o bispo D. Antônio de São José de Castro tornou-se o presidente da Junta Suprema da cidade e solicitou, por intermédio de uma proclamação, que "todos os eclesiásticos" se formassem "em corpo armado para guarnição desta cidade, enquanto as tropas seculares marcha[rem] ao inimigo". Além de rogar-se aos Céus a proteção divina, pedindo paz, sossego e felicidade para o soberano e o reino, o deão pediu que todos se alistassem, a fim de formar uma companhia, da qual assumiu a patente de coronel e para a qual houve grande adesão dos regulares, principalmente dos dominicanos.[10] Em Coimbra, ao lado dos batalhões acadêmicos, os eclesiásticos também pegaram em armas, convidados, em grande parte, por "proclamações e ordens enérgicas" das autoridades espirituais. De acordo com Acúrsio das Neves, não deixava de ser esta uma forma de expiar "algumas condescendências, provavelmente involuntárias", que tinham tido para com o "governo intruso".[11]

Na vila de Guimarães, o chantre, dignidades e Cabido atestaram que o padre frei Tomás Machado Pinto, da ordem dos Pregadores, era "um religioso de toda a estima, pela sua conduta social, civil e moral", desempenhada na "feliz e memorável revolução contra a tirania francesa". O referido padre não só fixara "enérgicas proclamações" contra o "opressor da Europa" nas praças e ruas públicas como também as proclamava nos lugares sagrados. Além dis-

---

[9] J. Acúrsio das Neves, cf. *História geral da invasão dos franceses em Portugal e da restauração deste Reino*. Porto, Edições Afrontamento, s./data. t. 3, p. 67.
[10] *Correio Braziliense ou Armazem Literário*. Londres. v. 1, nº 4, setembro de 1808, p. 274-276.
[11] J. Acúrsio das Neves, cf. *História geral da invasão dos franceses ...*, t. 3, p. 114-115.

so, rasgava "os Editais do Governo intruso" e, em seu lugar, colocava "falas expressivas ao povo". Em Lisboa, o porteiro da Câmara e Cavalo do Número do Príncipe Regente atestou que, na época da "feliz Restauração", ele, por ter sido militar em Queluz, ensinava "o exercício e manejo das armas" a todos que queriam aprender, e que ali comparecera sempre o padre Antonio José Valente, capelão da Real Capela de Queluz, que com seu exemplo estimulava os demais habitantes a fazer o mesmo.[12]

Cabe ainda mencionar a figura polêmica do padre José Agostinho de Macedo. Erudito, num certo sentido, foi o autor de vasta obra, abrangendo escritos literários, filosóficos, opúsculos e textos em periódicos políticos, além de escritos sagrados, e por longos anos viveu do ministério do púlpito, sem solicitar empregos ou benefícios à Corte. No momento das invasões, destacou-se por suas críticas violentas ao jacobinismo e à maçonaria, tendo publicado em 1809, folhetos com o título *Segredo Revelado*, que nada mais eram que uma "indigesta compilação" do *Resumo das Memórias para a História do Jacobinismo* do *abbé* Barruel, com o objetivo de tornar execranda a seita dos pedreiros livres, identificada aos partidários dos franceses. Considerava a estes a pior espécie da raça humana, pois "desejavam Bonaparte, a fim de que ele destruísse tudo", "alimentavam-se da traição" e "tramavam, nas trevas, a ruína da pátria". Além disso, ainda se envolveu na chamada *guerra sebástica*, polêmica travada em torno de seu panfleto *Os sebastianistas*, como será analisado à frente. O austero padre, no entanto, não deixou de cometer alguns deslizes morais, tendo sido denunciado, em abril/maio de 1807, à Inquisição por sua empregada e por Domingas Rita Ebard, "mulher infamada de mancebia com o referido padre José Agostinho" e que, em 1809, seria acusada na Intendência da Polícia de proteger algumas amigas dos franceses. Ambas afirmavam, *nem por ódio, nem por vingança*, que ele dizia não haver inferno e que "isto da formação do mundo era uma fábula". Após a Setembrizada, ainda escreveu um poema heróico-cômico-satírico, em diversos cantos, intitulado *Os Burros*, publicado somente em 1817, em que aludia aos presos de 1810 com um tom de ironia mesclado a sentimentos de alegria.

---

[12] ANRJ. Coleção Negócios de Portugal. Caixa 731, pac. 4, doc. 28 (1814) e 1 (1814), respectivamente.

> [...] Agora, agora
> Conhecerão seu mal, quando ajoujados
> A dous e dous, de gargalheira e corda,
> respeitáveis mações, do Império esteios,
> De barra em fora às Ilhas enviaram
> Comentar Jacques, e emendar o mundo.
> Vede agora quão míseros, mesquinhos
> Sem lojas vão a ser, sem trolha e prumo,
> Sem Veneráveis ter, de luva e mitra,
> Sem lobrigar a luz [...][13]

Sobretudo indicando o caráter de uma sociedade que continuava presa às malhas da tradição, o clero agiu e serviu de instrumento, em particular, para dar uma feição ideológica à Restauração. A guerra era, ao mesmo tempo, da religião e da nação, pois tivera sua origem na Revolução Francesa, uma "revolução tramada por cérebros escaldados, cujo alvo era arrasar o Altar e o Trono". A religião católica continuava, na realidade, a funcionar como um dos pilares da monarquia portuguesa, enquanto meio de conter a agitação das camadas populares e de exaltar a defesa da religião, do rei e da pátria, porque o cura do vilarejo, indo de casa em casa e nas cerimônias na igreja, constituía não só o guia espiritual e conselheiro de seu rebanho, como servia também, por inserir-se na cultura letrada, de elo entre a comunidade e as autoridades. Nessas condições, num momento de crise como o das invasões, não era possível deixar de promover a renovação do pacto de fidelidade ao trono e ao altar, no espírito de uma monarquia do direito divino.[14]

---

[13] Para a vida de Macedo, cf. Innocencio Francisco da Silva. *Memórias para a vida íntima de José Agostinho de Macedo*. Lisboa, Typographia da Academia Real das Sciencias, 1898, p. 61-98. Para as citações, cf. *Os sebastianistas*. Lisboa. Offic. de Antonio Rodrigues Galhardo, 1810, p. 111-112. Para o poema *Os Burros*, ver A. H. de Oliveira Marques. *História da Maçonaria ...*, v. 1: Das origens ..., p. 102. Para a denúncia na Inquisição, cf. Innocencio F. da Silva. *Memórias para a ...*, p. 183-186, onde as transcreve.

[14] *Compendio Histórico dos accontecimentos mais celebres, motivados pela Revolução de França, e principalmente desde a entrada dos francezes em Portugal...* por Joaquim Soares. Coimbra, Real Imprensa da Universidade, 1808, p. 7. Cf., para o papel do clero no Antigo Regime, Yves-Marie Bercé. *Révoltes et révolutions ....*, p. 79-80 e F. Furet & J. Ozouf. Trois siècles de métissage culturel. *Annales E. S. C.* Paris 32 (3): 488-502, mai.-juin. 1977.

Apesar disso, no período da guerra peninsular, foram os escritos de circunstância dos letrados portugueses que se transformaram no principal instrumento de crítica a Napoleão Bonaparte e aos franceses. Como já foi assinalado, a partir de 1808 ocorreu um surto da atividade editorial até então desconhecido em Portugal. De um lado, centenas e centenas de panfletos políticos vieram à luz, seja por intermédio da Impressão Régia de Lisboa, responsável por aproximadamente metade dessas publicações, seja por outras tipografias particulares, dentre as quais destacou-se a Real Imprensa da Universidade de Coimbra. Os insultos a Napoleão Bonaparte, as paródias em torno da "proteção à francesa", os malefícios da revolução ou as desgraças trazidas pelas invasões (até para os cães...) mesclavam-se aos relatos heróicos das batalhas, às odes pindáricas e heróicas, aos sermões de ação de graças e aos escritos laudatórios aos chefes militares, portugueses ou ingleses, ou aos bispos que apoiaram a Restauração.

Em geral, os panfletos eram anônimos. Algumas vezes, traziam nomes de defuntos e, mais freqüentemente, pseudônimos, que invocavam um sentimento patriótico, sendo assinados por "um português patriota" ou um "português amante da pátria". O anonimato ou os nomes falsos explicam-se por representarem, de início, surda oposição ao governo, ainda em vigor, de Junot. Mais tarde, alguns foram identificados, revelando serem seus autores ligados ao meio acadêmico de Coimbra, ao sacerdócio e às tropas militares, embora raramente fossem escritores consagrados.[15]

Nesses panfletos, a linguagem predominante opunha-se em todos os sentidos à prática política esboçada pela Revolução Francesa, que levantara "fatal voz", proclamando "Morra o Tirano, acabe-se a superstição (assim chamavam ao sacerdócio) e a Realeza". De um lado, apontavam os defeitos de Napoleão – a irreligião, a libertinagem, a brutalidade e a ausência de respeito com os soberanos constituídos – e apresentavam a França como uma "Nação degenerada, coberta de vícios e de crimes", e os franceses como "homens grosseiros e ignorantes, sem princípios, sem educação e sem Religião". De outro, exaltavam o espírito patriótico e sobretudo a tradição portuguesa de fidelidade à realeza e à religião. A derrota dos exércitos franceses trazia, em seu próprio bojo, o regresso da monarquia de direito divino e de todas as práticas políticas

---

[15] Para a análise dos escritos de circunstâncias em Portugal, cf. supra, Capítulo 2. Para análise das representações antinapoleônicas, nesses panfletos, ver também supra, Capítulo 3.

inerentes ao Antigo Regime. Um folheto sobre a "Prodigiosa Restauração da Lusitânia Feliz" serve como exemplo emblemático dessa postura.

> No coração dos bons portugueses [reinava] a mais sincera e amorosa ternura, os quais por muitos motivos regozijavam-se à vista do Estandarte da sua Regeneração, símbolo do Triunfo que o Heroísmo exaltou sobre a *ambição* de nossos perversos inimigos [...]; foi-nos pois restituída a liberdade de Cidadãos e já gozamos a felicidade de sermos regidos por leis tutelares e protetoras, que formam a base de um Governo suave e legítimo, de um Príncipe Justo e Piedoso, que o Céu nos conserve no seio da paz e da prosperidade para a glória deste pequeno, mas fiel e valoroso Reino de Portugal.[16]

Algo diferente, no entanto, era a leitura dos acontecimentos por parte dos jornais, que passaram a circular no mundo português nesse momento. Até o início do século XIX, o movimento da imprensa periódica era muito fraco, cabendo apenas à *Gazeta de Lisboa*, uma espécie de folha oficial, informar os atos do governo, transcrever notícias da Europa saídas em folhas estrangeiras e exaltar as virtudes do soberano. Quando da ocupação francesa, a *Gazeta* transformou-se em órgão oficial do invasor, cujo cabeçalho substituiu as armas reais portuguesas pela águia imperial e a expressão *Com privilégio de S. A. R.* com a informação *Com privilégio do governo* (cf. reprodução no Anexo nº 1). A partir do final de 1808, contudo, retirando-se as tropas de Junot, surgiram vários jornais, redigidos por diversos autores que, tendo em comum o ódio contra a França e contra o invasor, não deixavam de manifestar opiniões divergentes em algumas ocasiões. Foram favorecidos por uma momentânea liberdade de imprensa, desconhecida até então, e que José Liberato Freire de Carvalho explicaria posteriormente de maneira esclarecedora.

> Enquanto durou a guerra com a França, e nossos governantes precisavam da nossa energia e entusiasmo para que ela se concluísse a bem deles, e não a bem

---

[16] Para a primeira citação, ver *Compendio histórico ...*, p. 7; para a segunda, *Portugal Desafrontado. Diálogo entre um oficial francês da Legião do Meio-Dia e um eclesiástico da província de Entre-Douro-e-Minho*. [Lisboa], s/ed., [1808], p. 13. Para a última, *Successos de Portugal, ou prodigiosa Restauração da Lusitania Feliz. Por hum Portuguez que ama a Religião, a Patria e o seu Augusto soberano*. Lisboa, Offic. de Simão Thaddeo Ferreira, 1809, p. 31. A própria informação do pseudônimo do autor é sugestiva dessa visão do Antigo Regime.

do povo, a Imprensa, por assim dizer foi livre em Portugal: então tudo se escrevia, todos escreviam, e a todos era lícito revelar os seus pensamentos. Mas assim que a guerra se acabou, e em vez de um despotismo militar se começou a estabelecer o despotismo civil e religioso, decretos sobre decretos, e ordens sobre ordens deram logo cabo de todos os escritos; e só conservaram a *Gazeta de Lisboa*, como imagem desse Alcorão turco, em que devem crer os fiéis que tudo está escrito quanto necessário é para a vida política, civil e religiosa.[17]

Revela-se, assim, a peculiar situação que viveu então Portugal, sendo obrigados os governadores do reino, diante da difícil conjuntura de guerra, a tolerar e até incentivar esses escritos, cujo objetivo primordial era o de combater a propaganda dos franceses para reforçar a vontade de resistência dos portugueses. Vislumbrava-se, nesse momento, o caráter moderno da imprensa, enquanto arma de combate, capaz de mobilizar a população. Passado o perigo, porém, retornava a censura aos jornais e renascia o antigo privilégio da *Gazeta de Lisboa* de publicar com exclusividade as novidades do estrangeiro.

Boisvert detecta o início dessa preocupação da Regência de influenciar o ânimo popular em um escrito estampado na *Gazeta de Lisboa* de 6 de janeiro de 1809, intitulado "Discurso sobre a utilidade dos papéis públicos na presente guerra". Embora não assinado, o texto aparecia no veículo oficial e refletia, sem dúvida, a opinião do poder. Inicialmente, mostrava a influência decisiva que a imprensa tivera na França revolucionária e nas conquistas napoleônicas. Antes, "as hostilidades se faziam unicamente de gabinete a gabinete"; agora era "uma guerra de direitos sociais", que excitava a desordem e objetivava "fins diabólicos", explicitados nos "papéis públicos", "uma das principais armas" das vitórias dos exércitos franceses. Analisava, em seguida, o atraso de Portugal e Espanha, que copiavam "cegamente as notícias das gazetas francesas", que promoviam o governo dessa nação, "caluniavam e vituperavam os outros" e "solapavam assim as bases de todas as instituições sociais". Continuava argumentando que somente a Inglaterra "conheceu claramente a força irresistível desta nova arma e tentou destruí-la com outra igual". Era necessário instruir "os povos acerca da sua verdadeira situação e da sua força" e conclamava portugueses e espanhóis, por conseguinte, a agirem da mesma maneira, pois era "preciso que os escritos periódicos destas duas nações desmascarem os crimes

---

[17] *O Campeão Portuguez ou o Amigo do Rei e do Povo*. Londres. v. 2. 1º de abril de 1820, p. 229.

e as intrigas do inimigo comum". Advertia, no entanto, que esse impulso só era irresistível quando as "nações têm uma confiança cega e inteira no seu governo e nos seus chefes", acabando, dessa forma, por transformar a palavra escrita e a imprensa em instrumento de poder, mas destinado a propagar valores pautados na proposta de uma monarquia de Antigo Regime. Aliás, essa não era uma idéia inédita entre as autoridades de Portugal, pois Rodrigo de Souza Coutinho, quando da discussão da política externa portuguesa em 1803, aconselhava a preparar a opinião pública para a proximidade de uma guerra, por meio de ações de propaganda "nos púlpitos, nos confessionários", "pelos magistrados" e por "diversos folhetos", impressos "em forma de gazetas ou papéis volantes", que pintassem "debaixo das mais justas e negras cores as vistas dos franceses, a sua ambição, a sua associação com os espanhóis, a perfídia destes últimos, os projetos de se senhorearem de Portugal, de reduzir os povos à mais cruel escravidão".[18]

Desse afã de divulgar papéis públicos com o objetivo de combater o inimigo e incentivar o patriotismo popular emergem alguns nomes. Luis de Sequeira Oliva foi apontado pelos estudiosos da imprensa portuguesa como o primeiro a defender "com a pena" a independência de Portugal, com a publicação não só de panfletos, mas também de alguns periódicos, distinguindo-se *O Telegrafo Portuguez ou Gazeta anti-francesa*, iniciado em dezembro de 1808 e que prosseguiu, com interrupções, até dezembro de 1814. Considerado um *estrangeirado*, expressou em seus escritos a visão de um ilustrado, a quem não só a revolução causava ojeriza mas também o despotismo. Audacioso em suas críticas, seus escritos variaram em função das circunstâncias, desde uma postura crítica e jocosa até uma outra, mais informativa, em que procurava exaltar a força decisiva do espírito nacional. Na primeira direção, apontava uma espécie de fantasia satírica, sob a forma de um panfleto intitulado *Dialogo entre as principais personagens francezas, no banquete dado a bordo da Amavel por Junot, no dia 17 de setembro de 1808*, reeditado no mesmo ano com a

---

[18] *Gazeta de Lisboa*. 6 de janeiro de 1809. 1° Suplemento. Foi publicado ainda na *Gazeta do Rio de Janeiro*. n° 66, 29 de abril de 1809. Segundo Boisvert, foi reproduzido também em outro jornal de Lisboa, *O Correio da Tarde*. Cf. Georges Boisvert. *Un pionnier de la propagande libérale au Portugal: João Bernardo da Rocha Loureiro (1778-1853)*. Paris, Fundação Calouste Gulbenkian/Centro Cultural Português, 1982, p. 275-278. Para a postura de D. Rodrigo, ver José Luís Cardoso. *O pensamento econômico em Portugal nos finais do século XVIII, 1780-1808*. Lisboa, Estampa, 1989, p. 185-186.

seguinte menção: "Acrescentado nesta segunda edição com hum novo prato de palitos e alguns talheres". Sua ousadia encontrou igualmente expressão em outras publicações: uma sobre a vida de Bonaparte e outras em forma de cartas dirigidas ao general Massena. Em tom eloqüente, afirmava que, por seus escritos, já devia estar proscrito pelos franceses, devendo ter sua cabeça a prêmio, pois era assim que Napoleão tratava os indivíduos que "dignamente" combatiam-no "com a pena". Todos esses atos, no entanto, estimulavam o escritor, que desafiava o imperador, em sua "onipotência", para nele saciar a "cólera napoleana". Através da imprensa periódica, porém, sua principal preocupação era dar ao público informações sobre os acontecimentos da guerra, sobretudo as atrocidades cometidas pelos franceses, recolhidas através de outros jornais, publicados na Espanha e na Inglaterra, para insuflar a opinião dos portugueses. Em alguns, casos, segundo Boisvert, ele incluía sua própria visão sobre o assunto, fazendo com que informação e propaganda aparecessem intimamente imbricados em seus escritos, o que lhe valeu a crítica de "cabeça exaltada".[19]

Outro exemplo poderia ser encontrado na imprensa de origem luso-brasileira, estampada fora de Portugal, como o *Correio Braziliense*, de Hipólito da Costa, publicado em Londres de 1808 a 1822, tendo como pano de fundo a Europa conturbada pela tormenta napoleônica, que assombrava as cabeças coroadas da Europa. Ao longo de todo o jornal, havia uma preocupação comum: o combate e a crítica ao *tirano* Napoleão Bonaparte, descrito como "déspota corso", "novo Átila", "aniilador de todos os direitos dos homens", um ente "abominável e desprezível", comparável até mesmo a Satanás e considerado como o continuador da Revolução Francesa, cuja ambição levava ao estado da mais perfeita barbaridade.[20] Em suas observações sobre as causas da deposição de Bonaparte, Hipólito sintetizava sua opinião sobre o imperador dos franceses:

---

[19] Para as primeiras citações, ver *Carta dirigida a S.A.R. Mr. Massena, general em chefe da expedição contra Portugal, pelo autor do antigo Telegrapho Portuguez*. Lisboa, Impressão Régia, 1810, p. 16. Cf. ainda Georges Boisvert. *Un pionnier de la ...*, p. 321-326. Últimas expressões citadas à p. 278 e 325, respectivamente.

[20] Para a primeira citação, ver *Correio Braziliense ou Armazem Literário*. v. 1, n° 3, agosto de 1808, p. 245; para a segunda, cf. *Idem*. v. 3, n° 14, julho de 1809, p. 102; para as duas últimas, cf. *Idem*. v. 2, n° 10, março de 1809, p. 259.

Bonaparte, assumindo as rédeas do governo, restabeleceu os negócios, reorganizou o Exército, lisonjeou a vã glória dos franceses com algumas vitórias e fez-se popular, mas desde logo formou o plano de acabar de todo com a República, e quando se achou com seu poder firme, tirou a máscara, usurpou o Poder Soberano; e começou a pôr em prática todos os estratagemas e valer-se de todos os meios opressivos, porque um usurpador ou um tirano se vê sempre obrigado a manter-se no trono. Guerras injustas para dar empregos às tropas; impostos onerosos; prisões arbitrárias; execuções secretas; alianças perniciosas à França e vantajosas ao déspota; monopólio das ciências, restrições do pensar, falar e escrever sobre negócios públicos foram conseqüências necessárias do seu sistema.[21]

Enfim, Bonaparte reconstruíra um despotismo semelhante à tirania existente no Antigo Regime, limitando as liberdades individuais para que seus vassalos ficassem na ignorância, atacando Estados inocentes e pacíficos e desrespeitando o direito das gentes com sua política de bloqueios. Ainda quando chamava a atenção para algum benefício praticado pelo imperador – abolição da Inquisição, dos direitos feudais, da desigualdade das imposições e dos tributos –, alegava que ele se valia desses meios para oferecer ao povo alguma tentação, a fim de que consentisse nas mudanças arbitrárias que desejava implantar. Também as tropas francesas eram atacadas, por cometer "atrocidades indignas de homens", pois "roubam, insultam e matam impunemente os honrados habitantes" e "ultrajam a religião", mutilando as imagens sagradas.[22] E nem mesmo ao noticiar a morte do imperador dos franceses deixou de criticá-lo de maneira contundente, ao afirmar que, se "o brilhantismo das conquistas de Napoleão ofuscava a vista de muitos", o "seu caráter moral agradava a mui poucos; sua política desgostava a todos; seu despotismo era o escândalo do universo", concluindo rispidamente:

Se, assim, falamos de um morto, lembramos a nossos Leitores que tal foi sempre a opinião que tivemos do indivíduo durante sua vida; e que temos o mesmo direito de julgar de seu caráter, agora que a morte o entregou à história, como podemos falar de César, de Aníbal ou de Bajazeto.

---

[21] *Correio Braziliense ou Armazem Literário.* v. 12, nº 71, abril de 1814, p. 613.
[22] Cf. *Correio Braziliense ou Armazem Literário.* v. 2, nº 8, janeiro de 1809, p. 76. Para a última citação, ver *Correio Braziliense ou Armazem Literário.* v. 1, nº 3, setembro de 1808, p. 216.

De certa forma, as palavras finais de Hipólito confirmavam, o principal objetivo de Bonaparte: estar inscrito na história da França. Para um desconhecido, um estrangeiro, possuidor de um físico insignificante e doentio, muito foi construído para que a representação de sua imagem fosse transformada na de um indivíduo que passou a ser comparado a César, a Nero, a Carlos Magno e a outras figuras fortes da história, como percebeu, aliás, o próprio Napoleão: "Eu sou o que sou e ninguém poderá apagar aquilo que foi".[23]

Apesar dessas críticas a Bonaparte e à França, Hipólito não deixava de revelar suas opiniões sobre as práticas políticas que imperavam em Portugal. Fiel à dinastia de Bragança, tecia comentários bastante duros aos governadores do reino, por conta de suas arbitrariedades e desmandos, em particular quando se referia ao episódio da Setembrizada. Fazia transparecer, assim, sua visão, que, temendo as correntes de idéias despertadas no vendaval das invasões francesas, preferia seguir os ideais que circulavam nas elites inglesas: os de uma monarquia mista, regida por um conjunto de leis, estruturadas pelo peso da tradição, que limitassem o poder não só do soberano, mas principalmente dos ministros e funcionários da Coroa. Nessa perspectiva, para ele, a Constituição portuguesa igualava-se à inglesa. Urgia, porém, criar mecanismos de aperfeiçoamento dessas antigas instituições do reino, convocando-se novamente as Cortes, de acordo com a tradição que se reafirmara em 1640, de modo a evitar o mito do soberano enganado por seus auxiliares e ministros, em que insistia, esperando assim assegurar o retorno a uma idade áurea de Portugal. Avesso a todas as manifestações de radicalismo, preferia uma ligação permanente entre o presente e o passado, considerando que a revolução mostrara-se sempre o flagelo dos povos.[24]

A perspectiva política de Hipólito provocou reações hostis por parte da Regência, que, em 1811, proibiu a circulação do *Correio* em Portugal, mas não deixou de estimular adeptos, como indica Boisvert em seu estudo sobre João Bernardo da Rocha Loureiro, redator, com Pato Moniz, do jornal *Correio da*

---

[23] *Correio Braziliense ou Armazem Literário.* Londres. v. 27, nº 158, julho de 1821, p. 83-84. Para a questão da representação de Napoleão, ver Annie Jourdan. *Napoléon. Héros, imperator, mécène.* Paris, Aubier, 1998, p. 25-56. Citação à p. 56.
[24] Para uma análise da visão de Hipólito da Costa, ver Lúcia Maria Bastos P. Neves. Pensamentos vagos sobre o Império do Brasil: O *Correio Brasiliense*, as invasões francesas e a Corte na América. In: Alberto Dines (ed.). *Correio Braziliense.* v. 30. São Paulo, Imprensa Oficial, 2002, p. 469-513.

Península (1809-1810). Periódico de caráter político e de opinião, feroz em suas críticas a Bonaparte, diferenciava-se do *Correio Braziliense* em termos de uma maior cautela, uma vez que não escrevia da Inglaterra, onde a liberdade de expressão estava assegurada. Mesmo assim, por suas idéias consideradas liberais, a licença para a continuação do periódico acabou negada.[25]

Atitudes de oposição a Napoleão surgiram ainda no meio dos acadêmicos da Universidade de Coimbra, que constituíram um batalhão de voluntários para secundar as operações militares dos ingleses. Segundo relato de Acúrsio das Neves, o corpo foi dividido em duas seções, a dos estudantes e a dos lentes, fabricando-se na própria instituição pólvora e cartuchames, sob a direção do Dr. Tomé Rodrigues Sobral, lente de Química, e do lente de Metalurgia e intendente das Minas, José Bonifácio de Andrada e Silva, fazendo com que "o berço das letras" se tornasse "um arsenal de guerra". Um panfleto redigido por um acadêmico, Ovídio Saraiva de Carvalho e Silva, posteriormente deputado às Cortes de 1820 pelo Piauí, descreveu o entusiasmo desses combatentes: "Eis aqui, ó Nação Portuguesa, o brilhante corpo, que te lustra e esmalta, e que com os livros na esquerda e na direita a espada, corre a desafrontar do gravame de ferro a triste Pátria consternada". Na linha de muitos outros escritos, considerava Napoleão como "o flagelo dos homens", o "apóstata da sociedade humana", o "verdugo de [sua] nação", e exaltava a importância da vitória de Portugal contra o exército invasor, considerando que "esta nação tem sido guardada pelo Autor do Universo para vingar os grandes Impérios da Europa dos insultos do corso", a fim de atribuir a vitória aos "milagres de heroísmo" e a Deus.[26]

Reduzidas à fome e ao desemprego nas cidades, e, no campo, à imposição, pelo invasor, de pesados tributos sobre as colheitas e o gado, as camadas populares muito sofreram "naquele desgraçado tempo", assistindo com espanto e desagrado às pilhagens das igrejas e acabando por manifestar uma clara tendência de rebelar-se contra o domínio francês.

---

[25] Georges Boisvert. *Un pionnier de la ...*, p. 452-497 e 524-528. Para a análise de João Bernardo Rocha Loureiro, mais tarde, quando foge para a Inglaterra, cf. José Augusto dos Santos Alves. *Ideologia e política na imprensa do exílio "O Portuguez" (1814-1826)*. Lisboa, Instituto Nacional de Investigação Científica, 1992.
[26] J. Acúrsio das Neves, cf. *História geral da invasão dos franceses ...*, t. 3, p. 115-116. Ovídio Saraiva de Carvalho e Silva. *O Patriotismo acadêmico consagrado ao Senhor D. João de Almeida de Mello e Castro... por...* Rio de Janeiro, Impressão Régia, 1812, p. 166 e 3-4, respectivamente.

O homem compassivo sentia repugnância em sair de sua casa, porque pelas ruas de Lisboa se não encontravam senão bandos de infelizes, que apenas podiam alcançar escassos socorros para prolongarem tristemente os seus dias [...]. Não restava a tantos desgraçados senão um de dois meios, pedirem ou furtarem. [...] Mas que esmolas podiam alcançar tantos mendigos, sendo tão pequeno o número dos que as podiam dar?[27]

Foram esses *bandos de infelizes* que primeiro demonstraram uma atitude hostil diante do invasor francês. Na explosão dessas manifestações espontâneas, provocadas por tensões que se encontravam há muito latentes no tecido social, brotavam esperanças difusas e fundadas em mitos plurisseculares, evidenciadas por uma linguagem de esperança e redenção messiânica, em que se percebe o anseio de regresso à antiga ordem do reino, na qual a figura do soberano era parte essencial. Essa atitude de revolta das massas contra os franceses também, fez-se presente quando da proclamação da Revolução Napolitana de 1799. No jornal revolucionário *Monitore Napolitano*, escrito por Leonor da Fonseca Pimentel, a portuguesa de Nápoles, indagava-se por que motivos o povo se insurgia contra os franceses que mantiveram intacta a religião católica e que procuravam derrotar o despotismo de um rei fugitivo, instaurando uma democracia. [28] No fundo, para tais camadas, a presença estrangeira e todas suas funestas conseqüências constituíam sinais trágicos, a anunciar o fim dos tempos, que faziam reviver a espera de um salvador, no caso português, pelo reflorescimento do *sebastianismo*.

De fato, mais de duzentos anos depois, a situação de Portugal entre 1808 e 1811 voltava a assemelhar-se, em muitos aspectos, não pela primeira vez, ao momento do trágico desaparecimento de D. Sebastião. Abalado pelas guerras napoleônicas, figurava como uma potência de segunda ordem no quadro internacional, ameaçada não só pela cobiça da França mas também de sua

---

[27] AN. Coleção Negócios de Portugal. Caixa 652, pacote 1ᴬ, doc. 17. Devassas em Peniche. 1º dezembro de 1808. Para a última citação, J. Acúrsio das Neves, cf. *História geral da invasão dos franceses* ..., t. 1, p. 268.
[28] Ver *Monitore Napolitano*. Nápoles. nº 5, 11 e 15; fevereiro e março de 1799.www.repubblicanapoletana.it/monitore/htm, consultada em 18/03/2004. Para a trajetória de Leonor Pimentel da Fonseca, cf. Teresa Santos & Sara Marques Pereira (coord.). *Leonor Pimentel da Fonseca. A portuguesa de Nápoles (1752-1799)*. Lisboa, Livros Horizonte, 2001. Benedetto Croce. *La Rivoluzione Napoletana del 1799*. 3ª ed. Bari, Gius. Laterza & Figli, 1912.

tradicional inimiga, a Espanha, e até da própria Inglaterra. Internamente, encontrava-se cindido pelas disputas entre os vários segmentos das camadas dominantes, que apoiavam ou combatiam o governo de Junot. Por fim, a ausência física da imagem do rei, tão valorizada no imaginário do Antigo Regime, afastada pelo imenso oceano, arrematava uma condição de angústia e temor que as camadas mais baixas da população vivenciavam de maneira intensa e que alguns letrados não se furtaram a discutir. O apelo ao mito tornava-se inevitável. O povo iria combater pelo retorno de seu soberano, revestido com a aura de imagem sagrada e dotado de um corpo imortal, conforme a representação idealizada do sebastianismo que o livro de Jacqueline Hermann apontou.[29]

Paralelamente, retomava-se a origem fabulosa e mítica do império português, alicerçada no milagre de Ourique, que servira igualmente de suporte à visão profética de 1640. Nessa perspectiva providencialista, a Restauração de 1808 seria obra de Deus, e não dos homens, sendo vários os relatos que apontavam a vitória portuguesa como "maravilhas" que "não aconteceram sem milagre".[30] Explorava-se ainda esse traço do sagrado com a atribuição ao combate contra Napoleão, o "tirano satânico", e os irreligiosos franceses, de algumas das características que tinham envolvido a luta da Reconquista contra o mouro e o infiel, quando se considerava Napoleão "discípulo de Mafoma e apologista da sua danada seita".[31]

---

[29] Jacqueline Hermann. *No Reino do Desejado. A construção do sebastianismo em Portugal, séculos XVI e XVII*. São Paulo, Companhia das Letras, 1998 e O Sebastianismo e a Restauração Portuguesa. *Voz Lusíada*. Lisboa, Academia Lusíada de Ciências, Letras e Artes, nº 11, 1999. p. 3-16 (Separata). Para uma rápida análise do sebastianismo no período das invasões francesas, ver Ana Cristina Araújo. Revoltas e ideologias em conflito durante as invasões francesas. *Revista de História das Idéias. Revoltas e revoluções*. Coimbra. 7: 7-90, especialmente 25-32, 1985; Lucette Valensi. *Fábulas da memória. A batalha de Alcácer Quibir e o mito do sebastianismo*. Rio de Janeiro, Nova Fronteira. 1994, p. 161-163. Cf. ainda Jean Delumeau. *Mil anos de felicidade. Uma história do Paraíso*. São Paulo, Companhia das Letras, 1997, p. 185-190.

[30] *Analyse da protecção dos franceses, para desengano dos seus apaixonados, reconciliação dos Jacobinos com os Vassalos fieis e perpétua união destes contra os conquistadores*. Segunda Parte. Lisboa, Impressão Régia, 1811, p. 6. Cf. ainda *Sermão de Acção de graças pela Feliz Restauração do Reino de Portugal prégado na Real Capella do Rio de Janeiro na Manhãa de 19 de dezembro de 1808*, por Januário da Cunha Barbosa. Rio de Janeiro, Impressão Régia, 1809, p. 3-4

[31] *O Francezismo desmascarado ou exame das formas de que ultimamente se revestio aquela manhosa seita, escrito por ****. Lisboa, Offic. de Joaquim Rodriguez d'Andrade, 1811, p. 4.

Para Acúrsio das Neves, o sebastianismo definia-se "como uma seita composta de homens, grandes entusiastas, mas muito pacíficos, que esperam a vinda próxima de um rei que terminou a sua carreira há mais de dois séculos com tanta certeza e tão grande entusiasmo como os judeus a do seu Messias". Para ele, a entrada dos franceses em Portugal dera-lhes novas forças, que se foram ampliando à medida que o peso de suas "vexações se aumentava: metade de Lisboa fez-se sebastianista". Já para o autor das *Cartas americanas*, Theodoro José Biancardi, um "grande número de habitantes de Lisboa" acreditava que "as vexações dos duros inimigos", que regiam Portugal, seriam vingadas por um "Rei há mais de dois séculos falecido, D. Sebastião", fato aceito pelo povo "com mais fé do que os Judeus [têm no] Messias."[32] Reviviam-se e multiplicavam-se profecias antigas, pautadas nos "livros de S. Cirilo, S. Angelo, S. Metódico, S. Isidoro, S. Gil e outros" nos prognósticos de "Santa Tereza, do Irmão Pedro de Basto e das Madres Martha, Leocádia e Brizida"; nos discursos de "um pedreiro, por antonomásia o Profeta dos murrões" e também nas trovas de Bandarra e do Pretinho do Japão. Em todas, que só se podiam cumprir com D. Sebastião, identificava-se "a vinda de um Rei, que há de dilatar a Religião Cristã e o império Português".[33]

À nova edição das *Trovas de Bandarra* vinda à luz em 1810, acrescentaram-se algumas "nunca até o presente impressas". Segundo Innocencio, estas últimas eram claramente falsas, atribuindo-as ao editor, o frei dominicano José Leonardo da Silva, visto na época como sebastianista. Nelas, alguns prognósticos pareciam apontar diretamente para Napoleão:

> Ergue-se a Águia Imperial
> Com seus filhos ao rabo
> E com as unhas no cabo
> Faz ninho em Portugal [...]
> Põe um – A – pernas acima
> Tira-lhe a risca do meio
> E por detrás lha arrima
> Saberás quem te nomeio.

---

[32] J. Acúrsio das Neves, cf. *História geral da invasão dos franceses ...*, t. 2, p. 377-378. Theodoro José Biancardi. *Cartas Americanas*. Lisboa, Impressão de Alcobia, 1820, p. 155-158. A 1ª edição é de 1809.
[33] Theodoro José Biancardi. *Cartas ...*, p. 158-159.

Embora o piedoso frei insistisse que tanto o nome de Bonaparte quanto o levantamento das tropas portuguesas contra os soldados franceses tivessem sido revelados a Bandarra, julgando que o "A de pernas para cima", que se transformava em *N*, não pudesse denotar outro que não fosse Napoleão, o sucesso das trovas, surgidas dois anos após as primeiras invasões, conotavam sobretudo, o peso e a aceitação que esses vaticínios recebiam da maior parte da sociedade portuguesa. Além disso, o editor afirmava que Bandarra assegura "a vinda do grande Rei, para acabar de todos com os Franceses, polhos da Águia": "Virá do mundo encoberto / Quem mate d'Águia os polhos" (5ª trova).[34]

Datadas de 1439, segundo seu compilador, as *Trovas do Pretinho do Japão* anunciavam o fim daquela geração de soberanos em Portugal. Não assumiria "nem um ou outro irmão, José e João", cumprindo-se o que Jeremias já dissera: "Acabará, porque virá quem anda ausente, com sua gente. E se cumprirá o que mandou". Tal fato aconteceria quando deixasse de existir "a de Bragança" e entrasse em vigor "a de França". Nessa época,

Quando estiver reinando
uma mulher em Portugal
E a de passar o mar salgado
[...]
Há de haver muita pancada
Os da calçada
E mais o da obra
Que se prova
As profecias
De Jeremias
Nestes dias
Que já vos disse
Assim será.

---

[34] *Bandarra descuberto nas suas Trovas. Colleçam de profecias mais notáveis, respeita a felicidade de Portugal e cahida dos maiores Imperios do mundo.* Londres, Impresso por W. Lewis, Paternoster, 1810, p. 20 e 22. Para o suposto autor, ver Innocencio Francisco da Silva. *Diccionario Bibliographico Portuguez.* t. 4. Lisboa, Imprensa Nacional, 1860, p. 417 e t. 3, p. 154.

Outro sinal apontado era:

Quando vires o Papa sair
Do Reino onde assiste
Coisa que nunca viste
Então podes conferir
Para mais concluir
Com o que há de suceder.

Esses indícios eram interpretados como coincidindo com a travessia do Atlântico pela rainha D. Maria e com a detenção do papa Pio VII em Savona (1809-1812) e, logo depois, em Fontainebleau (1812-1814). Apesar disso, o compilador manifestava uma veia cética a respeito das trovas, afirmando que "se todos os portugueses fossem Sebastianistas, as Águias ainda estariam no Castelo [de São Jorge]".[35]

Em meio a esses raciocínios tortuosos e vaticínios antigos, continuava a julgar-se o mundo repleto de pecados, que precisavam ser redimidos pelo sofrimento, o que, se aproximava Napoleão Bonaparte à besta do Apocalipse, trazia igualmente um rasgo de esperança na redenção, graças à iminente chegada do *Encoberto*. Compreende-se, assim, o alvoroço que trouxe à população a notícia de um ovo de galinha, encontrado por baixo da muralha de São Pedro de Alcântara, em cuja casca estavam "desenhadas em relevo as letras – D. S. R. P.". As letras eram interpretadas como **D. *Sebastião* R*ei de* Portugal**. O ovo foi parar até no quartel-general dos franceses, e não havia "forças humanas", segundo Acúrsio das Neves, que pudessem convencer a maior parte dos que o viram de que "a arte ou a mão do homem" houvesse produzido aquela "obra admirável". Numa paródia ao ovo dos sebastianistas, a jocosa *Gazeta do Rocio*, com interpretação distinta, procurava aguçar a crítica aos invasores. Para ela, Junot teria enviado ao Museu Napoleão um ovo "achado nos entulhos ao pé da muralha de S. Pedro de Alcântara", tendo "algumas letras esculpidas na casca", mas, "pouco crédulo em milagres", o general atribuiu o fenômeno à bruxaria, na qual piamente acreditava, e

---

[35] *O Último desengano dos Sebastianistas dado e recebido nas trovas do Pretinho do Japão*. Lisboa, Offic. de Antonio Rodrigues Galhardo, 1821, p. 13, 15, 16 e 8.

desdobrou a sigla – V. D. S. R. P. – em *Viemos (a Portugal) Danificar, Saquear, Roubar e Pilhar*.[36]

De forma semelhante, Acúrsio das Neves registra o caso de um indivíduo que recebera certa carta "dentro de uma pescada". A missiva, naturalmente, era de El-Rei D. Sebastião, participando sua chegada e ordenando que fosse esperá-lo, à noite, na praia do Tejo. Conforme a solicitação, o homem compareceu ao encontro marcado e ouviu vozes, que vinham do mar, chamando por ele, havendo diversos desfechos do episódio, embora não tenha sido possível identificá-los. Apesar dessa fantasia, não se deixou de publicar, em 1809, uma carta de D. Sebastião ao embaixador da França, que fora escrita em 1571, pedindo satisfação pelos ultrajes e roubos que franceses haviam cometido contra vassalos portugueses. O autor oferecia a publicação "aos verdadeiros portugueses", com o intuito de mostrar que, em todos os tempos, os franceses sempre tinham dado provas de sua "iniqüidade e perversidade", ainda que nunca tivessem chegado aos excessos que praticavam na Europa naquele momento. Não se tratava de um escrito sebastianista, mas seu autor apelava igualmente para os sentimentos do povo português, ressaltando que o escrito era "daquele Grande Rei, cujo nome ainda é hoje respeitado e será eterno em toda a Nação".[37]

Os escritos da época são pródigos na narrativa de fatos curiosos e pitorescos semelhantes, como a atitude de muitos lisboetas de subirem, em dias de névoa, aos montes mais elevados da cidade a fim de descobrir "se já vem cortando as ondas o suspirado defensor". Em outras versões, iam na esperança de enxergarem um salvador diferente, os ingleses.[38] Do Algarves, veio a

---

[36] J. Acúrsio das Neves, cf. *História geral da invasão dos franceses* ..., t. 2, p. 378. Theodoro José Biancardi. *Cartas* ..., p. 160. Para a *Gazeta do Rocio*, cf. n° 7. In: *Collecção das celebres Gazetas do Rocio que para seu desenfado compoz certo Patusca, o qual andava à pesca de todas as imposturas, que o intruso ministerio francez fazia imprimir no Diario Portuguez*. Lisboa, Typographia Lacerdina, 1808, p. 18.

[37] J. Acúrsio das Neves, cf. *História geral da invasão dos franceses* ..., t. 2, p. 379-380. *Carta de El Rei D. Sebastião ao embaixador de França em que se queixa e pede satisfação dos ultrajes e roubos committidos pelos francezes contra os vassallos portuguezes. Offerecida aos verdadeiros portuguezes, para completo desengano do péssimo caracter daquella nação*. Lisboa, Offic. de Joaquim Thomaz de Aquino Bulhões, 1809, p. 3.

[38] Theodoro José Biancardi. *Cartas* ..., p. 160. J. Acúrsio das Neves, cf. *História geral da invasão dos franceses* ..., t. 1, p. 269: "Uma grande parte dos carpinteiros, pedreiros, fabricantes e outros artistas, involuntariamente ociosos, nutrindo-se de esperanças, cobriam continuadamente os altos de Santa Catarina, Chagas, Buenos-Aires e outros sítios elevados, lançando os olhos para a esquadra inglesa, contando os navios dela e parecendo-lhes a todo o

notícia de ter-se dali avistado a "ilha encoberta", cujo mapa era vendido na rua Direita de S. Paulo, em Lisboa. Desta ilha, partiria o rei D. Sebastião, com um grande exército, para combater e matar Napoleão com suas próprias mãos, fundando, em seguida, o 5º império do mundo, previsto em tantas profecias de Davi, Isaías e Daniel e anunciado, em outros tempos, pelo padre Antônio Vieira. Assim, a crise de 1807 deveria ter um desfecho glorioso como, outrora, tivera a Restauração de 1640, fazendo reviver o destino do grande império português e demonstrando o quanto a nostalgia desse sonho, fundado sobre a imagem do milagre de Ourique, permanecia viva no imaginário do início do oitocentos.[39]

Ainda mais significativo, nesse momento das invasões, o alcance do sebastianismo não se restringia às esferas da cultura oral e popular, mas atingia igualmente alguns letrados, responsáveis pela publicação de uma série de cerca de 30 panfletos, pelo menos, que discutiam os fundamentos e a atualidade da crença. Embora muitos assumissem atitude crítica, criou-se uma polêmica que evidenciava o peso dessa persistência na cultura política portuguesa. A questão, conhecida como *guerra sebástica*, "uma nova guerra de pena" – expressão retirada de um panfleto anônimo publicado em Lisboa em 1810, intitulado *Carta de um provinciano a seu um amigo de Lisboa sobre a Guerra Sebástica* –, ou *bulha sebástica*, teve início com *Os Sebastianistas*, um escrito do já conhecido padre José Agostinho de Macedo que apareceu em janeiro de 1810. Nele, declarava provar que um sebastianista é mau cristão, mau vassalo, mau cidadão e o maior de todos os tolos. Da mesma forma, acreditava que a "importuna seita reverdeceu na entrada dos nossos pérfidos opressores" e, se já não havia mais franceses, ainda "vemos, suportamos e aturamos os sebastianistas, atroz flagelo, causa contínua da nossa infâmia, e que, por vezes, nos têm feito passar no conceito dos estranhos por um povo de estúpidos e semibárbaros", uma vez

---

instante que a viam entrar no Tejo para resgastar Lisboa". Cf. ainda AN. Coleção Negócios de Portugal. Caixa 654, pac. 2, doc. 43. Memória de tudo quanto se passou no tempo, em que servi de Juiz do Povo em 1808, para ser presente a S. A. R., o Príncipe Regente Nosso Senhor; carta de um provinciano a hum seu amigo de Lisboa sobre a guerra sebástica. Lisboa, Impressão Régia, 1810, p. 7.

[39] Por exemplo, no salmo 64: 9-10, Davi diz a Deus: "e os que habitam os confins da terra tremem pelos teus prodígios; enches de gozo os limites do oriente e do ocidente". In: *Bíblia Sagrada*. Traduzida da vulgata e anotada pelo Pe. Matos Soares. 3ª ed., São Paulo, Paulinas, 1959, p. 641. Cf. para as visões de Vieira, J. Delumeau. *Mil Anos de Felicidade ...*, p. 188-190; J. Hermann. *No Reino do Desejado ...*, p. 241-246.

que, "depois de vermos alagados de desgraças, nos vimos também afogados de parvoíces". Lamentava ainda que esses indivíduos, crédulos de tamanhos disparates, aguardassem passivamente que eles se cumprissem, negligenciando seus deveres para com a pátria e o soberano, e não hesitava, para reforçar e legitimar seus argumentos, em mostrar que o "retíssimo Tribunal do Santo Ofício" condenara os autores dessas profecias e aqueles que a divulgavam.[40]

Ao mesmo tempo, no entanto, o intrometido padre procedia violento ataque aos maçons, que eram também, aos seus olhos, maus cidadãos, afirmando que o "lastimoso estado" em que se encontravam as nações da Europa era "obra dos pedreiros-livres" e que "este malvado filho de Satanás [Bonaparte] fez e intenta e deseja ainda fazer nossa escravidão se lhe não faltarem cá pedreiros-livres que o ajudem com todo o coração como ainda fazem". Não satisfeito, estabelecia, por fim, uma comparação entre os partidários dos franceses e os sebastianistas: os primeiros eram tolos enraivecidos, enquanto os últimos, tolos indulgentes; estes queriam "D. Sebastião para maior glória do Reino", dando cabo de Bonaparte; aqueles desejavam "Bonaparte para dar cabo de tudo"; os sebastianistas alimentavam-se "de esperanças", os bonapartistas, "de traição". Embora afirmasse que sabia distinguir cada um, na prática, Agostinho de Macedo combinava, em sua crítica, os sebastianistas, os pedreiros livres e os partidários dos franceses, procurando sobretudo, sob nítida influência do *abbé* Barruel, cuja obra divulgara, aproximar os dois últimos, sem, no entanto, deixar de proclamar que os sebastianistas, em sua suave loucura, eram tão perigosos quanto os pedreiros livres, em sua loucura enraivecida.[41] Não é de admirar-se a agitação que causou.

Segundo Innocencio, o texto de Macedo alcançou logo grande êxito, esgotando-se a primeira edição de 500 exemplares em menos de dois dias, e imediatamente motivou alguns escritos que marcaram o início da guerra sebástica, como o folheto intitulado *O silogismo refutado* onde o autor, utilizando-se da mesma lógica de Macedo, concluiu que "Ergo o Senhor Anti-Se-

---

[40] *Carta de hum provinciano a hum seu ...*, citação à p. 3. Para a expressão bulha sebástica, ver *O Sebastianista furioso contra o livro intitulado Os Sebastianistas* por J. A. M. Dado à luz por um remendão litterario, que ouviu e apartou a bulha sebástica. Lisboa, Impressão Régia, 1810. *Os Sebastinistas (Reflexões críticas sobre esta ridícula seita)*. Lisboa, Offic. de Antonio Rodrigues Galhardo, 1810, p. 6-7, 14 e prefação, sem numeração de páginas. Houve uma 2ª parte da obra, publicada no mesmo ano. Cf. também Georges Boisvert. *Un pionnier de la ...*, p. 100-101; Innocencio F. da Silva. *Memórias para a ...*, p. 65-67.

[41] *Os Sebastianistas ...*, p. 111-112.

bastianista é um mau cristão, um mau vassalo, um mau cidadão e o maior de todos os tolos".[42] Outra resposta veio por meio das *Refutação analytica*, de João Bernardo da Rocha Loureiro e Nuno Alvarez Pereira Pato Moniz, os redatores do *Correio da Península*. Rebatendo as afirmações de Macedo, João Loureiro, o principal autor, declarava não ser sebastianista nem se encarregar "da tarefa de defender a seita"; queria, apenas, demonstrar que Macedo não provara as quatro proposições que fazia, aludindo ainda aos "muitos e mui notáveis [...] erros em que caiu o desabusado crítico: parece incrível que num Opúsculo tão pequeno se dissessem tantas sandices: neste sentido, confesso que ele tem o merecimento de dizer muito em poucas palavras". Simpatizante da Ordem Maçônica, segundo Oliveira Marques, o intento de João Loureiro era discutir a questão dos pedreiros-livres: "O autor mistura o sagrado com o profano; dá como lá dizem por paus, e por pedras; trata, segundo o seu costume, matérias que não têm conexão alguma com aquela, a que se propôs, como são as catilinárias aos Pedreiros-Livres". E mais adiante insistia, com certa cautela, já que, nessa ocasião, abril de 1810, frente ao temor de nova invasão, era comum a identificação dos pedreiros-livres aos partidaristas dos franceses: "Olhe que eu não falo de Pedreiros-livres, porque isso é birra sua, e eu não embirro; nem sei que a essa Classe de homens deva, ou possa atribuir-se, como lhe atribui o Bonapartismo". No entanto, ao apontar os muitos erros da obra, mostrava-se mais explícito:

> A página 5 diz o A. que os franceses *triunfam, porque os pedreiros-livres os não deixam atacar pelos Povos já desesperados...* Há um maior desatino? porque se há de atribuir as vitórias dos Franceses aos serviços dos pedreiros-livres e não à superioridade de sua tática e forças, e aos erros dos Gabinetes, que se têm deixado debelar uns depois dos outros? [...]
>
> Eu não sei se entre nós há Pedreiros-livres; porém, o certo é que o crítico diz que os conhece, que os vê passear em todas as instituições sociais, e inimigos amoucos e jurados do altar e do trono [...]
>
> Ora, tomara eu saber a arte, que tem o crítico para conhecer esta Seita e qual é o segredo, porque a sabe farejar tão bem, que sem ser Pedreiro-livre (assim o creio piamente) conhece a fundo essa Seita, suas instituições e fins, senhas, con-

---

[42] *O silogismo refutado*. Lisboa, Impressão Régia, 1810, p. 9. Segundo um folheto de época, "cento e setenta e duas penas" tinham se aparado contra o autor José Agostinho de Macedo. Cf. *O Sebastianista furioso contra ...*, p. 12.

tra-senhas, etc. Certamente, dá-me a saída do seu Barruel: a estas horas foi, como este incrível autor, feito Pedreiro-livre por força, ou achou modo e maneira de se introduzir em alguma loja maçônica e de presenciar quanto lá se passou.[43]

Por fim, retomava um outro argumento, bastante utilizado – a postura favorável dos ingleses à maçonaria, indagando como o governo inglês, que tanto se distinguia por seu amor à liberdade e por seu ódio a tudo quanto era francês, ficaria indolente à seita dos pedreiros-livres. Argumento este irrefutável, naquela ocasião, pois como censurar a postura da Inglaterra, nação aliada e protetora de Portugal?

Em requerimento à V. A. R., por ser "pessoalmente atacado", José Agostinho de Macedo reclamou da publicação da *Refutação analytica*, considerando-o, um "libelo infamatório", o mais atroz que até agora se publicara, que continha "proposições contrárias à Religião e ao Estado", admirando-se que uma censura inicial ao folheto tivesse sido posteriormente suspensa. De fato, o panfleto fora impresso e, após a venda de cerca de três mil exemplares, foi proibido e, ainda mais tarde, novamente autorizada sua publicação. De qualquer modo, a defesa, ainda que velada da Maçonaria por parte de seus autores deve ter contribuído para que, alguns meses depois, os autores do *Correio da Península* não mais obtivessem licença para continuar seu jornal.[44] A troca de farpas entre Macedo e os dois redatores, porém, continuou, e uma delas, em que pretendia o padre ir à *desforra*, acabou censurada pela Mesa do Desembargo do Paço, porque, na opinião do censor Lucas Tavares, ao levantar o autor, explicitamente, contra seus adversários três pontos cruciais – a malignidade, a ignorância e o charlatanismo –, trazia no texto "expressões injuriosas aos indivíduos" sob a forma de ataques pessoais. O censor não entrava no mérito da discussão sobre o sebastianismo, mas aconselhava o príncipe regente a impor "perpétuo silêncio" sobre a questão, porque envolvia a tranqüilidade interna do Estado. Apesar disso, Macedo ainda escreveria uma farsa sobre o assunto,

---

[43] *Refutação analytica do folheto que escreveo o reverendo Padre José Agostinho de Macedo, e intitulou Os sebastianistas, pelos redactores do Correio da Península*. Lisboa, [s.ed.], 1810. p. XII, VIII, 34 e 43-45. Cf., ainda, Innocencio F. da Silva. *Memórias para a ...*, p. 67 e A. H. de Oliveira Marques. *História da Maçonaria ...*, v. 1: Das origens ..., p. 86-87.
[44] ANTT. Real Mesa Censória. Licença para Impressão. Caixa 67. 1810, Para o número de exemplares, ver Innocencio F. da Silva. *Memórias para a ...*, p. 68.

representada em Lisboa oito vezes sucessivas no teatro da rua dos Condes, "coisa pouco vulgar naquele tempo", de acordo com Innocencio.[45]

Levando-se em conta a quantidade de exemplares vendidos, a repercussão dos folhetos de Macedo e dos redatores do *Correio da Península* constituiu também algo raro e surpreendente, revelando o vivo interesse pela crença sebástica que se encontrava enraizado nas camadas populares e que tampouco deixava letrados e magistrados indiferentes. Assim, José Agostinho de Freitas, professor régio de Gramática Latina de Queluz, respondeu também às proposições contidas em *Os Sebastianistas*, mostrando a falsidade de seus argumentos, que nada mais eram que "impropérios" e "palavras baixas" escritas para injuriar abertamente seus sectários. Preocupava-se, contudo, em declarar que não era sebastianista.[46]

No entanto, por detrás do mito, como já foi assinalado, Macedo tocara em um outro ponto sensível – a questão da Maçonaria. Por isso, outra voz que se levantou contra o padre foi a de Hipólito da Costa. Para ele, que considerava absurda a crença dessa seita ou partido, as proposições de Macedo não podiam ser tomadas como verdadeiras porque,

> além de não mostrar a origem do erro dos Sebastianistas nem refutar os argumentos em que eles estribam a sua crença, faz um papel de inventivas, fala como um energúmeno enfurecido, e atribui a uns homens, cujas opiniões como Sebastianistas nada têm de comum com a religião, nem com a política, os crimes mais atrozes que se podem cometer.

Apesar disso, Hipólito rebateu a afirmação feita por Macedo, quanto à incontestável morte de D. Sebastião em Alcácer Quibir e quanto a estar seu corpo sepultado no Mosteiro de Belém. Com base em escritos históricos, estabelecia a falsidade histórica das assertivas, uma vez que os testemunhos da ba-

---

[45] ANTT. Real Mesa Censória. Licença para Impressão. Caixa 67. 1810. Parecer de Lucas Tavares. maio de 1810. Manuscrito – Os dois lógicos ou o fiado descozido. Resposta ao libelo infamatório publicado por João Bernardo e Nuno Moniz, asignados [sic] na obra impressa intitulada *Refutação Analytica*. Desforra de José Agostinho de Macedo, presbítero secular e pregador do principe Regente N. Senhor. 40 fls. Innocencio F. da Silva. *Memórias para a ...*, p. 68-69. Georges Boisvert. *Un pionnier de la ...*, p. 108-109.

[46] *Respostas às proposições incluídas no folheto intitulado* Os Sebastianistas *por José Agostinho de Macedo, seu autor Joaquim Agostinho de Freitas*. Lisboa, Officina de Simão Thadeo Ferreira, 1811, p. 11.

talha não demonstravam certeza sobre a morte do soberano naquela ocasião, e nem mesmo o epitáfio escrito no túmulo garantia aquela versão, anunciando apenas: "Aqui jaz Sebastião, se é verdade o que se diz". Se é possível ver nessas entrelinhas uma tênue simpatia pelo mito de D. Sebastião, Hipólito tentava, imediatamente, recompor-se, como homem ilustrado que era, afirmando que a questão era indiferente à crença dos sebastianistas atuais, pois, morto ou não na batalha, não significava que D. Sebastião estivesse vivo até agora.[47]

Pela mesma época, saía à luz, também em Londres, outro panfleto – *O Feitiço contra o Feiticeiro* – atribuído ao já citado frei José Leonardo da Silva. As críticas que trazia estavam bem próximas daquelas formuladas por Hipólito, considerando *Os Sebastianistas* a obra

> a mais despropositada e sediciosa, que no orbe literário tem aparecido, na qual se apresentam quatro proposições tão falsas como Judas, e em cujos argumentos as inconseqüências, as contradições, os absurdos, os erros de Religião, de História, de Política e de Lógica são mais bastos do que as areias nas praças da Trafaria e do Barreio.

Insistia na dúvida sobre a morte de D. Sebastião e recriminava a maneira como Macedo referia-se ao soberano, com "tanto fel, grosseria e indecência". A "respeitável memória" dele devia ser tratada "com mais caridade", assim como advertia de forma ríspida o autor pelo modo injusto como tratara o padre Antônio Vieira. Afinal, em seus sermões, segundo o frade, Macedo não deixava de incluir "grandes pedaços roubados" ao grande orador jesuíta.[48]

Num diálogo jocoso entre dois mortos, um soldado inglês e outro francês, a crítica partia deste último. Na cidade de Almeida, tomada por Massena em agosto de 1810, ele encontrara alguns papéis na mochila de um soldado português. Eram uns "folhetos", que "constavam de coisas pertencentes ao Rei encoberto", com "Profecias, sonhos e aparições, Bandarra de cá, Bandarra de lá". Havia também um outro, numa provável referência a *Os Sebastianistas* de

---

[47] *Correio Braziliense ou Armazem Literário*. Londres. v. 4, nº 24, maio de 1810, p. 454. Segundo J. Delumeau o corpo do rei Sebastião foi encontrado em Rabat em 1957. Cf. *História do medo no Ocidente, 1300-1800: uma cidade sitiada*. São Paulo, Companhia das Letras, 1999, p. 445, nota 21. Não há, contudo, nenhuma indicação que comprove a afirmativa.

[48] *O feitiço voltado contra o feiticeiro ou o autor do folheto intitulado* Os Sebastianistas, *convencidos de mau Cristão, mau Vassalo, mau Cidadão e o maior de todos os Tolos, Besta-muar, etc. etc*. Londres, W. Lewis, 1810, p. 14, 27 e 41. Cf. ainda Innocencio F. da Silva. *Memórias para a ...*, p. 66.

Macedo, que "desenganava bem os crédulos de semelhantes patranhas". No entanto, admirava-se que

> em um tempo tão calamitoso para um Reino quase invadido, houvesse quem tivesse a pachorra e desempacho de ocupar seu tempo em semelhantes disparates; olha eu esperava ver Planos de ataques e defesas de praças, Memórias Econômicas e políticas sobre tais circunstâncias; no cabo eram livros tais e quais como aqueles da livraria de D. Quixote.[49]

Também o autor do panfleto *O Francezismo desmascarado* retomava essa vertente, questionando que em "um século de luzes" ainda existissem sebastianistas, quando os "renhidos e ociosos debates sobre esta malfadada seita não somente causam tédio e enjôo aos homens de siso", mas, pior, desacreditavam a nação portuguesa. Ressaltava, no entanto, que "mais desairoso" que os adeptos do sebastianismo, era "a existência dos afrancesados", devendo empregar-se contra estes "todos os cuidados e todas as penas dos sábios". Em relação a eles, nada justificava a "malignidade dos seus projetos" e a depravação de suas almas", uma vez que se tinham tornado indiferentes às desgraças de seus irmãos, vendo com "olhos enxutos a inundação de sangue que os desalmados Franceses faz[iam] correr em todos os países". Já os sebastianistas, pelo menos, não tinham um princípio vicioso, sendo até "amável seu delírio" – a "justa saudade de um Príncipe a todos os respeitos dignos de memória". Realçava ainda sua boa vontade ao observar que, ao serem argüidos por esperarem um soberano, que há mais de dois séculos se perdeu nos campos da África, respondiam ter "a seu favor uma série de profecias, ou supostas ou verdadeiras", concluindo – talvez com uma ponta de ironia – que ninguém disputaria a possibilidade da "conservação da vida humana pelo espaço de muitos séculos, mormente quando se faz intervir para este efeito a Onipotência Divina".[50]

Sem ironias, ao que tudo indica, o padre José Maria de Sá quis imprimir a *Impugnação imparcial do folheto intitulado – Os Sebastianistas*. Embargado por José Agostinho de Macedo, o escrito foi remetido à Mesa do Desembargo do Paço para aprovação. Nas justificativas que então encaminhou ao tribunal, o padre

---

[49] *Dialogo entre dous mortos ou entendimento entre dous soldados que morreram na batalha do Bussaco, hum inglez e outro francez, enterrados ambos no mesmo lugar, por H. V. M.* Parte III e última. Lisboa, Impressão Régia, 1811, p. 4.
[50] *O Francezismo desmascarado* ..., p. 3-4.

Sá afirmava serem "injuriosas e indecentes" as proposições apresentadas no folheto de Macedo e "falsas as idéias" de existir um "Corpo ou Seita, chamada Sebástica". Para o redator do *Correio Braziliense*, o autor parecia "alguma coisa inclinado ao sebastianismo", parecendo-lhe a finalidade da obra, que acabou publicada em 1810, a de acalmar "as consciências dos Sebastianistas, que naturalmente se inquietariam, vendo-se acusados por um eclesiástico de serem maus cristãos, em conseqüência da sua crença Sebástica".[51]

A efervescência da "guerra sebástica" perdurou, ao longo de 1810, até que a Setembrizada fizesse calar as vozes contrárias a José Agostinho de Macedo. João Loureiro deixara de publicar o *Correio Peninsular*, e outros indivíduos, por serem maçons, haviam sido presos como suspeitos de jacobinismo. Como indica Innocencio, entre os governadores do reino, que decretaram as prisões arbitrárias, dois eram protetores de Macedo – D. Antonio José de Castro, o patriarca de Lisboa, e o magistrado Ricardo Raimundo Nogueira, antigo reitor do Colégio dos Nobres –, viabilizando que a campanha por ele desencadeada acabasse por incriminar pedreiros-livres e partidistas dos franceses, tendo como pano de fundo o sebastianismo, que, ainda de acordo com Innocencio, encontrava suporte entre doutores, teólogos, magistrados e jurisconsultos, que eram "havidos geralmente por sebastianistas" e "com sua autoridade escudavam e protegiam a seita e seus adeptos".[52]

Essa presença do sebastianismo e sua freqüente combinação com a questão da Maçonaria e dos afrancesados, tanto em Macedo quanto em seus adversários, situados todos na órbita da cultura escrita, sugere com força que nessa época, em Portugal, permanecia em vigor uma situação que Solange Alberro destaca como característica dos países europeus e de influência ocidental até o século XVIII. Na realidade, ali, o religioso continuava

---

[51] ANTT. Real Mesa Censória. Licença para Impressão. Caixa 67. 1810. Requerimento de José Maria de Sá. s./d. *Correio Braziliense ou Armazem Literário*. Londres. v. 4, nº 24, maio de 1810, p. 458-459. Agostinho de Macedo, magoado por ter sido "maltratado na incendiária folha chamada *Correio Braziliense*, afirmava que seu redator – Hipólito da Costa – era um "homem venal" que tinha sido corrompido por dinheiro. Cf. a carta do autor inserida em *Defeza dos papéis Anti-Sebásticos do R. P. J. A. M., juizo crítico dos que lhe tem sahido contra e apologia da resposta aos redactores incivil e malvadamente atacada por hum Folheto da Corunha*. Por E. S. S. Lisboa, Impressão Régia, 1810, p. 5-6.

[52] Innocencio F. da Silva. *Memórias para a ...*, p. 73-74.

intimamente confundido com o que hoje consideramos 'o político', 'o social', 'o cultural', 'o ético'. Em outras palavras, essas esferas ainda não haviam sido identificadas como distintas e, portanto, não se tinham dissociado e se tornado autônomas. O amálgama dessas noções e os comportamentos e práticas que delas derivam constituíam o fundamento das construções monárquicas e imperiais, e os sentimentos patrióticos eram então indissociáveis dos religiosos.[53]

Sob essa ótica, a controvérsia em torno do sebastianismo, no início do século XIX, ao contrário do que parece pensar Lucette Valensi, não deixava de envolver questões políticas, que diziam respeito ao controle da esfera do poder – que permanecia, em grande medida, privada – e para as quais a imagem da Restauração de 1640 prosseguia exercendo poderoso fascínio, ao lembrar o direito dos povos de aclamarem seus soberanos, segundo a antiga constituição do reino.[54]

No entanto, entre as camadas populares, outro era, sem dúvida, o sentido das idéias e imagens da crença sebastianista. A situação de crise serviu para atualizar as antigas convicções, combinando mito e história, aproximando o *reino do desejado* do reino do príncipe retornado, que deixara órfão o povo português. A questão fundamental passava a ser a expulsão do invasor estrangeiro, a fim de trazer de volta o soberano, permitindo o retorno de um passado de glória, de uma idade do ouro, quando a fartura, ainda que medíocre, era preferível à miséria do tempo presente.[55] De fato, a crença no poder divino continuava imperiosa, o que, se indicava o atraso da Península Ibérica em relação à Europa das Luzes, impulsionava também a massa da população, sob o estímulo desses mitos, a valorizar a independência do reino e a rebelar-se para derrotar as forças napoleônicas. Dessa forma, à esperança e ao tempo de espera do *salvador* mesclaram-se a agitação e o descontentamento popular, promovidos pelas carências materiais e pelos excessos que a tropa francesa cometia. Para o povo, "proteção à francesa" significava sobretudo a pilhagem, a

---

[53] Retablos y religiosidade popular en el México del siglo XIX, em *Retablos y exvotos*. México, Museo Franz Mayer, Artes de México, 2000, p. 8-31, p. 11. Agradeço a Sandra Lauderdale Graham o exemplar desta obra.
[54] Lucette Valensi. *Fábulas da memória ...*, p. 163. Concordo com a perspectiva de G. Boisvert, que também aponta para a questão política. Cf. Idem. *Un pionnier de la ...*, p. 110.
[55] A expressão grifada foi retirada de Jacqueline Hermann. *No Reino do Desejado* ...

fome, a opressão, a guerra e, não menos importante, a interdição de algumas práticas religiosas, como a liturgia tradicional do Natal e o toque dos sinos.

Impulsionados por forças misteriosas, como o milagre de Ourique ou a crença sebástica, os primeiros sinais da revolta, em junho e julho de 1808, quase imperceptíveis, inseriram-se justamente nesse tempo religioso, nessa ordem estabelecida por Deus, traduzida no perpétuo calendário da Igreja, na qual a vida se refaz continuamente nos mesmos gestos e atitudes; e aproveitaram a ocasião de festividades religiosas, comemorativas de santos populares e de grande atividade litúrgica, cuja execução desobedecia a alguns decretos franceses. No Porto, a insurreição iniciou-se no dia 6 de junho, data que celebrava a *festa das justiças* na igreja de São Domingos, quando chegou a notícia das sublevações na Espanha. Para conter os ânimos, o general francês Quesnel, a quem Junot atribuíra o governo da cidade, apelou para a voz dos ministros da religião, pedindo aos superiores eclesiásticos que "fizessem pregar a obediência e a submissão", usando do seu poder de persuasão para que os povos se conservassem tranqüilos. A situação inverteu-se, no entanto, com a prisão de Quesnel e demais franceses pelos espanhóis, chefiados pelo encarregado das províncias do Norte, o general Domingo Bellesta, que decidira partir para a Espanha, a fim de ajudar seus compatriotas na guerra de restauração. A revolução iniciava-se por parte do povo alvoroçado, mas as lideranças portuguesas, que ainda temiam o poder dos franceses, procuraram conter a agitação e manter a autoridade dos invasores.[56]

A chama da revolta avivou-se novamente na festa do Corpo de Deus, em 18 de junho. O governador queria que as milícias, destinadas a acompanhar a procissão, levassem a águia francesa no lugar da bandeira portuguesa. Elas, no entanto, se recusaram peremptoriamente, seguindo para o ato apenas algumas companhias sem bandeira alguma. Aliado ao aparecimento de uma proclamação anônima que procurava estimular a fidelidade e o patriotismo dos povos, tal fato serviu de estopim para o motim. O povo, que já andava "em magotes", correu aos arsenais, onde lhe foram fornecidas pólvora e balas, e, em pouco tempo, caçavam-se os franceses pelas ruas, "como quem corre ao mais alegre festim", proclamando-se, segundo um contemporâneo, "vamos

---

[56] J. Acúrsio das Neves, cf. *História geral da invasão dos franceses* ..., t. 3, p. 44-45; *Compendio Histórico dos* ..., p. 23-24. Cf. ainda para o calendário e a liturgia das revoltas populares, expressão de Ana Cristina de Araújo, em As invasões francesas ..., p. 32-33.

lhe mostrar o valor Português; vamos lhe fazer ver, que Portugal tem homens; vamos acabar com estes Diabos". Para esse autor, o povo demonstrara tanta coragem e amor à religião, ao príncipe e à pátria quanto os portugueses que, no campo do Ourique, liderados pelo grande Afonso, tinham desbaratado cinco reis mouros. Continuava afirmando que a aclamação do Senhor D. João VI, príncipe regente, era mais memorável que a do Senhor Rei D. João IV, "pela triste situação em que se achava a Nação Portuguesa, sem armas, sem soldadesca, cheia de uma tropa cruel, opressora e inimiga e um grande partido Jacobino", que, em conluio com os franceses, provocavam "o desprezo das leis, a destruição da honra e da fidelidade ao legítimo Soberano, a quedas das manufaturas, das artes e dos talentos". Culpados os invasores de todas as desgraças de Portugal, era o valoroso povo português que redimia sua nação, seu soberano e sua religião das garras dos inimigos.[57]

Do Porto, a notícia do 6 de junho propagou-se como "faíscas de revolução que foram atear fogo em Bragança e todas as províncias de Trás-os-Montes". Em Chaves e seus arredores, foi a festividade do Divino Espírito Santo que "produziu os primeiros sintomas de revolução". Salientando a importância singular dessa festa em Portugal, em que "o profano se tem misturado com o sagrado", levando o povo, algumas vezes, a prazeres e ritos "jocosos e extravagantes" e a "excessos repreensíveis", Acúrsio das Neves relata que, no segundo dia da festa, os ânimos já se encontravam exaltados, quando se espalharam notícias favoráveis sobre os acontecimentos na Espanha. Imediatamente, os músicos, "associados com várias pessoas da plebe" e de pouca idade, romperam "em altos clamores de *viva o nosso Príncipe*", logo acorrendo indivíduos com paus e pedras, que continuaram pelas ruas, durante a noite, repetindo muitas vezes "viva o nosso Príncipe, viva, viva; morra Junot e Napoleão". Germinadas em Chaves, as sementes da revolta alastraram-se pelas cidades vizinhas, especialmente, em Vila Pouca de Aguiar, que aclamou o soberano "entre repetidos vivas, toques de caixas, repiques de sinos" e fez proceder uma iluminação geral na cidade.[58]

---

[57] Para as citações, ver *Compendio Histórico dos* ..., p. 30, 28 e 29, respectivamente; cf. J. Acúrsio das Neves. *História geral da invasão dos franceses* ..., t. 3, p. 86-87. Cf. ainda IHGB. Arq. 1.4.35. Vicente José Ferreira Cardoso da Costa. Considerações políticas sobre a Revolução Portuguesa de 1808, fl. 16 e 16v.

[58] J. Acúrsio das Neves. *História geral da invasão dos franceses* ..., t. 3, p. 86, 61-63. Cf. ainda Vicente José Ferreira Cardoso da Costa. Considerações políticas sobre a Revolução Portuguesa ..., fl. 47-47v.

Em Lisboa, a procissão da festa do Corpo de Deus saiu à rua na forma do costume, mas sem o aparato do estado de S. Jorge. Alguns afirmavam que ela teria sido levada para o Brasil, outros, que os franceses não a tinham deixado sair "porque era santo inglês". O acontecimento "provocou grande desgosto no povo", advindo daí um "reboliço", que se ampliou com a notícia da aproximação da foz do Tejo de uma esquadra inglesa. Homens, mulheres e rapazes começaram a invadir as lojas abertas, despedaçando em algumas os vidros e as louças. O tumulto foi contornado pelas forças francesas, que impuseram medidas de repressão em relação às camadas populares, com a proibição pelos editais da Polícia das fogueiras de S. João, S. Pedro e S. Marçal, evidenciando o quanto as festas religiosas haviam-se transformado em instrumentos perigosos, devido às arruaças do povo oprimido.[59]

No Sul, as revoltas populares tiveram início na pequena vila de Olhão, Algarves, também no dia da festa do Corpo de Deus, quando o governador foi ouvir missa e um grande ajuntamento se fez na porta da igreja, discutindo uma proclamação de Junot, que divulgava o desarmamento da população e a contenção da insurreição na Espanha. Num gesto de indignação, o governador "rasgou e pisou com os pés" o papel, sendo aplaudido com muito entusiasmo pelos presentes, rudes camponeses e pescadores. Em Faro, o sinal para o povo acorrer às ruas, na manhã do dia 19 de junho, foram "algumas badaladas, como as que se costumam dar por devoção, quando se acha alguma mulher de parto". Reunida a multidão, aclamou-se o príncipe regente e a nação. Em Vila Viçosa, o rebate para o início do movimento foi dado num domingo, quando o povo se dirigia, por devoção, à capela de N. Senhora dos Remédios. Postados junto a um arco, que era contíguo à igreja, os franceses começaram a insultar os devotos. Foi o estopim para o povo investir contra eles, sem qualquer mediação dos senhores locais. A notícia de represália à manifestação semelhante por parte de um contingente militar francês em Elvas alertou para "a necessidade de procurar auxílio" e de encontrar um chefe que assumisse o comando.[60]

A restauração começara. Em quase todas as regiões do país, o povo levantou-se, mas, no circunscrito mundo que conhecia, somente a religião podia fornecer-lhe

---

[59] J. Acúrsio das Neves, cf. *História geral da invasão dos franceses ...*, t. 3, p. 132-135.
[60] Idem. *Ibidem*, p. 142-143, 147 e 157.

os instrumentos de identidade para que a rebelião alcançasse êxito. O objetivo dessas explosões de violência, que se transformavam em instantes de desvario público, não era revolucionário, pretendendo, sim, restaurar o trono e o altar, ambos ultrajados pelo invasor francês, de acordo com os direitos e costumes da tradição, alçados à força de lei nesse ambiente de Antigo Regime, como quer Thompson.[61] Se de início a intervenção popular foi simbólica – ao rasgar, publicamente, editais franceses, ao tocar a rebate os sinos das igrejas, ao usar um tope que identificava os patriotas –, logo evoluiu para uma ação mais decisiva. Embora as autoridades portuguesas se preocupassem em insuflar o povo a pegar em armas e em sustentar e aperfeiçoar o combate ao inimigo, controlando, ao mesmo tempo, a fúria popular por intermédio da voz da Igreja, sintonizada no mesmo diapasão, algumas vezes, no entanto, o movimento insurrecional alastrou-se de maneira descontrolada, e o poder fugiu-lhes, caindo, ao menos em parte, nas mãos das camadas populares. De acordo com Acúrsio das Neves, era um "vulcão, de que não houve forças para que pudessem suspender a torrente".[62]

Quando a notícia desses primeiros sinais de rebelião alcançaram Lisboa, Junot determinou o envio de expedições punitivas às províncias exaltadas. Embora espalhasse o terror por onde passava, o principal resultado dessa nova investida francesa foi o de exacerbar a cólera das camadas populares, que nada mais tinham a perder. Grupos de populares, armados com chuços, foices e outros instrumentos de trabalho, e organizados de forma mais ou menos anárquica, mas, em alguns casos, capitaneados pelo baixo clero ou patrocinados, em outros, por membros das elites dirigentes, passaram a atuar em busca de inimigos, pilhando, incendiando casas, prendendo pessoas e, às vezes, assassinando-as. O primeiro palco dessas manifestações foi o Norte, atingindo grandes proporções no Porto, mas surgiram também no Minho, nos arredores de Lisboa, em Beja e em Évora, numa ação desenfreada que atemorizou as autoridades com o receio de que representasse uma ameaça à ordem estabelecida e às hierarquias sociais e políticas.

---

[61] Tais movimentos não eram simples espasmos populares, determinados pela tríade: elementar – instintivo – fome. Os indivíduos estavam imbuídos da crença que defendiam seus direitos, apoiados pelo consenso da comunidade. Cf. E. P. Thompson. A economia moral da multidão inglesa no século XVIII. In: *Costumes em comum. Estudos sobre a cultura popular tradicional*. São Paulo, Companhia das Letras, 1998, p. 150-154.
[62] J. Acúrsio das Neves, cf. *História geral da invasão dos franceses ...*, t. 3, p. 61. Cf. AHI. Lata 187, maço 4, pasta 3. Acontecimentos notáveis no Minho durante a ocupação francesa (por João Nepomuceno Pereira da Fonseca). 1808.

No Porto, após a festa do Corpo de Deus do 18 de junho, formou-se "um estado de fermentação", provocado pela fome e a penúria de grãos. Ao espalhar-se a notícia, verdadeira ou imaginária, de que um corpo de tropa francesa marchava para a cidade e que o governador abastecia alguns carros que levariam pão para os invasores, o "povo alterou-se", quando um artilheiro, que se misturara à multidão, "levantou a voz e disse que só para os portugueses não havia pão". Na opinião de Acúrsio das Neves, "aprontar pão para os franceses no meio de uma cidade populosa, já em princípios de revolução contra eles, era o mesmo que atear fogo".[63] Diante da explosão de violência que se seguiu, o juiz do povo reconhecia que "vossa fome não está saciada, vossa raiva se aumenta, protestando fartar-vos no sangue dessa porção de franceses; [...] enfim, ninguém vos pode conter!" No entanto, temendo o desagrado do Supremo Conselho que regia a cidade, lembrava a importância da honra e propunha a moderação, uma vez que, se o povo havia consumado a "glória do Porto", ela não podia ficar ofuscada ou diminuída por uma ação sem reflexão, resultante de seu próprio furor, ao mesmo tempo que incentivava o lado religioso do povo, que sepultara "o infame nome de Napoleão", aparecendo "cavalgado o do Nosso Soberano, apresentando-se assim à nossa imaginação um verdadeiro retrato do Arcanjo S. Miguel". Da mesma forma, o intendente da Polícia afirmava que o "demasiado" zelo e a "suma desconfiança" do povo podiam levá-lo ao precipício, sendo este o objetivo do "tirano" para fazer sucumbir a nação portuguesa. Pedia tranqüilidade em relação ao desejo "tão arrebatado do sangue de uns poucos de indivíduos", sobre os quais não era mais necessário qualquer receio, já que estavam iniciadas as devassas para condená-los por seus crimes, e solicitava que os revoltosos prestassem sujeição à Junta Suprema do Governo.[64]

---

[63] J. Acúrsio das Neves, *História geral da invasão dos franceses* ..., t. 3, p. 88. Cf. também, Vicente José Ferreira Cardoso da Costa. *Considerações políticas sobre a Revolução Portuguesa* ..., 30-32v.

[64] AN. Coleção Negócios de Portugal. Caixa 621[A], pacote 1, doc. 59. Proclamação do Juiz do Povo do Porto. 1808. Transcrita em *Correio Braziliense ou Armazem Literário*. Londres. v. 1, nº 5, outubro de 1808, p. 349. Para a Proclamação do Intendente de Polícia, cf. J. Acúrsio das Neves, cf. *História geral da invasão dos franceses* ..., t. 4, p. 286. A imagem de D. João como o arcanjo São Miguel vencendo Napoleão, refere-se, provavelmente, à imagem do mesmo arcanjo ao vencer o dragão no Apocalipse. Cf. João. Apocalipse. 12, 7-8: "E houve no céu uma grande batalha: Miguel e os seus anjos pelejavam contra o dragão, e o dragão contra ele; porém, estes não prevaleceram, e o seu lugar não se achou mais no céu". In: *Bíblia Sagrada...*, p. 1488.

Na vila de Arcos de Valdevez, o motim tomou proporções mais alarmantes: a multidão, que veio dos campos e montes vizinhos, precipitou-se nos mais "horrorosos e malvados desatinos" e "insultou, feriu e prendeu, na Cadeia Pública, o Juiz de fora". Em seguida, colocaram em liberdade os presos, passaram ao paço do Concelho, destruíram a cadeira e o dossel com as armas reais, quebraram portas, janelas e outros "trastes", além de atacarem os cartórios, queimando documentos públicos e particulares. Formada uma junta nos moldes das outras erigidas nas regiões vizinhas, constituída de dois religiosos e três seculares com os "poderes mais exorbitantes", a sua ação, contudo, ao tentar impor "leis contrárias às do reino e tendentes à subversão da monarquia", provocou enorme tumulto, conforme informava a sentença contra os amotinados, proferida na Correição do Crime da cidade do Porto. Entre outras decisões, a junta aboliu as leis de recrutamento, taxou os preços do leite, da carne e do vinho, proibiu a exportação do pão para fora do reino, absolveu os foreiros de pagarem os direitos dominiais a seus senhorios e suspendeu o curso das causas no foro durante a guerra. Sem dúvida eram medidas que atendiam às aspirações mais imediatas da plebe revoltada, mas, embora Graça e Silva Dias, a despeito da ausência de características liberais e de qualquer projeto político, atribuam aos revoltosos a inspiração de uma burguesia local, tais atitudes assemelham-se mais claramente aos motins de Antigo Regime, que Thompson analisou, combinados a alguns elementos novos, provavelmente trazidos por um estudante de Coimbra aberto às idéias francesas, que liderou o movimento, juntamente com um jornaleiro, um serralheiro, um oficial do mesmo ofício, um seareiro, um pardo e até uma mulher, de alcunha Migalha, que, segundo testemunhas, teria sido vista a jactar-se "publicamente de ter dado uma pedrada e um bofetão no Juiz de fora". Contida a multidão em ebulição por meio da intervenção da Junta do Porto, instaurou-se um processo que julgou os cabeças da insurreição, sentenciando dois à morte, outros três, a degredo perpétuo para Angola e Moçambique e a mulher, por dez anos, para Rio Negro.[65]

---

[65] J. Acúrsio das Neves, cf. *História geral da invasão dos franceses ...*, t. 4, p. 324-325. Ver Sentença proferida na correição do Crime na cidade do Porto, contra os amotinadores tumultuários na Vila de Arcos de Valdevez, em 10 e 11 de julho de 1808. Transcrita em Idem. *Ibidem*, p. 326-329; Vicente José Ferreira Cardoso. Considerações políticas sobre a Revolução Portuguesa ..., fl. 34-35. Ver ainda E. P. Thompson. A economia moral da multidão ..., p. 150-154.

Na vila de Peniche, os tumultos levaram ao confronto "homens da mais ínfima plebe" e *pessoas de bem*. Os primeiros, incitados por "um da mesma classe", Luís Rodrigues Serra, reuniram mais de 200 amotinados, "alguns com espadas e paus, repartidos em bandos", que prenderam cerca de quinze pessoas, alguns de "primeira qualidade", metendo-os na cadeia. O motivo da desordem, segundo a averiguação do Corregedor do Crime, foi "um espírito de vingança, próprio de uma alma vil", que tratou aqueles indivíduos com "ignomínia e insulto", sob o pretexto de serem "portugueses afrancesados". Apesar disso, reconhecia que a turba constituía-se de "pobres pescadores", que tinham sofrido muito na época da dominação francesa porque ficaram impossibilitados de exercerem seus ofícios em virtude de estarem "obrigados a pesados trabalhos nas obras públicas da praça, sem paga alguma". Vivendo na maior desesperação, conservaram "o mais forte ódio e rancor contra aqueles que viam com maior comunicação e familiaridade com os franceses", agindo como "executores das suas perniciosas ordens", que tinham abalado as práticas legítimas e tradicionais da comunidade. Após a Restauração, devassas provaram que os presos não tinham "proferido palavra, obrado ação" indicadora da "mais leve suspeita de serem partidaristas daquela ímpia nação" e foram soltos, mas os "réus do insulto" – em torno de cinco – foram pronunciados, considerados culpados de incitadores do motim e remetidos para a cadeia do Limoeiro.[66]

Em Beja, no sul, o povo agiu por conta própria, recusando-se a atender à requisição de víveres para a tropa francesa que vinha em fuga do Algarves. Os franceses foram, então, obrigados a sair da cidade, o que provocou imenso entusiasmo na população. "Os magistrados, temendo perigo próximo, quiseram ainda sufocar estes movimentos, propondo ao povo que deviam esperar uma melhor ocasião para o rompimento". Tal solicitação não foi acatada pela multidão, que, amotinada contra eles, tratou-os como traidores e acabou por assassiná-los.[67]

Em Évora, formou-se inicialmente uma junta presidida pelo arcebispo frei Manuel do Cenáculo Villas-Boas, mas, logo depois, a cidade foi retomada pelas tropas francesas, chefiadas por Loison. Segundo o relato de Cenáculo, "os oficiais vencedores e soldados" apontavam baionetas ao peito e "gritavam por dinheiro, ameaçando morte e saque violento". Outras narrativas, em forma de panfletos, descreveram minuciosamente as atrocidades cometidas: "Os vence-

---

[66] ANRJ. Caixa 652, pacote 1^A, doc. 17. Devassas de Peniche, 1º de dezembro de 1808.
[67] J. Acúrsio das Neves, cf. *História geral da invasão dos franceses ...*, t. 3, p. 165-166.

dores, tocando à degola, foram matando gente pelas Igrejas, pelas ruas e praças". As pessoas recolhiam-se nos templos, que foram, no entanto, invadidos e saqueados, roubando-se os vasos sagrados e sendo pisadas as "sacrossantas Formas", assim como os soldados, "com a mais brutal lascívia, quiseram praticar ações torpes com as mulheres honestas que ali se achavam".[68] Ainda que se leve em consideração um certo exagero, os acontecimentos provocaram um medo incontido na massa, que, após a retirada dos estrangeiros, com o pretexto de "traições imaginárias", levou a uma nova amotinação, na qual os franceses e seus supostos apaniguados foram perseguidos de maneira implacável, cometendo-se "homicídios cruéis e injustos", sem nenhum respeito às personagens envolvidas. O próprio arcebispo, que ficara na presidência da Junta, foi bruscamente cercado "por uma tropa de contrabandistas e malfeitores, armados de tabucos, punhais, pistolas, espingardas e espadas", e remetido para Beja, onde permaneceu preso por dois meses, até outubro de 1808, quando o governo da Regência foi restaurado. Em suas "Memórias", afirmou que nesta última cidade havia se erigido uma "Regência incível e temerária", que, além de pretender dominar todo o Alentejo, "constava ter oferecido obediência e sujeição à Regência Espanhola, com manifesta traição contra o Direito Supremo do Amável Príncipe que nos rege".[69]

Num texto publicado em 1814, embora redigido mais cedo, Vicente José Cardoso da Costa, considerava a prisão do "respeitável arcebispo, tão conhecido por letras e virtudes", um dos mais evidentes resultados da "revolução oclocrática portuguesa". Da mesma forma, Silva Dias considera que o

---

[68] Para a primeira citação, cf. Biblioteca Municipal e Arquivo Distrital de Évora. CX-XIX/1-21. Memória exacta e individual dos acontecimentos nesta Cidade de Évora, que succederão desde a intrusão dos Franceses neste reino, por Frei Manuel do Cenáculo Villas-Boas. [s/ numeração de página]. Para as demais citações, ver *Evora no seu abatimento, gloriosamente exaltada: ou Narração historica do combate, saque e crueldade praticadas pelos Francezes em 29, 30 e 31 de julho de 1808, na cidade de Evora, com huma breve exposição das suas antecedencias e consequencias para maior clareza da historia dedicada ao Princípe Regente Nosso Senhor* ... escrita pelo Bacharel Antonio Mexia Fouto Galvão Pereira. Lisboa, Typographia Lacerdina, 1808, p. 15-16. Cf. ainda *Narração histórica do combate, saque e crueldades, praticadas pelos francezes na Cidade de Évora; e notícia do estado da Província do Alem-Tejo, antes daqueles factos*. [s./l. s/ed. s/d.]

[69] J. Acúrsio das Neves, cf. *História geral da invasão dos francezes ...*, t. 3, p. 252-253 e 266-267; Biblioteca Municipal e Arquivo Distrital de Évora. CXXIX/1-21. Memória exacta e individual dos acontecimentos nesta Cidade de Évora ... Para Cenáculo, ver supra, Capítulo 4, e ainda Jacques Marcadé. *Frei Manuel do Cenáculo Vilas Boas, évêque de Beja, archevêque de Évora (1770-1814)*. Paris, Fundação Calouste Gulbenkian, 1978, sobretudo, p. 464-475.

povo sem um plano geral concentrado e sem um chefe comum tinha se levantado isoladamente em cada uma das províncias e em cada uma das suas povoações contra o quase inerme poder estrangeiro, que nelas exercitava a suprema autoridade, sem ter forças com que a sustentasse. Os Reinos de Portugal e dos Algarves apresentaram desta sorte o quadro de uma Revolução Oclocrática, em que a multidão não figurou como instrumento, conforme acontecera na de 1640, mas foi o principal agente; e ela ocupando o exercício da Soberania, havia dela injusta e cruelmente seguido o seu costume.[70]

Tal *tirania popular* conduzia-se por meio de seus preconceitos e era "propensa naturalmente para o maravilhoso, que lhe explica a origem de todos os sucessos", numa provável alusão ao milagre de Ourique ou à crença sebastianista, que povoavam o imaginário dos portugueses e que não pertenciam exclusivamente às camadas mais baixas da população.[71] Nela, ocorria "a substituição da vontade individual de cada um dos cidadãos ou de cada fração do cidadão" pela "vontade geral", arrogando-se todos a si o direito de definir e decretar "o bem e o mal civil" para todo o povo, o que transformava praças e ruas em pontos de ajuntamentos, mais ou menos numerosos de pessoas até mesmo das "ínfimas classes", que se entretinham em discussão, como se tivessem a seu cargo a "Pública Administração". Dessa forma, "toda uma cidade e toda uma Nação parece um Congresso permanente para as deliberações do governo". Outra característica da *oclocracia* era a proclamação de princípios democráticos, "sumamente lisonjeiros à multidão", que, orgulhosa ao dominar, ostentava o poder, principalmente contra às classes superiores da sociedade, que costumava ver com inveja, do que se seguia uma tendência natural para perseguir os cidadãos, a título de inconfiden-

---

[70] Vicente José Ferreira Cardoso da Costa. Considerações políticas sobre a Revolução Portuguesa ... Citação às fls. 57-57v, grifo meu. Para Silva Dias, cf. Graça Dias & J. S. da Silva Dias. *Os primórdios da maçonaria* ..., v. 1, t. 2, p. 531-536.
[71] Vicente José Ferreira Cardoso da Costa. Oração em louvor do Principe Regente, nosso Senhor, por motivo da ommissão da palavra Inconfidencia, no decreto dirigido à mesa do Desembargo do Paço, na data de 22 de outubro de 1810, pelo Doutor Vicente José Ferreira Cardoso da Costa. Transcrita em *Correio Braziliense ou Armazem Literário*. Londres. v. 13, nos 77 e 78, outubro e novembro de 1814, p. 469- 493 e p. 632-658, p. 487-488.

tes.⁷² Visão preconceituosa, em particular quando enunciada por um indivíduo que fora considerado ele próprio inconfidente pelas autoridades, mas de modo algum incompatível com a perspectiva ilustrada da época, cujo liberalismo, esgarçado após as assombrações do Terror pela tensão entre o apelo ao povo e a inquietação com as suas conseqüências, refugiou-se nos princípios de 1789 para conceber o constitucionalismo moderno.⁷³ Afinal, de maneira equivalente, inspirado nas lições de Edmund Burke, Hipólito da Costa afirmava pela mesma época que se devia "fazer tudo a bem do povo, mas nada deve ser feito pelo povo".⁷⁴

Num plano mais amplo, se tais revoltas populares eclodiram motivadas por um simples boato, por um rumor que bulia com o imaginário ou mesmo por algum fato concreto, que dizia respeito à fome e à sobrevivência, na origem de todos esses movimentos encontrava-se a ausência de um poder legítimo, em decorrência do trono ter sido usurpado por um estrangeiro e do soberano estar distante. Nessas condições, não é de admirar-se que, algumas vezes, as lideranças civis e religiosas tenham perdido o controle da situação, que ficou ao sabor da tempestade popular, ameaçando a ordem social e o exercício pleno da autoridade. Para a multidão, imbuída da crença de defender seus direitos e tradição, alicerçados na nação e no soberano, a sedição aparecia como um exercício da justiça, como uma purificação renovadora, como um meio de se retornar à antiga ordem, que ruíra, e, por isso, não pretendia nem tinha condições de alterar as instituições vigentes. Contido e submetido à lógica da ordem, o furor desse *patriotismo popular* transformou-se, ao final, em frustração, acentuada pelas prisões e condenações a que se viu exposto, de não conseguir assegurar nem seus direitos imemoriais, nem a volta de seu "adorado soberano". Na realidade, as *vozes do patriotismo* contra Napoleão Bonaparte e seus satélites limitaram-se, em Portugal, a reafirmar o poder do rei, ausente ou encoberto, como portador de uma mensagem de esperança,

---

⁷² Vicente José Ferreira Cardoso da Costa. Considerações políticas sobre a Revolução Portuguesa ..., fl. 19v, 20v, 21, 22v e 23.

⁷³ Alain Rey. *"Révolution"*. *Histoire d'un mot.* Paris, Gallimard. 1989, p. 200-201; Marcel Gauchet. *La Révolution des pouvoirs. La souveraineté, le peuple et la représentation, 1789-1799.* Paris, Gallimard, 1995, p. 61-65.

⁷⁴ Para a afirmação de Hipólito da Costa, ver *Correio Braziliense ou Armazem Literário.* Londres. v. 3, n.º 17, outubro de 1809, p. 383.

lida pelo viés escatológico do sebastianismo, e a revalidar os mecanismos da sociedade de Antigo Regime, quando já se anunciavam os primeiros sinais da era liberal na Europa.[75]

---

[75] A expressão grifada foi retirada do panfleto *Vozes do Patriotismo ou Falla aos Portugueses, feita em janeiro de 1808 à Sua Alteza Real, o Príncipe Regente Nosso Senhor* (por J. de G. P. da C. do O. de P.). Rio de Janeiro, Impressão Régia, 1809.

Persistências de um passado glorioso, mas anúncio de uma política moderna?

Compreender a complexidade e o sentido de uma sociedade em determinado tempo histórico significa mergulhar nos seus meandros e descobrir as diversas relações que podem ser estabelecidas entre o indivíduo e o meio, pois, como afirma Arlette Farge, "cada século fabrica a história específica desta relação, em seus movimentos e em suas tensões incessantes".[1] Nesse sentido, analisar as molduras sob a ótica das representações, pelas quais os fatos são percebidos e assimilados pelos seus contemporâneos, requer um trabalho penoso, para não se deixar enredar pelas tramas do simples imaginário, desprovido do arcabouço que o circunscreva e lhe dê sentido. Pensar sempre um acontecimento no sistema que lhe oferece significado, recomenda Pierre Rosanvallon.[2] Tal foi o objetivo desse trabalho – analisar as representações elaboradas no início do oitocentos sobre Bonaparte e as formas de leitura e recepção que propiciaram à sociedade portuguesa daquele momento, ainda profundamente marcada pelo Antigo Regime, do ponto de vista das práticas políticas que delas resultaram.

O período das invasões napoleônicas distinguiu-se pela intensa velocidade com que as informações circularam por meio de panfletos políticos, folhas volantes e proclamações oficiais, permitindo forjar imagens de Napoleão Bonaparte como herói ou demônio, tramas da memória de um período que conheceu o início do embate final entre a agonia de uma Europa de Antigo Regime e uma Europa Liberal. Representações, profundamente impregnadas pelos valores do mito, que, em épocas de convulsões políticas, sociais e econômicas, têm o hábito de ressurgir, procurando servir de chaves explicativas para o passado e oferecer uma justificativa coerente para colocar ordem no caos reinante do presente. Compreende-se, desse modo, a afirmação de Napoleão no 18 Brumário, "A Revolução está terminada", como a promessa de um período de paz e prosperida-

---

[1] Arlette Farge. *Des lieux pour l'histoire.* Paris, Seuil, 1997, p. 114.
[2] Pierre Rosanvallon. *Le moment Guizot.* Paris, Gallimard, 1985, p 11-15

de, pelo qual ansiava a maioria dos franceses, sob a aparência de um *salvador* que regenerasse o país dos males decorrentes dos excessos anteriores. Esperanças que, como visto no Capítulo 1, após a Restauração de Luís XVIII, seguiriam, ao sabor das conjunturas, até hoje na historiografia e também no imaginário das camadas populares, dos setores médios – militares, burgueses e letrados – e até de alguns segmentos da aristocracia, gratos pelas benesses do imperador, fazendo de Bonaparte o objeto de ásperas discussões e de inumeráveis estudos.[3]

No caso português, essa efervescência se fez sentir sobremaneira no momento das invasões francesas, que vieram acompanhadas pela ausência do soberano, pela guerra e, ainda, por nova importância adquirida pelos escritos públicos, como indicado no Capítulo 2. Acostumados a encarar a censura como o instrumento por excelência para evitar a influência de idéias perigosas, os governadores do reino – em particular depois que a atitude deles de relativa colaboração com os franceses tinha denegrido sua imagem – viram-se constrangidos a recorrer à palavra escrita e à imprensa como armas de combate para reimpor sua autoridade, propagando os valores tradicionais, enaltecendo o soberano e a religião e fomentando certo *patriotismo* ao manter o povo informado da perfídia e crueldade do inimigo. Seguiam o exemplo não só de personagens ilustres do século XVII, mas da Ilustração e do próprio Bonaparte, que compreendera, talvez melhor do que ninguém até então, o papel da propaganda sobre a opinião pública para fabricar a imagem de um soberano.[4] No entanto, em Portugal, as idéias ainda não se tinham transformado em mercadorias comercializadas na *arena da política* sob a forma de bens simbólicos, como diria Bourdieu, e, passado o perigo das invasões, com a derrota européia de Napoleão a censura retornou, e a atividade dos escritos declinou, permanecendo a oficial *Gazeta de Lisboa* como o único periódico passível de ser rotulado de político, obrigando vários publicistas a fugirem para a Inglaterra da liberdade de expressão, como João Bernardo da Rocha Loureiro e José Liberato Freire de Carvalho.[5]

---

[3] Natalie Petiteau. *Napoléon, de la mytohlogie à l'Histoire*. Paris, Seuil, 1999, p. 11.

[4] Cf. P. Burke. *A fabricação do rei. A construção da imagem pública de Luís XIV*. Rio de Janeiro, Jorge Zahar, 1994; Orest Ranum. *Artisans of glory: writers and historical thought in Seventeenth-Century France*. Chapel Hill, The University of North Carolina Press, 1980; G. Lefebvre. *Napoléon*. 6ème ed. Paris, PUF, 1965, p. 409-410.

[5] Para a questão da imprensa, ver Georges Boisvert. *Un pionnier de la propagande libérale au Portugal: João Bernardo da Rocha Loureiro (1778-1853)*. Paris, Fundação Calouste Gulbenkian/ Centro Cultural Português, 1982. p. 275-278 e 512-516; José Tengarrinha. *História da imprensa periódica portuguesa*. 2ª ed. revista e aumentada. Lisboa, Caminho, 1989. p. 72-74.

Apesar disso, com a circulação intensa de panfletos, folhas volantes e pasquins, o país não deixou de desempenhar um papel pioneiro no continente em termos da contrapropaganda francesa. Segundo Tulard, foi por meio de Portugal e depois da Espanha que os escritos ingleses penetraram na Europa do bloqueio. Contudo, nesse mesmo período, José Agostinho de Macedo divulgava o *Resumo das Memórias para a História do Jacobinismo* (1809) do *abbé* Barruel, ferrenho opositor da Revolução Francesa, que estabelecia sua argumentação com base na aliança do trono e do altar, típica do Antigo Regime. Nas duas direções, entre 1808 e 1811, Portugal conheceu pelo menos 1500 dessas publicações, que prenunciaram o surto posterior impulsionado pelo movimento liberal de 1820. Desses escritos de circunstâncias elaborados, em grande parte, como não podia deixar de ser, segundo as circunstâncias históricas, em torno das representações e imagens de Bonaparte, transpareciam distintas constelações mitológicas, examinadas no Capítulo 3. Nessa *guerra de penas*, considerada nos Capítulos 4 e 5, a luta simbólica entre o bem e o mal ou entre as luzes e as trevas considerava o imperador dos franceses ora como o *Protetor Universal*, o *homem prodigioso* e o *herói do século*, ora como o *monstro sanguinário*, o *usurpador*, o *déspota furioso* e a *Besta de sete cabeças e dez cornos*. Nela, revestiam-se os acontecimentos com o mito da conspiração, urdida por jacobinos, pedreiros-livres e afrancesados contra o trono e o altar, na perspectiva do *abbé* Barruel. Sonhava-se com o retorno de uma época áurea, na qual o soberano, como um dos cavaleiros do Apocalipse, viria salvar a pátria do perigo, cumprindo-se os desígnios de Ourique. E, em círculos restritos, não se deixava de aspirar por uma *Modernidade* mal-adivinhada, de que os franceses seriam os portadores, embora mais freqüentemente se olhasse com nostalgia para o momento glorioso de 1640 e a atuação das Cortes, como se, no passado, estivesse a solução para as agruras do presente.[6] De qualquer modo, Portugal seria sempre salvo pela bondade protetora de Deus, como indica a paráfrase ao "Livro de Isaías" escrita por Acúrsio das Neves:

> Volve a roda fatal, a que chamam da fortuna, que porém não é senão movida pela mão oculta da Providência. Os opressores, que até aqui tiranizavam os povos,

---

[6] As expressões foram retiradas dos panfletos já citados ao longo dos capítulos, especialmente, o Capítulo 3. Para a imagem de D. João como um dos cavaleiros do Apocalipse, ver Proclamação do Intendente de Polícia, transcrita em J. Acúrsio das Neves. *História geral da invasão dos franceses em Portugal e da restauração deste Reino*. Porto, Afrontamento, s./data. t. 4, p. 286.

são agora arrastados por estes ao seu lugar. Os povos que suportavam os seus ferros passaram a exercitar sobre eles o seu Império nos ditosos países que o Senhor tem abençoado, e a fazê-los cativos, de senhores que antes eram.[7]

A esperança da Redenção por meio da vitória contra os franceses suplantava os temores apocalípticos gerados pelas derrotas iniciais, nas quais Napoleão figurava como o instrumento divino para castigar os homens. No entanto, após os primeiros sinais positivos da ofensiva restauracionista, correspondendo "à constante reversibilidade das imagens, dos símbolos e das metáforas", invertiam-se os papéis, assumindo os portugueses o lugar de povo escolhido pelo Senhor para castigar o tirano demoníaco. Da mesma forma, ora a França era a nação civilizada, a quem se devia ter como protetora e doadora de um soberano ao trono português, ora a nação degenerada, um país "só coberto de ladrões, assassinos e de algozes", "monstros em forma humana, com que o mundo se ilude e desengana".[8] No campo simbólico, a luta político-ideológica fazia defrontarem-se com o peso da tradição e do conservadorismo português os primeiros fulgores de forças liberais. De um lado, para quem escrevia, existia a clara intenção de influenciar a opinião com visões desfavoráveis a qualquer possibilidade de mudança que tivesse as idéias francesas como modelo. Medo fácil de desencadear em uma população que sofria os horrores da guerra, com relatos trágicos da ocupação, em que o sangue e a violência apareciam como pontos fulcrais da narrativa e em que Napoleão personificava o anticristo, cumprindo os vaticínios do Apocalipse. De outro, sobretudo após o início da expulsão de 1808, buscava-se caracterizar um combate patriótico, para motivar e mobilizar o povo português contra o usurpador.

---

[7] *Paráfrase ao Livro XIV do Livro de Isaías.* Lisboa, Offic. de Simão Thaddeo Ferreira, 1809. Citações à p. 5. Cf. o texto de Isaías: "E tomá-los-ão (amigavelmente) os povos, e os conduzirão para o seu país; e possuí-los-á a casa de Israel na terra do Senhor como servos e como servas; e ficarão cativos aqueles que os tinham cativado, e sujeitarão os seus opressores." Profecia de Isaías. 14, 2. In: *Bíblia Sagrada.* Traduzida da vulgata e anotada pelo Pe. Matos Soares. 3ª ed., São Paulo, Paulinas, 1959, p. 827.

[8] Para a primeira citação, ver R. Girardet. *Mitos e mitologias políticas.* São Paulo, Companhia das Letras, 1987, p. 16. Para as demais, J. Acúrsio das Neves. *Manifesto da Razão contra as usurpações francezas, offerecido à nação portugueza, aos soberanos e aos povos.* Lisboa, Off. de Simão Thaddeo Ferreira, 1808, p. 9; Antonio Joaquim de Carvalho. *Na Restauração de Portugal, libertado do jugo dos franceses, verdades críticas.* Lisboa, Typographia Lacerdina, 1808, p. 2.

Escritos sob a forma de comentários aos fatos recentes e às grandes questões do momento, mas recorrendo a uma linguagem acessível porque escorada em temas fundamentais da política e da situação portuguesa, esses panfletos tinham ampla circulação, atingindo também as camadas situadas nas fímbrias da sociedade, que, incapazes de ler, podiam, no entanto, escutar a leitura em voz alta, assimilando, pelo filtro de sua imaginação, as idéias que deviam ser incutidas. Rompia-se em parte com uma concepção clássica do Antigo Regime de ver o escrito como um texto secreto, reservado apenas a alguns iniciados – ou seja, a homens notáveis por sua dignidade, por sua formação e por suas luzes –, amplamente divulgada tanto pela Igreja Católica, que exigia dos fiéis crer, mas não compreender, quanto pela monarquia absoluta, que pedia aos súditos obediência, mas não discussão. E rompia-se graças a uma prática política do bonapartismo, que soube ver no poder do intelecto um instrumento superior à espada – "A força está fundada sobre a *opinião* [pública]; o que é o governo? Nada, se ele não tem opinião".[9] Dessa maneira, cada segmento dessa sociedade hierarquizada redescobria-se como podendo ter um papel específico nessa ordem nova, ou apenas reformada, ao proceder a leituras distintas das imagens veiculadas.

Para além disso, a partida da Corte, elemento essencial ao funcionamento da engrenagem do Antigo Regime, deixara Portugal numa situação inusitada, com a criação, na esfera do político, de um campo de representações que oscilava entre o sentimento de orfandade política e a idéia de salvação das "garras do tirano esfomeado" do príncipe, da família real e das "augustas relíquias dos Braganças". De fato, um dos traços fundamentais da política do Antigo Regime residia no seu caráter *pactista*, uma relação contratual, feita de direitos e deveres recíprocos entre o rei e o reino e o respeito pelas especificidades – foros e privilégios – dos distintos corpos que compunham a monarquia.[10] Derivando do soberano todo o império e poder, enquanto o dispensador máximo da justiça, jurisdições e cargos, ao deslocar-se para o Brasil, a realeza rompera o pacto sagrado e provocara um desequilíbrio, que fez aflorar uma série de questionamentos. Estes, porém, nem sempre significavam uma postura de rompimento com as antigas instituições; ao contrário, assumiam predo-

---

[9] Lucian Regenbogen. *Napoléon a dit. Aphorismes, citations et opinions.* Paris, Les Belles Lettres, 1998, p. 154.
[10] António Manuel Hespanha. *História das instituições: épocas medieval e moderna.* Coimbra, Almedina, 1982.

minantemente a forma de uma volta ao passado idealizado – a uma idade de ouro –, cujo modelo mais freqüente era a Restauração de 1640.

Nessa ótica, a situação de desordem e caos provocada pelas invasões fazia ressurgir a esperança em um *salvador* que restabelecesse o rumo da história. Por isso, de início, foi possível apresentar a entrada dos franceses em Portugal sob as imagens de proteção e amizade. A nação considerada a mais polida e civilizada da Europa iria derramar suas benesses sobre o reino, num discurso que acalentou as esperanças dos mais ilustrados de que ocorresse uma regeneração política da sociedade portuguesa e os desejos dos mais humildes de que se retomasse a tradição da presença de um rei.

Para as elites, na gênese dos argumentos contrários à antiga ordem de coisas, que levara a uma atração pela França, situava-se o interesse de se desvencilhar da tutela inglesa, exercida pelos tratados de comércio há muito estabelecidos e denunciada pela propaganda francesa, que acusava a Inglaterra, no decreto do Bloqueio Continental, de não admitir "o direito das gentes seguido universalmente por todos os povos civilizados". A prática, no entanto, não foi fiel à imagem desejada. As invasões devastaram as províncias, não só pelo saque e pelas chamas mas pela fome e pelo alastramento de epidemias, que ceifaram a vida de mais portugueses do que daqueles que morreram nos combates e deixaram a agricultura e a pecuária de todas as regiões em crise intensa, cujos reflexos se estenderiam por muitos anos. Da mesma forma, as manufaturas, em moderado processo de consolidação no final do século XVIII, viram-se desbaratadas pela desarticulação no reino e pelas perdas no comércio externo, em função sobretudo dos tratados de 1810 assinados no Brasil. Além disso, o pagamento de tributos de guerra ao invasor retirou de Portugal um numerário escasso, o que agravou a sangria iniciada pela transferência da Corte.[11] Muito rapidamente, a imagem de proteção desvaneceu-se, para dar lugar a uma outra sensibilidade, dirigida contra o invasor – aquele que *resgatava os bens, extorquia os vinténs e deixava tudo em pobreza*[12] –,levando produtores e negociantes a desejar o fim da *tirania* francesa, embora a Restauração voltasse a colocar Portugal, e com maior força, na órbita da dependência econômica britânica.

---

[11] Cf., além do trabalho clássico de Jorge Borges de Macedo. *O Bloqueio Continental. Economia e guerra peninsular*. 2ª ed. rev. Lisboa, Gradiva, 1990, Valentim Alexandre. *Os sentidos do império: questão nacional e questão colonial na crise do Antigo Regime português*. Porto, Afrontamento, 1993 e Jorge Miguel Viana Pedreira. *Estrutura industrial e mercado colonial: Portugal e Brasil (1780-1830)*. Lisboa, Difel, 1994.

[12] Adaptação dos versos *Proteção à francesa*. Rio de Janeiro, Impressão Régia, 1809, p. 4

De fato, como apontam Silbert e Carmo Reis, nunca a influência inglesa foi tão evidente, desfechando um golpe fatal nos anseios da burguesia mercantil e manufatureira, que, atingida ainda pela perda do exclusivo no mercado brasileiro com os tratados de comércio de 1810, deu origem a uma onda de indignação que continuou a se fazer sentir até 1820. Na visão de um importante negociante de época, desde 1810, efetivamente, "Lisboa tinha-se transformado num vasto entreposto de mercadorias inglesas. Uma nova invasão, esta muito mais difícil de se rechaçar, estava começando".[13] Anos mais tarde, em 1829, José Liberato Freire de Carvalho corroborava essa opinião ao apontar a "vergonhosa dependência" de Portugal em relação ao governo britânico, julgando que, após a Restauração, o "governo não era Português, senão em nome"; "não era ele mais do que um instrumento que servia para dirigir os trabalhos dos Portugueses em proveito exclusivo dos Ingleses; e isto quase do mesmo modo porque os escravos no Brasil entregam cada noite a seus senhores o que têm ganhado de dia". Exagerada ou não, a asserção indicava um traço do sentimento nacional, que, tomando sempre por referência a Restauração de 1640, fora (re)inventado com as guerras de 1808, almejando um retorno à fase áurea da redenção de Portugal contra o domínio do estrangeiro, por meio do verdadeiro *salvador* que viria para restituir liberdade e glória ao império português.[14]

Nesse ambiente de frustrações, as camadas dirigentes da nobreza e do clero, revestidas pela capa do francesismo, conceberam uma espécie de *fronda portuguesa* como projeto político.[15] Tão inconsciente das mudanças por que passava a Europa quanto os aristocratas fugidos, que Rodrigo de Souza Coutinho observara buscarem refúgio em Turim por ocasião do *grande medo de*

---

[13] Albert Silbert. *Portugal na Europa oitocentista*. Lisboa, Salamandra, 1998, p. 19-20; A. do Carmo Reis. *Invasões francesas. As revoltas do Porto contra Junot*. Lisboa, Editorial Notícias, [1991], p. 125-129; Para a citação, ver Carta de Diogo Ratton para Antonio de Araújo de Azevedo de 27 de junho de 1815. In: Nuno Daupias D'Alcochete. *Lettres de Diogo Ratton a Antonio de Araujo de Azevedo, Comte da Barca (1812-1817)*. Paris, Fundação Calouste Gulbenkian, 1973, p. 30.

[14] José Liberato Freire de Carvalho. *Ensaio histórico-politico sobre a Constituição e Governo do Reino de Portugal; onde se mostra ser aquele reino, desde a sua origem, uma monarquia representativa, e que o absolutismo, a superstição e a influencia da Inglaterra são as causas da sua actual decadencia*. 2ª edição mais correcta e augmentada. Lisboa, Imprensa Nevesiana, 1843, p. 220.

[15] É evidente a inspiração de Evaldo Cabral de Mello, com *A fronda dos mazombos*. São Paulo, Companhia das Letras, 1995.

1789, a alta nobreza justificava-se com o serviço à monarquia, mas entendido à moda antiga, ressentindo-se da perda dos antigos direitos e costumes que lhe asseguravam a autonomia, subtraídos pela proposta de eficiência administrativa pombalina e como que definitivamente sepultados pela manobra de deslocar o soberano para a outra margem do Atlântico.[16] Nessas condições, ela tornou-se um dos pilares básicos do governo de Junot. Este queria ser rei, e ela não desejava qualquer alteração na ordem política e social do reino. Representado pelo conde da Ega e seus seguidores, esse grupo, atraído pela imagem de Bonaparte como o instaurador do Império, mas não como o continuador de 1789, submeteu-se sem restrições aos franceses. Conseguiu, assim, afastar a partilha do reino entre a França e a Espanha preconizada pelo tratado de Fontainebleau, mas evitou igualmente a introdução em território português da legislação napoleônica, chegando mesmo – o que violava uma das leis fundamentais do reino, a de sucessão dinástica – a abrir mão da soberania e da independência, por meio de uma representação ao imperador, em que solicitava um novo rei estrangeiro, como fizera outrora, em 1580.[17] Como diria o conde da Ega, "nós tínhamos esperanças bem fundadas de sermos felizes: as nossas Leis, os nossos Privilégios e os nossos costumes" – isto é, os deles, os da alta nobreza – "se guardavam e mantinham".[18] Nessa perspectiva, esse *partido*, rotulado de *francês*, tinha em mira uma intervenção na dinâmica do processo político, a fim de alterar os fundamentos da Coroa, embora sem qualquer ruptura com o passado mais remoto. Por abominar não só os princípios liberais de 1789 como também as transformações limitadas que o poder sofrera em Portugal desde 1750, voltava à idéia de um modelo político, que Yves-Marie Bercé caracterizou como um estado encarnado nas famílias da nobreza e limitado a essa ordem, cuja difusão teórica ocorreu sobretudo na Europa do século XVII.[19] Para essa aristocracia tradicional, em sua miopia,

---

[16] Cf. a referência a D. Rodrigo no Capítulo 2, *supra*.
[17] Para a cessão da soberania em 1580, ver Jacqueline Hermann. *No Reino do Desejado. A construção do sebastianismo em Portugal, séculos XVI e XVII*. São Paulo, Companhia das Letras, 1998, p. 156-176 e Vitorino Magalhães Godinho. Restauração. In: Joel Serrão (dir.). *Dicionário de História de Portugal*. v. 3. Lisboa, Iniciativas Editoriais, 1968, p. 609-628.
[18] *Aos Magistrados e Empregados na Administração Judicial*. Lisboa, Imp. Imperial e Real, 1808, p. 1. Proclamação datada de 1º de agosto de 1808.
[19] Yves-Marie Bercé. *Révoltes et révolutions dans l'Europe Moderne (XVIe-XVIIIe siècles)*. Paris, Presses Universitaires de France, 1980, p. 57-65. Para a perspectiva da Fronda francesa, cf. Orest Ranum. *La Fronde*. Paris, Seuil, 1993, p. 11-31.

Junot, muito mais do que Bonaparte, personificava o homem providencial, que asseguraria a volta do regime monárquico ideal vivenciado por seus antepassados.

Contudo, não se tratava da única visão disponível. Para outros setores, a perspectiva, típica do Antigo Regime, de que o mundo não era senão uma ordem imemorial que refletia, de forma imperfeita, a hierarquia celeste, expressando em todos os sentidos os desígnios divinos, começava a perder lentamente sua força de convicção, abalada pela difusão das Luzes em uma elite letrada proveniente da magistratura, do clero, do exército e até mesmo de uma minoria da nobreza. Percebida, a princípio, como uma proposta de intervenção na ordem natural, traduzida, por exemplo, na Academia Real das Ciências (1779), essa sensibilidade não podia deixar de levar também, a longo prazo, à idéia de uma intervenção no domínio social e político. Para esses indivíduos, os tempos exigiam o *aggiornamento* do Estado Absoluto, ainda que esclarecido. Nessa nova formulação, pretendiam encontrar o reconhecimento que esperavam para os talentos que demonstravam, com o estabelecimento dos direitos imprescritíveis do homem, da liberdade de expressão, da tolerância religiosa, da preocupação com a instrução, de modo a tirar os súditos de sua menoridade para constituí-los em cidadãos, sob a forma de um corpo político autônomo, representado em assembléias que detivessem a soberania da nação e assegurado, sobretudo, por uma nova relação, definida por escrito, entre os indivíduos e o poder – a Constituição, cujo papel no rompimento com as estruturas do Antigo Regime F. Furet e J. Ozouf analisaram melhor que ninguém.[20] Nesse sentido, esses portugueses constitucionais, identificados pela historiografia portuguesa como *radicais* ou *heterodoxos,* não mais se contentavam com as leis fundamentais do reino, suficientemente abstratas para serem aplicadas de forma especiosa, nem com o retorno às longínquas práticas das Cortes de Lamego.[21] Desejavam uma *Carta,* nos moldes daquela introduzida por Bonaparte na Polônia, e o *Código Civil,* com o seu potencial de inserir um vasto programa de reformas institucionais e econômicas. Apesar disso, não admitiam uma via revolucionária, considerando que o processo

---

[20] F. Furet & J. Ozouf. Trois siècles de métissage culturel. *Annales E.S.C.* Paris. 32 (3):488-502, maio-jun. 1977.

[21] A expressão heterodoxos é utilizada por Maria Helena Carvalho dos Santos. A evolução da Idéia de Constituição em Portugal. *Revista de História das Idéias. A revolução Francesa e a Península Ibérica.* Coimbra. 10: 435-456, 1988.

deveria manter-se sob o controle da própria elite, buscando, por isso, um compromisso com os franceses mediante a aceitação de um rei da dinastia imperial, na tentativa de empurrar a política napoleônica em direção a um constitucionalismo moderado e ao desgaste das estruturas de Antigo Regime em Portugal.

Menos ousado, e certamente atemorizado pelas possibilidades de conspiração dos afrancesados mais radicais e por qualquer idéia de *revolução*, um outro grupo manteve-se fiel à dinastia de Bragança, embora propusesse a recuperação de um *constitucionalismo* histórico, que agregasse à monarquia, como a encarnação em um indivíduo, passível de mau conselho e de atos arbitrários como os perpetrados no período pombalino, o conjunto revitalizado de instituições definidas na tradição do reino. Retomava-se, assim, a defesa dos foros tradicionais e legítimos de representação do poder – as antigas Cortes, em desuso desde o século XVII, e as leis fundamentais do reino.[22] Ao depositarem suas esperanças na *antiga constituição* e na atividade das Cortes, esse grupo recusava, de um lado, qualquer via revolucionária, que pudesse dar "demasiado poder ao povo, porque isso produz anarquia", especialmente nesse momento de múltiplas tensões entre os próprios membros das elites portuguesas. De outro, evitava o "demasiado poder dos que governam, porque isso produz o despotismo", legitimando-se uma representação consultiva dos corpos do reino – clero, nobreza e povo –, mas distinta de uma outra ligada ao indivíduo, escolhido por eleições, como se pretendia no processo anterior.[23] Sob esse ângulo, como no caso da alta nobreza, não obstante ser de uma perspectiva diferente, insistia-se no retorno a um passado dourado, com a persistência da imagem de um tempo que ainda não se tornara forçosamente linear.

De qualquer modo, mesmo que alguns de seus adeptos pudessem até demonstrar admiração pelos franceses, para esses constitucionalistas históricos,

---

[22] A teoria do constitucionalismo histórico era defendida por Hipólito da Costa, João Bernardo Rocha de Loureiro, D. Francisco de Almeida, entre outros, mas era ainda pregada, em Portugal, no século XVIII, por outros intelectuais, como pelo célebre jurista Antonio Ribeiro dos Santos. Cf. José Esteves Pereira. *O pensamento político em Portugal no século XVIII. Antonio Ribeiro dos Santos*. Lisboa, Instituto Nacional de Investigação Científica, 1983, p. 243-267 e G. Boisvert. *Um pionnier de la propagande libérale au Portugal: João Bernardo da Rocha Loureiro (1778-1853)*. Paris, Fundação Calouste Gulbenkian/Centro Cultural Português, 1982, p. 133-135. Para a idéia de antiga constituição, cf. J. G. A. Pocock. Burke and the Ancient Constitution: a Problem in the History of Ideas. In: *Politics, Language and Time. Essays on Political Thought and History*. New York, Atheneum, 1971, p. 202-232.

[23] *Correio Braziliense ou Armazem Literário*. v. 4, n° 24, maio de 1810, p. 461.

em momento algum descartavam-se os direitos da dinastia de Bragança. Recorriam à representação do *rei justo e do rei enganado*, com a qual explicavam o *despotismo ministerial*, o que justificava a contradição, no caso específico de Portugal, de a nação, em geral, ter "amor ao príncipe", embora dissesse mal do governo. Este distinguia-se do soberano, pois, enquanto o rei "deseja a felicidade dos seus vassalos", era o governo com seus agentes o principal perturbador do interesse público e privado. Percepção que se acentuou em função das atitudes arbitrárias dos governadores do reino.[24] No entanto, a imagem do rei inocente, ludibriado por seus auxiliares, não garantia a perenidade do governo de um determinado soberano, admitindo-se a revolta quando, por violação das leis fundamentais do reino, ocorresse um rompimento do pacto entre o legítimo monarca e seus súditos, o que sustentavam as teorias corporativas do poder e o exemplo da própria Restauração de 1640, considerada um movimento em que as *gentes portuguesas*, oprimidas pelo governo tirânico, que desrespeitou o primeiro pacto estabelecido por Filipe II, restituíram a coroa ao seu legítimo herdeiro, o duque de Bragança, D. João IV. Com essa argumentação estruturou-se a fala do juiz do povo, atribuída, por alguns, a D. Francisco de Almeida, por ocasião da reunião da Junta dos Três Estados em maio de 1808. O trono não estava vago de direito, mas sim de fato, pois o juramento de obediência e fidelidade ainda estava mantido com a D. Maria. Cabia, no entanto, ao povo, representado por seus procuradores, reunidos em Cortes, verificarem se D. João agira de forma criminosa e culpável ao partir para o Brasil. Nesse caso, mantinha-se o pleno direito da escolha de outro herdeiro, seguindo a linha de sucessão, na forma dos antigos costumes do reino.[25]

No momento da expulsão do invasor, diante da ausência de um poder legítimo, essa visão pactista predominante ainda se manifestou em uma outra solução política aventada para Portugal – a organização de Juntas, no estilo daquelas constituídas na Espanha. As juntas espanholas declararam que a soberania voltava à sua fonte primeira, que era o povo, em função do rompimento de modo unilateral pelo rei do pacto com os súditos. Ao contrário, em

---

[24] Para a visão de rei justo e enganado, cf. Yves-Marie Bercé. *Révoltes et révolutions* ..., p. 37-42. Para as citações, cf. ANRJ. Códice 807. Memórias do marquês de Alorna. 20 maio 1803.
[25] ANRJ. Coleção Negócios de Portugal. Caixa 654, pac. 2, doc. 46. Para uma visão da permanencia das idéias da Restauração, ao longo do século XVIII, cf. Luiz Carlos Villalta. *1798-1808. O império luso-brasileiro e os Brasis*. São Paulo, Companhia das Letras, 2000, p. 53-58.

Portugal, em particular as Juntas do Norte, adquiriram um caráter provisório, enquanto aguardavam o retorno do soberano. Na realidade, em virtude da permanência do Conselho da Regência, elas estabeleciam uma espécie de poder paralelo, acabando por se verem envolvidas num problema fundamental: quem governava e em nome de quem?[26] Assim, a Junta Provisional do Porto, apesar de arrogar a si todos os direitos de soberania e de adotar postura extremamente autoritária, assumiu o governo em nome da dinastia de Bragança, por meio de seu presidente, o bispo do Porto, que não foi eleito, mas obteve o cargo por ser a primeira das demais autoridades, de acordo com uma longa tradição, típica do Antigo Regime.[27] Não obstante, tornando ainda mais tumultuado o processo, alguns membros da Junta defenderam a imperiosa necessidade de convocação das Cortes, cuja ausência constituía o motivo maior da decadência de Portugal, reforçando seus argumentos com um discurso patriótico, recorrendo ao glorioso passado português, no qual alegavam que, pela terceira vez, o povo reconquistava a si mesmo ao preservar a coroa dos soberanos e o trono português, como ocorrera na escolha de D. João I (1383/1385) e na "feliz Revolução de 1640". Assim, demandavam uma aclamação real como o único meio eficaz de vencer Bonaparte, que dominava monarcas, "mas não povos interessados com seus soberanos na defesa de seus tronos".[28]

Fiel igualmente à monarquia e aos Braganças permaneceu o imaginário das camadas populares, que se sublevaram contra o invasor. Não promoveram sedições de tipo moderno, pois, longe de constituírem movimentos organizados de caráter ideológico, assemelhavam-se mais àquelas *fúrias tumultuárias* de que fala Bercé, assumindo a forma de protestos, freqüentemente violentos, regidos pela *economia moral* que Thompson estudou e gerados pelo sentimento de insegurança, suscitado tanto pela ausência do soberano e pela fome quanto pela desconfiança em relação aos *partidistas* e pela proximidade das tropas estrangeiras, das quais circulavam com intensidade os rumores das

---

[26] Cf. François-Xavier Guerra. *Modernidad e independencias. Ensayos sobre las revoluciones hispanicas*. México, Mapfre/Fondo de Cultura Ecónomica, 1993, p. 122-125.

[27] Para uma análise detalhada do papel da Junta Provisional do Porto, ver A. do Carmo Reis. *Invasões francesas ...*, p. 101-119.

[28] Carta da Junta do Governo em 23 de junho de 1808. Transcrita em *O Campeão Portuguez*. Londres, 16 de julho de 1819.

práticas violentas.²⁹ Apesar disso, não deixaram de provocar o temor social da multidão sublevada, gerando um *ciclo infernal de medos*.³⁰

Para as elites, conter a onda de tumultos tornou-se imprescindível, papel que coube, muito mais do que aos apelos das autoridades constituídas, à figura do sacerdote, revelando o peso que conservava a religião. Afinal, se o povo lutava por seu soberano, este aparecia, em contraste com o invasor, como o príncipe *cristão*, princípio essencial do bom governo, protetor de todos os seus súditos, cujo retrato, colocado em lugar de destaque, no momento de agradecer a vitória nas batalhas, indicava o quanto era ressentida a sua ausência.³¹ Soberano cujo retorno passava a ser avidamente desejado, reavivando a crença sebastianista num *salvador* sempre prestes a chegar, cristalizada em torno de narrativas fabulosas do passado glorioso português, iluminado pelo mito fundador do milagre de Ourique. Nesse ambiente, a guerra convertia-se numa cruzada contra uma nação sem fé, na qual Portugal havia sido destinado a arvorar o estandarte da Santa Cruz, identificando-se o francês ao mouro infiel.

Roubando a Deus seus cultos: / Só propagando bárbaros insultos. / Tratando o sacramentos / Quais ímpios réus em hórridos tormentos / E os seus Templos Sagrados / Na habitação de bestas transformadas / Mandais que a Missa seja / Vedada já nas casas, já na Igreja / Estas Leis não admiram / Que os brutos mouros nunca Missa ouviram / O clero perseguido / Foi na França em geral, preso e punido / Que o Mafoma, o Pirata / Ao que moiro não é persegue e mata.³²

Da mesma forma, a maioria dos panfletos políticos, das odes comemorativas e das proclamações oficiais atribuíam a milagres divinos os sucessos da

---

²⁹ Cf. E. P. Thompson. A economia moral da multidão inglesa no século XVIII. In: *Costumes em comum. Estudos sobre a cultura popular tradicional*. São Paulo, Companhia das Letras, 1998, p. 150-202.

³⁰ Jean Delumeau. *História do medo do Ocidente, 1300-1800: uma cidade sitiada*. São Paulo, Companhia das Letras, 1999, p. 202.

³¹ Cf. J. Acúrsio das Neves. *História geral da invasão dos franceses em Portugal e da restauração deste Reino*. Porto, Afrontamento, s./data. passim.

³² Antonio Joaquim de Carvalho. *Na Restauração de Portugal, libertado do jugo dos franceses, verdade críticas*. Lisboa, Typographia Lacerdina, 1808. p. 4 e 5. Para outros panfletos, onde tal comparação faz-se presente, ver, entre outros, *Protecção à Franceza*. Rio de Janeiro, Impressão Régia, 1809, p. 6 e D. Antonio Capmany. *Sentinella contra francezes. Segunda Parte*. Lisboa, Impressão Régia, 1809, p. 19.

Restauração. A "voz do céu, que o Grande e sempre memorável D. Afonso Henriques ouviu lá nos Campos de Ourique", um "momento autêntico da fé humana", continuava a fazer-se ouvir "no sucessivo giro e rotação dos séculos", para assegurar que, graças a tais promessas, os "exércitos franceses não mais pisariam no território português". Ao narrar a vitória do exército anglo-luso contra as forças francesas, o tema voltava a ser abordado pelo cirurgião da saúde e da Casa Real, em 1813, atribuindo o resultado, nessa contínua luta simbólica entre o bem e o mal, às "chagas prometidas por Deus" e dadas à Afonso Henriques pela mão invisível do Onipotente.[33]

Em relação aos inimigos, esse imaginário escatológico não podia deixar de tomar o próprio Bonaparte enquanto símbolo atualizado do mal, nele vendo um dos precursores ou até o próprio anticristo. Representações como as de "Filho do pecado", de "besta de sete cabeças e dez cornos" ou de "dragão vermelho" passaram a povoar o imaginário dos portugueses, conduzindo à idéia de que a França imperial, herdeira de uma revolução que era a absoluta negação de Deus, e a expansão napoleônica, seu instrumento e anunciadora da *barbárie*, constituíam ameaças para os valores da cristandade – nesse contexto, significando a *civilização* –, cuja preservação dependia do trono e do altar.

Por conseguinte, nesse mundo mental de Antigo Regime que Portugal ainda não perdera, como diria Peter Laslett, a religião, como revelam as imagens e representações dos escritos e das práticas políticas, permanecia uma força *estruturante*, incapaz de distinguir-se como assunto privado, para ser substituída nesse papel pela *ideologia* secularizada. Em pleno início do oitocentos, o pensamento religioso continuava sendo a forma natural de conceber o universo, viabilizando o recurso às explicações sobrenaturais não só para as camadas populares, mas até mesmo para letrados. Nessa perspectiva, as crenças tradicionais do mundo do Antigo Regime, se começavam a entrar em agonia em alguns pontos da Europa, não davam sinais de enfraquecimento em Portugal. No embate entre a idéia de *progresso*, resultante das Luzes, e a *tradição*, entre o

---

[33] Para a primeira citação, ver *Discurso sobre a ruina de Portugal traçada pelos francezes*. Lisboa, Offic. de Simão Thadeo Ferreira, 1809, p. 25. Para a seguinte, Arquivo Histórico do Museu Imperial I-POB - 22.06.1813 Fre.do Como bom Medico Lizia, Curasse a si mesmo Se Medico est Cura te ipsso ou Poema Heroico Por motivo da Vitoria alcanssada em 22 de Junho de 1813, pello Exercito Anglo-Luso Com Saptisfação inexplicavel do bom Patriota [Conquistadas], aos vensidos Francezes Offerecido a S. A. R. O Principe Regente, Nosso Senhor. Por Joze Antonio de Freytas, Cirurgião da Saude e Da Caza Real. Rio de Janeiro, 1813.

tempo linear e o tempo cíclico, que distinguiu o período, prevaleciam valores e atitudes que se satisfaziam em reencenar quotidianamente uma ordem imemorial, que devia ser mantida a qualquer custo, preservando, por isso, o papel social do ancião e do pároco, porque o primeiro constituía o depositário das tradições de uma sociedade de cultura majoritariamente oral e o segundo, o único elo com a cultura letrada do poder.[34]

Como resultado desse conflito entre o Portugal de Antigo Regime e a França revolucionária, traduzido simbolicamente pela oposição entre as forças do bem e as forças do mal, entre o Cristo e o anticristo, a maior vitória coube à monarquia, ponto comum aos discursos de ambos os lados – *partidistas* e *patriotas*. A penetração da idéia de uma conspiração jacobina e maçônica contra o trono e o altar, na perspectiva do *abbé* Barruel, serviu, em grande medida, de barreira a qualquer possibilidade de aventar uma mudança no regime de governo por parte de todos os segmentos da sociedade, uma vez que, até mesmo para os afrancesados, a atração por Bonaparte decorria do fato de ter assumido o poder de maneira legítima, posto que, se a Hugo Capeto o trono fora delegado por alguns bispos e nobres, "o trono imperial foi dado a Napoleão pela vontade de todos os cidadãos", além de confirmado solenemente pelo chefe da cristandade, o papa Pio VII, reorientando o engano da França com a proclamação da república e colocando o país "em harmonia com o resto da Europa".[35]

Se a monarquia era reforçada, o soberano, no entanto, encontrava-se ausente, ou encoberto, possibilitando a discussão sobre o direito de soberania, numa situação que lembrava mais uma vez 1640, o que abalava profundamente a figura de D. João enquanto natural sucessor à Coroa. Substituindo o irmão brilhante ao qual se destinava o trono, enfraquecido pela condição de regente no lugar da mãe enlouquecida e enfrentando conspirações da camarilha da Corte pelo menos desde 1805, D. João aparecia agora, na opinião de muitos, como o soberano que abandonara seus súditos, rompendo, ao menos em parte, o pacto de fidelidade. Não obstante, para outros, sobretudo no imaginário das camadas populares, numa perspectiva messiânica, não deixava de revelar-se igualmente

---

[34] Cf. Marcel Gauchet. *La religion dans la démocratie. Parcours de la laïcité*. Paris, Gallimard, 1998, p. 11; F. Furet & J. Ozouf. Trois siècles de ..., p. 497. Cf. ainda J. Goody & I. Watt. The Consequences of Literacy. In: J. Goody (ed.). *Literacy in traditional societies*. Cambridge, Cambridge University Press, 1981, p. 27-68 e, para a referência a Laslett, *O mundo que nós perdemos*. Lisboa, Cosmos, 1975.
[35] Emmanuel de Las Cases. *Mémorial de Sainte-Hélène*. v. 2. Paris, Suil, 1968, p. 1225.

o rei *encoberto*, que viria resgatar Portugal e seu povo. Essa última imagem, porém, tendia a esvanecer-se, cada vez mais, à medida que a paz era restaurada na Europa e o soberano não retornava do Brasil e, quando efetivou-se a volta, em 1821, depois de prolongada indecisão, a ocasião mostrou-se desfavorável. As Cortes vintistas, que não mais constituíam uma representação de corpos, como as mitificadas Cortes de Lamego, mas uma representação de indivíduos, escolhidos por eleições, com o objetivo de impor um código de leis escritas que partilhasse a soberania com a nação, é que tinham exigido esse retorno. Habituado a procrastinar, faltava a D. João VI a convicção de que a política pudesse alterar a ordem das coisas e, quando agia, como ocorreu no episódio da Vila Francada de 1823, para conter a conspiração de D. Miguel destinada a derrubá-lo e também para pôr um freio à experiência liberal vintista, movia-o ainda a preocupação de reconduzir um processo extraviado à trilha do costume.

Nesse intervalo tumultuado, entre a partida da Corte, no final de 1807, e a volta de D. João VI em 1821, a ausência do rei, suprida pela mão forte da debilitada Regência, propiciou o acirramento de tensões há muito tempo latentes. A permanência do mito da conspiração contra o trono e o altar assegurou a identificação nos pretextos mais triviais de um princípio de sedição e a opressão constante contra todos aqueles considerados, ou suspeitos, traidores porque afrancesados e jacobinos, reais ou imaginários.[36] Ao reduzido grupo de indivíduos que ainda esperava, pela via da reforma, as luzes de um governo esclarecido, regido por uma constituição, impunham-se as trevas, representadas pelos mecanismos de repressão do Antigo Regime, tais como a censura, a delação e a Inquisição, distantes do ideal de civilização que tinham aprendido a prezar. A *revolução* convertia-se no "furor da anarquia", no "raio estragador", na "trama" cujo alvo era quebrar a tradição, mas não perdia o sentido clássico que adquirira no século XVII – o de revolução astronômica, que descia do céu à terra para significar o retorno à antiga ordem de coisas.[37] Por isso, entre outros fatores, a preocupação do Vintismo com "uma reforma de abusos" sob a forma de uma *regeneração*, assim como a punição exemplar para a conspi-

---

[36] Yves-Marie Bercé. *Révoltes et révolutions* ..., p. 17-23; P. Goubert. *L'Ancien Régime*. v. 2: Les pouvoirs. 4ème ed. Paris, Armand Colin, 1973, p. 21-33.

[37] Cf. *Compendio Histórico dos accontecimentos mais celebres, motivados pela Revolução de França, e principalmente desde a entrada dos francezes em Portugal...* por Joaquim Soares. Coimbra, Real Imprensa da Universidade, 1808. p. 7-8. Para o conceito de revolução, ver Alain Rey. "*Révolution*". *Histoire d'un mot*. Paris, Gallimard, 1989, p. 33-53.

ração de Gomes Freire de 1817, que, na visão das autoridades, pretendera estabelecer a anarquia de um governo revolucionário, realimentando os rios de sangue da época do domínio francês em Portugal.[38] Reencenava-se, em outro palco, o confronto entre o bem e o mal, que despertava medos recíprocos entre os que defendiam idéias conservadoras e os que clamavam por mudanças liberais.

Por mais paradoxal que pareça, contudo, a brutalidade das invasões levou também à propagação de um sentimento de união e de defesa do solo natal, que assumiu a forma de um patriotismo tradicional, que incluía, além do amor à terra, a crença religiosa e a fidelidade ao trono, embora distante do moderno sentimento nacional, nos moldes daquele gerado pela Revolução Francesa, pois foi em nome da liberdade da pátria, da religião e dos direitos sagrados do soberano que se fez o movimento da Restauração. Do ódio à França, esse sentimento estendeu-se a outros tipos de dominação. Primeiro, à Inglaterra, que, pela atuação autoritária de Beresford exercia uma férrea vigilância política e econômica sobre Portugal. E, segundo, ao Brasil, que, investido da condição de reino e de sede da Corte, tinha vindo a ocupar o lugar mais proeminente no Império luso-brasileiro. Dessa maneira, ingleses e brasileiros adquiriam o caráter de um *outro*, com o qual havia a possibilidade de conflito, convertendo-se, por conseguinte, em *inimigos*.[39]

Inviabilizado, pela força das elites, de implementar as práticas fundamentais de 1789, traduzidas no Código Napoleônico e nas Constituições dadas a outras regiões pelo imperador, o domínio francês em Portugal não logrou converter a Coroa em Estado nem a política em coisa pública, mantendo-se o poder um segredo corporativo reservado à Corte, ou, ainda mais grave, à Corte de uma Regência desprestigiada. Ao contrário do que *partidistas* e *afrancesados* tinham sonhado, no início das invasões, ao lerem as proclamações de Bonaparte, a partir das quais construíram representações que o faziam o herdeiro da Revolução Francesa, herói iluminado e consolidador das idéias de liberdade e igualdade civil, nem o governo de Junot, que acabou por reforçar

---

[38] Para a citação ver *A Regeneração constitucional ou guerra e disputa entre os carcundas e os constitucionais: origem destes nomes, e capitulação dos corcundas escrita pela constitucional europeu ao constitucional brasileiro e oferecida a todos os verdadeiros constitucionais.* [Rio de Janeiro, Impressão Régia], 1821, p. 3.
[39] Cf. C. Schmitt. *O conceito do político*. Petrópolis, Vozes, 1992. p. 51-53. Para tal visão em Portugal, ver Cf. Valentim Alexandre. *Os sentidos do império* ..., p. 373-441. A. do Carmo Reis. *Invasões francesas* ..., p. 133-136.

os traços essenciais de uma prática política de Antigo Regime, e nem a Restauração de 1808, apesar dos apelos ao povo, conduziram o país ao que muitos chamariam de *Modernidade*.[40] Na realidade, nos discursos das autoridades, com o apoio da Igreja, que, do púlpito, voltava a pregar os valores e concepções de fidelidade ao trono para reafirmar a legitimidade da monarquia absoluta, reemergiu uma visão conservadora da ordem que somente poderia ser assegurada pelo soberano, equilíbrio de toda a sociedade. No entanto, o rei distante, o peso da devastação e dos tributos da guerra, a presença inglesa, a situação extremamente difícil da economia e das finanças portuguesas após 1810, tudo contribuiu para um sentimento de abandono e de frustração.

Nessas condições, embora as permanências do Antigo Regime tenham se mostrado mais fortes, nenhum segmento da sociedade podia considerar-se favorecido. A nobreza não lograra ocupar o espaço que reivindicava de volta desde a administração pombalina, mas conservou o hábito de tramas e conspirações para impor-se ao círculo privado da Corte, do qual resultaria, mais tarde, o miguelismo. Os jacobinos, supondo que os houve, tiveram de abrir mão de suas aspirações napoleônicas. Os constitucionalistas, tradicionais ou modernos, viram ruir seus projetos de chamamento das Cortes e de uma Constituição, ampliando as razões de seu descontentamento. Grandes negociantes, pequenos comerciantes e outros empreendedores econômicos viram-se sufocados pela presença inglesa e pelo tratado de 1810. E o povo, apesar de todo o seu esforço e empenho na luta contra os franceses, continuou esperando pela paternal presença de seu soberano. Todas as representações idealizadas pela sociedade portuguesa com o advento da dominação francesa e da expulsão dos estrangeiros desfizeram-se, assim, em pó, embora algumas permanecessem no imaginário e periodicamente ressurgissem das cinzas.

No entanto, mais de uma década transcorreu para que Portugal percebesse, e mais de duas seriam necessárias para que o país indicasse ter levado em conta "que um século novo marchava sobre ele", na expressão de Chateaubriand.[41] Da Restauração de 1808 à Regeneração vintista e às reformas liberais na década de 1830, foi necessário que Portugal perdesse o Brasil e enfrentasse uma violenta guerra civil para que começasse efetivamente o pro-

---

[40] O termo era utilizado nos escritos da época, cf., por exemplo, J. Acúrsio das Neves. *História geral da invasão dos franceses* ..., t. 3, p. 43
[41] Chateaubriand. *Mémoires d'outre tombe*. v. 1. Paris, Gallimard, 1997, p. 1083

cesso de substituição de mitos e representações mágicas por outras linguagens políticas, herdeiras daqueles princípios de 1789 consolidados, ainda que de forma contraditória, por Bonaparte. Sob esse ângulo, acabou prevalecendo a face rosa da legenda napoleônica, uma vez que a imagem, refletida pelo *Mémorial de Sainte-Hélène*, de um soberano liberal, herdeiro da Revolução, continuou viva para o pequeno grupo de constitucionais afrancesados, que, em maio de 1808, apresentou a Junot uma representação solicitando um projeto de constituição para Portugal e que, mais tarde, soube transformar-se em um *partido*, para fazer a Regeneração de 1820.

Por meio desse jogo incessante de luzes e trevas, Portugal entrou na trilha da política moderna, ainda que profundamente marcado pelo peso das concepções do universo do Antigo Regime, o que exigiu que a cessão do monopólio das decisões políticas, exclusivo do círculo da Corte, ao Estado, ainda se estendesse ao longo do século XIX, e quiçá do XX, para assegurar a manifestação de uma política verdadeiramente pública.[42] Enquanto isso, a concepção de política conservou-se majoritariamente presa às tramas da religião e dos mitos, aguardando-se o salvador que resgatasse o reino. Essa não foi com certeza a imagem de D. João VI ao regressar em 1821, mas D. Miguel, para os absolutistas, e D. Pedro, para os liberais, revelaram-se candidatos muito mais plausíveis para o papel, que, no entanto, pelo menos na imaginação do segundo, confundiu-se com a representação do herói romântico que Napoleão soubera criar.

---

[42] Cf. R. Koselleck. *Crítica e crise. Uma contribuição à patogênese do mundo burguês*. Rio de Janeiro, EDUERJ/Contraponto, 1999 e J. Habermas. *L'Espace public. Archéologie de la publicité comme dimension constitutive de la société bourgeoise*. Paris, Payot, 1997.

Fontes

FONTES MANUSCRITAS

Archives de la marine – Paris

Serie BB4, 1050 – Projét d'expedition contre San Salvador (Brésil) par le Cap. de Vau. Larcher. 24 aout 1797.

Arquivo histórico do Itamaraty – Rio de Janeiro
- Documentação Anterior a 1822

Lata 169, maço 3, pasta 1: Recados de D. João sobre folhas francesas. 1812.
Lata 187, maço 4, pasta 3: Acontecimentos notáveis no Minho durante a ocupação francesa (por João Nepomuceno Pereira da Fonseca). 1808.
Lata 175, maço 3, pasta 2: D. Rodrigo de Souza Coutinho (correspondência recebida)
Lata 187, maço 4, pasta 4: Carta de José Acúrsio das Neves a Rodrigo de Souza Coutinho. 2 de outubro de 1808.
Lata 202, maço 4, pasta 9: Parecer sobre a causa do desembargador Vicente José Ferreira Cardoso da Costa.
Lata 203, maço 2, pasta 9: Salvo conduto a Vicente José Ferreira da Costa
Estante 344, prateleira 1, v. 130, 131 e 132. Cópia da Correspondência Oficial relativa ao Brasil conservada no Arquivo do Ministério Estrangeiro da França – Quai d'Orsay (1816-1818).

Arquivo histórico do Museu Imperial – Petrópolis

Arquivo da Casa Imperial do Brasil, 1807-1816. I – POB-1.6.813-Add.c. Carta de Francisco Cláudio Álvares de Andrade ao Conde de Galveias. 1 de junho de 1813.

Arquivo da Casa Imperial do Brasil, 1807. I-POB 08.09.1807 – n.i.c. Carta de Napoelão Bonaparte a D. João. 8 de setembro de 1807.

Arquivo da Casa Imperial do Brasil, 1807-1816. I – POB-22.6.813-Fre.do. Versos compostos por José Antonio Freitas para celebrar a vitória alcançada pelos exércitos anglo-lusos contra os franceses, em 22 de junho de 1813.

Arquivo Nacional – Rio de Janeiro

- Caixas:

170 – Col. Desembargo do Paço (Licenças – 1808-1822)
171 – Col. Desembargo do Paço (Licenças – 1808-1822)
619 – Col. Negócios de Portugal (1809-1815)
620 – Col. Negócios de Portugal (1795-1809)
621^A – Col. Negócios de Portugal (1771-1821)
627 – Col. Negócios de Portugal (1763-1816)
631 – Col. Negócios de Portugal (1810-1811)
633 – Col. Negócios de Portugal (1812-1813)
638 – Col. Negócios de Portugal (1756-1821)
641 – Col. Negócios de Portugal (1798-1816)
651 – Col. Negócios de Portugal (1803-1814)
652 – Col. Negócios de Portugal (1764-1816)
654 – Col. Negócios de Portugal (1803-1817)
657 – Col. Negócios de Portugal (1811-1812)
658 – Col. Negócios de Portugal (1776-1820)
665 – Col. Negócios de Portugal (1708-1818)
679 – Col. Negócios de Portugal (1809-1820)
682 – Col. Negócios de Portugal (1802-1814)
688 – Col. Negócios de Portugal (1812)
691 – Col. Negócios de Portugal (1793-1803)
695 – Col. Negócios de Portugal (1809-1814)
700 – Col. Negócios de Portugal (1788-1818)
703 – Col. Negócios de Portugal (1809-1818)
709 – Col. Negócios de Portugal (1803-1814)
711 – Col. Negócios de Portugal (1793-1801)
712 – Col. Negócios de Portugal (1793-1816)

713 – Col. Negócios de Portugal (1796-1798)
721 – Col. Negócios de Portugal (1796-1820)
731 – Col. Negócios de Portugal (1728-1827)
738 – Col. Negócios de Portugal (1788-1862)

- Códices:
258 – Consultas da Casa de Bragança (1812-1820)
323 – Registro de Correspondência da Intendência da Polícia: ofícios enviados aos Ministros do Reino: v. 1, 2 e 3.
370 – Registro da Intendência da Polícia: v. 1
735 – Coleção de cartas de soberanos europeus e outras pessoas reais (1707-1818)
807 – Memória sobre o governo pelo Marques de Alorna – 1803 (v. 5)

Arquivo Nacional da Torre do Tombo – Lisboa

Ministério da Justiça – Partidaristas dos Franceses: Maço 100, n.º 1. 1809.
Ministério da Justiça – Correspondência da Intendência da Polícia: Maço 99, n.º 8. 1808
Ministério do Reino – Maço 236
Intendência Geral da Polícia – Requerimentos 600
Intendência Geral da Polícia – Papéis Diversos, maço 600
Intendência Geral da Polícia – Livros n.º 9: 1806 a 1808; n.º 10: 1808 a 1809; n.º 11: 1809 a 1810.
Real Mesa Censória – Licença de Impressão: Caixa 68, n.º 5. 1810.
Real Mesa Censória – Licença de Impressão: Caixa 67. 1810.

Biblioteca municipal e Arquivo distrital de Évora

CXXIX/1-2 – Pastorais de 1808: Évora, 30 de julho de 1808.
CXXIX/1-21 – Memória exacta e individual dos acontecimentos nesta Cidade de Évora, que succederão desde a intrusão dos Franceses neste reino, por Frei Manuel do Cenáculo.

Biblioteca Nacional de Lisboa

Seção de Reservados
Códices:
528 – Invasão francesa: Falla do juiz do povo no Congresso sobre a eleição de um rei para Portugal, 1808
600 – Napoleão: singularidades deste nome (microfilme)
731 – Invasão francesa: Dietário do mosteiro de São Bento, 1807-1808
732 – Invasão francesa: Notícias várias: procissões de todas as religiões para que os franceses não invadam Portugal, 1808.
733 – Invasão francesa. Dietário do Colégio Estrella, 1807-1808
855 – Sentenças (1810-1812).
1468 – Invasão francesa: Obras publicadas nesta capital e alguns avisos importantes
1470: Invasão francesa: ordem prohibindo as procissões de Quaresma, 1808.

Caixa 3, n.º 5, Memória dos exteriores e pleno uso da soberania que se arrogou o Governo de Lisboa depois da evacuação do Reino pelas tropas francesas e Carta de Vicente José Ferreira de Cardoso da Costa ao Snr. Conde de Linhares. 26 de dezembro de 1811.

Biblioteca Nacional do Rio de Janeiro

- Divisão de Manuscritos

I – 31,30,2. Estado das despesas feitas pela Esquadra de S.M.I. e R., o Imperador dos Franceses em sua arribada à Bahia de Todos os Santos. 21 de abril de 1806.
I – 31, 28, 2. Ofício do Visconde de Anadia ao Conde da Ponte. 5 de julho de 1806.
II – 34,18,39. Ofício do Conde dos Arcos ao Conde de Linhares. 4 de julho de 1811.
II – 34, 18, 39 n.º 4. Ofício de Paulo Fernandes Vianna. 28 de setembro de 1811.
II – 34, 18, 39 n.º 5. Ofício do Conde dos Arcos. 3 de outubro de 1811.
II – 33, 29, 67. Ofício de D. Rodrigo a D. Fernando José de Portugal. 1798.
Documentos Biográficos: C971,55: Diogo Soares da Silva e Bivar – C 29,31 Vicente José Ferreira Cardoso da Costa.
Códice 15,2,29. Livro com registros de assuntos públicos (1750-1822).

Instituto histórico e geográfico brasileiro

Arq. 1. 4. 35 – Considerações políticas sobre a Revolução Portuguesa de 1808.

IMPRESSAS

Panfletos políticos e folhetos

Biblioteca Nacional de Lisboa

1. *ABC poético, doutrinal e antifrancez ou Veni Mecum*. Lisboa, Impressão Régia, 1809. (Reimpresso no Rio de Janeiro, 1810.)
2. *Analise da proclamação de Mr. Junot de 16 de agosto de 1808* por ***. Coimbra, Real Imprensa da Universidade, 1808.
3. *Analyse da vida do General Massena ou memorias criticas sobre algumas suas ações militares*. Lisboa, Impressão Régia, 1811.
4. *Aviso ao público sobre estragos feitos nos livros franceses*. [s.l.s.n]. [18..].
5. *Bandarra descuberto nas suas Trovas. Colleçam de profecias mais notáveis, respeita a felicidade de Portugal e cahida dos maiores Imperios do mundo*. Londres, Impresso por W. Lewis, 1810.
6. *Batalha de Catalunha do mês de outubro de 1808*. Lisboa, Impressão Régia, 1808.
7. BIANCARDI, Theodoro José. *Cartas Americanas*. Lisboa, Imprensa de Alcobia, 1820.
8. *Bomba de Apollo apagando o fogo Sebástico:* satyra por Antonio Joaquim de Carvalho. Lisboa, Impressão Régia, 1810.
9. *Buonaparte sem máscara*. Traduação do Hespanhol. Lisboa, Officina de João Rodrigues Neves, 1808.
10. *Carta de hum official portuguez a Pedro de Almeida, ex-Marquez d'Alorna*. Lisboa, Impressão Régia, 1811.
11. *Carta de despedida do resto do Exercito francez pelos fiéis e honrados Portuguezes*. Lisboa, Off. de Simão Thaddeo Ferreira, 1808.
12. *Carta de um general francês escrita a Napoleão*. Coimbra, Real Imprensa da Universidade, 1808.
13. *Carta de hum guarda roupa d'El Rei D. Sebastião a hum amigo seu nesta Corte, em que, depois de humas breves reflexões sobre o folheto intitulado* Os Sebastianistas *lhe dá notícia circunstanciada da Ilha Encuberta e da existência daquele Soberano. Tudo*

em estilo jocoserio, único proprio de semelhante assumpto. Dada à luz e vendida aos curiosos por F. de P. J. Lisboa, Impressão Régia, 1810.

14. Carta de hum provinciano a hum seu amigo de Lisboa sobre a guerra sebástica. Lisboa, Impressão Régia, 1810.

15. Carta dirigida a S.A. Mr. Massena, General em Chefe da Expedição contra Portugal, pelo author do antigo Telegrafo Portuguez, em que se pertende demonstrar a inconquistabilidade da Hespanha e o absurdo de pretender conquistar Portugal. Lisboa, Impressão Régia, 1810.

16. Carta em que Jozefina Imperatriz dos francezes pede a Talayrand vingança contra Napoleão por querer repudialla... Lisboa, Impressão Régia, 1810.

17. CARVALHO, Antonio Joaquim de. *Na Restauração de Portugal, libertado do jugo dos Francezes. Verdades criticas.* Lisboa, Typografia Lacerdina, 1808.

18. O cão do cego defendendo a sua raça. Lisboa, Régia Officina Typografica, 1789.

19. O cão do cego que fugiu para a esquadra inglesa com medo do Lagarde. Lisboa, Impressão Régia, 1808.

20. Cartilha napoleonica ou instrucções machiavelico-vandalicas. Dialogo entre Napoleão e hum mouto salentino. Por hum Portuguez de todos os quatro costados. Lisboa, Typographia Lacerdina, 1808.

21. Cathecismo civil ou breve compêndio das obrigações do hespanhol, conhecimento pratico da sua liberdade e explicação de seu inimigo. Lisboa, Typographia Lacerdina, 1808.

22. Como se pensa em França de Bonaparte, ou notícias particulares da vida deste homem, escritas por hum viajante hespanhol a hum amigo seu de Madrid. Traduzido do hespanhol por F. I. J. C. Lisboa, Offic. de João Rodrigues Neves, 1808.

23. Compendio Histórico dos accontecimentos mais celebres, motivados pela Revolução de França, e principalmente desde a entrada dos francezes em Portugal... por Joaquim Soares. Coimbra, Real Imprensa da Universidade, 1808.

24. Confissão de Bonaparte e a satisfação que tinha o diabo... dialogo entre Lucifer, Barraz e Bonaparte. Lisboa, Impressão Régia, 1811.

25. Confissão de Napoleão, ou satisfação que toma o diabo pela pouca vantura [sic] *que tem concedido as suas armas.* Lisboa, Impressão Régia, 1809.

26. Considerações christãs e politicas sobre a enormidade dos Libellos Infamatórios que... por José Agostinho de Macedo, presbytero secular e pregador do P. R. N. S. Lisboa, Impressão Régia, 1811.

27. Correio do outro mundo, contem a relação do Congresso celebrado no Olympo..., Lisboa, Off. de João Rodrigues Neves, 1808.

28. *Correio do outro mundo, contem a carta que dirige Williams Pitt ao Imperador Napoleão*. Lisboa, Imprensa de Alcobia, 1809.
29. *Correspondência Anti-jacobina. Carta Primeira*. Lisboa, Impressão Régia, 1809.
30. *Correspondência Anti-jacobina. Carta Segunda*. Lisboa, Impressão Régia, 1809.
31. *Correspondência Anti-jacobina. Carta Terceira*. Lisboa, Impressão Régia, 1809.
32. *Defeza dos papeis Anti-Sebásticos do R. P. J. A. M., juizo crítico dos que lhe tem sahido contra, e Apologia da resposta aos redactores incivil e malvadamente atacada por hum folheto da Corunha*. Por S. E. C. Dedicada aos Senhores Sebastianistas para seu ultimo desengano ou para a sua maior confusão. Lisboa, Impressão Régia, 1810.
33. *Defeza dos Sebastianistas, primeira audiencia e despacho que nella obtem composta* por Pedro Ignacio Ribeiro Soares. Lisboa, Nova Offic. de João Rodrigues Neves, 1810.
34. *Defensor dos Francezes. Dialogo jocoso e irônico entre Pai e Filho*. Lisboa, Typographia Lacerdina, 1808.
35. *Demonstração analytica dos barbaros e inauditos procedimentos adoptados como meios de justiça pelo imperador dos Francezes, para usurpação do throno da Serenissima e Augustissima casa de Bragança, com o exame do tractado de Fontainebleau e da infame junta dos tres Estados para suprir as Cortes, offerecida ao juizo imparcial das naçoens*. Lisboa, Impressão Régia, 1810.
36. *Desafogo de hum verdadeiro Lusitano na Feliz Restauração de Portugal.* Por J. de F. M. C. Lisboa, Impressão Régia, 1808.
37. *Descripção das allegorias pintadas nos tectos do Real Paço de Queluz, novamente reformado à ordem do general em chefe do exercito francez, na occasião em que esperava em Portugal o seu Imperador*, por Manoel Costa. Lisboa, Offic. de Antonio Rodrigues Galhardo, 1808.
38. *Desengano proveitoso que um amigo da patria se propoem a dar a seus concidadãos*. Porto, Offic. de Antonio Alvarez Ribeiro, 1809.
39. *Desgraças que os Francezes nos trouxeram com a sua vinda a Portugal; e Felicidades que nos fazem gozar a Gran-Bretanha com a sua vinda a Portugal*. Lisboa, Off. Nunesiana, 1808.
40. *Dialogo entre as principais personagens francezas, no banquete dado a bordo da Amavel por Junot, no dia 17 de setembro de 1808*. Acrescentado nesta segunda

edição com hum novo prato de palhitos e alguns talheres. Escrito por L. S. O. Portuguez. Lisboa, Typographia Lacerdina, 1808.

41. Discurso politico sobre o valor e heroismo portuguez: offerecido ao publico por Lourenço da Mesquita Pimentel Sotto Maior e Castro, corregedor que foi da Ilha de S. Miguel. Lisboa, Impressão Régia, 1811.

42. EGA, Conde da. *Aos Magistrados e Empregados na Administração Judicial.* Lisboa, Imprensa Imperial e Real, 1808.

43. Elogio aos Restauradores de Portugal no anno de 1808. Lamentos de hum militar e aviso às nações do continente: feito por João Xavier Taborda Pinhatelli. Lisboa, Offic. Nunesiana, 1808.

44. Entrada ou viagem de Napoleão ao inferno: palestra que elle e os seus apaixonados tiverão á porta do mesmo inferno. Lisboa, Impressão Régia, 1808.

45. Estado actual de Buonaparte ou carta de negociante francez, residente em Bordeos, a outro de Bilbao. Lisboa, Imprensa de Alcobia, 1808.

46. Evora no seu abatimento, gloriosamente exaltada: ou Narração historica do combate, saque e crueldade praticadas pelos Francezes em 29, 30 e 31 de julho de 1808, na cidade de Evora, com huma breve exposição das suas antecedencias e consequencias para maior clareza da historia dedicada ao Princípe Regente Nosso Senhor... escrita pelo Bacharel Antonio Mexia Fouto Galvão Pereira. Lisboa, Typographia Lacerdina, 1808.

47. Exclamação que fez a fartura no armazem do João das Palhas em dia de S. Martinho proximo passado, queixando-se dos francezes por lhe terem feito mudar o nome de Fartura em Penuria. Observada e referida por Bartholomeu dos Santos, O Coixo. Lisboa, Offic. de João Rodrigues Neves, 1809.

48. Exposição dos factos e maquinações com que se preparou a usurpação da Coroa Hespanhola... por D. Pedro Cevallos. Lisboa, Impressão Régia, 1808.

49. Fenomeno Galo-italico. Sermão do R. P. Fr. José Malapartealiaz Botellas, pregado em gentio e traduzido em sibarita pelo padre companheiro o Ex-Hespanhol, Patriarca de la Legua e hoje em castelhano arbitrario por hum curioso ouvinte que entende alguma cousa de telegrafos. Lisboa, Typographia Lacerdina, 1808.

50. FRANCO, Francisco Soares. *Exame das causas que allegou o Gabinete de Tulherias para mandar contra Portugal os exercitos francez e hespanhol, em novembro de 1807.* Lisboa, Impressão Régia, 1808. (Reimpresso no Rio de Janeiro, Impressão Régia, 1809.)

51. FRANCO, Francisco Soares. *Memória em que se examina qual seria o estado de Portugal se por desgraça os franceses o chegassem a dominar,* por... Lisboa, Off. de Antonio Rodrigues Galhardo, 1809.

52. FREIRE, José Antonio da Silva. *Demonstração do erro e demencia dos partidaristas do Governo Francez, oferecida aos verdadeiros portugueses*. Lisboa, Typographia Lacerdina, 1808.
53. *Furores, remorsos, transportes e delírios do tyrano e falsário Napoleão* por F.I.J.C. Lisboa, Typographia Lacerdina, 1808.
54. GOLDSMITH, Lewis. *Historia secreta do gabinete de Napoleão Bonaparte e da corte de Saint-Cloud*. Lisboa, Impressão Régia, 1811.
55. *A grande batalha dos Hespanhoes allucação aos andaluzes depois de rendido o exercito francez*. Lisboa, Imprensa de Alcobia, 1808.
56. *A Grande Carta que a mãe do Imperador Napoleão I dirigio a seu filho, que foi interceptada e traduzida do italiano para hespanhol, e deste em vulgar*. Lisboa, Impressão Régia, 1810.
57. *Grito de hum portuguez aos seus compatriotas*. Lisboa, Impressão Régia, 1809.
58. *Horóscopo de Napoleão ou prognostico da queda do Tyrano do século XIX: e ruína de seu Império*. Lisboa, Typographia Lacerdina, 1809.
59. *Mentor da moda ou educação à franceza, em forma de cathecismo para conhecimento do desorientado systema da França nestes ultimos dias*. Lisboa, Imprensa de Alcobia, 1808.
60. *Mentor da moda ou educação à franceza, em forma de cathecismo para conhecimento do desorientado systema da França nestes ultimos dias. Segunda Parte*. Lisboa, Offic. de João Rodrigues Neves, 1809.
61. *Ode ao memorável feito da tarde de 18 de junho, em que a cidade do Porto tomou armas para sacudir o jugo francez*. Lisboa, Officina de Simão Thaddeo Ferreira, [1808].
62. *Ode a Palafox, seguida da segunda parte das poesias, cujo assunto é a nação francesa e seu chefe*. Lisboa, Impressão Régia, 1809.
63. *Oracção que o senado da Camara de Villa Real fez... na solemne entrada na mesma villa no dia 9 de julho de 1808, alludiado ao sempre memorável 11 de junho proximo passado*. Porto, Typographia de Antonio Alvarez Ribeiro, [1808].
64. *A pancadaria em Paris entre as duas Imperatrizes*. Lisboa, Impressão Regia, 1811.
65. *Perfídia ou política infernal: diálogo entre Lucifer e Bonaparte*. Lisboa, Typographia Lacerdina, 1808.
66. *Portugal desafrontado. Dialogo entre hum Official francez da legião do Meio-Dia e hum Ecclesiastico da Província de Entre-Douro-e-Minho*. [Lisboa], s/ed., [1808].
67. *Hum portuguez terceira vez aos portugueses*. Lisboa, Impressão Régia, 1811.
68. *Os precursores do Anti-Christo; historia profetica dos mais famosos impios que tem havido desde o estabelecimento da Igreja aos nossos dias; ou a Revolução Franceza profe-*

tizada por S. João Evangelhista, com huma dissertação da vinda e do futuro reinado do Anti-Christo. Traduzida da sexta edição do original Francez. Lisboa, Impressão Régia, 1818.

69. *Projectos de Napoleão sobre a guerra feita por ele ao Continente*. Escritos por ele mesmo. Coimbra, Real Imprensa da Universidade, 1809.

70. *Que he o que mais importa à Hespanha*. Discurso de hum membro do povo hespanhol, traduzido por F. I. J. C. [Felisberto Ignacio Januario Cordeiro]. Lisboa, Offic. de João Rodrigues Neves, 1808.

71. *Refutação analytica do folheto que escreveo o reverendo Padre José Agostinho de Macedo, e intitulou* Os sebastianistas, *pelos redactores do Correio da Península*. Lisboa, [s.ed.], 1810.

72. *Representação dirigida ao ex-intendente Lagarde, feita pelo Podengo, lettrado, que os cães nomearão, para obterem contramandado à pena geral de morte que tiverão*. Lisboa, Typographia Lacerdina, 1808.

73. *Respostas às proposições incluídas no folheto intitulado* Os Sebastianistas *por José Agostinho de Macedo, seu author Joqauim Agostinho de Freitas*. Lisboa, Officina de Simão Thadeo Ferreira, 1811.

74. *Sebastianimo ou o Macedo desafiado pela mascarada córja dos Sebastianistas, & por Francisco da Silva Cardozo Leitão*. Lisboa, Typografia Lacerdina, 1810.

75. *O Sebastianista furioso contra o livro intitulado* Os Sebastianistas *por J. A. M. Dado à luz por um remendão litterario, que ouviu e apartou a bulha sebástica*. Lisboa, Impressão Régia, 1810.

76. *Os Sebastianistas (Reflexões críticas sobre esta ridícula seita)*. Lisboa, Offic. de Antonio Rodrigues Galhardo, 1810. (Por José Agostinho de Macedo). (Reimpresso no Rio de Janeiro, em 1810).

77. *Os Sebastianistas (Reflexões críticas sobre esta ridícula seita)*. 2° parte. Lisboa, Offic. de Antonio Rodrigues Galhardo, 1810. (Por José Agostinho de Macedo).

78. *Os sebastianistas satisfeitos, ou discurso apologético dirigido a Sua Alteza Real o Principe Regente Nosso Senhor por José Gonçalves Ramiro*. Lisboa, Impressão Régia, 1810.

79. *O Silogismo refutado*. Lisboa, Impressão Régia, 1810.

80. *Sonho de Napoleão*. Lisboa, Off. de João Evangelista Garcez, 1809.

81. *Sonhos fantasticos do usurpador Junot com as desesperadas reflexões que elle mesmo fez, ou devia fazer acordando*. Lisboa, Imprensa de Alcobia, 1808.

82. STOCKLER, Francisco de Borja Garção. *Discurso ou memória apresentada à Academia Real de Sciencias de Lisboa em sessão de 7 de Janeiro de 1810*. Lisboa, Impressão Régia, 1810.

83. Suplemento à carta dirigida à Massena pelo author do antigo Telegrafo Portuguez. Lisboa, Impressão Régia, 1810.
84. Testamento do Lord Nelson e Codicilo a elle anexo. Lisboa, Impressão Régia, 1808.
85. Os tres tempos, ou os trabalhos passados e as alegrias de Portugal, presentes e futuras. [s/l, s/ed.], [18..].
86. Trombeta da verdade metrico-analytica, contra os planos de Napoleão e seus satellites (por Marfírio Candido). Lisboa, Impressão Régia, 1811.
87. O Tyranno da Europa Napoleão I. Manifesto que a todos os povos do mundo, e principalmente aos hespanhoes apresenta o Lic. D. J. A. C., traduzido do hespanhol, por F. J. J. C. [Lisboa], s/ed., s/d.
88. Victoriosas promessas de Christo a Portugal, na gloriosa apparição ao venerável D. Affonso Henriques em o Campo de Ourique, manifestadas no auto do juramento do mesmo rei, descuberto no cartorio de Alcobaça no anno de 1596. Explicadas na lingua portugueza e corroboradas pelos acontecimentos nelle preditos, e depois verificados. Em louvor de Sua Alteza Real o Principe Regente. Lisboa, Offic. de João Evangelista Garcez, 1808
89. Voz da Gratidão, que a Nação Portuguesa dirige ao glorioso heroe dos nossos tempos, o grande imortal Jorge III. Lisboa, Impressão Régia, 1810.
90. Voz do patriotismo aos portugueses e hespanhoes. Lisboa, Impressão Régia, 1808.

Biblioteca Nacional do Rio de Janeiro

1. Analyse da Protecção dos francezes, para desengano dos seus apaixonados, reconciliação dos jacobinos com os Vassallos Fiéis, e perpétua união destes contra os Conquistadores. Segunda parte. Lisboa, Impressão Régia, 1811.
2. A Besta de sete cabeças e dez cornos ou Napoleão Imperador dos franceses. Exposição literal do Capitulo 13 do Apocalipse. Composta na lingoa Castelhana por um presbítero andaluz, vezinho da Cidade de Malaga. Lisboa, Off. de Joaquim Thomaz de Aquino Bulhões, 1809.
3. Á inclyta Grã-Bretanha, hum soldado português em nome de sua pátria. Lisboa, Imprenssão Régia, 1811.
4. Breve Memoria dos estragos causados no bispado de Coimbra pelo exercito francez, commandado pelo General Massena extrahida das informações que derão os reverendos parocos. Lisboa, Impressão Régia, 1812.

5. CARVALHO, Antonio Joaquim de. *Na Restauração de Portugal, libertado do jugo dos franceses, verdades críticas.* Lisboa, Typographia Lacerdina, 1808.
6. CAPMANY, D. Antonio. *Sentinella contra francezes.* Lisboa, Impressão Régia, 1809.
7. *Carta da província escrita a hum amigo de Lisboa, em que lhe mandava notícias da Corte.* Lisboa, Off. de João Evangelhista Garcez, s./d.
8. *Carta de El-Rei D. Sebastião ao embaixador de França em que se queixa e pede satisfação dos ultrajes e roubos commettidos pelos Francezes contra os vassallos portuguezes. Offerecida aos verdadeiros portuguezes, para completo desengano do péssimo caracter daquella nação.* Lisboa, Offic. de Joaquim Thomaz de Aquino Bulhões, 1809.
9. *Carta de hum amigo residente na Hespanha a outro de Lisboa, em que se refere grandes acontecimentos.* Lisboa, Imprensa de Alcobia, 1808.
10. *Carta escrita por L.P.A.P a hum patricio da cidade da Bahia.* Lisboa, Offic. de João Rodrigues Neves, 1808.
11. *Carta familiar em resposta da que hum amigo escreveu a outro, em que lhe dava conta de sua fuga para Lisboa por causa da invasão dos franceses.* Lisboa, Impressão Régia, 1810.
12. *Chalaça de Napoleão ou Proteção Universal offerecida aos apaixonados dos Francezes.* Lisboa, Off. Nunesiana, 1808. (Reimpressa no Rio de Janeiro, 1810).
13. *Collecção das celebres Gazetas do Rocio que para seu desenfado compoz certo Patusca, o qual andava à pesca de todas as imposturas, que o intruso ministerio francez fazia imprimir no Diario Portuguez.* Lisboa, Typographia Lacerdina, 1808.
14. *Confederação dos Reinos e Províncias de Hespanha contra Bonaparte.* Rio de Janeiro, Impressão Régia, 1809.
15. *Confissão geral que fez Napoleão Bonaparte ao abade Maury, em 15 de agosto de 1810*: escrita em Londres pelo General Sarrazin. Novamente impressa no Rio de Janeiro, Impressão Régia, 1811.
16. *Demonstração Analytica dos barbaros e inauditos procedimentos adoptados como meios de justiça pelo imperador dos Francezes para a usurpação do throno da Casa de Bragança.* Lisboa, Impressão Regia, 1810. (repetido)
17. *Despertador ou o único meio de salvar a Hespanha.* Obra de hum Patriota Hespanhol, traduzida em Portuguez. Novamente Impresso. Rio de Janeiro, Impressão Régia, 1811.
18. *Dialogo entre dous mortos ou entendimento entre dous soldados que morreram na batalha do Bussaco, hum inglez e outro francez, enterrados ambos no mesmo lugar,* por H. V. M. Parte I, Parte II. Lisboa, Impressão Régia, 1811.

19. Dialogo entre dous mortos ou entendimento entre dous soldados que morreram na batalha do Bussaco, hum inglez e outro francez, enterrados ambos no mesmo lugar, por H. V. M. Parte III e última. Lisboa, Impressão Régia, 1811.

20. Discurso relativo ao estado presente de Portugal e Manifesto da Junta Suprema de Sevilha para creação do Supremo Governo, offerecido à Nação portugueza. Lisboa, Nova Offic. de João Rodrigues Neves, 1808.

21. Discurso sobre a ruina de Portugal traçada pelos francezes. Lisboa, Offic. de Simão Thadeo Ferreira, 1809.

22. Discurso sobre os principaes successos da Campanha do Douro, offerecido aos illustres guerreiros que nella tanto se distinguirão, por José Accursio das Neves. Lisboa, Of. de Simão Thadeo Ferreira, 1809.

23. O Espião Patriota ou Cartas de Paulo Mendes Mirrado a um seu amigo em Lisboa, participando os passos do Exercito Francez depois da invasão de Portugal. Lisboa, Impressão Régia, 1811.

24. Extracto das notícias do que ultimamente tem praticado o Imperador dos Francezes com a S. Sede Apostolica. Rio de Janeiro, Impressão Régia, 1808 (Redigido em espanhol).

25. O feitiço voltado contra o feiticeiro ou o autor do folheto intitulado Os Sebastianistas, *convencidos de mau Cristão, mau Vassalo, mau Cidadão e o maior de todos os Tolos, Besta-muar, etc. etc.* Londres, W. Lewis, 1810.

26. O Francezismo desmascarado ou exame das formas de que ultimamente se revestio aquela manhosa seita, escrito por ***. Lisboa, Offic. de Joaquim Rodriguez d'Andrade, 1811.

27. O Jacobinismo ou o espírito dos faccionários convencido e refutado. Lisboa, Typographia Lacerdina, 1811.

28. O Jacobinismo vencido pelas razões de hum patriota, ou Dialogo entre hum Patriota e hum jacobino, sobre a retirada de Massena por Paulino da Costa Ferreira e Vasconcellos. Lisboa, Impressão Régia, 1811.

29. MACEDO, José Agostinho de. *Justa defensa do Livro intitulado* 'Os Sebastianistas' *e resposta prévia a todas as sátiras, e inventivas, com que tem sido atacado seu autor, José Agostinho de Macedo.* Rio de Janeiro, Impressão Régia, 1810.

30. Manifesto jurídico, e político a favor da conducta do Principe Regente N. S. e dos Direitos da Casa de Bragança, contra as usurpações francezas desde a epoca da injusta invasão de Portugal, offerecida a S.A.R. o Príncipe Regente N. S. pelo juiz do Crime do bairro de Andaluz, Joaquim Rafael do Valle. Rio de Janeiro, Impressão Régia, 1811.

31. *Manifesto ou Exposição fundada, e justificativa do procedimento da Corte de Portugal a respeito da França desde o principio da Revolução até a epoca da invasão de Portugal; e dos motivos que a obrigárão a declarar a Guerra ao Imperador dos Franceses, pelo facto da Invasão, e da subsequente Declaração de Guerra feita em consequencia do Relatorio do Ministro das Relações Exteriores.* [Rio de Janeiro], Impressão Régia, 1808.

32. *Memória Histórica da invasão dos franceses em Portugal no anno de 1807.* (Por José Caetano da Silva Coutinho). Rio de Janeiro, Impressão Régia, 1808.

33. *A melhor notícia do Exercito.* Carta II. Lisboa, Impressão Régia, 1812.

34. *Narração dos factos acontecidos na Cidade de Elvas, desde que as tropas hespanholas, commandadas pelo General da Estremadura o Excellentíssimo D. José Galuzo pozerão em sitio os francezes...,* Lisboa, Nova Off. de João Rodrigues Neves, 1809.

35. *Narração histórica do combate, saque e crueldades, praticadas pelos francezes na Cidade de Évora;* e notícia do estado da Província do Alem-Tejo, antes daqueles factos. [s/l, s/ed, s/d.].

36. NEVES, José Accursio das. *Manifesto da Razão contra as usurpações francezas, offerecido à nação portuguesa, aos soberanos e aos povos.* Lisboa, Off. de Simão Thaddeo Ferreira, 1808. (Reimpresso no Rio de Janeiro, Impressão Régia, 1809).

37. NEVES, José Accursio das. *Paráfrase ao livro XIV do livro de Isaías.* Lisboa, Off. de Simão Thaddeo Ferreira, 1809.

38. NEVES, José Accursio. *Reflexões sobre a invasão dos francezes em Portugal.* Lisboa, Off. de Simão Thaddeo Ferreira, 1808.

39. NEVES, José Accursio das. *A Voz do patriotismo na Restauração de Portugal e Espanha.* Lisboa, Off. de Simão Thaddeo Ferreira, 1808.

40. *Notícia da Festividade em Acção de Graças pela Restauração de Portugal na Villa de Alfarella em 1808.* [Lisboa], Offic. Nunesiana, 1809.

41. *Os Novelleiros do caes do Sodré.* Conversação primeira. Lisboa, Impressão Régia, 1811.

42. *Observador dos Noveleiros do caes do Sodré.* Lisboa, Impressão Régia, 1812.

43. *Ode pela Feliz Restauração da Cidade do Porto e total derrota dos francezes neste Reino, conseguida pelos Exércitos combinados das duas Nações ingleza e portugueza ... oferecidas pela voz da nação portuguesa em sinal dos mais generosos acontecimentos.* Rio de Janeiro, Impressão Régia, 1809.

44. *Ode pela Restauração do Porto offerecida a Sua Alteza Real* por Manuel Ferreira de Araújo. Rio de Janeiro, Impressão Régia, 1809.

45. *Partidista contra partidista e jacobinos praguejados.* Lisboa, Off. de Simão Thaddeo Ferreira, 1809.

46. *Os Pedreiros Livres, e os Iluminados, que mais propriamente se deveriam denominar TENEBROSOS, de cujas seitas se tem formado a pestilencial Irmandade, a que hoje se chama Jacobinismo.* Reimpresso no Rio de Janeiro, Impressão Régia, 1809.
47. *Portugal vingado, poema dedicado ao muito reverendo Padre Mestre Frei Joze Marianno da Conceição Velozo, botanico pensionado por Sua Alteza Real e padre da província.* Rio de Janeiro, Impressão Régia, 1811.
48. *Plutarco revolucionario, na parte que contém as vidas de Madame Buonaparte e outros desta familia.* Reimpresso no Rio de Janeiro, Impressão Régia, 1810.
49. *Prognosticos deduzidos da violenta crise, em que actualmente se acha a Europa pelas intrigas de Bonaparte.* [s/l., s/ed., s/d.]
50. *Protecção à franceza.* Rio de Janeiro, Impressão Régia, 1809.
51. *O Rancho do Piolho ou segunda conversação dos novelleiros do caes do Sodré.* Lisboa, Impressão Régia, 1811.
52. *Receita especial para fabricar Napoleões, traduzida de um novo exemplar impresso em espanhol por hum amigo de ganhar vinténs.* Reimpresso no Rio de Janeiro, Impressão Régia, 1809.
53. *Reflexões sobre as notas do Monitor de 14 de setembro de 1810. Por hum Amigo da Verdade. Traducção do original publicado em Londres.* Lisboa, Impressão Régia, 1811.
54. *Reflexões sobre as notas dos Monitores de 16, 23, 29 e 30 de novembro de 1810. Por hum Amigo da Verdade. Traducção do original publicado em Londres.* Lisboa, Impressão Regia, 1811.
55. *Relação da batalha do Vimeiro, em que forão completamente derrotadas, e vencidas as tropas francezas, que comandava, em chefe, o general Junot, a qual foi transmettida fielmente por hum Official do Corpo de Engenheiros, que assistiu ao Combate.* (Minerva Lusitana, n.º 37). [s.n.t.]
56. *Relação da Soleníssima Festividade que, em acção de graças pela Gloriosa Restauração de Portugal, se celebrou na Matriz de Villa Nova de Gaya, no dia 11 de de dezembro de 1808, precedida de huma descrição Topographica da mesma villa.* Porto, Typographia de Antonio Alvarez Ribeiro, 1809.
57. *Relação da tomada de Abrantes no dia 17 de agosto de 1808.* Lisboa, Offic. de Simão Thaddeo Ferreira, 1808.
58. *Relação do que se praticou em Guimarães, em applauso da Feliz Restauração deste Reino.* Lisboa, Offic. de Joaquim Thomaz de Aquino Bulhões, 1808.
59. *Relação histórica dos principaes successos acontecidos no Reino de Portugal, desde a infausta entrada dos francezes neste Reino até a Restauração do seu legítimo governo, composta por A. P.* Lisboa, Imprensa de Alcobia, 1808.

60. *Relação verídica de noticias frescas de França observadas e referidas por hum presbytero secular, natural da Villa de Arganil, bispado de Coimbra, que por casualidade foi ter à França... dadas à luz para consolação dos bons portugueses e para confusão e desengano dos vís Napoleonistas.* Lisboa, Nova Offic. de João Rodrigues Neves, 1809.

61. *Representação de El Rei D. Sebastião pelo seu Embaixador a El Rei de França. Dos insultos cometidos por seus vassallos contra a Coroa de Portugal.* Lisboa, Impressão Régia, 1811.

62. *A Restauração de Portugal.* Rio de Janeiro, Impressão Régia, 1809.

63. *Segunda parte da Surriada a Massena e dialogo na Farnça* [sic], *de Bonaparte enganado, Massena corrigido, e hum granadeiro resoluto.* Por José Daniel Rodrigues da Costa. Novamente Impressa no Rio de Janeiro, Impressão Régia, 1811.

64. *Segunda parte do Espião Patriota ou Cartas de Paulo Mendes Mirrado com Pedro Paulo Pereira Pedra, até à retirada do exercito invasor.* Lisboa, Impressão Régia, 1811.

65. *Sermão de Acção de graças pela Feliz Restauração do Reino de Portugal prégado na Real Capella do Rio de Janeiro na Manhã de 19 de dezembro de 1808*, por Januário da Cunha Barbosa. Rio de Janeiro, Impressão Régia, 1809.

66. *Sermão de Acção de graças pela Feliz Restauração do Reino de Portugal prégado na Real Capella do Rio de Janeiro na Manhã de 21 de dezembro de 1808, na Real Capella do Rio de Janeiro no tríduo que fez celebrar Sua Alteza Real, o Príncipe Regente Nosso Senhor.* Por Joaquim de S. José, Pregador Régio. Rio de Janeiro, Impressão Régia, 1809.

67. SILVA, Ovídio Saraiva de Carvalho e. *O Patriotismo acadêmico consagrado ao Senhor D. João de Almeida de Mello e Castro... por...* Rio de Janeiro, Impressão Régia, 1812.

68. STOCKLER, Francisco Borja Garção. *Cartas ao autor da História Geral da Invasão dos Franceses em Portugal e da Restauração deste Reino.* Rio de Janeiro, Impressão Régia, 1813.

69. *Successos de Portugal, ou prodigiosa Restauração da Lusitania Feliz. Por hum Portuguez que ama a Religião, a Patria e o seu Augusto soberano.* Lisboa, Offic. de Simão Thaddeo Ferreira, 1809.

70. *Surriada a Massena em Portugal, e encontro das duas rivaes no Palácio Imperial de França*, por José Daniel Rodrigues da Costa. Novamente Impressa no Rio de Janeiro, Impressão Régia, 1811.

71. *Terceira e ultima parte Espião Patriota ou Cartas de Paulo Mendes Mirrado com Pedro Paulo Pereira Pedra, até à retirada do exercito invasor,* por José Antonio da Silva Freire. Lisboa, Impressão Régia, 1812.
72. *Terceira parte da proposta critico-jocosa ou a hora de recreação de dois espreitadores das cousas pequenas.* Lisboa, Impressão Régia, 1811.
73. *Ulissea Libertada: drama allegorico, representado no theatro do Saitre.* Lisboa, Off. de João Evangelhista Garcez, 1808.
74. *Verdadeira Vida De Bonaparte, até a Feliz Restauração de Portugal, offerecida ao Illustríssimo e Excellentíssimo Senhor M*** do L***,* por L. S. O. Portuguez. Reimpressa no Rio de Janeiro, Impressão Régia, 1809. (Luis de Siqueira Oliva)
75. *Vozes do Patriotismo ou Falla aos Portugueses, feita em janeiro de 1808 à Sua Alteza Real, o Príncipe Regente Nosso Senhor* (por J. de G. P. da C. do O. de P.). Rio de Janeiro, Impressão Régia, 1809. (Versos de José de Goes, Padre da Congregação do Oratório de Pernambuco).

Periódicos

Lisboa. *Gazeta de Lisboa.* (1808-1811)
Londres. *Campeão Portuguez, ou o amigo do rei e do povo.* (1819-1821)
Londres. *Correio Braziliense ou Armazem Literário.* (1808-1822)
Nápoles. *Monitore Napolitano.* (1799)
Porto. *O Leal Portuguez com autoridade do governo em nome do Principe Regente Nosso Senhor.* (1808-1809)
Rio de Janeiro. *Gazeta do Rio de Janeiro* (1808-1822)
Rio de Janeiro. *Reclamação do Brasil* (1822)

Documentação oficial

ARQUIVO NACIONAL. *Os franceses residentes no Rio de Janeiro (1808-1820).* Rio de Janeiro, Publicações Históricas do Arquivo Nacional, v. 45, 1960.
Correspondence de Napoléon 1er. Tomo X. Paris, Impremerie Impériale, 1862. http://www.arqnet.pt/exercito/cn.
Decreto concedendo anistia aos que se acham fora do reino. [Rio de Janeiro, Impressão Régia], 23 de fevereiro de 1821.

Edital. 14 de dezembro de 1807. [Lisboa], Impressão Régia, [1807].
Edital. 22 de dezembro de 1807. [Lisboa], Impressão Régia, [1807].
Edital de 1º de fevereiro de 1808. [Lisboa], Impressão Régia, [1808].
Edital. Governadores do Reino. [Lisboa], Impressão Régia, 1808.
Proclamação de Junot aos habitantes de Lisboa. Lisboa. Impressão Régia, 1808.
Proclamação dos Governadores do Reino à Nação Portuguesa. [Lisboa], Impressão Régia, 30 de março de 1811.
Proclamação dos Governadores do Reino. [Lisboa], Impressão Régia, 6 de agosto de 1814.
SILVA, António Delgado de. *Colleção da Legislação Portuguesa.* (v. 6: Legislação de 1791 a 1801). Lisboa, Maigrense, 1828.

Diversas

Almanaque de Lisboa de 1807. *RIHGB.* Rio de Janeiro, 290: 4-246, 1971. (Apêndice).
ALORNA, Marquesa de Leonor de Almeida. *Inéditos. Carta e outros escritos.* Sel., pref. e notas de Hernani Cidade. Lisboa, Sá da Costa, 1941.
BALZAC, Honoré de. *Maximes et pensées de Napoléon.* Paris, Fallois, 1999.
BARRETO, D. José Trazimundo Mascarenhas. *Memórias do Marquês de Fronteira e d'Alorna.* Ditadas por ele próprio em 1861, revistas e coordenadas por Ernesto de Campos de Andrada. Parte primeira e segunda (1802 a 1824). Coimbra, Imprensa da Universidade, 1926.
BARRUEL, Abbé. *Mémoires pour servir à l'Histoire du Jacobinisme.* [1797-1798]. Hambourg, P. Fauche Libraire, 1803. 5v.
Bíblia Sagrada. Traduzida da vulgata e anotada pelo Pe. Matos Soares. 3ª ed., São Paulo, Paulinas, 1959.
BOURDON, Léon. *José Corrêa da Serra. Ambassadeur du Royaume-uni de Portugal et Brésil à Washington (1816-1820).* Paris, Fundação Calouste Gulbenkian, 1975.
BURKE, Edmund. *Reflexões sobre a Revolução em França.* [1790]. Trad. de Renato de A. Faria, Denis Fontes de S. Pinto e Carmen Lídia R. Moura. Brasília, Editora da Universidade de Brasília, 1982.
CARVALHO, José Liberato Freire de. *Ensaio histórico-politico sobre a Constituição e Governo do Reino de Portugal;* onde se mostra ser aquele reino, desde a sua origem, uma monarquia representativa, e que o absolutismo, a superstição

e a influencia da Inglaterra são as causas da sua actual decadencia. 2ª edição mais corresta e augmentada. Lisboa, Imprensa Nevesiana, 1843.

CARVALHO, José Liberato Freire de. *Memórias da vida de...* [1855]. Int. de João Carlos Alvim. 2ª ed. Lisboa, Assírio e Alvim, 1982.

CHATEAUBRIAND, François-René. *Mémoires d'outre-tombe.* Int. notes et variantes par Jean-Paul Clément. Paris, Quarto/Gallimard, 1997. 2v.

CONSTANT, Benjamin. *De l'Esprit de conquête et de usurpation dans leus rapports avec la civilisation européenne.* Int., notes, bilbiog. et chronologie de Éphraïm Harpaz. Paris, Flamarion, 1986.

Conversações de Goethe com Eckermann. Traduzido do alemão por Luís Silveira. Porto, Livraria Tavares Martins, 1947.

COSTA, Vicente José Cardoso. Correspondencia recebida e enviada por... relativa aos successos em Portugal e no Brasil de 1822-1823. *Revista do Instituto Histórico e Geográfico Brasileiro.* Rio de Janeiro, 22: 413-439, 1859.

COUTINHO, D. Vicente de Sousa. *Diário da Revolução Francesa.* Leitura diplomática, enquadramento histórico cultural e notas de Manuel Cadafaz de Matos. Lisboa, Távola Redonda, 1990.

COUTINHO, D. Rodrigo de Souza. *Textos políticos, económicos e financeiros (1783-1811).* Int. e dir. de Andrée Mansuy Diniz-Silva. 2v. Lisboa, Banco de Portugal, 1993.

COUTINHO, José Joaquim de Azeredo. *Obras econômicas.* Org. de Rubens Borba de Moraes e apr. de Sérgio Buarque de Holanda. São Paulo, Nacional, 1966.

Documentos Históricos. Revolução de 1817. v. CII. Rio de Janeiro, Biblioteca Nacional, 1953.

GRAHAM, Maria. [Trad. de A. J. L.] *Diário de uma viagem ao Brasil.* Belo Horizonte/São Paulo, Itatiaia/Edusp, 1990.

KANT, Imamnuel. "Resposta à pergunta: que é 'esclarecimento' (Aufklärung)?" In: *Textos seletos.* (ed. bilingüe). Int. de E. Carneiro Leão. [Trad. de R. Vier & F. de Sousa Fernandes]. Petrópolis, Vozes, 1974. p. 100-116.

LAS CASES, Emmanuel de. *Mémorial de Sainte-Hélène.* Pref. de Jean Tulard. Paris, Seuil, 1968. 2v.

LEITHOLD, T. von & RANGO, L. von. *O Rio de Janeiro visto por dois prussianos em 1819.* São Paulo: Nacional, 1966.

LISBOA, José da Silva. *Roteiro Brazilico ou coleção de princípios e documentos de direito político em série de números.* Rio de Janeiro, Tip. Nacional, 1822.

LISBOA, José da Silva. *Extratos das obras políticas e econômicas de Edmund Burke.* Rio de Janeiro, Impressão Régia, 1812.

MARTINS FILHO, Enéas (org.). *O Conselho de Estado Português e a transmigração da família real em 1807*. Rio de Janeiro, Arquivo Nacional, 1968.
Memória Justificativa do Marquês de Alorna. Hamburgo, Typografia de F. H. Nestler Imp. e Livreiro, [1823].
MOURA, Caetano Lopes de. *Historia de Napoleão Bonaparte desde o seu nascimento até a sua morte, seguida da descripção das ceremonias que tiverão lugar na trasladação de seu corpo da ilha de Santa Helena para Paris, e do seu funeral*. Paris, Caza de J. P. Aillaud, 1846. 2v.
NEVES, José Accursio das. *Obras completas de José Accursio das Neves*. Estudos introdutórios de Antonio Almodovar e Armando de Castro. Porto, Afrontamento, 1984-1985. 5 v.
RANGEL, J. M. F. *Pernicioso poder dos perfidos validos e conselheiros dos reis destruido pela Constituição*. Rio de Janeiro, reimpresso na Impressão Régia, 1821.
RATTON, Jacome. *Recordações de Jacome Ratton sobre ocorrências do seu tempo em Portugal de maio de 1747 a setembro de 1810*. [1813]. Lisboa, Fenda, 1992.
REGENBOGEN, Lucian. *Napoléon a dit. Aphorismes, citations et opinions*. Préf. de Jean Tulard. Paris, Les Belles Lettres, 1998.
A Regeneração constitucional ou guerra e disputa entre os carcundas e os constitucionais: origem destes nomes, e capitulação dos corcundas escrita pelo constitucional europeu ao constitucional brasileiro e oferecida a todos os verdadeiros constitucionais. [Rio de Janeiro, Impressão Régia], 1821.
RUDERS, Carl Israel. *Viagem em Portugal, 1798-1802*. Trad. de António Feijó. Lisboa, Biblioteca Nacional, 1981.
ROSSI, Camillo Luiz de. *Diario dos acontecimentos de Lisboa, por ocasião da entrada das tropas de Junot, escripto por uma testemunha presencial, Camillo Luiz Rossi, secretario da Nunciatura Apostolic, !808*. Apresentação de Angelo Pereira. Lisboa, [Off. Graficas da Casa Portuguesa], 1944.
SANTOS, Luís Gonçalves dos. *Memórias para servir à história do Reino do Brasil*. Belo Horizonte/São Paulo, Itatiaia/EDUSP, 1981. 2 v.
Sentença de absolvição proferida a favor do Conde da Ega. Lisboa, Impressão Régia, 1823.
STENDHAL. *Napoléon*. [1876] Edition établie et presentée par Catherine Mariette. Paris, Stock, 1998.
STENDHAL. *Le Rouge et le Noir*. Paris, Garnier-Flammarion, 1964.
O Último desengano dos Sebastianistas dado e recebido nas trovas do Pretinho do Japão. Lisboa, Offic. de Antonio Rodrigues Galhardo, 1821.

Bibliografia

Instrumentos de trabalho

BOUDON, Jacques-Olivier et al. Bibliographie napoléonienne. *Revue de l'Institut Napoléon.* Paris. 185 (II): 71-78, 2002.

BRANCHEREAU, Simone. GRÉARD, Catherine. GRINBERG, Martine & TRABUT, Yvette. *Table analytique des Annales. Economies. Sociétés. Civilisations. [1994-1998].* Paris, Armand Colin, 1999.

COLLES, H. C. (ed.). *Grove's dicitionary of music and musicians.* 3rd ed. New York, Macmillan Company, 1947. 6 v.

FERRARI, Enrique Lafuente. *Goya.* Buenos Aires, Editorial Hermes, 1966.

GRÉARD, Catherine; GRINBERG, Martine & TRABUT, Yvette. *Table analytique des Annales. Economies. Sociétés. Civilisations. [1989-1993].* Paris, Armand Colin, 1995.

GRINBERG, Martine & TRABUT, Yvette. *Vingt années d'Histoire et de Sciences Humaines. Table analytique des Annales [1969-1988].* Paris, Armand Colin, 1991.

GARCIA-ROMEU, Emila (coord.). *Goya* (Catálogo). Zaragoza, Electa, 1992.

SERRÃO, Joel (dir.). *Dicionário de História de Portugal.* Lisboa, Iniciativas Editoriais, 1969. 4 v.

SILVA, Maria Beatriz Nizza da (coord.). *Dicionário da história da colonização portuguesa no Brasil.* Lisboa, Verbo, 1994.

SILVA, Innocencio Francisco da Silva. *Diccionario bibliographico portuguez.* Lisboa, Imprensa Nacional, 1858-1914. 21 v.

TENENTI, Branislava (org.). *Vingt années d'Histoire et de Sciences Humaines. Table analytique des Annales [1949-1968].* Paris, Armand Colin, 1972.

TULARD, Jean (dir). *Dictionnaire Napoléon.* Nouvelle edition, revue et augmentée. Paris, Arthème Fayard, 1999. 2 v.

VAINFAS, Ronaldo (dir.) *Dicionário do Brasil colonial (1500-1808).* Rio de Janeiro, Objetiva, 2000.

VOVELLE, Michel (dir). *L'État de la France pendant la Révolution (1789-1799).* Paris, La Découverte, 1988.

Artigos e livros

AGULHON, Maurice. *La Republique au village.* Paris, Seuil, 1979.

ALBERRO, Solange. Retablos y religiosidade popular en el México del siglo XIX. In: *Retablos y exvotos* México, Museo Franz Mayer, Artes de México, 2000, p. 8-31.

D'ALCOCHETE, Nuno Daupiás. Les pamphlets portugais anti-napoléoniens. *Arquivos do Centro Cultural Português.* Paris. 11: 7-16, 1977.

D'ALCOCHETE, Nuno Daupiás. *Lettres de Diogo Ratton a Antonio de Araujo de Azevedo, Comte da Barca (1812-1817).* Paris, Fundação Calouste Gilbenkian, 1973.

ALEXANDRE, Valentim. *Os sentidos do império: questão nacional e questão colonial na crise do Antigo Regime português.* Porto, Afrontamento, 1993.

ALVES, José Augusto dos Santos. *Ideologia e política na imprensa do exílio "O Portuguez" (1814-1826).* Lisboa, Instituto Nacional de Investigação Científica, 1992.

ALVIM, Maria Helena Vilas-Boas e. A Marquesa de Alorna – De defensora das Luzes à agente contra-revolucionária. *Revista de História das Idéias. A Revolução Francesa e a Península Ibérica.* Coimbra. 10: 265-276, 1988.

AMALVI, Christian. *De l'art et la manière d'accommoder les héros de l'Histoire de France. Essays de mythologie nationale.* Paris, Albin Michel, 1988.

ARAÚJO, Ana Cristina Bartolomeu de. As invasões francesas e a afirmação das idéias liberais. In: Luis Reis Torgal & João Lourenço Roque. *O Liberalismo (1807-1890).* Lisboa, Estampa, [1993], p. 17-43. (Col. História de Portugal, v. 5).

ARAÚJO, Ana Cristina Bartolomeu de. Revoltas e ideologias em conflitos durante as invasões francesas. *Revista de História das Idéias.* Coimbra. 7: 7-90, 1985.

ARTOLA, Miguel. *Los afrancesados.* Madrid, Alianza, 1989.

BAKER, Keith M. Politique et opinion publique sous l'Ancien Regime. *Annales. E.S.C.* Paris. 42 (1): 41-71, jan-fev. 1987.

BASTOS, José Timóteo da Silva. *História da censura intelectual em Portugal. Ensaio sobre a compreensão do pensamento português.* 2ª ed., Lisboa, Moraes, 1983.

BERCÉ, Yves-Marie. *Révoltes et révolutions dans l'Europe Moderne (XVIe-XVIIIe siècles).* Paris, Presses Universitaires de France, 1980.

BEIRÃO, Caetano. *D. Maria I: 1777-1792.* 4ª ed. Lisboa, Empresa Nacional de Publicidade, 1944.

BERNARDINO, Teresa. *Sociedade e atitudes mentais em Portugal (1777-1810).* Lisboa, Imprensa Nacional/Casa da Moeda, 1986.

BERSTEIN, Serge & MILZA, Pierre (dir.). *Axes et méthodes de l'Histoire politique.* Paris, PUF, 1998.

BETHENCOURT, Francisco. *História das inquisições. Portugal, Espanha e Itália*. Lisboa, Círculo de Leitores, 1994.

BLOCH, Marc. *Apologie pour l'Histoire ou métier d'historien*. Édtion critique preparée par Ètienne Bloch. Paris, Armand Colin, 1993.

BLUCHE, Frederic. *El Bonapartismo.* [1981]. Trad. de Marcos Lara. México, Fondo del Cultura Económica, 1984.

BOISVERT, Georges. *Un pionnier de la propagande libérale au Portugal: João Bernardo da Rocha Loureiro (1778-1853)*. Paris, Fundação Calouste Gulbenkian/ Centro Cultural Português, 1982.

BOUDON, Jacques-Olivier. *Histoire du Consulat et de l'Empire, 1799-1815*. Paris, Librairie Académique Perrin, 2000.

BOURDIEU, Pierre. *O poder simbólico*. Trad. de Fernando Tomaz. Lisboa/Rio de Janeiro, Difel/Bertrand, [1989].

BRANDÃO, Raúl. *El-Rei Junot*. [1919]. 3ª ed. Coimbra, Atlântida, 1974.

BUESCU, Ana Isabel. Um mito das origens da nacionalidade: o milagre de Ourique. In: Francisco Bethencourt & Diogo Ramada Curto. *A memória da Nação*. Lisboa, Livraria Sá da Costa, 1991, p. 49-69.

BURKE, Peter. *A fabricação de rei. A construção da imagem pública de Luís XIV*. Rio de Janeiro, Jorge Zahar, 1994.

BURKE, Peter. *Popular Culture in Early Modern Europe*. New York, Harper & Row, Publishers, 1978.

BURKE, M. Lúcia Pallares. *The Spectator. O Teatro das Luzes. Diálogo e imprensa no século XVIII*. São Paulo, Hucitec, 1995.

CARDIM, Pedro. *Cortes e Cultura política no Portugal do Antigo Regime*. Lisboa, Cosmos, 1998.

CARDOSO, José Luís. Nas malhas do Império: a economia política e a política colonial de D. Rodrigo de Souza Coutinho. In: José Luís Cardoso (coord.). *A economia política e os dilemas do império luso-brasileiro (1790-1822)*. Lisboa, Comissão Nacional para as Comemorações dos Descobrimentos Portugueses. 2001, p. 63-109.

CARDOSO, José Luís. *O pensamento económico em Portugal nos finais do século XVIII, 1780-1808*. Lisboa, Estampa, 1989.

CARVALHO, Alfredo de. O Solitário da Tijuca (1817-1822). *Revista Americana*. Rio de Janeiro. 6: 337-347, maio de 1911.

CASALI, Dimitri (dir.). *Napoléon Bonaparte*. Paris, Larousse, 2004.

CASTRO, Zília Osório de. Napoleão, "o anticristo descoberto". *Ler História*. Lisboa. 17: 93-111, 1989.

CERVO, Amado & BUENO, Clodoaldo. *História da política exterior do Brasil.* São Paulo, Ática, 1992.

CHANDLER, David. *The Campaigns of Napoleon.* 14th ed. Londres, Weindenfeld & Nicolson, 1998.

CHARTIER, Roger. *Au bord de la falaise. L'Histoire entre certitudes et inquiétude.* Paris, Albin Michel, 1998.

CHARTIER, Roger. *A história cultural entre práticas e representações.* Lisboa: Difel, 1988.

CLERC, Catherine. *La caricature contre Napoléon* (with english summary). Paris, Promodis, 1985.

COSTA, J. A. Ferreira da. Napoléon Ier au Brésil. *Revue du Monde Latin.* fev-mar de 1886, p. 205-216 e 339-349. Separata.

CROCE, Benedetto. *La Rivoluzione Napoletana del 1799.* 3ª ed. Bari, Gius, Laterza & Figli, 1912.

CROUZET, François. *De la superiorité de l'Angleterre sur la France. L'economique et l'imaginaire: XVIIe-XXe siècle.* Paris, Perrin, 1985.

DARNTON, Robert. *O beijo de Lamourette: mídia, cultura e revolução.* Trad. de Denise Bottmann. São Paulo, Companhia das Letras, 1990.

DARNTON, Robert. *O iluminismo como negócio. História da publicação da 'Enciclopédia', 1775-1880.* [1979]. Trad. de Laura Teixeira Motta & Maria Lúcia Machado. São Paulo, Companhia das Letras, 1996.

DELUMEAU, Jean. *Mil anos de felicidades. Uma história do paraíso.* [1995]. Trad. de Paulo Neves. São Paulo, Companhia das Letras, 1997.

DELUMEAU, Jean. *História do medo do ocidente, 1300-1800: uma cidade sitiada.* [1978]. Trad. de Maria Lúcia Machado. São Paulo, Companhia das Letras, 1999.

DESCHAMPS, Jules. *Sur la legende de Napoléon.* Paris, Champion, 1931.

DIAS, Graça & DIAS, J. S. da Silva. *Os primórdios da maçonaria em Portugal.* 2ª ed. Lisboa, Instituto Nacional de Investigação Científica, 1986. 4 v.

DUBY, Georges & LARDEAU, Guy. *Dialogues.* Paris, Flammarion, 1980.

DUROSELLE, Jean-Baptiste. *Tout Empire périra. Théorie des relations internationales.* Paris, Armand Colin, 1992.

ECO, Umberto. Semiótica das ideologias. In: *As formas do conteúdo.* São Paulo, Perspectiva/EDUSP, 1974.

ENGLUND, Steven. *Napoleão, uma biografia política.* Rio de Janeiro, Jorge Zahar 2005.

FARGE, Arlette. *Des lieux pour l'Histoire.* Paris, Seuil, 1997.

FARGE, Arlette. *Le goût de l' archive.* Paris: Seuil, 1989.

FEBVRE, Lucien. Civilisation: évolution d'un mot et d'um groupe d'idées. In: *Pour une Histoire à part entière*. Paris, Jean Touzot, 1962, p. 481-528.

FERRÃO, António. *A 1ª Invasão francesa (A invasão de Junot vista através de documentos da Intendência Geral da Polícia, 1807-1808). Estudo político e social*. Coimbra, Imprensa da Universidade, 1923.

FRANÇA, Eduardo d'Oliveira. *Portugal na época da Restauração*. São Paulo, Hucitec, 1997.

FUNCHAL, Marquez do. *O Conde de Linhares. Dom Rodrigo Domingos Antonio de Sousa Coutinho*. Lisboa, Typographia Bayard, 1908.

FURET, F. & OZOUF, J. Trois siècles de métissage culturel. *Annales E.S.C.* Paris. 32 (3):488-502, maio-jun. 1977.

FURET, François. *La Révolution. De Turgot à Jules Ferry, 1770-1880*. Paris, Hachette, 1988.

GALLO, Max. *Napoleão*. Trad. de Léa A. Novaes e Sieni Maria Campos. Niterói, Casa Jorge, 2003. 2 v.

GAUCHET, Marcel. *La Religion dans la démocratie*. Parcours de la laïcité. Paris, Gallimard, 1998.

GAUCHET, Marcel. *La Révolution des pouvoirs. La souveraineté, le peuple et la representation, 1789-1799*. Paris, Gallimard, 1995.

GAY, Peter. *The Enlightment: an Interpretation*. New York, Norton, 1977. 2 v.

GEERTZ, Clifford. *A interpretação das culturas*. Rio de Janeiro, Zahar, 1978.

GIRARDET, Raoul. *Mitos e mitologias políticas*. Trad. de Maria Lúcia Machado. São Paulo, Companhia das Letras, 1987.

GODECHOT, Jacques. *Europa e América no tempo de Napoleão (1800-1815)*. Trad. de Miriam L. Moreira Leite. São Paulo, Pioneira/EDUSP, 1984.

GODINHO, Vitorino Magalhães. Restauração. In: Joel Serrão (dir.). *Dicionário de História de Portugal*. v. 3. Lisboa, Iniciativas Editoriais, 1968. p. 609-628.

GOODY, Jack (ed.). *Literacy in traditional societies*. Cambridge, University Press, 1981.

GOTTERI, Nicole. *Napoleão e Portugal*. Lisboa, Teorema, 2006.

GOTTERI, Nicole. *La mission de Lagarde, policier de l'Empereur, pendant la Guerre d'Espagne (1809-1811)*. Paris, Publisud, 1991.

GOUBERT, Pierre. *L'Ancien Régime: la sociéré, les pouvoirs*. 4ème ed.Paris, Armand Colin, 1973. 2 v.

GOYCOCHEA, Castilhos. *A diplomacia de D. João VI em Caiena*. Rio de Janeiro, G. T. L., 1963.

GRIECO, Donatello. *Napoleão e o Brasil.* [1939]. Rio de Janeiro, Biblioteca do Exército Editora, 1995.
GUERRA, François-Xavier. *Modernidad e independencias. Ensayos sobre las revoluciones hispanicas.* México, Mapfre/Fondo de Cultura Ecónomica, 1993.
GUSDORF, Georges. *L'Homme romantique.* Paris, Payot, 1984.
GUSDORF, Georges. *La conscience révolutionnaire. Les idéologues.* Paris, Payot, 1978.
HABERMAS, Jürgen. *L'Espace public. Archéologie de la publicité comme dimension constitutive de la société bourgeoise.* [1962]. Com um prefácio inédito do autor. Trad. de Marc. B. de Launay. Paris, Payot, 1997.
HERMANN, Jacqueline. *No Reino do Desejado. A construção do sebastianismo em Portugal, séculos XVI e XVII.* São Paulo, Companhia das Letras, 1998.
HERMANN, Jacqueline. O Sebastianismo e a Restauração Portuguesa. *Voz Lusíada.* Lisboa, Academia Lusíada de Ciências, Letras e Artes, n° 11, 1999, p. 3-16 (Separata).
HESPANHA, António Manuel. *História das instituições: épocas medieval e moderna.* Coimbra, Almedina, 1982.
HIGGS, David. O Santo Ofício da Inquisição de Lisboa e "a Luciferina Assembléia" do Rio de Janeiro, na década de 1790. *RIHGB.* Rio de Janeiro. 162 (412): 239-384, jul-set. 2001.
HIGGS, David. Linguagem perigosa e a defesa da religião no Brasil na segunda metade do século XVIII. In: Maria Beatriz Nizza da Silva (org.). *Cultura portuguesa da terra de Santa Cruz.* Lisboa. Estampa, 1995. p. 155-169.
JOURDAN, Annie. *Napoléon. Héros, imperator, mécène.* Paris, Aubier, 1998.
JULLIARD, J. La politique. In: Jacques le Goff & Pierre Nora (dir). *Faire de l'Histoire: nouvelles approches.* Paris, Gallimard, 1974. p. 229-247.
KOSELLECK, R. *Futuro Passado. Contribuição à semântica dos tempos históricos.* Trad. de Wilma Patrícia Maas e Carlos Almeida Pereira. Rio de Janeiro, Contraponto/ Editora PUC-Rio, 2006.
KOSELECK, R. *Crítica e crise. Uma contribuição à patogênese do mundo burguês.* [1959]. Trad. de Luciana Villas-Boas Castelo-Branco. Rio de Janeiro, EDUERJ/Contraponto, 1999.
KRANTZ, Frderick (org.). *A outra História. Ideologia e protesto popular no séculos XVII a XIX.* Trad. de Ruy Jungmann. Rio de Janeiro, Jorge Zahar, 1985.
LABOURDETTE, Jean-François. *Le Portugal de 1780 à 1802.* Paris, SEDES, 1985.
LASLETT, Peter. *O mundo que nós perdemos.* Trad. de Alexandre P. Torres e Hermes Serrão. Lisboa, Cosmos, 1975
LEFEBVRE, Georges. *Réfléxions sur l'Histoire.* Paris, François Maspero, 1978.

LEFEBVRE, Georges. *Napoléon.* [1936]. 6ème ed. Paris, PUF, 1969. Peuples et Civilisations, T. XIV.
LEFEBVRE, Georges. *O grande medo de 1789.* [1932]. Trad. de Carlos Eduardo de Castro Leal. Rio de Janeiro, Campus, 1979.
LE GOFF, Jacques. *O maravilhoso e o quotidiano no Ocidente Medieval.* Trad. de José Antonio Pinto Ribeiro. Lisboa, Edições 70, 1985.
LE GOFF, Jacques. Antigo/Moderno. In: *Enciclopédia Einaudi: Memória-História.* Lisboa, Imprensa Nacional-Casa da Moeda, 1984, p. 370-392.
LIMA, Luís Costa (coord.). *A literatura e o leitor.* Rio de Janeiro, Paz e Terra, 1979.
LISBOA, João Luís. *Ciência e Política: ler nos finais do Antigo Regime.* Lisboa, Instituto Nacional de Investigação Científica, 1991.
LIMA, Manuel de Oliveira. *D. João VI no Brasil* [1908]. 3ª ed. Rio de Janeiro, Topbooks, 1996.
MAAS, A. J. Antichrist. In: *New Advent Catholic Encyclopedia.* http://www.newadvent.org/cathen/01559a.htm
MACEDO, Jorge Borges de. *O Bloqueio Continental. Economia e guerra peninsular.* 2ª ed. revista. Lisboa, Gradiva, 1990.
MACEDO, Roberto. *Brasil sede da Monarquia: Brasil Reino (administração da política externa).* 2ª ed. Brasília, Universidade de Brasília/Fundação Centro de Formação do Servidor Público, 1983.
MALERBA, Jurandir. *A Corte no exílio. Civilização e poder no Brasil às vésperas da Independência (1808 a 1821).* São Paulo, Companhia das Letras, 2000.
MANDELBAUN, Maurice. *History, man & reason: a study in Nineteenth-Century Thought.* Baltimore, Johns Hopkins University Press, 1977.
MARCADE, J. *Frei Manuel do Cenáculo Vilas Boas: évêque de Beja, archevêque d'Évora (1740-1814).* Paris, Fundação Calouste Gulbenkian, 1978.
MARQUES, A. H. de Oliveira. D. João VI. In: Ana Maria Rodrigues (coord.). *D. João VI e seu tempo.* Catálogo da Exposição no Palácio Nacional da Ajuda. Lisboa, Comissão Nacional dos Descobrimentos Portugueses, [1999], p. 29-45.
MARQUES, A. H. de Oliveira. *História da Maçonaria em Portugal.* v. 1: Das origens ao triunfo. Lisboa, Presença, 1990.
MARX, K. O dezoito Brumário de Luís Bonaparte. In: Marx & Engels. *Obras escolhidas.* v. 1. São Paulo, Alfa Ômega, s./d, p. 93-198.
MASSON, Frédéric. *Napoléon et sa famille.* Tomo V (1809-1810). 8ème éd. Paris, Sociéte d'Editions Littéraires et Artistiques, 1911.
MASSON, Frédéric. *Napoléon et sa famille.* Tomo VI (1810-1811). 9ème éd. Paris, Sociéte d'Editions Littéraires et Artistiques, 1913.

MAXWELL, Kenneth."A geração de 1790 e a idéia do império luso-brasileiro". In: *Chocolate, piratas e outros malandros. Ensaios tropicais*. São Paulo, Paz e Terra, 1999, p. 157-207.

MELLO, Evaldo Cabral de. *A Fronda dos Mazombos. Nobres contra Mascates: Pernambuco, 1666-1715*. São Paulo, Companhia das Letras, 1995.

MÉLON, Pierre. *O General Hogendorp. Soldado de Frederico, o Grande, Governador em Java, ajudante-de-campo de Napoleão Bonaparte, eremita no Rio de Janeiro*. Trad. de Ítalo Campofiorito. Niterói, Casa Jorge Editorial, 1996.

MÉNAGER, Bernard. *Les Napoléon du peuple*. Paris, Aubier, 1988.

MONTEIRO, Nuno Gonçalo Freitas. *O crepúsculo dos grandes (1750-1832)*. Lisboa, Imprensa Nacional/Casa da Moeda, 1998.

MONTEIRO, Nuno Gonçalo. Poder senhorial, estatuto nobiliárquico e aristocracia. In: António Manuel Hespanha (Coord.). *O Antigo Regime (1620-1807)*. Lisboa, Estampa, [1993], p. 333-379. (Col. História de Portugal, v. 4).

NEVES, Guilherme Pereira das. Guardar mais silêncio do que falar: Azeredo Coutinho, Ribeiro dos Santos e a escravidão. In: José Luís Cardoso (coord.). *A economia política e os dilemas do império luso-brasileiro (1790-1822)*. Lisboa, Comissão Nacional para as Comemorações dos Descobrimentos Portugueses. 2001, p. 14-62.

NEVES, Lúcia Maria Bastos P. *Corcundas, constitucionais e pés-de-chumbo: a cultura política da Indepenência (1820-1822)*. Rio de Janeiro, FAPERJ/Revan, 2003.

NEVES, Lúcia Maria Bastos P. Pensamentos vagos sobre o Império do Brasil: O Correio Brasiliense, as invasões francesas e a Corte na América. In: Alberto Dines& Isabel Lustosa (ed.). Correio Braziliense. v. 30. São Paulo, Imprensa Oficial, 2002, p. 469 - 513.

NEVES, Lúcia Maria Bastos P. Da repulsa ao triunfo: idéias francesas no Império luso-brasileiro, 1808-1815. *Anais do Museu Histórico Nacional*. Rio de Janeiro. 31: 35-54, 1999.

NEVES, Lúcia M. Bastos P. Censura, circulação de idéias e esfera pública de poder no Brasil, 1808-1824. *Revista Portuguesa de História*. Coimbra. 33(1): 665-697, 1999.

NEVES, Lúcia M. Bastos P. O privado e o público nas relações culturais do Brasil com Portugal e França (1808-1822). *Ler História*. Lisboa, 37: 95-111, 1999.

NORA, Pierre (org.). *Essais d'ego-histoire*. Paris, Gallimard, 1987.

NORA, Pierre. Entre Mémoire et Histoire. La problematique des lieux. In: P. Nora (dir.). *Lieux de mémoire. 1: La République*. Paris, Gallimard, 1984, p. XVII-XLII.

NOVAIS, Fernando A. *Portugal e Brasil na crise do Antigo Sistema Colonial (1777-1808)*. 2ª ed. São Paulo, Hucitec, 1981.

ORY, Pascal. Le *Grand Dictionnaire* de Pierre Larrousse. Alphabet de la République. In: Pierre Nora (dir.). *Les Lieux de mémoires*, T. II: La Republique. v. 1. Paris, Gallimard, 1984, p. 229-246.

PAGDEN, Anthony (ed.). *The Languages of Political Theory in Early-Modern Europe*. Cambridge, University Press, 1990.

PEDREIRA, Jorge Miguel Viana. *Estrutura industrial e mercado colonial: Portugal e Brasil (1780-1830)*. Lisboa, Difel, 1994.

PEREIRA, Angelo. *D. João VI: o príncipe e o rei*. (v. 1: A retirada da Família Real para o Brasil). Lisboa, Empresa Nacional de Publicidade, 1956.

PEREIRA, Isaías da Rosa. Pastorais de alguns bispos portugueses por ocasião das invasões francesas. *Revista de História das Idéias. A Revolução Francesa e a Península Ibérica*. Coimbra. 10: 327-346, 1988.

PEREIRA, José Esteves. *O pensamento político em Portugal no século XVIII. Antonio Ribeiro dos Santos*. Lisboa, Instituto Nacional de Investigação Científica, 1983.

PETITEAU, Natalie. *Napoléon, de la Mythologie à l'Histoire*. Paris, Seuil, 1999.

PINS, Juan de. *Sentiment et diplomatie. D'après des correspondances franco-portugaises. Contribution à l'Histoire des mentalités au début du XIXe siècle*. Paris, Fondation Calouste Gulbenkian, 1984.

PINTASSILGO, Joaquim. A Revolução Francesa na perspectiva de um diplomata português (A correspondência oficial de António de Araújo de Azevedo). *Revista de História das Idéias. A Revolução Francesa e a Península Ibérica*. Coimbra. 10: 131-144, 1988.

POCOCK, J. G. A. *Politics, Language and Time. Essays on Political Thought and History*. New York, Atheneum, 1971.

POTELET, Jeanine. Projets d'expeditions et d'attaques sur les côtes du Brésil (1796-1800). *Caravelle. Cahiers du Monde Hispanique et Luso-Brésilien*. Toulouse, 54: 209-222, 1990.

RAMOS, Luís Antonio de Oliveira. A Revolução Francesa assimilada e sofrida pelos portugueses (Registos e comentários). *Revista de História*. Porto. 11: 157-171, 1991. (Separata.)

RAMOS, Luís Antonio de Oliveira. Le Portugal et la Révolution Française (1777-1834). In: Jean-René Aymes, Alberto Gil Novales & Luis A. de Oliveira Ramos. *Les Révolutions das le monde ibérique (1766-1834)*. Bordeus, Presses Universitaires de Bordeaux, 1989, p. 183-260.

RAMOS, Luís Antonio de Oliveira. *Sob o signo das "luzes"*. Lisboa, Imp. Nacional, 1988.

RAMOS, Luís Antonio de Oliveira. D. Francisco de Lemos e a deputação a Baiona. In: *Estudos de História de Portugal – Homenagem a A. H. Oliveira Marques*. v. 2: sécs. XVI-XX. Lisboa, Estampa, 1983, p. 273-288.

RAMOS, Luís Antonio de Oliveira. A resistência contra o expansionismo napoleónico. In: *Da Ilustração ao Liberalismo*. Porto, Lello & Irmão. 1979, p. 89-128.
RANUM, Orest. *La Fronde*. Trad. de Paul Chemla. Paris, Seuil, 1993.
RANUM, Orest. *Artisans of Glory. Writers and Historical Thought in Seventeenth-Century France*. North Carolina, University Press, 1980.
REIS, A. do Carmo. *Invasões francesas. As revoltas do Porto contra Junot*. Lisboa, Notícias, [1991].
REY, Alain. *"Révolution". Histoire d'un mot*. Paris, Gallimard. 1989.
ROBERTO, André D. & Bouillaguet, Annick. *L'Analyse de contenu*. Paris, PUF, 1997.
RODRIGUES, Manuel Augusto. As invasões francesas em cartas pastorais de bispos portugueses. Posição dos prelados de Angra e de Elvas. *Revista de História das Idéias. Revoltas e Revoluções*. Coimbra. 7: 91-109, 1985.
ROMANO, Ruggiero (dir.). *Enciclopédia Einaudi*. v. 12: Mythos/Logos – Sagrado/profano. Lisboa, Imprensa Nacional/Casa da Moeda, 1987.
RONSAVALLON, Pierre. *Le moment Guizot*. Paris, Gallimard, 1985.
RONSAVALLON, Pierre. Por uma história conceitual do político (Nota de trabalho). *Revista brasileira de História*. São Paulo. 15 (30): 9-22, 1995.
ROSEBERY, Lord. *Napoléon. La dernière phase*. Traduit par Augustin Filon. Paris, Hachette, 1901.
RUDÉ, George. *Ideology and popular protest*. New York, Pantheon Books, 1980.
SAHLINS, Marshall. *Ilhas da História*. Rio de Janeiro: Zahar, 1990.
SANTOS, Ana Maria dos. Província Cisplatina. In: Maria Beatriz N. da Silva (coord. geral). *Dicionário da História da Colonização Portuguesa no Brasil*. Lisboa, Verbo, 1994.
SANTOS, Maria Helena Carvalho dos. A evolução da idéia de Constituição em Portugal – Tentativas constitucionais durante a invasão de Junot. *Revista de História das Idéias. A Revolução Francesa e a Península Ibérica*. Coimbra. 10: 435-456, 1988.
SANTOS, Teresa & PEREIRA, Sara Marques (coord.). *Leonor Pimentel da Fonseca. A Portuguesa de Nápoles (1752-1799)*. Lisboa, Livros Horizonte, 2001.
SCHMITT, Carl. *O conceito do político*. Trad. de Alvaro L. M. Valls. Petrópolis, Vozes, 1992.
SCHWARCZ, Lilia M. (com Paulo Cesar de Azevedo e Angela Marques da Costa). *A longa viagem da Biblioteca dos Reis. Do terremoto de Lisboa à Independência do Brasil*. São Paulo, Companhia das Letras, 2002.

SERRÃO, José Veríssimo. *História de Portugal*. v. 7: A instauração do liberalismo (1807-1832). Lisboa, Verbo, 1984.
SIDERI, Sandro. *Comércio e poder. Colonialismo informal nas relações anglo-portuguesas*. Lisboa/Santos, Cosmos/Martins Fontes, 1978.
SILBERT, Albert. *Portugal na Europa oitocentista*. Trad. e rev. de Maria João Vaz. Lisboa, Salamandra, 1998.
SILBERT, Albert. *Do Portugal de Antigo Regime ao Portugal oitocentista*. Trad. de José Raimundo Correia de Almeida. Lisboa, Livros Horizonte, 1972.
SILVA, Andrée Mansuy-Dinis. *Portrait d'un homme d'État: D. Rodrigo de Souza Coutinho, Comte de Linhares, 1755-1812*. Lisboa/Paris, Commission Nationale pour les commémorations des Découvertes Portugaises/Centre Culturel Calouste Gulbenkian, 2002.
SILVA, Andrée Mansuy-Dinis. L'année 1789 vue de Turin par un diplomate portugais. *Dix-Huitième Siècle*. Paris. 20: 289-313, 1988.
SILVA, Innocencio Francisco da. *Memórias para a vida intima de José Agostinho de Macedo*. Lisboa, Typographia da Academia Real das Sciencias, 1898.
SILVA, Maria Beatriz Nizza da. Fazer a América: franceses no Brasil (1815-1822). *Revista de Ciências Históricas*. Porto. 10:299-316, 1995. Separata.
SILVA, Maria Beatriz Nizza da. Intendência Geral da Polícia: 1808-1822. *Acervo. Revista do Arquivo Nacional*. Rio de Janeiro. 1(2):187-204, 1986.
SILVA, Maria Beatriz Nizza da. *Cultura e sociedade no Rio de Janeiro (1808-1821)*. São Paulo/Brasília, Companhia Editora Nacional/INL, 1977.
SKINNER, Quentin. *As fundações do pensamento político moderno*. Trad. de Renato Janine Ribeiro & Laura Teixeira Motta. São Paulo, Companhia das Letras, 1996.
SOBOUL, Albert. *La Civilisation et la Révolution Française*. T. III: La France napoléonienne. Paris, Arthaud, 1983.
SORIANO, Simão José da Luz. *História da guerra civil e do estabelecimento do governo parlamentar em Portugal*. t. 2. Lisboa, Imprensa Nacional, 1867.
SOUSA, José Antonio Soares de. *A vida do visconde do Uruguai (1807-1866)*. São Paulo, Companhia Editora Nacional, 1944.
SOUSA, Octavio Tarquínio de. *A vida de Pedro I*. Rio de Janeiro, José Olympio, 1954. 3v.
SOUZA, Laura de Mello e. *Inferno Atlântico. Demonologia e colonização: séculos XVI-XVIII*. São Paulo, Companhia das Letras, 1993.
TAVARES, Adérito & PINTO, José dos Santos. *Pina Manique: um homem entre duas épocas*. Lisboa, Casa Pia de Lisboa, 1990.

TENGARRINHA, José. *História da imprensa periódica portuguesa*. 2ª ed. revista e aumentada. Lisboa, Caminho, 1989.
THOMPSON, E. P. *Witness against the Beast. William Blake and the Moral Law*. Cambridge, University Press, 1993.
THOMPSON, E. P. *Costumes em comum. Estudos sobre a cultura popular tradicional*. [1991]. Trad. de Rosaura Eichemberg. São Paulo, Companhia das Letras, 1998.
TULARD, Jean. *Les vingt jours (1ᵉʳ-20 mars 1815). Napoléon ou Louis XVIII?* Paris, Fayard, 2001.
TULARD, Jean. *Napoléon et la noblesse d'Empire*. Nouvelle édition revue et augmentée. Paris, Tallandier, 2001.
TULARD, Jean. *Napoleon: le pouvoir, la nation, la légende*. Paris, Librairie Géneral de France, 1997.
TULARD, Jean. *La France de la Révolution et de l'Empire*. Paris, PUF, 1995.
TULARD, Jean. Le retour des Cendres. In: Pierre Nora (dir.). *Les Lieux de mémoire*. T. II: La Nation. v. 3. Paris, Gallimard, 1986, p. 81-110.
TULARD, Jean. *Le Grand Empire, 1804-1815*. Paris, Albin Michel, 1982.
TULARD, Jean. *La vie quotidienne des français sous Napoléon*. Paris, Hachette, 1978.
TULARD, Jean. *Napoleão: o mito do salvador*. [1977]. Trad. de Sérgio Cerqueda e Sieni Maria Campos. Niterói, Casa Jorge Editorial, 1996.
TULARD, Jean. *Le Mythe de Napoléon*. Paris, Colin, 1971.
TULARD, Jean (apres.). *L'Anti-Napoléon: la legende noire de l'Empereur*. Paris, Julliard, 1965.
VALENSI, Lucette. *Fábulas da memória. A batalha de Alcácer Quibir e o mito do sebastianismo*. Trad. de Maria Helena Franco Martins. Rio de Janeiro, Nova Fronteira, 1994.
VEIGA, Cláudio. *Um brasileiro soldado de Napoleão*. São Paulo, Ática, 1979.
VEIGA, Gláucio. O cônsul Joseph Ray, os Estados Unidos e a Revolução de 1817. *Revista do Instituto Arqueológico, Histórico e Geográfico Pernambucano*. Recife. 52: 267-284, 1979.
VICENTE, António Pedro. Panfletos antinapoleônicos durante a guerra peninsular. Actividade editorial da Real Imprensa da Universidade. *Revista de História das Idéias. O livro e a leitura*. Coimbra. 20: 101-130, 1999.
VICENTE, Antonio Pedro. *O tempo de Napoleão em Portugal. Estudos Históricos*. Lisboa, Comissão Portuguesa de História Militar, 2000.
VICENTE, António Pedro. José Accursio das Neves, panfletário antinapoleônico. *Ler História*. Lisboa. 17: 113-127, 1989.

VILLALTA, Luiz Carlos. *1798-1808. O império luso-brasileiro e o Brasil.* São Paulo, Companhia das Letras, 2000.
XAVIER, Ângela Barreto & HESPANHA, António Manuel. A representação da sociedade e do poder. In: A. M. Hespanha. *O Antigo Regime (1620-1807).* Lisboa, Estampa. [1993], p. 121-155. (Col. História de Portugal, v. 4).
ZAGORIN, Perez. *Revueltas y revoluciones em la Edad Moderna.* v. 1: Movimentos campesinos y urbanos. [1982]. Trad. de Alfredo Alvar Ezquerra. Madrid, Cátedra, 1985.
ZAGORIN, Perez. *Revueltas y revoluciones em la Edad Moderna.* v. 2: Guerras revolucionarias. [1982]. Trad. de Teresa Flores. Madrid, Cátedra, 1986.

Inéditos:

MENEZES, Lená M. de. *Tramas do Mal: a Revolução de Outubro no plano das representações (1917-1921).* Tese para concurso de professor titular apresentada ao Departamento de História da UERJ. 1999.
STOIANI, Raquel. *Da espada à águia: construção simbólica do poder e legitimação política de Napoleão Bonaparte.* Dissertação de Mestrado apresentada à Universidade de São Paulo. São Paulo, 2002.
VILLALTA, Luiz Carlos. *Reformismo ilustrado, censura e práticas de leitura: usos do livro na América Portuguesa.* Tese de doutorado apresentada à Universidade de São Paulo. São Paulo, 1999.

Anexos

Anexo nº1

Gravuras e caricaturas

1. 1 O pequeno homem vermelho (*Le Petit Homme Rouge berçant son fils*, 1814)

Fonte: Apud Catherine Clerc. *La caricature contre Napoléon*. Paris, Promodis, 1985.

1.2 Gulliver no país dos gigantes (*Le roi de Brobdingnac* (Inglaterra) e Gulliver (Bonaparte), 1803).

Fonte: Apud Jean Tulard (apres.). *L'Anti-Napoléon: la legende noire de l'Empereur*. Paris, Julliard, 1965.

1.3 1808: um balanço sangrento das conquistas imperiais (caricatura inglesa).

Fonte: Apud Catherine Clerc. *La caricature contre Napoléon*. Paris, Promodis, 1985, p. 103

1.4. O Grande Monstro (O Grande Monstro que trata S. João no Apocalipse)

Fonte: Arquivo Histórico-Militar de Lisboa apud Ana Cristina Bartolomeu de Araújo. As invasões francesas e a afirmação das idéias liberais. In: Luis Reis Torgal & João Lourenço Roque. *O Liberalismo (1807-1890)*. Lisboa, Estampa, [1993]. p. 36-37.

A gravura demonstra que o monstro do *Apocalipse* representa Napoleão Bonaparte, símbolo do mal, que será vencido pelo poder do povo português – o bem. Sob a divisa das cinco chagas de Cristo e tendo por padroeira a Virgem Santíssima, Nossa Senhora da Conceição, Portugal prepara-se para combater e derrotar o expansionismo napoleônico.

1.5. Goya – Os Fuzilamentos do 3 de maio de 1808

Fonte: Enrique Lafuente Ferrari. *Goya*. Buenos Aires, Hermes, 1966. Lâmina 24.

1.6. Os Crimes de Bonaparte

Fonte: Ângelo Pereira. D. João VI Príncipe e Rei. A Independência do Brasil. Lisboa, Empresa Nacional de Publicidade, 1956, p. 80-81

1.7. Goya – Desastres de Guerra (Série de 82 gravuras, 1810-1820): 1.Tristes presentimentos de lo que há de acontecer; 2. Com razón o sin ella; 3. Lo mismo; 4. Las mujeres dan valor.

Fonte: Calcografia Nacional. Madrid apud Emila Garcia-Romeu (coord.). *Goya* (Catálogo). Zaragoza, Electa, 1992. p. 179.

1.8 Domingos Antônio de Sequeira. "Junot protegendo Lisboa"

Fonte: Museu Soares dos Reis, Porto apud Ana Cristina Bartolomeu de Araújo. As invasões francesas e a afirmação das idéias liberais. In: Luis Reis Torgal & João Lourenço Roque. *O Liberalismo (1807-1890)*. Lisboa, Estampa, [1993]. p. 16.

1.9. Gazeta de Lisboa (1) - Número anterior ao domínio das tropas de Napoleão Bonaparte, em que se ostentavam as armas de Portugal.
Fonte: *Gazeta de Lisboa*. n.º 3, 19 de janeiro de 1808.

1.10. Gazeta de Lisboa (2)

Número posterior ao decreto de 1 de fevereiro de 1808, em que as armas portuguesas são substituídas pela Águia francesa.
Fonte: *Gazeta de Lisboa*. n.º 22, 3 de junho de 1808.

1.11 Napoléon sortant de son tombeau (Gravura de Horace Vernet)

Fonte: Gravura de Jean-Pierre Jazet (1788-1871) apud Dimitri Casali (dir.). *Napoléon Bonaparte*. Paris, Larousse, 2004, p. 391.

ANEXO N°2

TABELAS

Napoleão bonaparte e o número da besta
1.1. *Os precursores do Anti-Christo. historia profética dos mais famosos ímpios que tem havido desde o estabelecimento da Igreja aos nossos dias; ou a Revolução Franceza profetizada por S. João Evangelhista, com huma dissertação da vinda e do futuro reinado do Anti-Christo.* Traduzida da sexta edição do original francez. Por *** Lisboa, Impressão Régia, 1818.
[p. 356:]

Additamento

Descobrimento notável
Assombrados da prosperidade das armas de Napoleão, e mais ainda dos progressos que a impiedade fazia no seu reinado, suspeitaram várias pessoas que ele podia ser o Anti-Christo, e se puseram a procurar no seu nome o número 666. Eis aqui ao este respeito um achado singular:
Houve quem imaginou adaptar às 24 letras do Alfabeto Francês o sistema de numeração dos Gregos, contando por unidades até 10, correspondendo à letra K, e depois por dezenas, até ao fim. Não deveria, com efeito, ficar admirado de achar o seguinte resultado?
[p. 357:]

A	1			
B	2	L	–	20
C	3	' (e)	–	5
D	4	E	–	5
E	5	M	–	30
F	6	P	–	60
G	7	E	–	5
H	8	R	–	80
I	9	E	–	5
K	10	U	–	110
L	20	R	–	80
M	30			
N	40	N	–	40
O	50	A	–	1
P	60	P	–	60
Q	70	O	–	50
R	80	L	–	20
S	90	É	–	5
T	100	O	–	50
U	110	N	–	40
V	120			
X	130			
Y	140	Total		666
Z	150			

[p. 358:]

Será por acaso dar isto tanto à justa? Custa a crer que esta relação exatíssima, entre tantos números e tantas letras, seja uma combinação puramente fortuita. Ainda mesmo os espíritos mais difíceis não poderão deixar de ficar animados disto. Não se poderia perceber aqui um novo rasgo de semelhança entre o Exterminador, que apareceu nos nossos dias, e o que há de vir para o fim dos séculos? Buonaparte, inspirado por sua ambição e vaidade, escolheu um nome, que geralmente se diz não ser o seu, usurpa um título que não lhe pertence, faz-se apelidar l'Empereur Napoléon, e exatamente por esta denominação fastosa e sonora se dá a si mesmo o número da Besta.

Tal é o discurso que fora permitido fazer, se no calculo precedente se observassem perfeitamente as regras do logrifo ou enigma. Mas os inteligentes verão que se não seguiu inteiramente o sistema de numeração usado pelos Gregos. Depois da letra T, que faz 100, devia-se contar por centenas, de sorte que a letra U, não faz 100, mas 200.

1.2. *A Besta de sete cabeças e dez cornos ou Napoleão Imperador dos franceses. Exposição literal do Capitulo 13 do Apocalipse.* Composta na lingoa Castelhana por um presbítero andaluz, vezinho da Cidade de Malaga. Lisboa, Off. de Joaquim Thomaz de Aquino Bulhões, 1809.

[p. 27:]

A besta

Também pode ser Napoleão nome Grego, em cuja língua é mais verossímil que se ache o nome anunciado com o número 666; porque S. João escreveu seu Apocalipse nesse idioma nele pode muito bem estar escrito com dois pp, e para que se pronuncie longa, e não breve a penúltima sílaba le deverá escrever-se com ditongo de ei desse modo le-i: e observando a propriedade dessa língua deve anteceder ao nome hum O como artículo seu, escrevendo assim O ΝΑΠΟΛΕΙΟΣ escrito por deste modo achamos no valor destas letras o numero 666, como o demonstra a conta seguinte

[p. 28:]

O	articulo vale	70
N		50
A		1
P		80
P		80
O		70
L		30
E		5
I		10
O		70
Σ		200
		666

[Nota, p. 28-9:]

Obs.: Na Inglaterra também se venera a divina profecia e se crê que Napoleão é o anunciado nela e que se tenha empenhado em achar no seu nome o número 666.

N	40	
A	1	
P	60	
O	50	
L	20	
E	5	
A	1	
N	40	
		outro método de contar
B	2	
U	110	
O	50	
N	40	
A	1	
P	60	
A	1	
R	80	
T	100	
E	5	
	666	

1. 3. Manoel Joaquim Rodrigues Ricci. O mais importante desengano ou o AntiChristo descuberto e indubitavelmente verificado em Napoleão. exposição literal do Apocalipse. A.N.T.T. Real Mesa Censória. Licença de Impressão. Caixa 68, nº 5, 1810.

fl. 55

"Está assim pois exatamente verificada a profetizada conta no nosso idioma Português e ninguém pode duvidar que para conosco o seu verdadeiro nome é aquele de Napoleão Bonaparte."

Obs: O autor passa, então, a fazer a relação em vários idiomas, como se demonstra nas tabelas, em seguida.

Tabela nº 1

1	2	3	4	5	6	7	8	9	10	20	30	40	50	60	70	80	90	100	110	120	130	140	150
A	b	c	d	e	f	g	h	i	j	k	l	m	n	o	p	q	r	s	t	u	v	x	z

Código: 50 1 70 60 30 05 01 60 02 60 50 01 70 90 110 005 666
N a p o l e a o B o n a p a r t e 666

fl. 56

Tabela nº 2: Em francês

1	2	3	4	5	6	7	8	9	10	20	30	40	50	60	70	80	90	100	110	120	130	140
A	b	c	d	e	f	g	h	i	j	k	l	m	n	o	p	q	r	s	t	u	v	x	y

Código: 20 05 05 90 60 05 80 02 60 50 01 70 90 110 005 666
L e E m p e r e u r N a p a r t e 666

fl. 57

Tabela nº 3: Em Espanhol

1	2	3	4	5	6	7	8	9	10	20	30	40	50	60	70	80	90	100	110	120	130	140	150
A	b	c	d	e	f	g	h	i	j	k	l	m	n	o	p	q	r	s	t	u	v	x	z

Código: 05 20 05 30 60 05 80 01 04 50 80 01 60 50 20 50 05 40 666
E l E m p e r a d o r N a p o l e o n 666

fl. 58

Tabela nº 4: Em italiano

1	10	20	50	60	70	80	01	02	40	50	01	60	80	100	005	666
40	1	60	50	20	05	01	02	50	40	01	60	80	100	666

Código: N a p o l e o n B o n a p a r t e 666

Tabela nº 5: Em inglês

40	01	60	50	20	05	01	40	02	110	50	01	60	80	100	05	666
N	a	p	o	l	e	a	n	B	u	o	n	a	p	a	r	t	e	666

Tabela nº 6: Em grego

70	50	01	80	70	05	10	70	200	666
O	N	a	p	o	l	e	i	o	m	666

ANEXO Nº 3

QUADRO DOS PRESOS EM MARÇO (1809) E NA SETEMBRIZADA (1810)

	Presos	Características	Id	U	D	Maç	Açores	Observações	Nasc	
1	André da Silva Cardoso	Magistrado	40	C		x	x		1770	1810
2	André de Morais Sarmento, D.	Clérigo	49		d	x	x		1761	1810
3	António de Almeida (Almeidinha)	Médico-Cirurgião	49	C		x	x	Vem p/Brasil c/D.Leopoldina	1761	1810
4	António Gonçalves Pereira Correia	Militar (Professor A. Guarda Marinha)	50		d	x	x	Membro do Conselho Conservador	1760	1810
5	António Joaquim de Brion	Estudante (A. Real da Marinha)				x	x	Loja em Cascais (presos políticos)		1810
6	António José Rodrigues de Almeida	Clérigo	36	C	d	x		Processado e setenciado pela Inquisição	1774	1810
7	António Maria Esteves	Funcionário público				x	x	Proprietário		1810
8	Bento Dufourcq	Negociante	45			x	x	Nasceu em Lisboa	1765	1810
9	Bernardo José de Abrantes de Castro	Médico / Fidalgo Cavaleiro	39	C	d	x		Resid. fixa em Algarves. Exílio na Inglaterra (1810-14).Cons. Estado (1827)	1771	1810
10	Carlos Félix Gerardo May	Militar				x		Oferece livros p/biblioteca maçónica		1810
11	Diogo da Anunciação, D.	Clérigo				x	x			1810
12	Diogo Huet	Clérigo-Professor				x		Incurso na Setembrizada		1810
13	Dionísio José da Rocha	Negociante				x	x			1810
14	Domingos Maximiano Torres	Advogado	62	C		x		morreu preso na Trafaria, em 5 Out 1810 (Setembrizada)	1748	1810
15	Domingos Pellegrini	Artista-Artífice	51			x	x	Exílio Inglaterra	1759	1810
16	Domingos Vandelli	Professor	75			x	x	Exílio Inglaterra	1735	1810
17	Faustino da Expectação, D.	Clérigo				x	x			1810

#	Nome	Profissão				O "Ala Diabos"		
18	Filipe Alberto Patroni	Militar		x	x			1810
19	Filippo Bernardini	Artista-Artífice	53	x	x		1757	1810
20	Francisco da Soledade, D. (O Chanfana)	Clérigo		x	x	regresso em 1815		1810
21	Francisco de Santana, frei	Clérigo		x	x			1810
22	Francisco do Coração de Jesus Cloots Vanzeller	Clérigo (Professor)	53	x	x	Colabora com os franceses	1757	1810
23	Francisco Duarte Coelho	Magistrado	43	C	x	x		1767	1810
24	Francisco Rolland	Negociante		x		Preso1810/Loja Cascais (presos políticos)		1810
25	Francisco Xavier Rodrigues de Carvalho	Advogado		C	x			1810
26	Henrique Honorato Edmundo de Brion	Estudante (A. Real de Marinha)			x	x	Loja em Cascais (presos políticos)		1810
27	Inácio Quintino do Avelar	Médico	34	C	x	x	regresso em 1820 - exilado em 1823	1776	1810
28	Jácome Ratton	Negociante	74		x	x	Exílio na Inglaterra – Retorna em 1815	1736	1810
29	Jacques Borel, o velho	Negociante	55		x		Incluído na Setembrizada	1755	1810
30	Jean Bovier	Artista-Artífice			x	x			1810
31	Jerónimo Esteves	Funcionário Público			x		Incurso na Setembrizada – Demetido 1810		1810
32	João Bernardo Pimentel						Suposto predreiro-livre		1810
33	João Carlos de Tamm	Militar	29		x		Membro do Conselho Conservador	1781	1810
34	João Miguel de Brion	Proprietário / Fidalgo Cavaleiro			x	x	Nasceu em França		1810
35	João Osório, frei	Clérigo			x		Preso em 1810 – Setembrizada		1810

#	Nome	Profissão	Idade					Observações		
36	João Silverio de Lima	Clérigo				x		Sócio da Academia de Ciências	1751	1810
37	João Vicente Pimentel Maldonado	Magistrado	37	C		x	x	Participa em 1820	1773	1810
38	Joaquim de Sta. Ana Negrão, frei	Clérigo			d	x		Preso em 1810		1810
39	Joaquim José da Costa	Clérigo				x	x	Nome simbólico em 1821: Napoleão		1810
40	Joaquim José da Costa Simas	Advogado	50	C		x	x		1760	1810
41	Joaquim José do Couto	Militar				x		serviço no ultramar		1810
42	Joaquim José Vieira	Negociante								1810
43	José Aleixo de Gamboa Fragoso Wanzeller	Proprietário / Fidalgo Cavaleiro	48		d	x	x	Exílio na França	1762	1810
44	José António Ferreira Vieira	Militar	44			x	x	Membro do Conselho Conservador	1766	1810
45	José Carlos de Figueiredo	Militar				x	x	Membro do C. Conservador; Exílio Inglaterra; Revolução de 1821		1810
46	José da Cunha Magalhães	Magistrado	28	C		x	x		1782	1810
47	José da Expectação, D.	Clérigo				x	x	Perseguido 1828-33 e desterrado		1810
48	José Diogo de Mascarenhas Neto	Magistrado	58	C		x	x	Acad. Real das Ciênc de Lisboa; Exílio Londres e Paris (1810-21) vereador 1821	1752	1810
49	José Dionísio da Serra	Militar	31			x	x	Resid. em Tomar; Conspiração de 1817	1779	1810
50	José do Loreto, D.	Clérigo		C		x		Oferece livros p/biblioteca maçónica		1810
51	José Ferrão de Mendonça e Sousa	Clérigo		C	d	x	x	Deve ter volta em 1820; preso em 1823		1810
52	José Joaquim Vieira Couto	Negociante			d	x	x			1810
53	José Maria Gambiasso	Negociante				x				1810

#	Nome	Profissão	Idade					Observações		1810
54	José Maria de Oliveira	Funcionário Público	34		d		x	Reintegrado em 1821 em seu cargo	1776	1810
55	José Maria Gonçalves	Militar	37			x	x		1773	1810
56	José Máximo Pinto da Fonseca Rangel	Militar	49	C		x		Participa de 1817; Deputado em 1822-23; Escondido no Miguelismo (1828-32)	1761	1810
57	José Pedro Bayard	Clérigo			d	x	x			1810
58	José Pedro de Sousa e Azevedo	Militar		C	d	x	x			1810
59	José Portelli	Clérigo	46			x	x	Envolvido em 1820	1764	1810
60	José Sebastião de Saldanha de Oliveira e Daun	Proprietário/Fidalgo Cavaleiro	33	C		x	x	Exílio em Inglaterra. Conde de Alpedrinha	1777	1810
61	Lázaro Maria Bernardino					x		Setembrizada – preso 1810-12		1810
62	Luis Francisco Risso	Professor	42			x	x	Secret. na Legação de Roma 1822	1768	1810
63	Luís Reco	Funcionário Público								1810
64	Manuel Alves do Rio	Magistrado	33	C	d	x	x	Deputado em 1821-22	1777	1810
65	Manuel Bernardo de Sousa Magalhães	Professor	52	C		x	x		1758	1810
66	Manuel Ferreira Gordo	Clérigo	40	C		x	x	preso em 1828	1770	1810
67	Manuel Joaquim de Oliveira	Negociante				x				1810
68	Manuel Joaquim Henriques de Paiva	Médico	58	C	d	x		Preso por ser partidário dos franceses; foi degradado para a Baía, onde morreu	1752	1810
69	Maurício José Moreira	Negociante				x		Preso e solto – Entrega à Polícia arquivos da Grande Loja do Grande Oriente Lusitano (1809)		1810
70	Pedro Bougard	Negociante				x				1810

71	Pietro Paolo Candidi	Negociante	50			x	x		1760	1810
72	Sebastião José de Sampaio Melo e Castro	Magistrado / Fidalgo Cavaleiro	46	C		x	x	Exílio na Inglaterra (1810-1815)	1764	1810
73	Urbino Pizzeti	Artista-Artífice				x				1810
74	Vicente José Ferreira Cardoso da Costa	Magistrado	45	C		x	x		1765	1810
			44.684	23	13	71	51			
				31%	18%	96%	69%			

FONTE:

BNL. Códice 855. Lista dos Jacobinos mandados sair de Lisboa, como incorrigíveis e teimosos. 1810-1811-1812. fl. 349-350.

ANTT. Intendência Geral da Polícia. Requerimentos 600

A. H. de Oliveira Marques. *História da Maçonaria em Portugal.* v. 1: Das origens ao triunfo. Lisboa, Ed. Presença, 1990.

C = Coimbra ; d = denunciado à Inquisição

Agradecimentos

Ao longo dessa jornada, encontrei sempre um gesto, uma palavra de incentivo ou um envolvimento direto de inúmeras pessoas que compartilharam comigo esse trabalho. Portanto, há muito que agradecer.

Em primeiro lugar, devo reconhecer o auxílio do CNPq, pois esse livro é um sub-produto do projeto integrado, financiado por essa instituição. A bolsa de produtividade ajudou-me a estender a pesquisa aos arquivos portugueses, aspecto essencial a esse trabalho. Em segundo, agradeço intensamente a Clodoaldo Bueno, Laura de Mello e Souza, Ronaldo Vainfas, Lúcia Maria Paschoal Guimarães e Celso Sá a oportunidade do excelente diálogo acadêmico que se travou, quando do exame desse trabalho, que, em sua versão original, foi apresentado como tese para o concurso de Professor Titular de História Moderna no Instituto de Filosofia e Ciências Humanas na Universidade do Estado do Rio de Janeiro. Além disso, algumas de suas preciosas sugestões também foram incorporadas dentro do possível.

Tânia Bessone, Lúcia Guimarães e Lená Menezes, amigas de muitos anos, estiveram sempre presentes, incentivando e estando disponíveis para me aliviarem de algumas das minhas tarefas inerentes à burocracia da UERJ. Quero agradecer ainda, à Ana Maria Ribeiro, Wânia Lourenço e ao Paulinho, que souberam estar sempre disponíveis para os meus pedidos de auxílio em relação aos inumeráveis papéis que tive que organizar para realizar o meu concurso de titular e ao incentivo sempre constante. Devo um agradecimento, em especial, a Elena Garcia, que me substituiu, de forma competente, em todas as minhas atividades administrativas na UERJ, pelo período de três meses que tive de licença.

Rodrigo Elias Caetano Gomes, Patrícia Domingos Woolley Cardoso, Nelson Cantarino e Rafael Alves, alunos da UFF e bolsistas do Guilherme, vieram auxiliar com toda a simpatia e competência a professora da UERJ na coleta dos dados. Na própria UERJ, as bolsistas Marcia Teixeira Gomes e Elaine Cristina Ferreira Duarte, hoje já mestre, ampliaram em muito a minha capacidade, ao ler e transcrever diversos panfletos e jornais intermináveis. Ana Maria de Almeida Santiago, ex-aluna, ex-bolsista, hoje mestra, doutoranda e professora da UERJ, que esteve comigo ao longo do mestrado e do doutorado, nem agora deixou de prestar uma ajuda, em nome da amizade. De modo especial, Jefferson dos Santos Silva, bolsista de outrora, que coletou dados e descobriu novos panfletos e até providenciou fotografias de documentos na Biblioteca Nacional. Sua competência e sua atenção sensibilizaram-me profundamente.

Fabiano Vilaça dos Santos, na reta final de sua dissertação, além de sofrer o mau-humor de uma orientadora em processo de redação de tese, foi incansável na procura de indicações nos instrumentos de pesquisa do Arquivo Nacional. Célia Tavares, em bolsa sanduíche em Lisboa, encarregou-se da missão impossível de localizar e fazer copiar documentos cujas quotas a Torre do Tombo havia mudado sem guardar memória das correspondências.

Há ainda alguns amigos, que, professores, sabem das agruras por que se passa num momento como esse e vão indicados nas notas de rodapé. Em nome de todos, destaco Luiz Carlos Villalta, tão preocupado em indagar sobre o andamento do trabalho quanto em não poder me ajudar, separado pela distância entre Belo Horizonte e o Rio de Janeiro.

Do outro lado do Atlântico, cabe uma menção a Maria Beatriz Nizza da Silva, não mais como professora ou antiga orientadora, porém, como grande amiga, que procurou informações e livros para me enviar e, sobretudo, arranjou uma pesquisadora mais do que senior para complementar os dados que não pude recolher em Portugal. Trata-se de Maria Adelaide S. Marques, que, de sua Real Mesa Censória, dispôs-se a examinar panfletos políticos e sentenças contra os partidaristas dos franceses, para minha alegria e incomensurável gratidão.

Minha mãe, sempre bem próxima, em seus 80 anos, além de preocupar-se com a filha, que tinha resolvido fazer mais uma tese, esteve pronta para ajudar em minhas tarefas domiciliares.

Ao Guilherme, por fim, que uma vez mais trilhou esse caminho comigo, reviu os textos, deu sugestões, ajudou, incentivou. Foi uma presença constante com seu carinho, sua dedicação, sua atenção, sua maneira maravilhosa de ser. Atitudes que foram indispensáveis não apenas para a realização dessa tese, mas para a minha própria vida – ou melhor, a nossa vida.

A todos um muito obrigada especial.

ESTE LIVRO FOI IMPRESSO PELA PROL GRÁFICA NO VERÃO DE 2008
USANDO ITC NEW BASKERVILLE CORPO 10,5 ENTRELINHA 14, 5.